Wege · Werte · Wirklichkeiten 7/8

Lehrermaterialien

Herausgegeben von
Christiane Michaelis und Anke Thyen

Verfasst von
Doris Arnold, Felix Haag,
Anja Kemmerzell, Christiane Michaelis,
Renée Rogage, Thorsten Schimschal,
Anke Thyen, Till Warmbold

Oldenbourg

Inhaltsverzeichnis

Alle Kopiervorlagen und Lernzielkontrollen befinden sich auch als editierbare Word-Dokumente (teilweise mit farbigen Abbildungen) auf der CD-ROM.

Zur Konzeption von Wege·Werte·Wirklichkeiten

Struktur

Wege Werte Wirklichkeiten ist ein dreibändiges Lehrwerk für die Sekundarstufe I in den Fächern Ethik, Werte und Normen sowie LER. Der vorliegende Band ist für die Jahrgangsstufe 7/8 angelegt.

Für die Auswahl der Themen ist der Gedanke leitend, vier Dimensionen menschlicher Weltbezüge in einer didaktischen Progression abzubilden. Ausgehend von der subjektiven Welt, vom Erleben und Empfinden des Einzelnen, erschließt sich die soziale, intersubjektive Welt der Mitmenschen und weitergehend die objektive Welt von Mensch, Natur und Technik sowie die spirituelle, religiöse Welt des Glaubens. Die didaktische Progression folgt demnach einem Weg von innen nach außen, dem Weg der Erschließung der Weltbezüge aus der Perspektive des Subjekts.

Unter Einbeziehung der Kerncurricula in den jeweiligen Bundesländern für das Fach Ethik/Werte und Normen/LER werden diese vier inhaltlichen Dimensionen in einem Spektrum von sechs Hauptkapiteln (Themenschwerpunkten) entfaltet. Sie bilden die Grundstruktur des Bandes und konturieren die inhaltsbezogenen Kompetenzbereiche. Jeder Themenschwerpunkt fokussiert in zwei Kapiteln Themenbereiche, die entwicklungspsychologisch fundiert und den Bedürfnissen und Fähigkeiten der Schülerinnen und Schüler der Altersstufe angepasst sind (vgl. Punkt 2. Didaktische Grundsätze). Neben der didaktischen Fokussierung bietet jedes Einzelkapitel einen methodischen Schwerpunkt, der fachspezifische Verfahren zur Erschließung im Umgang mit philosophisch-ethischen Fragestellungen vorstellt.

Vorrangige Bezugswissenschaft ist die Philosophie, insbesondere die Praktische Philosophie. Die Entwicklung ethischer Kompetenz verlangt aber auch nach einer Einbeziehung der Psychologie und der Sozialwissenschaften, der Naturwissenschaften und nicht zuletzt der Religionswissenschaften bzw. der Religionsphilosophie. Das Lehrwerk *Wege Werte Wirklichkeiten* setzt den interdisziplinären Anspruch des Fachs und kerncurriculare Vorgaben mit Blick auf fächerübergreifendes Lernen um, indem es Materialien, Fragestellungen und Methoden aus unterschiedlichen Disziplinen aufgreift und für den Ethikunterricht aufbereitet.

I. Die subjektive Welt
Thema 1: Ich auf dem Weg
- Kapitel 1: Wer ist das: Ich?
  Schwerpunktmethode: Inszenieren
- Kapitel 2: Sucht und Abhängigkeit
  Schwerpunktmethode: Selbst-Wahrnehmung

II. Die soziale (intersubjektive) Welt
Thema 2: In der Gemeinschaft leben
- Kapitel 1: Freundschaft, Liebe und Sexualität
  Schwerpunktmethode: Perspektivwechsel
- Kapitel 2: Partnerschaft und Lebensformen
  Schwerpunktmethode: Ich-Botschaften
Thema 3: Moralisch fühlen, urteilen und handeln
- Kapitel 1: Freiheit
  Schwerpunktmethode: Essay schreiben
- Kapitel 2: Gerechtigkeit und Würde
  Schwerpunktmethode: Sokratisches Gespräch

III. Die objektive Welt
Thema 4: Mensch, Natur und Technik
- Kapitel 1: Natur und Technik
  Schwerpunktmethode: Denkmodelle und Theorien unterscheiden und benennen
- Kapitel 2: Homo faber
  Schwerpunktmethode: Gedankenexperiment
Thema 5: Wahrheit und Wirklichkeit
- Kapitel 1: Wahrheit und Wahrscheinlichkeit
  Schwerpunktmethode: Induktion und Deduktion
- Kapitel 2: Medienwelten
  Schwerpunktmethode: Infragestellen

IV. Die religiöse Welt
Thema 6: Religionen und Weltanschauungen
- Kapitel 1: Begegnungen mit Religionen
  Schwerpunktmethode: Dilemma-Diskussion
- Kapitel 2: Religionen verstehen
  Schwerpunktmethode: Meditation

Didaktische Grundsätze

(1) Das Lehrwerk sieht die Aufgabe des Ethikunterrichts (bzw. Werte und Normen, LER) darin, Schülerinnen und Schülern auf der Basis kompetenzorientierter Lehr-Lern-Prozesse Orientierung in den **Grundsätzen des Handelns** zu ermöglichen, dieses Orientierungswissen zu fördern, zu festigen und zu erweitern. Das didaktische Proprium der Lehrwerkkonzeption liegt also in der kumulativ angelegten Förderung der ethischen Urteilsfähigkeit.

Grundsätze des Handelns werden seit zweieinhalb Jahrtausenden insbesondere in der Philosophie und dort in der Ethik bzw. der Moralphilosophie (= Theorie der Moral) lebhaft verhandelt. „**Moral**" ist Inbegriff aller Maximen und praktischen Normen, die in der Lebenswelt durch Erziehung, Gewohnheit und Konvention in der Regel unbefragt erworben und entwickelt werden. Unter „**Ethik**" kann man die Reflexion der Moral verstehen. Sie unterzieht die Grundsätze der Moral einer Prüfung im

Hinblick auf Allgemeingültigkeit. Wenn wir (im Alltag) vor moralischen Entscheidungen stehen, fragen wir nach (vortheoretischen) Begründungen für unser Handeln, für Haltungen und Einstellungen fragen wir nach Begründungsprädikaten erster Stufe. Auch die Begründungsprädikate erster Stufe sind „theoriebeladen", aber wir stellen in der Regel keine systematischen, ausdrücklich theoriegeleiteten Überlegungen an, wenn wir im Alltag moralische Entscheidungen zu treffen haben.

Der Aufbau von ethischem Orientierungswissen ist das Anliegen des Lehrwerks, denn dieses Wissen ist Voraussetzung zur Bildung und Ausbildung von Autonomie, auf die die Entwicklung von Personen allgemein zielt.

(2) Entsprechend der didaktischen Progression der Themen (vom Subjekt in die soziale, objektive und religiöse Welt) folgt das Lehrwerk einer **Didaktik der 1. Person-Perspektive**. Der Fokus liegt nicht auf dem Lehren, sondern auf dem Lernen, auf der Gestaltung von Lernumgebungen (John Dewey folgend), die der Allgemeinheit der orientierenden Absichten ebenso gerecht wird wie den individuellen Lernvoraussetzungen. Das Material ist dementsprechend so ausgewählt und aufbereitet, dass seine Erarbeitung und Weiterführung stets aus der 1. Person-Perspektive möglich ist: Der Schülerin und dem Schüler wird ein Zugang erschlossen, der sie selbst in die Perspektive der Fragenden und Handelnden bringt. Die zu erarbeitenden Zugänge und die Aufgaben sind zurückgebunden an die Perspektive der Schüler und Schülerinnen. Ihr Vorwissen, ihre Erfahrungen und ihre individuellen Zugänge zum Material werden aufgegriffen und als Wissensbasis ernst genommen. Die Didaktik der 1. Person-Perspektive erschließt die teilnehmende Perspektive der Lernenden, die sich in Geschehnisse und Geschichten einbezogen und beteiligt fühlen können, als ob sie Betroffene wären. Auf diese Weise werden für das ethische Orientierungswissen so wichtige Kompetenzen wie Perspektivenübernahme, Rollentausch und Empathie gefördert und unterstützt.

Der didaktische Grundsatz der 1. Person-Perspektive hat allerdings Grenzen, auch ethische Grenzen. Er muss sicherstellen, dass selbstständige Orientierung jederzeit möglich ist und dass emotionale Manipulation und Instrumentalisierung der Schülerinnen und Schüler vermieden werden. Eine Didaktik der 1. Person-Perspektive hat sich also jeder ideologisch begründeten Positionierung strikt zu enthalten. Emotionales Beteiligtsein darf nicht zu Bindungen führen, die die Schülerinnen und Schüler nicht als solche reflektieren und dazu Stellung beziehen können. So ist etwa Empathiefähigkeit eine Kompetenz, die für den Aufbau ethischen Orientierungswissens zwar wichtig ist, aber sie kann für sich genommen kein Ziel sein. Denn „Empathie" besagt allein nichts über Angemessenheit empathisch begleiteten Erlebens und Empfindens. Man kann auch Empathie mit a-moralischen Gefühlen und Haltungen anderer empfinden (Schadenfreude, Ver-

achtung). In diesem Zusammenhang fällt Adam Smiths wichtige Unterscheidung zwischen dem Bedürfnis gelobt zu werden und dem höherstufigen Bedürfnis lobenswert zu sein; sie war für die Kantische Ethik wegweisend. Für die Ausbildung ethischer Kompetenz, für den Aufbau ethischen Orientierungswissens, ist also auch die Emanzipation von Gefühlsbindungen im Bereich der Moral entscheidend.

Lernprozesse in der Perspektive der 1. Person berücksichtigen die ästhetische (die Wahrnehmung betreffende), die praktische (das Handeln betreffende) und theoretische (das Denken betreffende) Neugierde der Lernenden.

(3) Die Didaktik der 1. Person-Perspektive kann auch als **Didaktik der konstruktiven Adaptation an Vorwissen** verstanden werden. Lernprozesse sind dann erfolgreich, wenn sie so arrangiert sind, dass sie das Vorwissen der Schülerinnen und Schüler als Basis des Lernens verstehen. Nur auf der Basis dieses Vorwissens entstehen die zum Lernen notwendigen kognitiven Konflikte, nur auf seiner Basis ist Staunen möglich, entsteht Neugierde. Lernen wird durch Wissen motiviert. Ergebnisse der Bildungsforschung zeigen, dass der Erfolg von Lernprozessen entscheidend davon abhängt, ob und inwiefern es gelingt, Sachverhalte, Gedanken, Haltungen so zu präsentieren, dass diese Präsentation im Bezug zum Vorwissen steht. Insofern ist die Gestaltung von Lernumgebungen ein adaptiver Prozess. Jeder Schüler und jede Schülerin verfügt über individuelles Vorwissen und über Kompetenzen; sie kommen keineswegs als „tabula rasa" in den Ethikunterricht. Die Fundamente, auf denen Neues gelernt wird, sind individuelle Fundamente. Der Ethikunterricht hat die Aufgabe, individuelles Vorwissen aufzugreifen und sachlich sowie methodisch so zu erweitern und anzureichern, dass neue, differenziertere Orientierungen erworben werden können.

Die didaktische Konsequenz aus dieser konstruktivistischen Einsicht besteht darin, Lehr-Lern-Prozesse so zu gestalten, dass verschiedene Zugänge zum Material, zum Thema, zur Fragestellung möglich sind. Ein Zugang und eine erschließende Frage allein stellen nicht sicher, dass alle Schülerinnen und Schüler einer Lerngruppe lernen können. Finden sie keinen Zugang, können sie keinen Bezug zu ihrem Vorwissen herstellen und damit nicht lernen. Dann wird Motivation zu einem Thema. Aber Motivation ist grundsätzlich nicht das Hauptproblem bei der Gestaltung von Lehr-Lern-Prozessen. Die Herausforderung besteht vielmehr darin, didaktisch und methodisch sicherzustellen, dass Neues in der 1. Person-Perspektive der Lernenden auf ihr individuelles Vorwissen rückbezogen werden kann. Das Lehrwerk will dieser Herausforderung entsprechen, indem es auf sachlicher, didaktischer und auf methodischer Ebene eine Vielfalt möglicher Zugänge entwickelt.

Es ist reflexiv in dem Sinne angelegt, dass es eine Reflexion des eigenen Lernprozesses durch die Lernenden anregt.

Nicht als nachträgliche Evaluation oder Lernerfolgskontrolle, sondern im Sinne eines reflexiven Moments, das den gesamten Lernprozess durchzieht. Der Lernprozess, nicht nur das Gelernte, wird der Beurteilung durch die Schülerinnen und Schüler ausdrücklich zugänglich gemacht. Das geschieht etwa durch die explizite Formulierung von Vorwissen und von Erwartungen, die an ein Thema gestellt werden. Die Artikulation von Vorwissen wird immer wieder aufgegriffen und am Schluss eines Kapitels in der Regel zum Thema gemacht. Die Schülerinnen und Schüler werden aufgefordert, ihren eigenen Lernprozess Revue passieren zu lassen und zu beurteilen. Damit kann unter Umständen auch eine Kritik des Prozesses bzw. der Lernumgebung verbunden sein. In jedem Fall ist aber die Reflexion von Lernprozessen Bestandteil der ethischen Kompetenz. Die Methoden, die das Lehrwerk einführt, zielen auf Reflexions- und Urteilskompetenz in diesem Sinne: Inszenieren, Perspektivwechsel vornehmen, Essay schreiben, Sokratisches Gespräch führen, Denkmodelle und Theorien unterscheiden, Gedankenexperimente durchführen, Infragestellen, Dilemma-Diskussionen führen, meditieren. Die Rückbezüglichkeit des Gelernten ist Kern des Orientierungswissens. Anthropologisch kann man in ihr die „conditio humana" ausmachen: Menschen können nicht nicht lernen.

Dieser, im Kern konstruktivistische Grundsatz leitet die Auswahl, die Präsentation und Aufgabenkultur in *Wege Werte Wirklichkeiten*. Es kommt erstens darauf an, vielfältiges Material aus unterschiedlichen Bereichen auszuwählen, und zweitens, vielfältige Zugänge zum Material zu erschließen. Es ist gerade die Kompetenzorientierung, die eine größtmögliche Vielfalt des Materials und eine größtmögliche Vielfalt an erschließenden Zugängen sinnvoll erscheinen lässt. Das Lehrwerk will Lehrkräfte dabei unterstützen, konstruktive „Lernumgebungen" zu gestalten.

(4) Der konstruktivistische Ansatz in der Didaktik der 1. Person-Perspektive nimmt das Vorwissen der Schülerinnen und Schüler nicht nur ernst, er sieht darin vielmehr die Voraussetzung für das Lernen. Lernprozesse sind aus dieser Sicht selbstrückbezügliche (reflexive) Prozesse. In dem Maße, wie die Selbstrückbezüglichkeit des Lernens transparent ist, in dem Maße wird eine Autonomie der Lernenden als Lernende gefördert. Auf der Basis eigenen Wissens zu lernen, vermittelt ein **Bewusstsein der Selbstständigkeit (Autonomie)** beim Lernen. Die Rückbindung an das eigene Vorwissen stärkt das Gefühl, aus eigenem Antrieb, aus eigener Kraft zu lernen, sich beim Lernen selbst zu bestimmen. Dieser Effekt einer konstruktivistischen Didaktik der 1. Person-Perspektive, die Stärkung von Autonomie, ist für den Ethik-Unterricht nicht nur eine allgemeine Kompetenz, sondern gehört in den Kernbereich der fachbezogenen Kompetenzen.

(5) Den genannten didaktischen Grundsätzen wird ein **kompetenzorientierter Ethikunterricht** gerecht, worauf die Vielfalt des Materials und der erschließenden Zugänge zielt. Das inhaltliche Material, Zugänge und Methoden sind unter Voraussetzung der 1. Person-Didaktik und der konstruktiven Anpassung neuer Lerninhalte an das Vorwissen der Schüler und Schülerinnen offen zu halten. Dieser Offenheit entspricht die strikte Orientierung an Kompetenzen. Die didaktische Ausrichtung an Kompetenzen ermöglicht auch eine Auswahl des Materials und der Aufgaben. Es ist unter Umständen ebenso möglich, nur ein Kapitel eines Themenschwerpunktes zu erarbeiten oder beide Kapitel zu kombinieren. Mit Kompetenzen sind etwa die Felder Sachkompetenz, Methodenkompetenz, Selbst- oder personale Kompetenz sowie Sozialkompetenz angesprochen. Diese Unterscheidungen entsprechen in der Regel den Lehr- und Bildungsplänen bzw. den Kerncurricula der Bundesländer.

Eine Übersicht über die fachbezogenen und methodischen Kompetenzen ist im Handbuch zu Beginn jeder Einführung in einen Themenschwerpunkt als Übersicht verfügbar. Kompetenzorientierter Ethikunterricht unterstützt bei der Organisation von Lehr-Lern-Prozessen die konstruktive Adaptation an das individuelle Vorwissen der Schülerinnen und Schüler.

Aufgabenkultur und Methoden

(1) Die **Aufgabenformate** entsprechen den didaktischen Grundsätzen. Angestrebt ist eine größtmögliche Vielfalt und Differenzierung der Zugänge, um die Anpassung an das Vorwissen der Schülerinnen und Schüler sicherzustellen. Das didaktisch-methodische Grundkonzept des Lehrwerkes ist an einem konstruktivistischen Lernbegriff orientiert, der die Schülerinnen und Schüler als Subjekte ihres eigenen Lernweges in den Mittelpunkt rückt. Das Lehrwerk will Lehr- und Lernprozesse anstoßen, die die Selbstständigkeit und Eigenverantwortlichkeit der Schüler und Schülerinnen herausfordern. Diese Intention erfordert einerseits eine transparente Differenzierung von Lernanforderungen (Materialien, Aufgaben), andererseits eine gezielte Einbindung offener Aufgabenformate. Letztere lassen sich kennzeichnen durch einen (zunehmend) hohen Grad an Problemhaltigkeit bzw. Problemorientierung, die prinzipiell auch eine Offenheit von Lösungswegen und -ergebnissen beinhaltet (vgl. Formate „Denkräume"). Unter diesen Voraussetzungen begleiten die Aufgaben den Lernprozess der Schülerinnen und Schüler und werden in das Material integriert. So enthält das Lehrwerk z. B. reichhaltige literarische Texte aus der Jugendliteratur, für deren Verständnis auch ein Zugriff auf sprachlicher Ebene unabdingbar ist. Dies leisten die begleitenden Aufgaben und bereiten so eine solide Grundlage für die Erarbeitung ethischer Aspekte. Zudem werden damit individuelle Zugänge nicht nur ermöglicht, sondern auch für die Lernenden selbst transparent.

Das Lehrwerk unterscheidet zwischen **Erarbeitungsaufgaben** (einschließlich Wissenstransfer) und **offenen Lernaufgaben**. Die Differenzierung in den Aufgaben beabsichtigt nicht so sehr eine Differenzierung nach (Leistungs-)Niveaus als vielmehr eine Differenzierung nach Aufgabentypen, deren Funktion darin besteht, unterschiedliche Zugänge zu erschließen und individuelle Lernvoraussetzungen angemessen zu berücksichtigen. Die Schülerinnen und Schüler können gelegentlich selbst zwischen Aufgabentypen wählen, die ihren individuellen Lernwegen entsprechen.

Die Aufgabenkultur ist didaktisch an die bekannte Typologie philosophischer Methoden nach Martens *Methodik des Ethik- und Philosophieunterrichts* (2003), angelehnt:

- phänomenologische Methode: „etwas genau und differenziert beschreiben können (phänomenologisch)"; genaue Beschreibung von Sinneserfahrungen, Beobachtungen und Gefühlen
- hermeneutische Methode: „sich selbst und einen anderen verstehen, was verstanden wird (hermeneutisch)"; Deuten und Nachvollziehen von eigenen und fremden Handlungen und Meinungen
- analytische Methode: „begrifflich und argumentativ klären, was verstanden wird (analytisch)"; genaue Untersuchung von Begriffen und Argumenten
- dialektische Methode: „nachfragen und widersprechen (dialektisch)"
- spekulative Methode: „phantasieren, wie man etwas verstehen könnte (spekulativ)"

Die **offenen Lernaufgaben** (Denkräume) provozieren weiterführende Problemstellungen, die den Anstoß zu selbsttätiger Problemerfassung geben und einen breiten, nicht festgelegten Raum für die selbständige Suche nach Lösungen bereitstellen. Es sind bei einem hohen Grad an Offenheit und Komplexität mehrperspektivische Zugänge möglich. Die Ergebnisse sind in der Regel offen bzw. individuell. Lernen am Projekt ist bei diesem Aufgabentyp besonders gut möglich.

(2) Aus den didaktischen Grundsätzen folgt eine entsprechende Methodik. **Methodenkompetenz** wird in diesem Lehrwerk groß geschrieben. In jedem Kapitel wird im Format „Methoden" eine fachspezifische Methode als solche eingeführt, geübt und angewendet. Sie ist auch Gegenstand der Lernzielkontrollen. Diese Schwerpunktmethoden stammen aus dem klassischen Repertoire des Ethik- und Philosophieunterrichts und wurden auf die Lernvoraussetzungen der Klassenstufe 7/8 zugeschnitten. Einige Methoden wurden für das Lehrwerk neu entwickelt. Die Auswahl der Methoden richtet sich nach der Vielfalt möglicher Zugänge zu Themen bzw. Problemstellungen und bildet das gesamte Spektrum von ästhetisch-künstlerischen, performativen, narrativen, phänomenologischen, analytischen, hermeneutischen, experimentellen, dialektischen, skeptischen und diskursiven Zugängen ab.

Neben den Schwerpunktmethoden bietet das Lehrwerk eine Fülle weiterer Methoden aus allen Kompetenzbereichen an.

Stärker noch als in 5/6 wird im vorliegenden Band Wert auf wissenschaftspropädeutische Kompetenzen gelegt. Denkmodelle und Theorien unterscheiden, Gedankenexperimente durchführen, Deduktion und Induktion sind Methoden, deren wissenschaftspropädeutischer Charakter auf der Hand liegt. Das Lehrwerk hat sich bewusst zu dieser Profilierung entschlossen. Orientierung im Handeln hängt von der Urteilskraft bzw. Urteilskompetenz ab. Ethische Kompetenz ist – nicht nur, aber auch – eine Metakompetenz reflektierender Urteilskraft. Die ethische Beurteilung von Sachverhalten ist implizit eine Beurteilung der Logik dieser Sachverhalte. Dabei ist wissenschaftspropädeutisches Grundwissen gefragt. Wenn es um „Wahrheit" geht, ist die Unterscheidung von induktivem und deduktivem Schließen wichtig; wenn es um „Gedankenexperimente" geht, ist es wichtig zu wissen, was ein Experiment ist und was es leistet. Aus diesem Grund wurde etwa ein Gedankenexperiment aus dem Bereich der Naturwissenschaften gewählt, weil es geeignet ist, die Pointe eines Gedankenexperiments deutlich zu machen. Die Beurteilung von Sachverhalten und die Beurteilung von Antworten hängt von der Beurteilung der Fragen ab, die ihnen zugrunde liegen. Das Lehrwerk will darum insbesondere auch die Kompetenz Fragen zu entwickeln ausbilden helfen.

Formate

Themenschwerpunkte und Kapitel: Das Lehrwerk (Schülerband) präsentiert in sechs Themen zwölf Kapitel. Zwei Kapitel eines Themas verhalten sich jeweils ergänzend zueinander. Ein Kapitel hat in der Regel einen Schwerpunkt auf einer individuellen Perspektive, das andere bietet demgegenüber eine erweiterte Perspektive an, z. B. auf die anderen, die Welt.

Doppelseite: Jedes Thema beginnt mit einer Doppelseite, die beide Kapitel inhaltlich umschließt und Gelegenheit zum philosophischen Fragen und zur ersten Vergegenwärtigung von Vorverständnissen anregen will. Die Doppelseite gibt durch Text- und Bildelemente zu verstehen, um welche Fragen es gehen wird, was die Schülerinnen und Schüler erwartet und was sie lernen können. In der Regel findet sich auf der Doppelseite neben dieser Art Vorschau auch ein Zitat oder ein kurzer Text zum Thema, das bzw. der geeignet ist, Neugier zu wecken. Aus beiden Kapiteln lässt sich auf die Doppelseite zurückgreifen.

Einstiegsseite: Jedes Kapitel beginnt mit einer Einstiegsseite. Bildelemente, Grafiken, Texte oder Kollagen eröffnen das Thema des Kapitels und geben den Schülerinnen und Schülern in wechselnden Methoden Gelegenheit zum Austausch über Vorverständnisse. Erste Aufgaben stellen Weichen zu den Inhalten des Kapitels. Die Seite sorgt für Transparenz durch Nennung der Inhalte und Ziele des Kapitels. Am Schluss der Seite wird ausdrücklich die Schwerpunktmethode des Kapitels genannt und knapp erläutert.

Unterkapitel: Jedes Kapitel hat drei bis sechs Unterkapitel, die Teilaspekte des Kapitelthemas zur Erarbeitung anbieten.

Schlussseite: Die Schlussseite gibt den Schülerinnen und Schülern im Format **„Rückblick"** Gelegenheit zur angeleiteten Reflexion des eigenen Lernprozesses. Wichtig sind hier subjektive Einstellungen und Bewertungen über den persönlichen Lernerfolg und die Wertschätzung einzelner Gedanken oder Aspekte. Hier ist auch der Ort für eine kritische Rückmeldung im Rückblick auf das Kapitel, frühere Einstellungen können erneut hinterfragt werden. Das zweite Format „Weiterdenken" erweitert nun noch einmal den Horizont. Es soll, ähnlich wie die „Denkräume", Gelegenheit geben, Aspekte des Kapitels zu vertiefen oder das Gelernte auf einen neuen inhaltlichen Zusammenhang zu transferieren.

Methodenkästen: In farblich abgesetzten, zum Teil ganzseitigen Methodenkästen werden die zwölf fachbezogenen Methoden vorgestellt und durch Anwendungsbeispiele erklärt.

Denkräume: Spezielle, offene Aufgabenformate werden in „Denkräumen" angeboten. Die Aufgaben können individuell bearbeitet werden (z. B. Essay, Schreibmeditation), richten sich aber auch an die gesamte Lerngruppe und haben dann einen komplexen, projektartigen Charakter. Angelehnt an die Forschung der unterschiedlichen Lerntypen und der individuellen Lernwege können unterschiedlich komplexe Aufgaben ausgewählt werden.

Infokästen: Zusätzliche Informationen zu Themen, Methoden, Theorien und Begriffen können in Infokästen abgerufen und bearbeitet werden.

Randspalte: Die Randspalte stellt Querverweise zu anderen Kapiteln, Methoden und Infokästen her, bringt kurze Sachinformationen (z. B. zu Personen), erklärt Begriffe, gibt Tipps zur Bearbeitung von Aufgaben. Ihre didaktische Funktion besteht in der Förderung selbstständigen und selbstgesteuerten Lernens.

Glossare: Das Lehrwerk enthält im Anhang zwei Glossare: ein fachbezogenes Ethik-Glossar mit Erklärungen ethischer Grundbegriffe, Theorien und Weltanschauungen sowie Personen, die im Lehrwerk genannt werden. Ein Methoden-Glossar stellt alle Schwerpunktmethoden ausführlich dar und erklärt außerdem verwendete Methoden ausführlich.

Arbeiten mit den Lehrermaterialien

Die Lehrermaterialien liefern fachliche Hintergrundinformationen zu den Themen der Kapitel, geben didaktische Erläuterungen zur Anlage derselben sowie Hinweise auf Fachliteratur. Eine Übersicht stellt die fachbezogenen Kompetenzen, die Unterrichtsaspekte und die Methoden zu jedem Kapitel vor. Die Kapitelstruktur ist so auf einen Blick zugänglich. Die Auswahl der Themen wird didaktisch erläutert. Alle Aufgaben werden knapp didaktisch begründet, kommentiert und mit Lösungsvorschlägen versehen. Je Kapitel werden zwei bis vier Zusatzmaterialien samt Aufgaben und Lösungsvorschlägen auf zwei Niveaus (Leistungsstufen) angeboten. Auch eine Lernzielkontrolle mit Erwartungshorizont steht für jedes Kapitel zur Verfügung (editierbare Fassung auf der CD-Rom).

Literatur

Glasersfeld, Ernst von: Radikaler Konstruktivismus. Ideen, Ergebnisse, Probleme. Zehntes Kapitel: Die Förderung des begrifflichen Konstruierens bei Schülern. Frankfurt a. M. 1997: Suhrkamp. S. 283–309.

Kühne, Ulrich: Die Methode des Gedankenexperiments. Frankfurt a. M. 2005: Suhrkamp.

Kutschera, Franz von: Wert und Wirklichkeit. Paderborn 2010: Mentis Verlag.

Martens, Ekkehard: Methodik des Ethik- und Philosophieunterrichts. Philosophieren als elementare Kulturtechnik. Hannover 2003: Siebert Verlag.

Mölders, Marc: Die Äquilibration der kommunikativen Strukturen. Theoretische und empirische Studien zu einem soziologischen Lernbegriff. Weilerswist 2011: Velbrück Wissenschaft.

Neubauer, Aljoscha/Stern, Elisabeth: Lernen macht intelligent. Warum Begabung gefördert werden muss. München 2007: Goldmann.

Nunner-Winkler, Gertrud: Zum Verständnis von Moral – Entwicklungen im Kindesalter. In: Franz E. Weinert (Hrsg.): Entwicklung im Kindesalter. Weinheim 1998: Beltz. S. 135–152.

Oser, Fritz/Althof, Wolfgang (Hrsg.): Moralische Selbstbestimmung. Modelle der Entwicklung und der Erziehung im Wertebereich. Stuttgart 1992: Klett-Cotta.

Pfeifer, Volker: Didaktik des Ethikunterrichts. Bausteine einer integrativen Wertevermittlung. 2. überarb. u. erweit. Ausgabe. Stuttgart 2009: Kohlhammer.

Piaget, Jean: Die moralische Entwicklung beim Kinde. Frankfurt a. M. 1984: Suhrkamp.

Rösch, Anita: Kompetenzorientierung im Philosophie- und Ethikunterricht. Entwicklung eines Kompetenzmodells für die Fächergruppe Philosophie, Praktische Philosophie, Ethik, Werte und Normen, LER. Münster 2009: Lit Verlag.

Soentgen, Jens: Selbstdenken! 20 Praktiken der Philosophie. Weinheim 2007: Beltz.

Ich auf dem Weg

1 Wer ist das: Ich?

Fachbezogene Kompetenzen

Die Schülerinnen und Schüler

- erschließen konstante und veränderliche Dimensionen der Ich-Identität
- erarbeiten und reflektieren die Bedeutung sozialer Rollen für das Ich in der Gemeinschaft
- differenzieren zwischen „glücklich leben" und „Glück erleben"
- beurteilen unterschiedliche Lebensentwürfe unter dem Aspekt des glücklichen Lebens

Unterrichtsaspekte

- Ich – gleich und doch veränderbar
- Identität gestalten und sich der eigenen Persönlichkeit bewusst werden
- „Wir alle spielen Theater" – auf den sozialen Bühnen des Lebens agieren
- der Einzelne und die Vielfalt seiner sozialen Rollen
- Was ist Glück? – individuelle Kriterien für „glücklich sein"
- Unterscheidung zwischen „glücklich leben" und „Glück erleben"

Methoden

Schwerpunktmethode
- Inszenieren

Weitere Methoden
- ein Portfolio anlegen und gestalten
- Texte schreiben (Paralleltext, Kommentar in Form eines Briefes, innerer Monolog, Steckbrief, kurze Geschichte)
- Text und Bild aspektgebunden vergleichen
- einen Text inhaltlich erschließen
- sprachliche Bilder entschlüsseln
- Fragen zu Begriffen und Texten formulieren
- Gedanken in einem Schema veranschaulichen
- ein Lernplakat gestalten
- ein Gedankenexperiment durchführen

2 Sucht und Abhängigkeit

Fachbezogene Kompetenzen

Die Schülerinnen und Schüler
- erklären Fachbegriffe im Themenfeld Sucht und Abhängigkeit
- erläutern mögliche Ursachen von Süchten
- untersuchen Auswirkungen des Konsums von Suchtmitteln sowie Folgen von Essstörungen als Verhaltenssucht
- entwickeln Möglichkeiten zur Drogenprävention durch die Sensibilisierung für persönliche Grenzwahrnehmung
- beurteilen Verhaltensweisen in Bezug auf Suchtgefährdung bzw. Suchtprävention

Unterrichtsaspekte

- Modellvorstellung von Sucht
- entwicklungspsychologische Ursachen von Risikobereitschaft als prädispositionaler Faktor für Sucht und Abhängigkeit in der Pubertät
- Wahrnehmung persönlicher Grenzerfahrungen in Handlungssituationen
- Alkohol und Nikotin als stoffgebundene Süchte
- Essstörungen als stoffungebundene Sucht

Methoden

Schwerpunktmethode
- Selbst-Wahrnehmung

Weitere Methoden
- ein Schaubild erläutern und deuten
- einen Text aspektorientiert analysieren
- eine begründete Stellungnahme zu einem Handlungsimpuls verfassen
- einen inneren Monolog durch Perspektivwechsel zu einem Bild schreiben
- ein Bild beschreiben
- einen Essay schreiben

1 Wer ist das: Ich?

Didaktische Erläuterungen

Schülerinnen und Schüler der 7./8. Jahrgangsstufe befinden sich in einer Entwicklungsphase, in der sich das affektive und kognitive Selbstkonzept der Jugendlichen immer stärker ausdifferenziert: Sie unterscheiden z. B. zwischen dem Selbstbild, wie man ist, und dem, wie man sein möchte; ebenso können sie zunehmend das authentische von einem nur vorgetäuschten Selbstbild trennen; der Blick der anderen auf das eigene Ich erhält immer mehr Bedeutung; daraus erwächst auch die deutlichere Ausprägung und bewusste Wahrnehmung verschiedener Rollenkonzepte, die in das Selbstbild einfließen.

Der erste Themenbereich des 7/8-Schülerbandes greift im Sinne des Primats der 1.-Person-Didaktik diese Disposition der Lernenden konstruktiv auf, indem ihnen hier affektiv-emotionale und kognitiv-reflexive Perspektiven auf die eigene Persönlichkeit eröffnet werden. Auf Grundlage der entwicklungspsychologischen Voraussetzungen steht didaktisch eine der ersten philosophischen Grundfragen epistemisch im Hintergrund: die Frage, wie das eigene Leben gelingen kann. Damit sind etwa Aspekte der Selbstbewusstheit/Selbstbestimmtheit, des Glücks als Handlungs-/Lebensziel und der Selbstwahrnehmung berührt.

Das erste Kapitel rückt dazu die Frage nach der eigenen Identität in den Mittelpunkt. Ausgangspunkt sind Präkonzepte von Jugendlichen, die durch eigene Antworten der Schülerinnen und Schüler auf die Frage „Wer bin ich?" ergänzt werden können. Die Differenzierung zwischen unveränderlichen und veränderlichen Facetten des Ich leitet über zu dem Aspekt der bewussten ‚Verschleierung' des authentischen Ich, z. B. durch eine Maske. Die Person, die man vorgibt zu sein, muss nicht mit dem Ich völlig übereinstimmen. Die Einsicht in selbstbestimmte, aktive Gestaltungsmöglichkeiten (Identitätskonstruktion) setzt ein wichtiges Gegengewicht zu deterministischen Auffassungen vom Ich und ist eine didaktisch fruchtbare Voraussetzung für die Erarbeitung von sozialen Rollen und deren Bedeutung für die Ich-Identität. Mit Blick auf die beiden Pole von Passivität und Aktivität wird im letzten Schritt das „glückliche Leben" – im Unterschied zu „Glück erleben" – als ‚Endziel allen Strebens' (Aristoteles) beleuchtet.

Identität

Der Begriff „Identität" lässt sich auf das lateinische Wort *idem* (derselbe, dieselbe, dasselbe; auch: der, die, das Gleiche) zurückführen. Er bezeichnet zunächst persönliche, äußerlich bestimmbare Merkmale eines Individuums (etwa Name, Alter, Geschlecht, Beruf), durch die es eindeutig von anderen Individuen unterschieden werden

kann. Darüber hinaus wird mit Identität im engeren psychologischen Sinn die einzigartige Persönlichkeitsstruktur begrifflich gefasst: Das quasi innere Merkmalsspektrum eines Individuums, sein Selbstkonzept. Dazu gehören das Selbstwertgefühl und Selbstvertrauen (affektive Dimension) sowie die Selbstwahrnehmung und das Wissen, das man von sich selbst hat (kognitive Dimension). Für die Ausbildung und Entwicklung des Selbstkonzepts spielt auch die Fremdwahrnehmung eine wichtige Rolle, d. h. das Bild, das sich andere von mir machen. Für Jugendliche gewinnt die Frage nach der eigenen Identität („Wer bin ich?") immer mehr an Bedeutung, da sie sich selbst intensiv in sozialen Bindungen und Beziehungen erleben und dies auch zunehmend selbst reflektieren können. Im Laufe des Erwachsenwerdens erhöht sich daher tendenziell die Komplexität der Identität als Selbstkonzept – was von den Heranwachsenden selbst durchaus auch als irritierend wahrgenommen werden kann. Die entwicklungspsychologisch in diesem Alter zentrale Phase der Pubertät bringt dies oft überdeutlich zum Ausdruck.

Soziale Rolle

Unter soziologischer Perspektive lässt sich die Identität eines Menschen in sozialen Relationen betrachten. „Wir alle spielen Theater" – so lautet die Kernthese des gleichnamigen Buches von Erving Goffman. Die Notwendigkeit der Selbstdarstellung in einer interaktiven Handlungssituation führt dazu, dass jedes Individuum seinem Selbstkonzept entsprechend auftritt, gleichzeitig jedoch auch den Erwartungen der anderen – insbesondere der Mitglieder wichtiger Bezugsgruppen – entsprechen möchte. Jeder Einzelne spielt demnach eine Rolle im Ensemble seiner sozialen Beziehungen: eine persönliche Umsetzung von sozial determinierten Handlungsmustern, die ihm seinen Status in der jeweiligen Gruppe sichern. Berücksichtigt man die Vielfalt möglicher sozialer Bezugsgruppen (z. B. Familie, Freundeskreis, Klasse, Sportverein, Orchester, Nachbarschaft), dann wird schnell klar, dass es mehrere „Bühnen" sind, auf der jeder Einzelne seine Rollen spielt. Und diese können durchaus differieren: Wer etwa eine Jugendliche als äußerst stille und zurückhaltende Schülerin aus dem Unterricht kennt, wird sich möglicherweise wundern, sie im Handballverein als verantwortungsbewussten und führungsstarken ‚Mannschaftskapitän' zu erleben. Der Begriff „Person" beinhaltet in seiner ursprünglichen Bedeutung (etruskisch *phersu* ‚Maske') diesen Zusammenhang zwischen der Identität des Individuums und seinem – vielgestaltigen – Rollenspiel, das sich mal bewusst, mal unbewusst vollzieht. Die ‚Maske' stellt das Bild dar, das der Einzelne von sich für sein Rollenspiel auf einer der Bühnen seines Lebens erschaffen hat.

Glück

Als Teilaspekt in diesem Kapitel bildet Glück eine Art perspektivischen Fluchtpunkt: In der Identitätsbildung jedes Einzelnen manifestiert sich auch ein Streben, glücklich zu sein. Dieses Glücksbedürfnis ist einerseits Teil des Menschseins, andererseits etwas äußerst Individuelles. Dennoch lassen sich grundsätzlich unterschiedliche Facetten dieses Begriffes ausmachen, von denen hier insbesondere ein „glückliches Leben" vom Moment des „Glückerlebens" herausgearbeitet wird. Letzteres ist kurzfristig, vergänglich, dafür intensiv erlebtes Glück. Glücklich zu leben bzw. gelebt zu haben bezieht sich auf eine lange (wenn nicht gar die gesamte) Lebenszeitspanne, impliziert eine Beständigkeit, die eine hohe Lebensqualität für den Betroffenen bedeutet. Es umfasst durchaus unterschiedliche einzelne ‚Glückselemente': z.B. eine gelungene Partnerschaft oder Familie, einen zufriedenstellenden Beruf, aber auch Erfüllung in Momenten erfolgreichen längerfristigen Engagements für eine bestimmte Sache. Beide hier thematisierten Facetten von Glück beziehen sich auf subjektives Erleben, auf eine innere Verfassung des Einzelnen, der glücklich ist. Demgegenüber gibt es auch übergeordnete Ideale, nach denen sich ein glückliches Leben oder die Erfahrung von Glückserleben ausrichtet: Gott, Wahrheit, Tugend. Diese Aspekte bleiben für Jugendliche der 7. und 8. Jahrgangsstufe in der Regel schwer greifbar und bleiben daher in diesem Kapitel ausgeklammert.

Zur Methode „Inszenieren"

Der in der Thematik des Kapitels selbst begründete Abstraktionsgrad wird nicht nur didaktisch aufgefangen, sondern auch methodisch ins Praktische gewendet: Die zentrale Methode des Kapitels erschließt handlungsorientiert, was inhaltlich reflektiert werden soll. Durch das In-Szene-setzen werden die Lernenden in die Lage versetzt, fiktive Selbstbilder spielerisch zu erproben und soziale Handlungsmuster kritisch zu hinterfragen. Wichtig bei der Durchführung einer solchen Inszenierung ist, dass das Rollenspiel, die Pantomime o. A., nicht zum Selbstzweck wird, sondern für die Lernenden ersichtlich eine erkenntnisleitende Funktion erhält. Das Inszenieren ermöglicht eine differenzierte Betrachtung von Handlungsmotiven, von rollenbezogener Selbstwahrnehmung auf emotionaler und kognitiver Ebene. Damit werden im Alltag unbewusst ablaufende „Inszenierungsprozesse" von Identität unmittelbar anschaulich und zugänglich.

Literatur zum Kapitel

Erikson, Erik H.: Identität und Lebenszyklus. Frankfurt/Main (1959/1966/1973): Suhrkamp.

Oerter R./Montada L. (Hrsg.): Entwicklungspsychologie. München 2008 (Kapitel 8, Unterkapitel 4: Identität): BeltzPVU.

Ethik und Unterricht 2/2006: Maske (diverse Beiträge).

Wetz, Franz-Josef: Glück. Ausgewählt und herausgegeben von Franz-Josef Wetz. Stuttgart 2002: Klett-Cotta.

Heller, Bruno: Glück. Ein philosophischer Streifzug. Darmstadt 2004: Wissenschaftliche Buchgesellschaft.

Bieri, Peter: Wie wollen wir leben? Salzburg 2011: Residenz Verlag.

Goffman, Erving: Wir alle spielen Theater. Die Selbstdarstellung im Alltag. München 2003 (erstmals 1969, amerikanische Originalausgabe erschienen 1959): Piper Verlag.

Erläuterungen und Lösungen der Aufgaben

➡ SB S. 6 und 7

Die den Themenbereich einleitende Doppelseite präsentiert grafische und textliche Impulse, um die Schülerinnen und Schüler auf die Spur zu setzen, sich selbst als Individuen im dynamischen Prozess von Veränderung und Identität wahrzunehmen. Dabei werden Differenzierungen in emotionaler und kognitiver Perspektive angestoßen, die auch mögliche Konflikte berühren. Neben dem gemeinsamen Austausch können hier auch individuelle Formen der Auseinandersetzung mit diesen Denkanstößen einen besonderen Stellenwert erhalten.

➡ SB S. 8

Die Anregung, ein Portfolio anzulegen, bezieht sich auf das ganze Kapitel. Für die Beschäftigung mit dem Thema Identität und Glück erscheint insbesondere diese Form der individuellen Erarbeitung, Kommentierung oder Visualisierung von Gedanken und Gefühlen durch die Lernenden selbst äußerst sinnvoll. Dabei sollten Pflichteinträge von freiwilligen unterschieden werden: Die Schülerinnen und Schüler können zusätzliche Eintragungen vornehmen bzw. Blätter gestalten, die dem/der Lehrenden nicht vorgelegt werden müssen. Gerade das Portfolio eröffnet diese Möglichkeit zu einer differenzierten Vorgehensweise. Wenn das Portfolio eigenständig freiwillig geführt werden soll, können die Lernenden selbst entscheiden, welche Blätter sie im Anschluss an das Kapitel möglicherweise allen Kursteilnehmern zeigen und welche nicht.

1. und 2.: Individuelle Lösungen.

➡ SB S. 9

1. Mögliche Titel: Und trotzdem bin ich Ich. – Ich bleibe Ich? – Ich und doch ganz anders. Als Begründung:

1

Obwohl man im Laufe seines Lebens körperliche, kognitive und auch emotionale Änderungen erlebt, erfährt man sein „Ich" als identisch: Man weiß, dass man weiterhin „Ich" bleibt.

2. Die beiden Jugendlichen nehmen diese Veränderung im Identisch-bleiben als paradox wahr.

3. Individuelle Lösungen.

4. Gregor Samsa erfährt eine massive körperliche Veränderung, die er sich nicht erklären kann. Sein Körper weist Merkmale eines großen Insekts auf („panzerartig harter Rücken", „gewölbter, brauner, von bogenförmigen Versteifungen geteilter Bauch", „viele dünne Beine"). Er verfügt jedoch weiterhin über seine selbstreflektierende Identität und über eine entsprechend sinnliche Wahrnehmung. Zudem ist er immer noch in seiner bekannten Umgebung.

5. Er kann weiterhin als Gregor Samsa bezeichnet werden,

   – da er es ist, der diese Verwandlung erlebt

   – da es Gemeinsamkeiten zwischen dem Wesen auf seinem Bett und ihm gibt, die eine Unterscheidung vorher-nachher möglich machen, die durch eine Kontinuität verbunden ist

   – da es Gregor Samsa ist, der erwacht, egal was er vorher war (wie er aussah) oder geträumt hat (zu sein).

   Er kann nicht mehr als Gregor Samsa bezeichnet werden,

   – da er sich äußerlich so extrem verändert hat: Er ist nicht mehr als menschliches Wesen erkennbar.

6. Individuelle Lösungen.

7. Individuelle Lösungen.

➡ KV 1 „Ich-Identität im Wandel der Zeit – Herr der Diebe"

➡ SB S. 11

Der Text von Margret Steenfatt eröffnet mehrere Zugangswege zu der Problematik „Wer bin Ich?". Das Spiel mit dem eigenen Erscheinungsbild im Spiegel (Schminke, Maske, Abbild, Zerrbild, Zerstörung des Bildes) tritt ebenso auf wie die Diskrepanz zwischen (veränderlicher) Existenz und Erwartung (nichts werden, etwas sein, nichts sein). Die Schülerinnen und Schüler erhalten die Möglichkeit, sich kreativ mit diesen Motiven des Textes auseinanderzusetzen.

1. a) und b) Individuelle Lösungen.

2. Die Geschichte „Im Spiegel" bietet sich für eine szenische Darstellung an. Die Form der Pantomime ermöglicht den Schülerinnen und Schülern, sich mit gestischen, mimischen und körperlichen Ausdrucksmöglichkeiten genau auseinanderzusetzen und Achims Selbstwahrnehmung dadurch intensiv nachzuvollziehen. Wichtig im Sinne der Methode des Inszenierens ist die Formulierung einer Themen- oder Fragestellung, die durch das pantomimische Spiel genauer geklärt werden soll, z. B.: „Wie geht Achim mit dem Vorwurf um, er sei ein NICHTS?" Denkbar ist auch eine Verknüpfung zu Kafkas Textauszug über das Stichwort „Verwandlung".

3. Individuelle Lösungen.

4. Diese Aufgabe regt zu einem expliziten Perspektivwechsel auf Textgrundlage an. Im Zentrum steht die Zerstörung der selbst gemalten Spiegelmaske. Diese rekurriert auf Z. 8 ff., wo die Anschuldigung, Achim sei ein Nichts, mit einem „unbeschriebenen Blatt Papier", „ungemalten Bild" in Beziehung gesetzt wird. Achim gestaltet sich selbst eine bunte Spiegelmaske und setzt damit quasi die Anschuldigung außer Kraft. Doch mit dieser indirekten Erfüllung der Erwartungen anderer (vermutlich der Eltern) an ihn bricht er, indem er die Spiegelmaske zerstört.

5. Im Spiegel setzt Achim quasi eine Maske auf, die ihn zu einer „Person" macht, die farbig konturiert ist – und den Erwartungen der anderen (Erwachsenen) entspricht.

6. „Barbies Schwester" zeigt ein Mädchen, das sich als Prinzessin verkleidet hat. Sie trägt eine mit Federn geschmückte Augenmaske vor einem weiß geschminkten Gesicht. Damit schlüpft sie in die ‚Rolle' einer bestimmten Person – die Prinzessin hat sicherlich für das Mädchen auch einen Namen. Diese Personengestaltung mithilfe einer Maske ist ein vergleichbares Element zu Achim in Steenfatts Geschichte.

➡ SB S. 13

1. Zur Identität einer Person gehören äußere Merkmale wie Alter, Geschlecht, Name, Beruf, Lebenslauf, Gruppenzugehörigkeiten und soziale Beziehungen sowie die inneren Merkmale der Persönlichkeitsstruktur (mögliche Nennungen: Charakter, Eigenschaften, Vorlieben, Ängste, Fähigkeiten und Unfähigkeiten). Individuelle Ergänzungen.

2. Merkmale der Identitätskonstruktion sind die aktive Beschäftigung mit dem eigenen Verhältnis und Verhalten zur Welt und mit sich selbst. Dazu gehört die kritische und bewusste Reflexion aller relevanten Lebensentscheidungen wie die Zugehörigkeit zu Gruppen oder Freundeskreisen, Lebenspartnerschaften und die Haltung für oder gegen bestimmte Ideen, Meinungen, Ideologien oder Glaubensrichtungen:

   – aktive Beteiligung

   – sich fragen, wer oder wie man sein will

   – bewusste Entscheidungen treffen

   – herausfinden, was man möchte

   – sich mit seinen Entscheidungen auseinandersetzen

   – Verantwortung für das eigene Handeln übernehmen

3. Das Foto zeigt dieselbe Person mit einer jüngeren und einer älteren Gesichtshälfte: Hier können u.a. genannt werden, dass eine Person sie selbst bleibt, weil sie ihre Lebensentscheidungen zu dem machen, was sie ist; dass das Bild zeigt, das eine Verbindung zwischen der

Jugend und dem Alter besteht, die das Leben (d. h. die Bildung der Identität) ausmacht und dass sich im Laufe des Lebens zumindest äußere Veränderungen ergeben.

⇒ *KV 2 „Der Mensch als Marionette?"*

⇒ *SB S. 14*

1. Steckbrief: Eine erwachsene Frau mittleren Alters (ca. 30–40 Jahre), beruflich erfolgreich in verantwortlicher Position (muss ein Geschäftsgespräch führen); Ausgestaltung: individuelle Lösungen.

2. Die Person könnte z. B. ein Outfit aus ehrlichem Interesse und Offenheit tragen, ein T-Shirt aus Zuneigung und Zugewandtheit, die Unternehmungslust-Schuhe und den Hut Menschlichkeit mit einer Witz- und Gelassenheitsfeder daran. Weitere mögliche Kleidungsstücke: Aufmerksamkeit, Toleranz, Nachgiebigkeit und Kompromissbereitschaft, Lernbereitschaft.

3. a) Das sprachliche Bild „Kleider" – z. B. das Kostüm aus Höflichkeit – bezeichnet die unterschiedlichen Rollen, in die die Person dieser Geschichte schlüpft. Unterschiedliche Situationen und Intentionen erfordern unterschiedliche Verhaltensweisen. Das Bild des „Nacktseins" entspricht hier dem „Man-selbst-sein": Die Person würde sich lieber immer so verhalten, wie sie „wirklich" ist, ohne eine bestimmte Rolle spielen zu müssen.

   b) Das vollständige Ablegen aller Verhaltensmuster ist nicht möglich. Der Mensch steht immer in einem Kontext sozialer Beziehungen, Interaktionen und Intentionen. Er wird erst zur Person, wenn er diese Rollen annimmt – auch durch Negation bzw. bewusste Umkehr der eigentlich von ihm erwarteten Verhaltensweisen.

4. a) und b) Individuelle Lösungen.

5. Ein möglichst prall gefüllter „Kleiderschrank" ist einerseits erstrebenswert, weil man damit eine Vielzahl unterschiedlicher Rollen spielen und dadurch in jeder Situation angemessen reagieren kann. Andererseits verleitet eine solche Fülle von Verwandlungsmöglichkeiten auch dazu, sich sehr häufig „umzuziehen", also sich den jeweiligen Erwartungen immer anzupassen. Das Ich gerät womöglich ins Wanken.

⇒ *SB S. 15*

6. a) Mögliche Fragen: Welche sozialen Rollen spielen wir? Was heißt es genau, eine „Rolle zu spielen"? Wer bin ich wirklich, wenn ich nur verschiedene Rollen spielen kann? Was passiert, wenn ich aus der Rolle falle?

   b) Individuelle Lösungen.

7. Verhaltensmuster ausführen können: Situationen mit kleiner Zahl von Beteiligten, höherem Vertrautheitsgrad, informellem Charakter (Familie, Freunde, Beziehung), Ausnahmesituationen als Extremsituation (Notfälle, absolute Fremdheit, Kommunikationsunfähigkeit), Ausnahmesituationen mit entsprechendem Rahmen (Karneval, Rockkonzert, Theaterstück oder Kunstaktion).

Verhaltensmuster ausführen müssen: Situationen mit mehreren/vielen Beteiligten und geringerem Vertrautheitsgrad in formellerer Umgebung oder mit starkem Autoritäts- oder Machtgefälle (Beruf, Schulunterricht, Gerichts- oder Amtsbesuch), Situationen mit fremden Menschen, in denen die Beteiligten in ihrer Rolle zweckorientiert handeln oder auf Kooperation angewiesen sind (Einkauf, Restaurantbesuch, Kino), bei Ritualen oder Zeremonien (z. B. Gottesdienst, Gebet, Firmung, Konfirmation, Beerdigung, Zeugnisverleihung), abgemildert beim allgemeinen Auftreten im öffentlichen Raum (Busfahrt, Schwimmbad).

8. Das in der Randspalte skizzierte Schema deutet an, in welche Richtung die These Goffmans überprüft werden soll: Die Lernenden können hier verschiedene ‚Bühnen' in ihrem Lebensalltag benennen, auf denen sie eine bestimmte Rolle einnehmen, z. B. Schüler in der Schule, Bruder/Sohn bzw. Schwester/Tochter in der Familie, Freundin in der Clique, Mannschaftskapitän im Fußballverein. Dabei sollten auch konkrete Handlungsbeispiele genannt werden: Wie verhalte ich mich als Schüler, Bruder, Freundin etc.?

9. a) Judith kritisiert diese Gliederung in soziale Bühnen, die eigentlich noch viel stärker differenziert werden müssten. Die Rolle ‚Schüler' lässt sich ganz unterschiedlich spielen, je nachdem, in welchem Fach, bei welcher Lehrerin oder welchem Lehrer, an welchem Tag oder in welcher persönlichen Situation oder mit welchen individuellen Fähigkeiten: Man spielt die vermeintlich eindeutige Rolle immer etwas anders.

   b) Mögliche Lösungen: Auf der Bühne ‚Familie' ist man bei den Großeltern anders als allein mit den Geschwistern, man ist im Urlaub anders als beim Einkaufen mit den Eltern, man ist auf Familienfesten anders als beim Frühstück, usw. Auf der Bühne ‚Freunde' verhält man sich in der Clique anders als mit dem besten Freund/der besten Freundin allein, man ist auf einer Party anders als beim Mittagessen bei einem Schulkameraden/in.

   c) Individuelle Lösungen; z. B.: Gestaltung des Bühnennetzes als eine Art Mindmap mit weiteren möglichen Hauptbühnen (Musikunterricht, Glaubensgemeinschaft, Urlaub, Pfadfinder, Beziehungspartner) und Nebenbühnen (Patchwork-Familie, Lieblingsgeschwister, -tanten, -onkel, -großeltern, Sportfreunde je nach Mannschafts- oder Individualsportart, Schulaktivitäten wie Mentoren, Mediatoren, Orchester, Theater, AG's …).

10. a) Individuelle Lösungen.

    b) Individuelle Lösungen.

11. Individuelle Lösungen.

    Diese Frage knüpft noch einmal an das Bild der

1

„Nacktheit" aus Karl Kalembas Geschichte „Der Kleiderschrank" an, allerdings in differenzierter Form. Die Schülerinnen und Schüler können nun der Frage mit soziologisch fundierten Begriffen genauer nachgehen.

➡ *KV 3 „Soziale Rollen"*

➡ *SB S. 16*

Hier wird ein Perspektivwechsel vollzogen: Die Erwartungen, denen das jeweilige Ich in seinen sozialen Rollen ausgesetzt ist, werden als kollektive gesellschaftliche Normen und Haltungen durch das unpersönliche MAN dargestellt. Das MAN stellt sowohl die Folie der allgemeinen als auch die Regeln und den situativen Kontext der speziellen Erwartungen, auf die sich die verschiedenen sozialen Rollen beziehen bzw. aus denen sie sich ableiten lassen.

12. Eigenschaften des MAN:
    – sehr leise Stimme, die gerade dadurch unüberhörbar ist
    – verbreitet Botschaften in den Köpfen aller Menschen einer Gesellschaft
    – mächtig
    – beständig präsent
    – handlungsleitend
    – unpersönlich

13. „Wie ein Gast, den niemand eingeladen hat, den aber alle kennen." Das MAN ist nicht etwas (explizit) Gewolltes, keiner hat es gerufen, keiner hat es benannt, keiner hat es eingefordert. Es ist vielmehr die Summe von Vorurteilen und Meinungen, die niemand persönlich vertritt, sondern die als normgebende Größe allen bekannt ist.

14. Das MAN legt die Erwartungen an das soziale Verhalten fest, die jemand erfüllen muss, wenn er eine bestimmte Rolle spielen und damit eine bestimmte soziale Position einnehmen möchte. Das MAN bleibt unpersönlich und erlangt gerade dadurch eine normative Kraft, die das zu erwartende Verhalten des Einzelnen in seinen sozial determinierten Rollen bestimmt. Zugleich stellt das MAN sicher, dass jeder Betroffene um diese Erwartungen weiß und als Teil der Allgemeinheit (des MAN) grundsätzlich an ihrer Entstehung beteiligt ist.

15. Individuelle Lösungen.

16. Individuelle Lösungen.

17. Als mögliche Anregungen für eine Inszenierung bieten sich die im Text von Susanne Fromm genannten ‚Sprüche' des MAN an, die grundsätzlich von moralischen Normen zu unterscheiden sind (z. B. „Man soll nicht lügen."). Die „leise Stimme des MAN" ist eben nicht das kollektive Gewissen einer Gemeinschaft bzw. Gesellschaft, sondern ein Konglomerat pauschalisierter praktischer Denk- und Handlungsregeln, die das gemeinschaftliche Zusammenleben vereinfachen sollen. Individuelle Lösungen.

➡ *SB S. 17*

Als weiterer Schwerpunkt des Kapitels wird der Aspekt des glücklichen Lebens eingeführt. Die Unterscheidung zwischen „Glück haben" und „Glücklichsein" knüpft an das (intuitive) Vorwissen der Lernenden an. Ihrer persönlichen Einschätzung wird hier bezüglich der Konkretion und Gewichtung von Faktoren für Glücklichsein ein breiter Raum gegeben. Über die sprachliche Unterscheidung erarbeiten die Schüler den Unterschied und den Zusammenhang zwischen Ereignis/Moment und Empfindung/Zustand.

1. Individuelle Lösungen.
2. a) Individuelle Lösungen.
   b) Mögliche Ergänzungen: Familie, später einen guten Beruf haben, unabhängig sein usw.
   c) Individuelle Lösungen.
3. Individuelle Lösungen.

Denkraum

Verschiedene Lernzugänge eröffnen den Schülerinnen und Schülern Möglichkeiten zur intensiveren Auseinandersetzung mit dem Phänomen Glück.

➡ *SB S. 19*

Am Beispiel der „beiden Brüder" aus der Geschichte von Tolstoi wird erarbeitet, dass es nicht nur einen Weg zum Glück gibt, sondern dass sowohl das Glück, als auch der Weg zum Glück(-lichsein) immer in Bezug auf die Eigenschaften des jeweils Betroffenen zu sehen sind.

4. Der ältere Bruder ist vorsichtig, genügsam, kritisch und in gewisser Weise konservativ. Der jüngere Bruder ist risikobereit, zukunftsorientiert, optimistisch und vergleichsweise ehrgeizig.

5. „Wer das große Glück sucht, verliert das kleine." (Z. 33 f.): Eine Veränderung selbst zum angestrebten Besseren birgt ein Risiko und macht sich nicht (unbedingt) bezahlt – insbesondere da eine Situation unwiederbringlich verloren geht, entscheidet man sich für eine andere Option.
   „Eine Meise in der Hand ist besser als ein Kranich in der Luft" (Z. 34 f.): Man sollte mit dem zufrieden sein, was man hat, da das angestrebte Ideal möglicherweise eben nicht greifbar bzw. unsicher ist.
   „Geh nicht in den Wald, wenn du Furcht vor Wölfen hast." (Z. 36 f.): Wer Angst vor dem hat, was zu einer Sache bzw. einem undurchschaubaren Vorhaben natürlicherweise dazugehört, der soll es lieber meiden bzw. gar nicht erst versuchen.
   „Unter einem liegenden Stein fließt kein Wasser." (Z. 37 f.): Wer sich nicht bewegt, wer immer an derselben Stelle oder in der gleichen Position verharrt, der erfährt nichts Neues, der wird nicht lebendiger.

6. Individuelle Lösungen

7. Mögliche Aspekte: Der ältere Bruder hat ein insgesamt ausgeglicheneres Leben geführt, ohne Höhen und Tie-

fen. Sicherheit und Genügsamkeit gelten hier als Garanten eines glücklichen Lebens.

Der jüngere Bruder hat ein ereignisreiches Leben mit Risiken, großen Erfolgen, Verlusten und Tiefen geführt. Abwechslung, Erfahrungsreichtum und Abenteuerlust sind hier zentrale Glücks-Kriterien.

8. Individuelle Lösungen.

➡ SB S. 21

1. Erläuterung: Wetz behauptet, dass (wahres) Glücksempfinden immer ein gegenteiliges Gefühl voraussetzt; erst im Kontrast zu Entbehrung, Leid oder Schmerz wird Glück als Erfüllung erfahrbar. Stellungnahme: individuelle Lösungen.

2. „Glücklich leben" meint eine dauerhafte Zufriedenheit mit den eigenen Lebensumständen und –entwicklungen, auch in Zeiten des Misserfolgs oder negativer Erfahrungen. „Glück erleben" bezieht sich auf die Fähigkeit, einen Moment, ein Ereignis oder eine Erfahrung als Glück zu empfinden und sie als solche auch wieder vorbeigehen zu lassen.

a) Individuelle Lösungen.

b)

glücklich leben		B		D
Glück erleben	A	(B)	C	

Hinweis: Das Zitat von Mill lässt sich beiden Kategorien begründet zuordnen:

A: Der momenthafte Charakter des Glück-Erlebens wird dargestellt.

B: Die menschliche Fähigkeit, frei und rational zu urteilen und seine Lebenssituation umfänglicher zu verstehen und zu gestalten, wird trotz des damit verbundenen höheren Maßes an u. U. erkannter Unzufriedenheit dem „glücklichen" Leben von unwissenden Tieren vorgezogen.

(B): Durch die Kenntnis von Unglück und Unzufriedenheit kann die Fähigkeit, einzelne Glücksmomente zu erleben, stärker ausgeprägt sein.

C: Hier wird gewünscht, ein ereignishafter, punktuell empfundener Glücksmoment möge andauern.

D: Glücklich zu leben bedeutet Lebenserfüllung durch dauerhaftes Glücklichsein.

3. Individuelle Lösungen.

➡ SB S. 22 Rückblick

1. Lösungen des Rätsels:

(Hinweis: Begriff F besteht aus zwei Wörtern)

A: Goffman; B: Identitaet ; C: Bonheur; D: Tolstoi; E: Huette; F: soziale Rolle;

G: Samsa; H: phersu; I: man; J: luck; K: Blitzlicht; L: Soziologie; M: Narr

Lösung: GNOTHI SEAUTON (griech. für „Erkenne dich selbst)

Weiterdenken

2. und 3. Die Verbindung des Begriffes Glück mit (Handlungs-) Freiheit und Offenheit der Zukunft einerseits sowie mit durch Staatsverfassung garantierten Gestaltungsspielräumen für jedes Individuum einer Gesellschaft andererseits bilden eine mögliche gedankliche Fortführung des Themas „Glück" am Ende dieses Kapitels.

Didaktische Erläuterungen und Lösungen zu den Zusatzmaterialien/Kopiervorlagen (KV) und zur Lernzielkontrolle (LZK)

KV 1, Niveau 1
zu: Identität im Wandel der Zeit ➡ SB S. 9

Der bekannte Jugendroman „Herr der Diebe" von Cornelia Funke thematisiert im Gewand einer detektivischen Abenteuererzählung die Frage nach der Identität zwischen Jugend und Erwachsensein. In dem gegebenen Textauszug erhält der Leser Einblick in die Gedanken des Detektiven Victor Getz, der sich im Laufe des Romans vom Verfolger zum Vertrauten der jugendlichen Protagonisten – und hier insbesondere von Scipio, dem „Herrn der Diebe" – wandelt. Victor erscheint als eine der wenigen erwachsenen Figuren des Romans, die Verständnis für Wünsche und Sehnsüchte der Jugendlichen haben. Auch wenn Victor als Erwachsener auf seine Kindheit und Jugend zurückblickt, können die Schülerinnen und Schüler seine Selbstreflexion zum Anlass nehmen, anhand eigener Fotos die äußerliche Veränderungen ihrer eigenen Person in eine konstruktive Spannung zu ihrem Ich-Gefühl zu bringen.

1. Victor stellt beim Betrachten der Fotos aus seiner Kindheit fest, dass er sich nicht mehr an sein Ich in früheren Jahren erinnern kann. Das Kind Victor ist ihm fremd. Er sucht nach äußerlichen Kennzeichen, die unverändert geblieben sind. Seine Gedanken und Gefühle als Kind und Jugendlicher kann er nicht mehr erinnern. Dennoch geht Victor davon aus, dass es einen identischen, unwandelbaren Kern seiner Person gibt.

2. Die Schülerinnen und Schüler können durch die Gestaltung einer kleinen Fotosammlung von sich selbst diese Diskrepanz zwischen äußerlicher Veränderung und dem identischen Ich-Bewusstsein erfahren. Individuelle Lösungen.

3. Individuelle Lösungen.

KV 2, Niveau 2
zu: Man selbst werden ➡ *SB S. 13*

1. Die Person auf dem Bild steht mit einem Schild in der Hand, auf dem „ICH" zu lesen ist, auf dem Boden, einer Art Wiese. Sie ist nicht näher charakterisiert, trägt eine Brille und sieht zur Seite. An ihr sind unzählige Fäden befestigt, die nach oben führen und nach Puppenspielerart an Führungskreuzen von vielen Händen gehalten werden. Die Person wirkt winzig im Verhältnis zu den langen Fäden, den Führungskreuzen und den Händen.

2. Die Person ist anonym; zur Bezeichnung ihrer Identität muss sie ein Schild tragen mit der Aufzeichnung „ICH". Vielleicht weiß sie gar nicht, dass sie eine Identität besitzt. Sie selbst ist nicht zu einer eigenen Aktivität in der Lage. Die Fäden und Hände, die die Person bewegen, symbolisieren die Fremdbestimmtheit, in der die Figur lebt. Die verschiedenen Größenverhältnisse des Bildes belegen: Die Individualität der Person ist winzig im Vergleich zu ihrer Abhängigkeit von „oben". Dieses „oben" ist nicht näher bestimmt, wirkt aber in seiner Dichte dominant und unausweichlich. Wie im Puppentheater bleibt der eigentliche Akteur unsichtbar. Unser Tun wird gelenkt von vielen Einflüssen und Instanzen.

3. Individuelle Stellungnahmen.

KV 3, Niveau 1
zu: Wir alle spielen Theater ➡ *SB S. 15*

1. bis 3. Individuelle Lösungen.

4. Die Inszenierung eines Rollenspiels sollte gut vorbereitet, insbesondere die Charaktereigenschaft der im Mittelpunkt stehenden fiktiven Person sollte zuvor in möglichen Darstellungsformen besprochen werden. Die Lernenden erkennen, dass Charaktereigenschaften in unterschiedlichen sozialen Handlungskontexten unterschiedlich wahrgenommen werden. Dafür bieten sich z. B. als Eigenschaft an: zurückhaltend/schüchtern sein; spontan die Meinung sagen; vom schlimmsten möglichen Fall ausgehen. Individuelle Lösungen.

5. Die auswertende Diskussion kann hervorheben, dass die Eigenschaften tatsächlich je nach sozialem Kontext unterschiedlich wahrgenommen werden, was für den Betroffenen nicht immer einfach ist: Er muss sich seiner Wesensart bewusst sein und sich ggf. auf die jeweilige Situation anders einstellen.

Bemerkungen zur schriftlichen Lernzielkontrolle

Die drei Aufgaben decken den Anforderungsbereich I-III ab. Die Lernenden können ihr erworbenes Wissen – auch in Form von Fachbegriffen – in Bezug auf neues Text- und Bildmaterial anwenden. Vielleicht ist es ratsam, die Schülerinnen und Schüler auf eine angemessene sprachliche Form ihrer schriftlichen Bearbeitung der Aufgaben hinzuweisen: Keine Stichworte, sondern ein konsistenter argumentativer Gedankengang sollte erkennbar sein. Dazu sind die Aufgaben auch operational formuliert. Für die Lernenden ist es unbedingt hilfreich, wenn diese Operatoren im Unterricht zuvor eingeübt wurden.

Ich-Identität im Wandel der Zeit

Herr der Diebe (Auszug)

von Cornelia Funke

Victor setzte sich hinter seinen Schreibtisch und zog aus dem untersten Fach ein Fotoalbum. Mit gerunzelter Stirn, die Finger klebrig vom Kuchen, blätterte er darin herum. Da waren sie. Seine Eltern. Er hatte nie gewusst, was in ihren Köpfen vorging. Jetzt war er selbst erwachsen, aber er wusste es immer noch nicht. Da, das Kind in dem Kinderwagen, um das seine Eltern so steif herumstanden, das war er, an seinem ersten Geburtstag. Zumindest hatten sie ihm erzählt, dass er das war. Victor konnte sich nicht erinnern, jemals so ausgesehen zu haben, so rund und rosig, mit dichtem dunklem Flaum auf dem Kopf. Er blätterte weiter. An das Gesicht, das er mit sechs Jahren vor die Kamera gehalten hatte, erinnerte er sich schon eher. Sein zwölf Jahre altes Gesicht hatte er vor dem Spiegel oft stundenlang nach Pickeln abgesucht. Aber trotzdem war es ihm fremd, fremd wie das Gesicht eines anderen Menschen. Victor ließ das Album offen auf dem Schreibtisch liegen und tapste auf Socken zu seinem Spiegel. Die Nase hatte sich nicht allzu sehr verändert. Oder doch? Was war mit den Augen? Er trat so dicht vor den Spiegel, dass er das eigene Spiegelbild in seinen Pupillen sah. Blieben die Augen gleich? Blickte derselbe Victor aus den Augen des Einjährigen oder des Sechsjährigen, der gerade in die Schule gekommen war? Wer steckte da drin in dem ständig sich wandelnden Körper? Wie konnte er vergessen, wer er mal gewesen war, wie er sich gefühlt hatte mit zwei, mit fünf, mit dreizehn?

(Aus: Cornelia Funke: Herr der Diebe. © Dressler Verlag, Hamburg 2000, S. 18 f.)

Aufgaben

1 Beschreibe, welche Gedanken der Blick in das Fotoalbum bei Victor auslöst.

_____

_____

_____

_____

_____

2 Besorge dir einige Fotos von dir mit zwei, fünf, zehn Jahren und ein aktuelles Bild. Gestalte damit ein kleines Fotoalbum und notiere zu jedem Bild deine Erinnerungen an dich selbst.

3 Stelle zusammen: Was hat sich im Laufe der Jahre bei dir verändert? Was ist gleich geblieben?

_____

_____

_____

_____

_____

Der Mensch als Marionette?

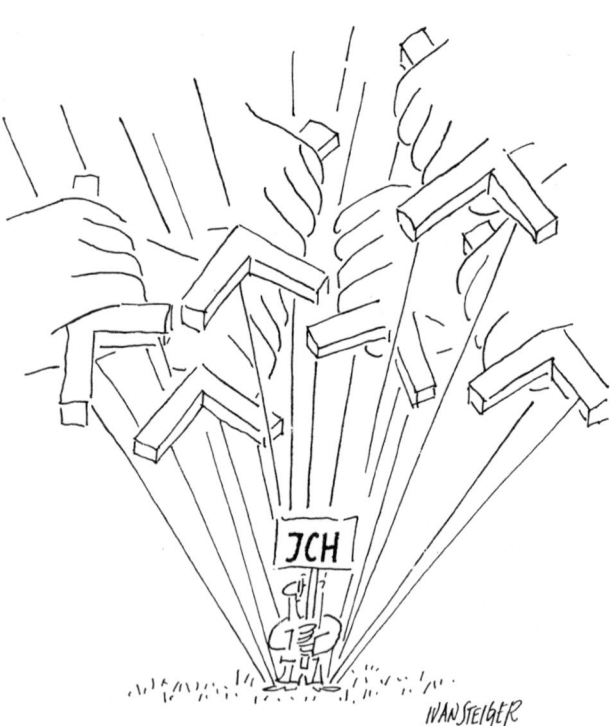

Die Halterungen werden „Führungskreuze" genannt.

1 Beschreibe das Bild.

_____

_____

_____

_____

2 Erläutere, was das Bild über das ICH eines Menschen aussagt. Gehe dabei auf die einzelnen Bildelemente ein.

_____

_____

_____

_____

_____

_____

3 Nimm Stellung zu der Behauptung, der Mensch sei eine Marionette. Schreibe dazu in dein Heft oder deine Mappe.

Soziale Rollen

Jeder Mensch ist auf seine Weise einzigartig und doch sind wir als Menschen alle gleich. Wir verstehen uns gleichermaßen als einzigartige, einmalige und besondere Wesen (als Individuen) und als Teile einer Gesellschaft (als soziale Wesen). Der Kern, das „Unteilbare" unserer Person, ist dabei das „Ich", das jedem Menschen als solchem zukommt. Das Besondere, was jeden Menschen zu einem erkennbar Einzigartigen macht, sind seine Eigenschaften und Charakterzüge, die als solche nicht einmalig sind, sondern in ihrer Summe, in ihrer jeweiligen Ausprägung und in der ganz speziellen Kombination, in der sie bei uns auftreten.

Aufgaben

1 Notiere je drei Eigenschaften/Charakterzüge von dir, die du magst und drei, die du weniger gut findest.

Eigenschaften/Charakterzüge, die ich an mir mag	Eigenschaften/Charakterzüge, die ich an mir nicht mag

2 Vergleiche und diskutiere deine Ergebnisse mit deinem Nachbarn oder deiner Partnerin. Einigt euch auf jeweils zwei Eigenschaften, die ihr als gut, und zwei Eigenschaften, die ihr als schlecht bezeichnen würdet.

Gute Charaktermerkmale	Schlechte Charaktermerkmale

3 Sammelt eure Ergebnisse in der Klasse und einigt euch auf eine gemeinsame Zuordnung der guten oder nicht so guten Eigenschaften.

4 Der Soziologe Erving Goffman vertritt die Ansicht, dass wir alle in unserem Leben Theater spielen, je nachdem welche Rolle wir in der Gesellschaft gerade einnehmen (Bin ich im Moment Schülerin, Gast in einem Restaurant, Tochter/Sohn, Mannschaftskameradin, großer Bruder/große Schwester, Freundin, …?). Gruppenarbeit: Wählt euch eine Charaktereigenschaft aus und schreibt ein kleines Theaterstück, in der dieselbe Charaktereigenschaft derselben Person in zwei unterschiedlichen sozialen Rollen auftaucht und einmal als gute/positive, ein andermal als schlechte/negative Eigenschaft erscheint. (Beispiel: positiv = strenge(r) LehrerIn, negativ = strenge(r) Mutter/Vater)

5 Spielt das Theaterstück. Diskutiert danach in der Klasse, ob alle Eigenschaften, die ihr gefunden habt, positive und negative Aspekte haben.

Teste dich selbst

1 Du hast als Methode das Inszenieren kennengelernt.

a) Erkläre, woher das Wort „Inszenierung" stammt und was es ursprünglich bedeutete.

_____

_____

_____

b) Nenne eine ethische Frage- oder Problemstellung, zu der das Inszenieren sinnvoll eingesetzt werden kann.

_____

_____

c) Erläutere am Beispiel dieser Frage- oder Problemstellung, wie die Methode der Inszenierung umgesetzt werden kann.

_____

_____

_____

_____

_____

2 Ernst Jandl
my own song
(mein eigenes lied)

ich will nicht sein
so wie ihr mich wollt
ich will nicht ihr sein
so wie ihr mich wollt
ich will nicht sein wie ihr
so wie ihr mich wollt
ich will nicht sein wie ihr seid
so wie ihr mich wollt
ich will nicht sein wie ihr sein wollt
so wie ihr mich wollt

nicht wie ihr mich wollt
wie ich sein will will ich sein
nicht wie ihr mich wollt
wie ich bin will ich sein
nicht wie ihr mich wollt
wie *ich* will ich sein
nicht wie ihr mich wollt
ich will *ich* sein
nicht wie ihr mich wollt will ich sein
ich will *sein*

(Aus: Ernst Jandl, poetische Werke, hrsg. von Klaus Siblewski © 1997 Luchterhand Literaturverlag, München, in der Verlagsgruppe Random House GmbH)

Name   Klasse   Datum

a) Gib in eigenen Worten wieder, was die Ich-Person in diesem Gedicht hier beschreibt.

b) Erläutere die dargestellte Problematik nun mithilfe von Fachbegriffen, die du im Kapitel erarbeitet hast (Identität, Selbstwerdung).

c) Beurteile den Wunsch der Ich-Person, sie selbst zu sein.

Name

Klasse

Datum

LZK 1

Wege · Werte ·
Wirklichkeiten 7/8

Kap. 1.1

3 a) Beschreibe die Abbildung möglichst genau.

_____

_____

_____

_____

_____

b) Erläutere die hier dargestellten unterschiedlichen Vorstellungen von „Glück".

_____

_____

_____

_____

c) Der Zeichner Tomaschoff bewertet eine dieser Vorstellungen von Glück negativ, die andere positiv.
Begründe, ob du seiner Einschätzung uneingeschränkt zustimmst oder eher nicht.

_____

_____

_____

_____

Lernzielkontrolle: Erwartungshorizont

1 Du hast als Methode das Inszenieren kennengelernt.

a) Erkläre, woher das Wort „Inszenierung" stammt und was es ursprünglich bedeutete.

Das Wort Inszenierung stammt von dem griechischen Ausdruck skene, *der ursprünglich „Zelt" oder „Hütte" bedeutete. Zur Zeit des griechischen Theaters war die* skene *ein Gestell, das das Bühnenbild trug. Später bezeichnete* skene *das Bühnenhaus.*

b) Nenne eine ethische Frage- oder Problemstellung, zu der das Inszenieren sinnvoll eingesetzt werden kann.

Mögliche ethische Frage- oder Problemstellung: „Wie ist es, immer in eine andere soziale Rolle zu schlüpfen?" oder „Kann Freundschaft jemanden verändern?" (etc.)

c) Erläutere am Beispiel dieser Frage- oder Problemstellung, wie die Methode der Inszenierung umgesetzt werden kann.

Die Erläuterungen sollten sich auf die konkrete Frage- oder Problemstellung beziehen, d. h. dass neben den drei Hauptschritten (1. Thema, Problem oder die Frage benennen; 2. Aufbau der Inszenierung, Requisiten festlegen; 3. Kritik der Inszenierung) auch konkrete Vorschläge für Figuren, Dramaturgie und Requisiten etc. angegeben werden sollten.

2 Ernst Jandl
my own song
(mein eigenes lied)

ich will nicht sein	nicht wie ihr mich wollt
so wie ihr mich wollt	wie ich sein will will ich sein
ich will nicht ihr sein	nicht wie ihr mich wollt
so wie ihr mich wollt	wie ich bin will ich sein
ich will nicht sein wie ihr	nicht wie ihr mich wollt
so wie ihr micht wollt	wie *ich* will ich sein
ich will nicht sein wie ihr seid	nicht wie ihr mich wollt
so wie ihr mich wollt	ich will *ich* sein
ich will nicht sein wie ihr sein wollt	nicht wie ihr mich wollt will ich sein
so wie ihr mich wollt	ich will *sein*

a) Gib in eigenen Worten wieder, was die Ich-Person in diesem Gedicht hier beschreibt.

Durch diese Beschreibung sollen die Lernenden die Perspektive der Ich-Person (des lyrischen Ichs) einnehmen und deren Gedanken in eigenen Worten schildern: Die Ich-Person weigert sich, so zu sein, wie andere es von ihr erwarten. Sie sucht nach ihrem eigentlichen Ich, unabhängig von den Wünschen der Außenwelt, und findet es im bloßen „Sein". Das Ich wird durch sich selbst bestimmt.

b) Erläutere die dargestellte Problematik nun mit Hilfe von Fachbegriffen, die du im Kapitel erarbeitet hast (Identität, Selbstwerdung).

In Weiterführung von a) sollen die Schülerinnen und Schüler die Problematik selbstständig – unter Verwendung von erarbeiteten Fachbegriffen – erläutern: Die Ich-Person stellt sich die Frage nach der eigenen Identität, die vor allem in der Negation der an das Ich herangetragenen Wunschbilder beantwortet wird. Durch die Abgrenzung nach außen findet das Ich seinen eigentlichen Kern: sein Da-Sein.

c) Beurteile den Wunsch der Ich-Person, sie selbst zu sein.

Der Wunsch zu sein, wie man wirklich ist, ist grundsätzlich positiv im Sinne der Identitätsbildung zu beurteilen. Die Ich-Person führt in diesem Gedicht vor, wie die Konstruktion von Identität selbst aktiv gestaltet werden kann. Rollenerwartungen müssen überprüft werden und können nicht

*ausschließlich für die Identitätsbildung verantwortlich sein. Im Gegenteil: Anforderungen von außen
können die Selbstfindung beeinträchtigen.*

3 a) Beschreibe die Abbildung möglichst genau.

*Im Bildvordergrund rennen neun Personen (acht Männer und eine Frau) in die Richtung, in die ein
Wegweiser mit der Aufschrift „Glück" zeigt. Ihre Körpersprache sowie Gestik und Mimik bringen
Hektik, Konkurrenz-Verhältnisse und Rücksichtslosigkeit zum Ausdruck. Die äußere Erscheinung der
Personen (insbesondere die Kleidung) weist auf unterschiedliche soziale Gruppen hin: Aktenkoffer,
Baseball-Mütze, geschminkte Lippen, einfache, z. T. nicht näher gekennzeichnete Kleidung. Zwei
Männer liegen schon (fast) am Boden, werden von den anderen überrannt. Ein Mann schlägt dem
hinter ihm Laufenden ins Gesicht, um ihn abzudrängen. Ein anderer schaut im Lauf angespannt
auf seine Uhr. Der momentan führende Läufer beißt verkniffen die Augen zusammen, die Zunge
hängt ihm aus dem geschlossenen Mund. Im Bildhintergrund liegt auf derselben Fläche weit hinter
dem „Glück"-Wegweiser ein ärmlich gekleideter Mann, den einen Arm unter den Kopf gelegt, das
rechte Bein über das linke aufgestellte Knie gewinkelt, eine Blume im Mund, die Augen geschlossen.
Er lächelt und strahlt insgesamt große Zufriedenheit aus. Die Zeichnung stellt einen deutlichen
Kontrast zwischen Ruhe/Individuum und Hektik/Menge dar.*

b) Erläutere die hier dargestellten unterschiedlichen Vorstellungen von „Glück".

*Der einzelne Mann im Hintergrund steht für ein Glücksverständnis, das auf sporadische
Glücksmomente oder materielles Glück keinen Wert legt, sondern eher eine Lebenshaltung i.S.
eines glücklichen Lebens meint. Die im Bildvordergrund laufende Menge an Personen steht für
das egoistische Streben nach einem Glück, das prinzipiell allen offen steht und offenbar nur
begrenzt vorhanden ist, sonst wäre es egal, wann der letzte ankommt. Dies deutet auf kurzlebiges,
materielles Glückserleben hin.*

c) Der Zeichner Tomaschoff bewertet eine dieser Vorstellungen von Glück negativ, die andere positiv.
Begründe, ob du seiner Einschätzung uneingeschränkt zustimmst oder eher nicht.

*Tomaschoff stellt das aktive Streben nach Glück hier durch die Rücksichtslosigkeit und Hektik der
Personen sehr negativ dar. Ein solches Glückserleben, das in Konkurrenz zu anderen erworben
werden muss, kann nur flüchtig und wenig wertvoll sein. Auf der anderen Seite ist der Aspekt des
aktiven Strebens nach Glück, auch wenn es nicht immer von Erfolg gekrönt wird, durchaus positiv zu
sehen (vgl. die beiden Brüder bei Tolstoi). Die im Bild positiv gezeigte Haltung des Einzelnen, der sein
Dasein genießt, kann demnach auch als Passivität verstanden werden.*

2 Sucht und Abhängigkeit

Didaktische Erläuterungen

Mit dem Kapitel „Sucht und Abhängigkeit" wird ein Themenfeld angesprochen, das einen deutlich präventiv-performativen Charakter hat: Die Schülerinnen und Schüler werden mit potenziellen Sucht-Gefahren in ihrem Lebensumfeld konfrontiert, für die sie entwicklungspsychologisch in der Altersstufe von 7.- und 8.-Klässlern durchaus empfänglich sind. Obgleich die authentischen Erfahrungen der Lernenden etwa mit Alkohol, Zigaretten oder Essstörungen in der Regel sehr stark differieren, ist doch allen Jugendlichen durch Präventionsaktionen und -projekte an ihrer Schule oder in den Medien die Brisanz von Sucht und Abhängigkeit durchaus bewusst. Darüber hinaus stellen insbesondere digitale Kommunikations- und Spiele-Medien ein großes Suchtpotenzial dar, dem sich Jugendliche meist unbewusst aussetzen.

Stoffgebundene Sucht wird definiert als „ein Zustand periodischer oder chronischer Intoxikation, verursacht durch wiederholten Gebrauch einer natürlichen oder synthetischen Substanz, der für das Individuum […] schädlich ist. Psychische Abhängigkeit ist definiert als übermächtiges, unwiderstehliches Verlangen, eine bestimmte Substanz/Droge wieder einzunehmen (Lust-Erzeugung und/oder Unlust-Vermeidung). Physische Abhängigkeit ist charakterisiert durch Toleranzentwicklung (Dosissteigerung) sowie das Auftreten von Entzugserscheinungen." (s. Literaturliste: Möller/Laux/Deister) Stoffungebundene Sucht zeigt ähnliche Symptome des Süchtigen. Allerdings besteht die Abhängigkeit hier nicht von äußeren Suchtmitteln, sondern äußert sich in bestimmten Verhaltensweisen – die häufig auch einen Bezug zu Substanzen oder Gegenständen haben, die jedoch nicht in den Körper des Süchtigen gelangen (z. B. Computer-, Kaufsucht).

Das Kapitel versucht ganz im Sinne der 1.-Person-Didaktik, die Lernenden in ihrem selbstbestimmten Umgang mit potenziell suchtgefährdenden Gewöhnungsprozessen und Angeboten in ihrem Lebensumfeld zu unterstützen. Dazu vermittelt das Kapitel nicht nur Sachwissen über Sucht und Abhängigkeit (exemplarisch Alkohol, Rauchen, Essstörungen), sondern bettet das Thema in einen entwicklungspsychologischen Orientierungsrahmen ein, der dem Lebensgefühl der Jugendlichen entspricht: Während der Pubertät durchläuft das Gehirn der Heranwachsenden Entwicklungsphasen, in denen sich ihre Bereitschaft zu ‚unvernünftigem', riskantem, regelwidrigem Verhalten erhöht, bevor sich ein stabiler ‚erwachsener' Zustand ausbildet. Die Schülerinnen und Schüler sollen auf diesem Hintergrund Sucht und Abhängigkeit als Grenzüberschreitungen reflektieren und dabei eine Sensibilität für ihre eigene Grenze entwickeln, die sie selbst beim Akzeptieren von riskantem, ungewöhnlichem Verhalten nicht überschreiten würden. Dadurch wird eine ‚Fingerzeig-Pädagogik' vermieden und den Lernenden Selbstverantwortung für ihr eigenes Handeln vermittelt, die zu einer – auch präventiv wirksamen – Stärkung der Ich-Identität und Persönlichkeit der Jugendlichen führen kann.

Für diese didaktische Intention wird die **Selbst-Wahrnehmung als Schwerpunkt-Methode** dieses Kapitels genutzt: Ausgehend von konkreten Entscheidungssituationen („Soll ich …?") können die Schülerinnen und Schüler durch Explikation persönlicher Befindlichkeit und Reflexion eigener Einschätzungen eine innere Orientierung gewinnen, die ihnen auch in realen Situationen Handlungshilfen geben kann. Damit erlangt Selbst-Wahrnehmung als Kompetenz eine übergreifende ethische Dimension. „Ziel dieser ethischen Dimension ist der schrittweise Aufbau einer einigermaßen stabilen Ich-Identität als wesentlicher Bedingung angemessener Bewältigung moralisch bedeutsamer Anforderungen. […] Ich-Identität als bewusste Bejahung und Behauptung seiner selbst in sozialen Wechselbeziehungen und im kulturellen Umfeld baut auf der realistischen Selbstwahrnehmung eigener Möglichkeiten, Fähigkeiten und Grenzen auf." (s. Literaturliste: Köck) Als ethische Dimension erhält Selbst-Wahrnehmung zudem die Bedeutung eines potenziellen Schlüssels für das Gelingen eines „guten Lebens" durch umsichtige und achtsame Lebensweise. Insofern lässt sich diese Fähigkeit des in sich Hineinspürens als eine besonders qualifizierte Form der Nachdenklichkeit verstehen (vgl. dazu Pfeifer, Literaturliste).

Auch die Fremdwahrnehmung spielt in diesem Kapitel eine wichtige Rolle. Gerade mit „Essstörungen" als Suchtgefahr kommen die Jugendlichen häufig eher durch Freunde, Freundinnen, Klassenkameraden oder -kameradinnen in Berührung. Hier gilt es, mit einer ähnlichen Sensibilität qua Perspektivwechsel solche Grenzüberschreitungen anderer Personen wahrzunehmen, um realistische Hilfsoptionen abzuschätzen und auch eigene Sichtweisen und eigenes Verhalten kritisch zu überdenken.

1

Literatur

Köck, Peter: Handbuch des Ethikunterrichts. Fachliche Grundlagen, Didaktik und Methodik, Beispiele und Materialien. Donauwörth 2002: Auer GmbH, S. 130.

Möller, Hans-Jürgen/Laux, Gerd/Deister, Arno: Psychiatrie und Psychotherapie. Stuttgart 2005: Thieme, S. 306.

Strauch, Barbara: Warum sie so seltsam sind. Gehirnentwicklung bei Teenagern. 3. Aufl. Berlin 2010: Berliner Taschenbuch Verlag.

www.bzga.de/botmed_20440000.html (Materialien zum Thema Rauchen)

https://www.kenn-dein-limit.info (Materialien zum Thema Alkohol)

Jugendbücher

Anderson, Laurie Halse: Wintermädchen. Ravensburg 2010: Ravensburger Buchverlag.

F., Christiane: Wir Kinder vom Bahnhof Zoo. 48. Aufl. Hamburg 2009: Carlsen Verlag.

Erläuterungen und Lösungen der Aufgaben

➡ *SB S. 23*

Die Schülerinnen und Schüler finden über die Bildbetrachtung einen ersten Zugang zum Thema. Da in diesem Kapitel die Methode der Selbst-Wahrnehmung im Vordergrund steht, ist auf dem Bild die Abhängigkeit von den Medien, speziell vom Computer, dargestellt. Für jeden Schüler bzw. jede Schülerin können Erfahrungen auf diesem Gebiet vorausgesetzt werden.

1. a) Die Methode der Bildbetrachtung wird auf S. 214f. eingehend erläutert. Wichtig ist, dass ein spontaner Eindruck formuliert wird, auf den eine genaue Betrachtung folgt. Dann geht es darum, Zusammenhänge innerhalb des Bildes (Bildkomposition) zu erkennen, um eine eigene Interpretation zu formulieren. Zu sehen ist auf dem Bild ein Junge, ein Jugendlicher, der sich an seinen Computer klammert. Er hält ihn mit der rechten Hand fest, wohingegen ein Mann, wahrscheinlich sein Vater, ihn an der linken Hand mit beiden Händen über den Boden zu einem Auto zerrt. Die Autotür der Rückbank ist bereits offen. Die beiden befinden sich in einer Konfliktsituation, der Vater hat größte Mühe, seinen Sohn weg vom Computer Richtung Auto zu bekommen, der Junge verweigert sich mit aller Kraft. Möglicherweise soll er verreisen, denn vor dem Kofferraum steht ein Koffer. Im Computer steckt sogar noch ein Kabel, was darauf hindeutet, dass der Junge gerade noch beim Spielen war.

b) Der Vater könnte denken: Was stellt sich das Kind nur so an? Er sollte lieber froh sein, dass er in Urlaub fahren darf. Wie kann man sich von einem Computer nur so abhängig machen? Was findet er nur daran? Hat er Angst, weil er mit seinen Freunden nicht mehr chatten kann? Dabei trifft er doch viele Jugendliche, das ist doch viel spannender. Sich so anzustellen, das ist wirklich peinlich und respektlos. Hoffentlich sieht uns niemand etc. Er könnte sagen: Jetzt stell dich doch nicht so an, in einer Woche bist du wieder zu Hause. Sei froh, dass du mal raus kommst, statt ständig auf deinem Zimmer zu hocken. Jetzt reicht es mir, das blöde Ding kommt weg, wenn du nicht mehr ohne sein kannst. Das tut dir nicht gut etc.

Dem Jungen könnte durch den Kopf gehen: Ich will auf gar keinen Fall wegfahren! Warum darf ich nicht einfach zu Hause bleiben? Das ist nicht fair. Mich hat niemand gefragt. Wenn ich doch wenigstens meinen Computer mitnehmen dürfte! Wie soll ich denn mitbekommen, was meine Freunde so schreiben? Mein Vater hat ja keine Ahnung … etc.

Die Frage, warum er den Computer nicht loslassen will, lässt sich verschiedentlich beantworten: Vielleicht will er am Computer spielen, mit Freunden chatten, in sozialen Netzwerken auf dem aktuellen Stand sein oder einfach gerne im Netz surfen.

2. Das Verhalten des Jungen wird wahrscheinlich als übertrieben und peinlich beschrieben. Vielleicht kann auch der eine oder andere die Reaktion in gewissem Maße nachvollziehen. Es können auch Einwände kommen, warum der Junge keinen Laptop oder ein Handy mitnehmen darf, mit dem er von unterwegs ins Internet kann.

3. Mögliche Beispiele für vergleichbare Situationen und Verhaltensweisen werden wahrscheinlich aus den Bereichen kommen, die der Freizeit zuzuordnen sind, also z. B. Sport. Wenn jemand gerne Sport treibt, beispielsweise mit seinen Freunden auf dem Bolzplatz oder im Verein Fußball spielt und abgeholt wird, kann Enttäuschung und Wut darüber aufkommen./Jemand, der gerne reitet und sich um ein Schul- oder Pflegepferd kümmert, wird viel Zeit im Stall verbringen wollen und nicht einsehen, warum er oder sie nun nach Hause kommen soll./Vielleicht ist jemand aber auch nur in ein Spiel mit einem Freund oder einer Freundin vertieft, in dem er oder sie nicht unterbrochen werden möchte./Was die Verhaltensweisen anbelangt, werden diese eher in Richtung Wut, Zorn, Enttäuschung etc. tendieren, die sich meist verbal ausdrücken im Gegensatz zu der körperlichen Reaktion des Jungen im Bild. Die Jugendlichen werden vermutlich diskutieren und für ihr Anliegen überzeugen bzw. Verständnis gewinnen wollen.

→ SB S. 24

Die Schülerinnen und Schüler erarbeiten die Begriffe „Sucht" und „Abhängigkeit" anhand eines Expertentextes und hinterfragen diese auf der Basis ihrer eigenen Erfahrungen.

1. „Sucht" kommt der Wortbedeutung nach von krank sein, siechen; bezeichnet neben einer konkreten Krankheit aber auch ein auffälliges Verhalten. Medizinisch ist eine süchtige Fehlhaltung gemeint. Die Weltgesundheitsorganisation hat den Begriff der „Sucht" durch den der „Abhängigkeit" ersetzt, die Begriffe bezeichnen demnach dasselbe, wohingegen man im allgemeinen Sprachgebrauch annimmt, dass eine Sucht stärker als eine Abhängigkeit sei. Eine Sucht mündet immer im Teufelskreis, da durch ein Suchtmittel die gegenwärtige Situation verbessert werden soll, sich aber nach Abklingen des Suchtzustandes diese wieder als ebenso schlecht oder gar schlechter erweist, sodass erneut das Suchtmittel verlangt wird.

2.

stoffgebunden	stoffungebunden
Trinksucht/Alkoholsucht Naschsucht/Esssucht Drogensucht	Kaufsucht Fernsehsucht Computersucht Sexsucht Magersucht, Esssucht Sportsucht Lernsucht Spielsucht

3. Die Zuordnung ist nicht immer eindeutig, da „stoffgebunden" per definitionem an eine Substanz (illegal oder legal) gebunden ist und „stoffungebunden" eine Verhaltensweise meint. Im Falle der Esssucht wird aber sowohl eine Verhaltensweise als auch eine Abhängigkeit von einer bestimmten Substanz (Essen) definiert. Noch schwieriger wird es, wenn man spezifische Esssüchte anschaut: Die Magersucht kennzeichnet sich ja gerade durch das Vermeiden einer Substanz aus, Binge-Eating-Störungen und Bulimie bzw. Ess-Brech-Sucht sind wiederum ans Essen gebunden. Bei der Fettsucht, Adipositas, handelt es sich streng genommen (nach der WHO, Weltgesundheitsorganisation) nicht um eine Sucht, sondern um eine Krankheit.

4. Es können sich Fragen nach der Grenze zwischen schlechter Angewohnheit und Sucht ergeben. Bin ich süchtig nach Zigaretten, wenn ich nur ab und zu auf Partys eine rauche? Wo sind die Grenzen zwischen Sucht und Krankheit, wie im Falle einer Essstörung? Hinweis: Die WHO hat die Grenzen in einem Kriterienkatalog definiert.

→ SB S. 25

Die Schülerinnen und Schüler sollen die Abwärtsspirale, wie es zu einer Sucht bzw. Abhängigkeit kommt, erarbeiten und verstehen. Hier spielt auch im Verstehen des Teufelskreises der Präventionsgedanke eine Rolle. Darüber hinaus werden verschiedene Fachbegriffe eingeführt.

5. Die Darstellung in Kreisform verweist darauf, dass die genannten Einflussfaktoren (Droge, Umwelt, Individuum) in wechselseitiger Beziehung zueinander stehen. Aus ihrer Interaktion können sich die im weißen Mittelkreis notierten Phasen der Suchtentstehung entwickeln: Gebrauch, Missbrauch und Abhängigkeit. Durch Pfeile ist eine Abwärtsspirale vom Gebrauch zur Abhängigkeit angedeutet.

a) DROGE – **Verfügbarkeit:** Wenn ich frei über eine Substanz verfüge, liegt es daran, wie ich sie gebrauche, damit sie zum Suchtmittel werden kann. Essen beispielsweise brauche ich zum Leben, es steht mir zur Verfügung. Ob sich daraus eine Sucht entwickelt, ist aber vom Individuum und der Umwelt abhängig./**Angebot:** Wird mir eine Droge angeboten, liegt es an mir selbst, ob ich sie ausprobiere oder ablehne. Das Angebot allein stellt erst einmal eine Verfügbarkeit dar./**Dosis:** Auf die Menge kommt es an. Häufig beginnt man mit einer geringen Dosis und steigert diese immer mehr, bis man nicht mehr ohne die Droge auskommt und abhängig ist./**Drogenwirkung:** Drogen können auf unterschiedliche Weise und bei jedem Menschen unterschiedlich wirken – sie können Angstzustände hervorrufen, aber auch locker oder gar überglücklich machen. Wenn ich im Rauschzustand dieses Gefühl genieße, sehne ich mich nach der Ernüchterung danach und gerate so in die Sucht hinein.

INDIVIDUUM (PERSÖNLICHKEIT) – niedrige Frustrationstoleranz: Diese Persönlichkeitseigenschaft beschreibt die Fähigkeit einer Person, eine frustrierende Situation auszuhalten. Wer damit nicht klarkommt, sucht Auswege, die in einer Sucht enden können. Beispiel: Ich verstehe nicht, warum mein Freund mich verlassen hat, ich versuche mich zu zerstreuen und betrinke mich daher jeden Abend regel- und übermäßig./Geringe Ich-Stärke: Ich habe wenig Selbstbewusstsein. In meiner Clique werden Drogen angeboten und ich traue mich nicht, Nein zu sagen, weil ich fürchte, dann nicht mehr cool zu sein und von der Gruppe verstoßen zu werden. Ich traue mir nicht zu, um meiner selbst willen angenommen zu sein./Genetische Faktoren: Es ist erwiesen, dass eine Disposition zu bestimmten Süchten vererbt wird. Das muss nicht heißen, dass man unweigerlich süchtig wird und bedeutet auch keine Entschuldigung für eine Sucht. Es bedeutet lediglich, dass eine mögliche Veranlagung vorhanden sein kann./Erlerntes Fehlverhalten: Hier geht es um den Bereich des Nachahmens, was häufig auch unbewusst geschieht. Wenn

ich sehe, wie meine Eltern ungehemmt zum Alkohol greifen, Alkohol im Familienalltag eine unreflektierte Rolle spielt, werde ich mir selbst auch keine Gedanken darüber machen, ob es richtig ist, zu trinken. Und da es für meine Eltern normal ist, werden diese mich auch auf mein Fehlverhalten nicht hinweisen, ich habe es ja schließlich von ihnen gelernt.
UMWELT – „broken home": Dieser Begriff bedeutet wörtlich übersetzt „zerbrochenes Zuhause", bezeichnet also zerrüttete Familienverhältnisse. Häufig wird auch von einer „schweren Kindheit" gesprochen. Damit kann gemeint sein, dass das Kind häufig alleine war, dass nur ein Elternteil zur Verfügung stand, die Eltern oder ein Elternteil selbst an einer Sucht litt etc. In dem Zusammenhang wird oft – auch unter dem Gesichtspunkt der genetischen Disposition – ein Suchtverhalten seitens des Kindes begründet./ Elterliches Vorbild: Wenn die eigenen Eltern nicht mit gutem Vorbild vorangehen, ist es für ein Kind schwer zu begreifen, was bestenfalls von ihm verlangt wird. Ein schlechtes Vorbild beinhaltet die Gefahr, dass das Kind im Sinne des erlernten Fehlverhaltens den Eltern in die Sucht folgt./Erziehungsfehler: Die Eltern haben möglicherweise ihr Kind über Risiken nicht aufgeklärt oder mangelndes Vertrauen führt dazu, dass das Kind sich seinen Eltern verschließt und Probleme verheimlicht. Auch kann es sein, dass die Eltern ihrem Kind durch ihren Erziehungsstil keine Ausdauer vermittelt haben, eine Krise auszuhalten, weshalb der Ausweg in die Sucht gesucht wird./Gruppenzwänge: Das Konsumieren von Drogen gehört zum Stil einer Gruppe oder Clique. Wer nicht mitmacht, ist draußen. Daher beteiligen sich auch diejenigen, die eigentlich wissen, dass ihr Verhalten nicht richtig ist und sind deshalb suchtgefährdet./„Setting": Die Umgebung bzw. Situation spielt ebenfalls für die Suchtentwicklung eine große Rolle, da diese beschreibt, womit ich in Kontakt komme. Wachse ich in einer Umgebung auf, in der die Konfrontation mit Süchten an der Tagesordnung ist, ist für mich auch die Gefahr größer, in eine dieser Spiralen hineingezogen zu werden./Konsumgesellschaft: Bei diesem gesellschaftlichen Phänomen wird ein Verhalten beschrieben, das ein unreflektiertes nahezu zwanghaftes Konsumieren meint. Dieses bedingt, dass ein Angebot, eine uneingeschränkte Verfügbarkeit besteht, wir ständig mit Rauschmitteln konfrontiert werden, was den Einstieg in die Abhängigkeit erleichtert./Freizeitvakuum: Wer nur rumhängt und nichts zu tun hat, kommt schnell auf „dumme Gedanken". Die Leere muss gefüllt werden und sei es durch den außergewöhnlichen Kick, den z. B. ein Rauschmittel erzeugen kann./Konfliktsituationen mit z. B. Partner, Schule, Beruf: Auch hier kommt es in Folge der geringen Frustrationstoleranz zu einer Flucht in die Sucht, anstatt den Konflikt

zu erarbeiten und konstruktiv zu bewältigen. Der leichtere Weg ist die Vermeidungshaltung, die nicht selten einen Einstieg in die Abwärtsspirale Richtung Abhängigkeit signalisiert./Ideologie: Für wen es z. B. als männlich gilt, zu rauchen, der setzt auf eine von Medien verbreitete Ideologie. Es gibt viele falsche Weltanschauungen, die zur Entstehung einer Sucht beitragen können.

b) Die Pfeile deuten eine abwärts gerichtete Entwicklung an. Zu Beginn steht der Gebrauch von (potenziellen) Suchtmitteln, der zu einem Missbrauch führt, was schließlich in einer psychischen und/oder physischen Abhängigkeit enden kann. Ein Beispiel: Laxantienabusus, der Missbrauch von Abführmitteln, der zunächst mit einem einmaligen Gebrauch angefangen hat, kann süchtig machen, da man anfangs glaubt, sich mit der Einnahme dieser Substanz besser zu fühlen, bis sich der Körper schließlich darauf einstellt und das Mittel benötigt, um weiterhin zu funktionieren.

6. Um Sucht und Abhängigkeit als Teufelskreis zu erklären, können die Schülerinnen und Schüler noch einmal im Text „Was ist Sucht?" (SB, S. 24, besonders Zeile 9–15) nachlesen. Der Teufelskreis entsteht durch die Wirkung des Suchtmittels: Es verschafft dem Süchtigen eine vorübergehende Befriedigung, die nach Abklingen der Wirkung nachlässt und ein erneutes Bedürfnis nach dem Suchtmittel hervorruft. So ist es dem Süchtigen i. d. R. nicht aus eigener Kraft möglich, aus diesem Kreislauf auszubrechen.

7. Individuelle Diskussionen, deren Fokus darin liegen sollte, dass die Grenzen zwischen Gebrauch und Missbrauch bzw. Missbrauch und Abhängigkeit fließend sind und von den drei Faktoren Umwelt, Individuum, Droge (s. Modell zur Suchtentstehung, SB, S. 25) individuell beeinflusst werden. Die Grenzbestimmung ist daher nicht immer eindeutig festzulegen.

➡ *SB S. 26/27*

Dieses Teilkapitel beschäftigt sich mit dem Phänomen der Grenzüberschreitung, die Jugendliche veranlassen kann, etwas völlig Unvernünftiges zu tun. Warum es zu solchen Verhaltensweisen kommt und wie diese zu bewerten sind, sollen die Schülerinnen und Schüler anhand von Erfahrungsberichten und wissenschaftlichen Hintergrundinformationen erarbeiten.

1. Martin: Er hat sich von den Fernsehbildern und der Begeisterung seiner Freunde mitreißen lassen, ohne daran zu denken, dass zwischen Fernsehen und Realität ein Unterschied besteht. Er hat entweder nicht gesehen, dass er sich einer Gefahr aussetzt oder hat diese für den Kick in Kauf genommen. Vielleicht wollte er auch nicht als Angsthase dastehen und hat sich dem Gruppenzwang unterworfen. Sein Verhalten ist als unüberlegt zu bewerten, zumal die Jugendlichen auch noch einen Einkaufswagen gestohlen haben./Joelle:

Sie überkommt das Bedürfnis, etwas Verrücktes zu tun, Grenzen zu überschreiten, nicht immer die brave und folgsame Schülerin und Tochter zu sein. Der Reiz des Verbotenen lockt sie, denn sie handelt vorsätzlich, indem sie sich älter schminkt, um an den Alkohol zu kommen. Anders als Martin handelt sie nicht kopflos, sondern überlegt./Ruben: Er reagiert aus einer Laune heraus. Warum er schneller vorankommen möchte, wird nicht beschrieben. Vielleicht reizt ihn nur die Geschwindigkeit an sich. Problematisch ist, dass er sich und andere (Verkehrsteilnehmer) durch sein Verhalten in Gefahr bringt./Lisa: Sie agiert aus Gruppenzwang, denn sie stimmt einer Mutprobe zu. Ihr Wunsch, angenommen zu werden, ist so stark, dass sie den Blick für die Realität verliert. Ihr Verhalten ist naiv. Außerdem stellt sich die Frage, welche Freunde das sind, die von ihr verlangen, sich in Gefahr zu begeben.

2. Mögliche Gründe: Wunsch nach „fun" und Grenzüberschreitung, um sich stärker zu spüren, Gruppenzwang, geringes Selbstbewusstsein bzw. Ich-Stärke, erlerntes Fehlverhalten etc.

3. Individuelle Diskussionen.

4. Jay Giedd würde das auffällige Verhalten von Jugendlichen so erklären, dass der präfrontale Cortex, der Teil des Gehirns, der als „Aufpasser" fungiert bzw. fungieren soll, gerade in der Pubertät Veränderungsprozessen ausgesetzt ist, sich somit in einer Art „Baustelle" befindet. Demnach ist die gesetzliche Regelung, Jugendliche erst ab 18 Jahren als mündig zu begreifen, sinnvoll.

5. a) Die Bereitschaft, ein Risiko einzugehen, steigt in der Pubertät an und sinkt im Erwachsenenalter wieder ab. Einerseits stehen den Einzelnen mit zunehmendem Alter mehr Erfahrungen als Bewertungsgrundlage zur Verfügung, andererseits spielen auch die rein physischen Veränderungsprozesse des Gehirns eine Rolle. Jugendliche können nicht genau einschätzen, wo die Grenze zwischen Sicherheit und Gefahr verläuft. Daher ist ihnen zumeist auch gar nicht klar, dass sie im Begriff sind, sich einem Risiko auszusetzen.

b) Jugendliche sehen ihre Risikobereitschaft womöglich gar nicht als problematisch oder spektakulär an. Für sie ist es einfacher, damit umzugehen, da es ihnen an Lebenserfahrungen mangelt und sie mögliche Konsequenzen ihres Verhaltens gar nicht vorwegnehmen können. Daher haften Eltern für ihre Kinder, die in diesem Alter nicht als voll strafmündig gelten. Für die Eltern stellt der Spagat ihrer Sprösslinge zwischen Selbstständigkeit und Abhängigkeit eine große Herausforderung dar, denn einerseits wollen sie ihre Kinder in die Autonomie entlassen, andererseits entziehen sich diese damit der elterlichen Kontrolle. Die Risikobereitschaft ihrer Kinder ist für Eltern umso schwerer auszuhalten, da sie immer weniger Kontrolle über das Tun ihrer Kinder haben. Dieser Abnabelungsprozess ist für beide Seiten eine große

Herausforderung und von Auf und Abs der Beziehungsqualität geprägt.

6. Sucht hat auch immer etwas mit Versuchung zu tun. Wie bereits erarbeitet wurde, ist der Einstieg in eine Sucht häufig banal, da sie zunächst über den einfachen Gebrauch erfolgt. Giedd beschreibt den wissenschaftlichen Vorgang, der belegt, dass das Gehirn den Abschnitt, der hilft, vorauszuplanen und Impulsen zu widerstehen, „umbaut" und somit entkräftet. Gerade aber der Impuls, Versuchungen zu widerstehen, wäre nötig zu einer gelingenden Suchtprävention, die rational und vorausschauend Situationen einschätzt und bewertet.

7. Diese These greift einen wissenschaftlichen Disput in der Hirnforschung auf, der diskutiert, ob wir „Opfer" unseres Gehirns sind oder wir eigenständig und selbstbestimmt handeln können. Ein Ergebnis der Diskussionen sollte sein, dass es fatal ist, in der Opferrolle eine grundsätzliche Entschuldigung zu finden.

➡ **SB S. 28**
Denkraum
Bei den individuellen Gedankenreisen, die auf der Methode der Selbst-Wahrnehmung fußen, sollte besonders Wert auf die Frage nach der Einschätzung bzw. Entscheidung gelegt werden, welcher Weg zu gehen ist. Die innere Orientierung ist stets individuell – es wird spannend sein, die einzelnen Ergebnisse zu diskutieren.
A Individuelle Lösungen, bei denen die Interpretation des Titels eine zentrale Rolle spielen sollte. Sind Jugendliche, die aufgrund ihrer pubertären Verhaltensweisen, bestimmte Eigenschaften an den Tag legen, mit Berserkern (siehe Worterklärung in der Randspalte) gleichzusetzen?
B Individuelle Lösungen.

➡ **SB S. 30**
Alkohol heißt eigentlich Ethanol oder Äthanol und ist eine chemische Substanz, die Bestandteil von Genussmitteln wie Wein, Bier, Likör und Schnaps ist. Um Alkohol herzustellen, muss man Zucker vergären, für die Industrie wird Ethanol aus Ethylen hergestellt, denn Alkohol findet sich auch in medizinischen und kosmetischen Produkten, z. B. Aromen, Farbstoffen, Medikamenten, Lösungs- oder Desinfektionsmitteln. Als Lösungsmittel ist er Träger für Geruchsstoffe, wie sie in Parfüms und Deos verwendet werden.
Alkohol gilt an sich nicht als gesundheitsschädlich, zählt aber zu den Lebergiften, da Alkoholkonsum sich negativ auf die Bildung roter Blutzellen auswirkt. Ab einer bestimmten Dosis kommt es zu einer chronischen Vergiftung des Körpers, die umgangssprachlich Alkoholvergiftung genannt wird. Aber schon in geringen Mengen – ab ca. 0,5 bis 1 Promille Ethanolkonzentration im Blut – hat Alkohol Auswirkungen auf den menschlichen Organismus, der mit zunehmendem Konsum zu Trunkenheitssymptomen wie Redseligkeit, Schwindel, Übelkeit, Orientierungsstörungen und gesteigerter Aggressivität führt.

1

Wirklich gefährlich, sogar tödlich wirkt ein Gehalt von 3 bis 4 Promille. Bei Gewohnheitstrinkern konnten sogar noch höhere Promillewerte nachgewiesen werden. Bei einer akuten Alkoholvergiftung kann der noch im Magen befindliche Alkohol durch Herbeiführen von Erbrechen oder durch Auspumpen des Mageninhalts teilweise entfernt werden. Alkohol gilt als Einstiegsdroge.

1. Die Zuordnung kann von den Schülerinnen und Schülern nach verschiedenen Getränken wie Bier, Wein, Wasser, Milch, Säfte etc. erfolgen. Als Erkennungsmerkmale können Flaschenformen und Farben der Getränke genannt werden.

2. a) Individuelle Angaben.

   b) Individuelle Gründe. Die Schülerinnen und Schüler können die Methode der Selbst-Wahrnehmung nutzen, um den eigenen Umgang mit alkoholischen Getränken begründet zu reflektieren.

3. a) Der Ratschlag warnt vor den Gefahren des Trinkens und den damit verbunden Symptomen wie ungehemmte und sinnlose Redseligkeit. Im zweiten Teil wird eine weitere Problematik angesprochen: Die „Saufkumpanen", also diejenigen, die mit einem zusammen in der Kneipe sitzen und sich betrinken, sind keine wirklichen Freunde, denn „keiner […] gibt dir die Hand". Im Gegenteil erweisen sie sich als diejenigen, die einen als „Trunkenbold" beschimpfen und hinausschmeißen. Dieses Verhalten zeigt, wie sehr ihre Eigenwahrnehmung durch den Alkoholkonsum gestört ist, da sie sich selbst als ebensolche Trunkenbolde nicht mehr sehen und daher auch keine Hilfe anbieten können.

   b) Individuelle Mutmaßungen. Möglicherweise werden die Schülerinnen und Schüler erstaunt darüber sein, dass der Ratschlag aus dem alten Ägypten stammt. Schon in ägyptischen Schriftrollen finden sich erste Hinweise darüber, wie Alkohol durch die Vergärung zuckerhaltiger Früchte, also durch einen natürlichen Vorgang, entsteht.

4. a) Bei der Diskussion sollte herausgearbeitet werden, dass Alkohol nicht nur ein Genussmittel, sondern vielmehr auch ein Suchtmittel ist. Wie die Schülerinnen und Schüler bereits festgestellt haben, ist die Grenzüberschreitung zur Sucht meist fließend, sodass Alkohol nicht zuletzt deswegen als Einstiegsdroge gewertet wird. Es gibt in der Mundart auch verharmlosende Trinksprüche oder Redensarten, z. B. „Ein Gläschen in Ehren kann niemand verwehren."

   b) Auf dem Bild ist das Ausmaß eines Trinkgelages zu sehen. Ein Jugendlicher oder eine Jugendliche hat sich entweder in die Bewusstlosigkeit getrunken oder schläft seinen bzw. ihren Rausch aus. Eine geöffnete, halb ausgetrunkene Flasche hält er bzw. sie noch in der einen Hand, auf der anderen ist der Kopf abgestützt. Das Gesicht können wir nicht erkennen. Auf dem Boden liegen leere und volle Flaschen herum,

es lassen sich eine Weinflasche und eine Schnapsflasche erahnen. Außerdem ist ein Fleck zu sehen, der an Erbrochenes erinnert. Am oberen hinteren Bildrand sitzt noch jemand, der scheinbar zu der liegenden Person gehört, denn ihr Fuß berührt dessen Bein, was eine Vertrautheit impliziert. Als Text-Bild-Bezug lässt sich ausmachen, dass die „Saufkumpanen" tatsächlich nicht helfen, wenn es zum Sturz gekommen ist. Inwiefern der oder die Liegende verletzt bzw. in großer Not ist, lässt sich nicht sagen. Ein und dasselbe Phänomen – die Unkontrolliertheit des Rausches – hat in der Menschheitsgeschichte über 5.000 Jahre hinweg nicht an Aktualität eingebüßt.

   b) Beim Gang in die Kneipe wird bewusst die tatsächliche Grenze zu einem Raum überschritten, in dem das (Be-)Trinken zur Normalität gehört. Des Weiteren findet der Kontrollverlust über den eigenen Körper statt; zunächst ist das Sprachzentrum betroffen, im fortgeschrittenen Trinkstadium leidet die Motorik. Ein vergleichbarer Verfall ist auf dem Bild zu sehen, zumal das Trinken hier in der Öffentlichkeit stattgefunden hat bzw. stattfindet. Die Trinkenden stellen sich öffentlich zur Schau und geben damit ihre Intimität preis, da sie bereits die Grenze zwischen Privatheit und Öffentlichkeit überschritten haben. Sie streben möglicherweise sogar an, ihre Umwelt mit ihrem hilflos-destruktiven Verhalten zu provozieren.

5. Individuelle Diskussionen, die die These bestätigen sollten, da das Foto und der Text bereits Auswirkungen des Vollrausches vorgeführt haben. Mit dem Kontrollverlust geht auch der Verlust der Würde einher. Es kann auch noch einmal auf die Gratwanderung eingegangen werden, die sich beim grenzenlosen Trinken vollzieht: Für viele gilt es als cool, trinkfest zu sein und „mithalten" zu können, doch sobald der Konsum von Alkohol maßlos wird, kehrt sich das Bild vom coolen Trinker zu einem hilfsbedürftigen Trunkenbold, der sich nicht mehr kontrollieren kann und auf die Hilfe anderer angewiesen ist.

6. Auf dem Bild ist eine Frau zu sehen, die einsam an einem Tisch sitzt. Vor ihr steht eine Flasche, dem Titel nach Absinth. Sie hat das Kinn auf die linke Hand gestützt, die rechte hat sie um sich geschlungen und greift sich selbst an die Schulter. Es wirkt, als denke sie nach und müsse sich dabei selbst festhalten oder umarmen. Ihr Blick geht ins Leere, in die Ferne. Die Haare hat sie zu einem Knoten aufgetürmt, eine Strähne fällt ihr in die Stirn. Sie ist sehr dünn, besonders ihre Finger erscheinen lang und dünn, die hohen Wangenknochen treten deutlich hervor, die Lippen sind ein schmaler Strich. Ihre Gesichtsfarbe ist auffallend fahl, sie sieht traurig und verbittert aus.

7. Individuelle Lösungen.

8. Über das bisher Erarbeitete können sich die Schülerinnen und Schüler austauschen, inwiefern Alkohol ein

Genuss-, Heil- oder Suchtmittel ist. Ein Genussmittel ist ein Lebensmittel, das nicht wegen seines Nährwertes, sondern wegen seines Geschmacks bzw. seiner anregenden Wirkung (psychotrope Substanzen) konsumiert wird. Ein Heilmittel kann, muss aber nicht ein Lebensmittel sein, das eine heilsame Wirkung zur Behandlung einer Krankheit entfalten soll. Der Begriff wird synonym zu Medikament verwendet. Suchtmittel, die häufig unter dem Sammelbegriff „Droge" zusammengefasst werden, sind legale oder illegale psychotrope Substanzen, die eine bewusstseins- und/oder wahrnehmungsverändernde Wirkung haben.

Die orale Einnahme von Alkohol als Heilmittel dürfte bei den Schülerinnen und Schülern zu Recht sehr umstritten sein, wenngleich Wermut – im Falle des Absinth – als Heilkraut anerkannt ist. Zu differenzieren ist, dass Alkohol, also Ethanol, als Trägerstoff in vielen Arzneimitteln fungiert. Bei dieser Fragestellung geht es aber um Alkohol an sich. Dieser ist in jedem Fall als ein Genussmittel einzustufen, das für manche Menschen bei unkontrolliertem Konsum zum Suchtmittel werden kann. Auch hier sind die Grenzen fließend; Alkohol hat eine ambivalente Stellung innerhalb unserer Gesellschaft: Er gilt als legal, wenngleich er nur an Erwachsene verkauft wird und somit einer Altersbeschränkung unterliegt.

9. Individuelle Ergebnisse.

➡ *KV 4 „Trinken ohne Grenzen – Komasaufen nimmt zu"*

➡ *SB S. 31*

Nikotin – oder auch Nicotin – ist ein chemisches Produkt, ein Alkaloid, das aus der Tabakpflanze (ca. 5 % Nikotingehalt pro Pflanze) und auch anderen Nachtschattengewächsen (geringerer prozentualer Anteil) gewonnen wird. Es wird in deren Wurzeln erzeugt und wandert in die Blätter zur Abwehr von Schädlingen. Nikotin gilt als Droge und starkes Nervengift, das auch krebserregend ist. Es fördert die Ausschüttung des anregenden Hormons Adrenalin sowie von Dopamin und Serotonin. Weitere Folgen von Nikotinkonsum sind ein beschleunigter Herzschlag und die Verengung der peripheren Blutgefäße, was bei übermäßigem Konsum stark gesundheitsschädlich wirkt. Wesentliche, allerdings nur kurzfristige Effekte des Nikotinkonsums sind die Steigerung der psychomotorischen Leistungsfähigkeit und der Aufmerksamkeits- und Gedächtnisleistung. Darüber hinaus wirkt Nikotin appetithemmend. Bei Nikotinentzug werden neben der förderlichen Wirkung auf den Gesamtzustand auch Kopfschmerzen und eine verlangsamte Verdauung beklagt; zudem kann es zu psychischen Auswirkungen von Angstzuständen, Gereiztheit bis hin zu Depressionen kommen. Zusätzliche Risiken, denen sich ein Raucher aussetzt, sind: Thrombosegefahr, Herzinfarkt und Raucherbein, fahler Teint/graue und schlaffe

Haut, verfrühte Wechseljahre bei Frauen, Potenzverlust bei Männern, verzögerte Wundheilung, Krebs etc. Ein Vergleich: Nikotin wurde früher im Pflanzenschutz als Pestizid erfolgreich eingesetzt. Eine Zigarette enthält etwa 12 Milligramm Nikotin, also deutlich mehr als auf der Verpackung angegeben, denn die dortigen Angaben beziehen sich auf die Menge Nikotin, die beim Rauchen einer Zigarette inhaliert wird. Darüber hinaus enthält eine Zigarette noch viel mehr giftige Stoffe. Nikotin gehört zu den Suchtmitteln mit dem höchsten Abhängigkeitspotenzial, auch gemessen an illegalen Drogen, das zumal eine ständige Dosissteigerung verlangt.

1. Laut Jugendschutzgesetz ist das Rauchen in der Öffentlichkeit für Kinder und Jugendliche unter 18 Jahren verboten; ebenso verhält es sich mit der Abgabe und dem Verkauf von Tabakwaren. Auch die Zigarettenautomaten sind heute technisch so ausgestattet, dass eine Entnahme von Zigaretten von unter 18-Jährigen nicht möglich ist.

2. Die Diskussionen werden sicherlich kontrovers ausfallen, je nachdem, ob sich Schülerinnen und Schüler als Raucher outen bzw. deren Position einnehmen. Grundsätzlich gilt für unter 18-Jährige, dass die Eltern entscheiden, ob das Kind in privaten Räumen rauchen darf oder nicht. Für Eltern, die konsequent sind und ihren Kindern den Griff zur Zigarette nicht gestatten, stellt das Gesetz den verlängerten Arm, da sich die Kinder in der Öffentlichkeit der Kontrolle der Eltern entziehen können. Die Tatsache, dass der Erwerb von Tabakwaren erschwert ist, bedeutet nicht, dass sich Jugendliche diese nicht leicht durch ältere Freunde beschaffen können. Die Gesetzeslage schafft also lediglich einen rechtlichen Rahmen, der auch als Orientierung für Eltern im privaten Umgang dienen kann.

➡ *SB S. 32*

3. Rauchen hat folgende Ursachen:
Unsicherheiten, Gefühle der Einsamkeit oder Langeweile sollen vermieden werden.
Folgen des Rauchens: Schäden am Gefäß- und Nervensystem, beschleunigte Herztätigkeit, verengte Blutgefäße, Störung des Durchblutungssystems, chronische Bronchitis, Arteriosklerose, Krebs, schlechter Geruch aus dem Mund, nach kaltem Zigarettenrauch muffelnde Kleidung, Luftnot bei körperlicher Anstrengung, schwarze Flecken auf der Lunge etc.

4. a) Weitere Gründe können sein: Gruppenzwang, Versuchung, Gelegenheitszigarette, Erwartungshaltung durch Medien etc.
b) Individuelle Lösungen.

5. Individuelle Schreibmeditationen.

6. a) – b) Individuelle Lösungen.

➡ *KV 5 „Auswirkungen des Zigarettenkonsms –*
Rauchen macht schlapp"

➡ *SB S. 33/34*

Neben den im Info-Kasten beschriebenen beiden Essstörungen Magersucht und Ess-Brech-Sucht gibt es noch einige weitere. Eine Essstörung bezeichnet die ständige gedankliche und emotionale Beschäftigung rund ums Essen und ist somit eine psychosoziale Störung, die unterschiedliche Psychosomatiken aufweisen kann: Esssucht, Magersucht (Anorexia nervosa), Ess-Brech-Sucht (Bulimia nervosa), Fressattacken (Binge-Eating) etc. Häufig wechseln Betroffene von einer Störung zur anderen, sodass Merkmale und Ausprägung ineinander übergehen, was sowohl Diagnose als auch Therapien erschwert. Allen gemein ist die zwanghafte Beschäftigung mit dem Thema Essen. Chronische Essstörungen können wegen Mangel-, Fehl- und Unter- bzw. Überernährung lebensgefährliche körperliche Schäden hervorrufen und sogar zum Tod führen. Besonders betroffen sind junge Frauen mit einem hohen Perfektionsstreben und geringem Selbstwertgefühl, dabei geht man bei der Ursache für eine Essstörung immer von einer Multikausalität aus, d. h. verschiedene Faktoren bedingen das Ausbrechen einer Essstörung. Nicht selten geht eine Essstörung mit einem Medikamentenmissbrauch einher, es wird zwanghaft Sport getrieben, die Nahrungsaufnahme in der Öffentlichkeit verweigert etc.

Esssucht führt häufig zu Übergewicht oder gar krankhafter Fettleibigkeit (Adipositas), mit den zugehörigen gesundheitlichen und sozialen Problemen. Übergewichtige fühlen sich oft als Versager und Außenseiter.

Magersüchtige führen durch eine absichtliche und selbst herbeigeführte Essensverweigerung einen gefährlichen Gewichtsverlust herbei, der durch gesteigerte körperliche Aktivität den Körper zusätzlich ausmergelt. Betroffene sind nicht mehr in der Lage, sich selbst realistisch zu sehen, sie empfinden sich trotz ihrer Abmagerung als dick (Körperschemastörung).

Bulimiker sind meist normalgewichtig und daher augenscheinlich unauffällig, haben aber große Angst vor einer Gewichtszunahme, der sie mit Gegenmaßnahmen wie Erbrechen, Abführmittelmissbrauch, Fasten etc. begegnen, was wiederum Heißhungerattacken bedingt. Das Erbrechen führt zu Störungen im Elektrolythaushalt, Schädigungen der Zähne und der Speiseröhre, allgemeinen Mangelerscheinungen etc.

Es ist umstritten, ob Binge-Eating als Störung zu definieren ist, da es sich um unkontrollierte Heißhungerattacken handelt, die mindestens an zwei Tagen pro Woche über einen Zeitraum von sechs Monaten vorliegen müssen. Betroffene essen meist – um Gefühle zu betäuben – ohne hungrig zu sein und bis ihr Ess-Anfall als belastend empfunden wird. In Abgrenzung zu klassischen Essstörungen finden keine regulierenden Maßnahmen wie Sport, Erbrechen etc. statt.

Da viele Essstörungen im Verborgenen bleiben und auch ineinander übergehen, ist es schwierig, Zahlen zu nennen. Betroffen sind meist Frauen zwischen 15 und 35 Jahren (ca. 90 %). Man rechnet mit ca. 100.000 Magersüchtigen und ca. 600.000 Bulimikern allein in Deutschland. Eine Studie des Robert Koch-Instituts mit über 17.000 Teilnehmern zwischen elf und 17 Jahren zeigte bei fast 30 % der Mädchen Essstörungen wie Magersucht, Ess-Brech-Sucht oder Fettsucht. Bei Jungen waren noch 15 % betroffen. Weltweit leben rund eine Milliarde Menschen mit starkem Übergewicht (WHO). Sollte sich dieser Trend fortsetzen, wird die Zahl der übergewichtigen Menschen innerhalb der nächsten 10 Jahre auf 1,5 Milliarden ansteigen.

1. Auf dem Bild ist eine junge Frau zu sehen, die sehr dünn ist. Ihre Arme und Beine sind gleichmäßig abgemagert. Sie trägt Unterwäsche oder einen Bikini, steht mit dem Rücken zum Betrachter und schaut sich selbst im Spiegel an. Ihr Gesicht können wir im Spiegel nicht erkennen, aber ihr Spiegelbild. Dieses zeigt ihren Körper als eher dick. Es ist das Spiegelbild, das sie „sieht" und nicht das reale, das wir aufgrund ihrer dünnen Statur sehen müssten. Zum Ausdruck kommt hier ihre gestörte Selbstwahrnehmung, die Körperschemastörung.

2. Individuelle Lösungen.

3. a) – b) Individuelle Lösungen, die über Schockiertsein, Ekel, Unverständnis bis hin zu Wut reichen dürfen. Wichtig ist, dass die Frau skeletthafte Züge hat und ihr Gesicht dem einer Greisin gleicht, außerdem ist nichts Weibliches an ihr. Die Hüftknochen sowie Schlüsselbeine treten kantig hervor, die Oberarme sind wortwörtlich spindeldürr, die Wangen eingefallen, Augen und Mund wirken in dem ausgezehrten Gesicht unnatürlich groß und deplatziert.

4. a) Die Frau (Isabelle Caro) schaut mit resignativem, ungläubigem Blick auf sich selbst. Sie scheint sich selbst zum ersten Mal so zu sehen, wie sie wirklich ist. Wenn man ihre Motivation zu diesem Foto bedenkt, kann man auch eine Art Appell an den Betrachter herauslesen.

   b) Traurig, wie es mit ihr so weit hat kommen können, frustriert, weil sie sich noch immer dick fühlt, leer, weil sie sich selbst nicht mehr wirklich sehen kann, fremd, weil sie sich von sich selbst entfremdet hat etc.

5. Caro wollte die Öffentlichkeit aufklären, vielmehr durch den Schock, den dieses Foto unwillkürlich auslöst, wachrütteln, den Wahn des Schlankheitsdiktats vorführen; die Gesellschaft und die Branche anprangern, die solche Zustände dulden und sogar fördern; junge Mädchen vor einem ähnlichen Schicksal bewahren etc. Eine Beurteilung sollte sowohl die Außenwirkung als auch die Konsequenzen für Caro selbst berücksichtigen.

⇒ **KV 6 „Körperbild und Medien – Big is beautyful"**

⇒ **SB S. 35**

Rückblick

1. **a) – c)** Individuelle Lösungen.
2. **a)** Auch bei Fletcher befindet sich der präfrontale Kortex im Umbruch, sodass sein Verhalten irrational und unberechenbar wird. Durch das Fehlverhalten im Gehirn werden Reize und Impulse unmittelbarer umgesetzt; die Kontrollinstanz fehlt.
   b) Individuelle Lösungen.

Weiterdenken

3. Auf der Zeichnung ist ein durchsichtiger Körper zu sehen, d. h. man kann innere Organe erkennen. Der Schatten hingegen ist angefüllt von emotionalen Ereignissen wie Freude, Liebe, Wut, Tod, symbolisiert durch unterschiedliche Zeichen (ein verliebtes und ein gebrochenes Herz, verschiedene Gesichter etc.). Das Zitat von Augustinus besagt, dass die Seele sich von freudigen Dingen ernährt, in der Zeichnung ist aber mehr zu sehen, da der Mensch in der Seele sowohl freudige als auch traurige Ereignisse und Erinnerungen speichert. Wenn man „nähren" in dem Sinne begreift, dass die Seele sich an den freudigen Ereignissen aufbaut, kann man Augustinus allerdings zustimmen. Der Begriff des „sich (er-) nährens" ermöglicht einen direkten Vergleich zwischen der organisch-konkreten und der symbolisch-übertragenen Bedeutungsebene von Bild und Zitat.

Didaktische Erläuterungen und Lösungen zu den Zusatzmaterialien/Kopiervorlagen (KV) und zur Lernzielkontrolle (LZK)

KV 4, Niveau 2
zu: „Alkohol" ⇒ SB S. 30

Der Text behandelt ein wichtiges Thema, das Komasaufen, das für immer mehr Jungen und Mädchen zum Thema wird. Darüber hinaus wird auch auf die Gefahr von Alkopops in Aufgabe 3 eingegangen.

1. Die Lösungen lauten 73.000 Tote und ca. 0,33 l Bier (etwa ein kleines Bier).
2. Bei Senioren stellt vor allem die Vereinsamung das Problem dar, bei Jugendlichen liegt es eher am Gegenteil, dem Gruppenzwang und der Gruppendynamik.
3. Alkopops sind limonadenhaltige Mixgetränke, die mit hochprozentigem Alkohol wie Wodka, Rum etc. versetzt werden. Der Alkoholgehalt variiert je nach Marke, liegt aber in der Regel zwischen 5 und 6 %, was einer Menge von 12 bis 13 Gramm Alkohol entspricht, einem doppelten Schnaps! Es gibt drei verschiedene Sorten: Mischgetränke aus destilliertem bzw. hochprozentigem Alkohol und Limonade, Mischgetränke aus Alkohol, Limonade und Aufputschmitteln, wie z. B. Koffein und Taurin und schließlich Bier-Spirituosen-Limonade-Mischgetränke. Mischgetränke mit Alkohol gibt es schon lange, Alkopops werden aber bereits fertig gemixt angeboten (Premixgetränke) und daher auch als RTD („Ready-to-drinks") bezeichnet. Auf dem europäischen Markt existieren sie schon seit 1995; seit 2002 hat das Mixgetränk den deutschen Markt erobert.

   Alkopops sind so gefährlich, weil sie aufgrund ihres Zuckergehalts extrem süffig sind und man nicht merkt, dass man hochprozentigen Alkohol konsumiert.

   Die Politik hat als Gegenmaßnahme eine erhöhte Besteuerung beschlossen, um den Jugendlichen den Konsum unattraktiver zu machen. Den Absatzzahlen nach ist dieser Vorstoß gelungen, angeboten werden sie noch immer.

KV 5, Niveau 1
zu: „Nikotin" ⇒ SB S. 31–32

Diese Kopiervorlage soll zur Reflexion und Prävention beitragen. B listet die zusätzlichen Inhaltsstoffe auf, die die Nikotinzufuhr und damit die Suchtbefriedigung beschleunigen. Zuletzt soll C noch einmal die Problematik der Zigarettenabstinenz vor Augen führen und verdeutlichen, dass Rauchen abhängig macht.

A. Nach 20 Minuten Verbesserung der Durchblutung, nach acht Stunden verbesserter Sauerstofftransport, nach zwei Tagen verbesserter Geruchs- und Geschmackssinn, nach drei Monaten verbesserte Lungenfunktion, nach einem Jahr sinkt das Risiko einer Herzkranzgefäßerkrankung um 50 %, nach zehn Jahren ist das Risiko an Krebs zu erkranken fast so niedrig wie bei Nichtrauchern, nach 15 Jahren hat sich der menschliche Organismus erholt und ist auf dem Stand eines Nichtrauchers.

B. Brauner Teer – eigentlich als Straßenbelag bekannt; Aceton – Lösungsmittel für Lacke und andere Substanzen, (kennen Mädchen möglicherweise aus Nagellackentferner, wobei die acetonfreien die schonenderen sind); Ammoniak – Reinigungsmittel; Naphthalin – Mottengift.

C. Der Cartoon zeigt einen Raucher, der trotz zweier Raucherbeine nicht von den Zigaretten lassen kann. Hier wird die Selbstlüge der Süchtigen ad absurdum geführt.

KV 6, Niveau 2
zu: „Essstörungen" ⇒ SB S. 33–34

Mit dieser Kopiervorlage soll nicht nur die immer wieder aufkeimende Debatte um Size Zero aufgegriffen, sondern vor allem Jugendlichen Mut zugesprochen werden, zu ihrem Körper zu stehen – denn dieser Trend bestätigt sich auch in den Medien. Essstörungen und vor allem Magersucht gehen immer mit einem gestörten Körperschema einher. In der Therapie bzw. bereits zur Prävention wird eine einfache Methode angewandt, um zu prüfen, ob jemand sich selbst realistisch wahrnimmt: Die Person zeichnet mit Kreide einen lebensgroßen Umriss von sich selbst auf den Boden (geht besonders gut mit Kreide im Freien). Anschließend wird sie aufgefordert, sich auf diesen Umriss zu legen und eine zweite Person zeichnet – wenn möglich mit einer anderen Farbe – den tatsächlichen Umriss. Diese Übung kann in Partnerarbeit durchgeführt werden und nimmt hinsichtlich des Aha-Effekts wenig Zeit in Anspruch.

1. Ergänzende Infos zum Text: Nach dem Zweiten Weltkrieg setzte eine Renaissance der üppigen weiblichen Formen ein, verkörpert durch Filmstars wie Marilyn Monroe und Brigitte Bardot. Dies lässt sich in der Lebensmittelknappheit der Kriegsjahre begründen. Die Vorliebe für üppige Frauen endete aber bereits mit der Jugendbewegung der 68er. In der Folgezeit diversifizierte sich das Schönheitsideal, allen gemein waren eher sportlich wirkende Körpermaße mit der Formel 90–60–90 (Brust-, Taillen- und Hüftumfang in Zentimetern), was als Hinweis auf die stetig zunehmende Leistungsbereitschaft der Industrienationen zu verstehen ist.

2. Individuelle Stellungnahmen, die das freiwillige Signal der Frauenzeitschrift (BRIGITTE), nicht mehr mit Models zu arbeiten, wohlwollend aufnehmen, aber auch kritisieren sollten, dass trotzdem immer nur junge, hübsche, schlanke Frauen in den Fotostrecken zu sehen sind.

3. Individuelle Lösungen. Käufer fühlen sich noch immer eher zu Fotos hingezogen, die nicht Frauen mit „Jedermann/Jederfrau"-Format zeigen, also nicht mit Oversize-Modeln werben. Der Begriff des Oversize-Models könnte noch die Frage aufwerfen, ob die jungen Frauen hier wirklich oversize, also zu dick sind, da der Begriff sich ausschließlich an den Standardmodels misst. Das Foto entstammt der DOVE-Kampagne.

4. Individuelle Lösungen.

Bemerkungen zur schriftlichen Lernzielkontrolle

Die Aufgaben decken die Anforderungsbereiche I bis III ab. Die Schülerinnen und Schüler erhalten die Gelegenheit, ihr erlerntes Sachwissen auf neue Beispiele anzuwenden und sich argumentativ mit den im Kapitel behandelten zentralen thematischen Aspekten auseinanderzusetzen: Alkoholsucht erkennen und Lösungsstrategien entwickeln (Aufgabe 1), Gefahren von stoffgebundenen und ungebundenen Süchten abwägen (Aufgabe 2), wissenschaftliche Erklärung von Risikobereitschaft in der Pubertät im Hinblick auf Konsequenz für präventives Handeln darstellen und reflektieren (Aufgabe 3), Formen von Essstörungen darstellen (Aufgabe 4a), kritisch zu Gesetzesvorschlag gegen soziales Schlankheitsideal Stellung beziehen (Aufgabe 4b).

Die Aufgaben können natürlich je nach konkreten Lernvoraussetzungen der Schüler und Schülerinnen gekürzt, ergänzt oder variiert werden. Grundsätzlich sollte auf eine konsistente, argumentative Darstellung in der Bearbeitung der Aufgaben geachtet werden. Es ist für die Lernenden hilfreich, ähnliche Aufgaben im Vorfeld der schriftlichen Überprüfung bereits eingeübt zu haben.

Trinken ohne Grenzen

Komasaufen nimmt zu

Besonders Senioren und Jugendliche landen immer häufiger mit akutem Rausch im Krankenhaus. Weltweit liegt Deutschland beim Alkoholkonsum auf Platz fünf. Die Deutschen saufen sich öfter ins Koma als in der Vergangenheit – auch wenn der Alkoholkonsum in den vergangen Jahren im Durchschnitt nicht gestiegen ist. [...] Demnach kamen 2008 circa 109.300 Menschen mit akutem Rausch ins Krankenhaus. Das waren nach Angaben des Statistischen Bundesamtes doppelt so viele wie im Jahr 2000. Vor allem Jugendliche, aber auch Senioren trinken sich zunehmend ins Koma. Im Jahr 2008 mussten rund 25.700 Kinder und Jugendliche ins Krankenhaus gebracht werden, was eine Steigerung um fast das Dreifache im Vergleich zu 2000 darstellt. [...] Durch Alkohol verursachte Gesundheitsstörungen führten jährlich zu mehr als _____ Toten. [...] Weltweit liegt Deutschland beim Alkoholkonsum auf Platz fünf. Mehr wird nur noch in Luxemburg, Irland, Ungarn und Tschechien gesoffen, wie ein Vergleich der Weltgesundheitsorganisation WHO von 2003 zeigt, der im vergangenen Jahr veröffentlicht wurde. Getrunken wird nicht mehr so viel Bier wie früher: 2008 konsumierte jeder Deutsche durchschnittlich rund 111 Liter Bier, 0,6 Prozent weniger als im Jahr zuvor. Dafür wurde Sekt beliebter. Der Verbrauch von Schaumweinen stieg um 2,6 Prozent auf 3,9 Liter. Der Weinkonsum nahm um 0,5 Prozent auf 20,7 Liter zu. Insgesamt konsumieren [rund] 9,5 Millionen Bundesbürger Alkohol in gesundheitlich riskanter Weise. Davon spricht man, wenn Frauen mehr als 12 Gramm reinen Alkohol – _____ Bier – und Männer mehr als 24 Gramm trinken – und zwar täglich. Und 1,3 Millionen Deutsche sind vom Alkohol abhängig. [...]

(Aus: Süddeutsche Zeitung vom 07.04.2010)

Aufgaben

1 In dem Artikel aus der Süddeutschen Zeitung fehlt die Zahl der Todesfälle und der Vergleich, in welcher Menge Bier 12 Gramm Alkohol enthalten sind. Diskutiert in der Klasse, welche Zahlen ihr für realistisch haltet. Vergleicht eure Ergebnisse mit den tatsächlichen Zahlen; recherchiert dazu im Internet.

2 Stelle eine begründete Vermutung an, warum auch Senioren von dem Problem betroffen sind. Worin unterscheiden sich ihre Motive von denen der Jugendlichen?

_____

_____

_____

_____

3 Beim Komasaufen sind auch Alkopops beliebt. Recherchiere, woraus sie sich zusammensetzen und erkläre, warum sie so gefährlich sind.

_____

_____

_____

_____

Name   Klasse   Datum

Auswirkungen des Zigarettenkonsums

Rauchen macht schlapp

Aufgaben

A Wie lange dauert es, bis sich ein Raucher nach Zigarettenabstinenz wieder erholt hat?

- nach _____ Verbesserung der Durchblutung

- nach _____ verbesserter Sauerstofftransport

- nach _____ verbesserter Geruchs- und Geschmackssinn

- nach _____ verbesserte Lungenfunktion

- nach _____ sinkt das Risiko einer Herzkranzgefäßerkrankung um 50 %

- nach _____ ist das Risiko an Krebs zu erkranken fast so niedrig wie bei Nichtrauchern

- nach _____ hat sich der menschliche Organismus erholt und ist auf dem Stand eines

  Nichtrauchers

B Wir wollen wissen, welche Zusatzstoffe in unseren Lebensmitteln sind, aber wollen wir auch wissen,
welche Zusatzstoffe in unseren Zigaretten sind? Zusatzstoffe werden dem Nikotin zugesetzt und bewirken
schnellere Einbringung des Giftes in die Blutbahn. Zusatzstoffe sind neben Kohlenmonoxid, das den
Sauerstofftransport verringert und den Kreislauf schädigt, auch brauner Teer, der Lungenkrebs verursacht …
Aber wozu werden diese Stoffe denn eigentlich verwendet?

- Brauner Teer: _____

- Aceton: _____

- Ammoniak: _____

- Naphthalin: _____

1 Füllt alleine oder in Partnerarbeit – nachdem ihr im
Internet recherchiert habt – die Lücken unter A und
B aus. Präsentiert eure Ergebnisse in der Klasse und
diskutiert.

2 Beschreibe den Cartoon und nimm Stellung zu der
These.

Körperbild und Medien

Big is beautiful

von Amelia Hill

Jahrelang dominierten magere Frauen die Laufstege. Nun gibt es erste Anzeichen für ein Umdenken. Und die Models beginnen, sich gegen das falsche Schönheitsideal zu wehren.

Als sie noch magersüchtig war, war Crystal Renn ein erfolgreiches Model. Sie hatte Herzrasen, war so schwach, dass sie ohnmächtig wurde, wenn sie zu weit ging, und ihre Knochen traten scharf unter ihrer papierdünnen und grauen Haut hervor. Aber sie hatte US-Größe 0, Size Zero – das entspricht ungefähr der deutschen Kleidergröße 32 – und die Aufträge flatterten herein.

Als Renn dann wieder anfing zu essen und schließlich Größe 42 trug, ging ihre Karriere aber erst richtig los. […] Es gebe zwar immer noch „einige Verrückte, die immer noch gerne Super-Schlanke begaffen", aber in der Modewelt wachse das Bedürfnis nach „den natürlichen Formen, die der Körper einer Frau annimmt, wenn ihm keine Nahrung vorenthalten wird", sagt Renn. Sie sollte es wissen. Als sie mit 13 von einem Modeagenten entdeckt wurde, sagte man ihr, sie müsse 32 Kilo abnehmen: Das waren mehr als 42 Prozent ihres damaligen Körpergewichts. Mit 14 war sie schlanker als Size Zero, sicherte sich einen Dreijahresvertrag über 290.000 Euro und ging nach New York. „Als ich 2002 mit dem Modeln anfing, waren – und in etwas geringerem Maße sind bis heute – Frauen gefragt, die bis auf die Knochen abgemagert sind. Es begann in den frühen Neunzigern mit Kate Moss und dem Heroin-Chic. Die Modeindustrie verliebte sich in deprimiert dreinschauende, abgemagerte Mädchen", sagt Renn. 2006 dann die Krise: Die Models Luisel Ramos und ihre Schwester Eliana, Ana Carolina

Reston und Hila Elmalich hungerten sich zu Tode, weil sie immer noch schlanker werden wollten. Ein Aufschrei blieb aus. Der Rat amerikanischer Modedesigner sprach die Empfehlung aus, dass Models mindestens 16 Jahre alt sein sollten. Spanien verbannte Models, die weniger als 56 Kilo wogen, von der Madrider Modewoche. Darüber hinaus hat es aber keine unmittelbaren Konsequenzen gegeben. Die meisten Models seien so dünn wie eh und je, meint Renn. […]

(http://www.Freitag.de/alltag/0938-mode-models-schlankheitswahn-schoenheit vom 19.09.2009 von Amelia Hill, in: „The Observer" vom 6.12.2009 Copyright Guardian News & Media Ltd., London 2009)

Aufgaben

1 Das Schönheitsideal im westlichen Kulturkreis hat sich über die Jahre bis heute gewandelt. Recherchiere auf Grundlage des Textes, wie sich das Schönheitsideal in Deutschland seit der Nachkriegszeit entwickelt hat. Präsentiere deine Ergebnisse z. B. auf einem Plakat.

2 In Frankreich, dem Geburtsland der Mode, gab es einen Aufstand, als per Gesetz durchgesetzt werden sollte, dass Fotos in Magazinen nicht mehr retuschiert werden dürften. In Deutschland gibt es bereits eine Frauenzeitschrift, die sich selbst verpflichtet, ohne Models zu arbeiten. Nimm begründet Stellung zu diesem Trend.

3 Eine Firma, die u. a. Körpercremes herstellt, hat mit Oversize-Models eine Kampagne für mehr Selbstwertgefühl gestartet, zu der das obige Bild gehört. Fühlst du dich von dem Bild angesprochen? Begründe.

4 Welche Firmen sollten deiner Meinung nach ebenfalls eine derartige Offensiv-Kampagne starten? Schreibe einen Essay zum Thema.

Teste dich selbst

Abhängigkeit und Risiko

1 a) Die 13-jährige Lena hat das Thema „Sucht und Abhängigkeit" im Unterricht sehr aufmerksam verfolgt. Sie hat nämlich seit einiger Zeit den Verdacht, dass ihre ältere Schwester alkoholsüchtig ist. Lena hat darüber allerdings bisher mit niemandem gesprochen.
Erläutere, woran Lena erkennen könnte, dass ihre Schwester tatsächlich alkoholsüchtig ist.

_____

_____

_____

_____

_____

_____

b) Benenne und begründe realistische Möglichkeiten für Lena, um ihrer Schwester im Fall einer Alkoholsucht zu helfen.

_____

_____

_____

_____

2 Erörtere anhand von Beispielen, ob stoffungebundene Süchte weniger gefährlich für den Betroffenen sind als stoffgebundene.

_____

_____

_____

_____

_____

_____

_____

3 a) In Armins Clique von 13- und 14-Jährigen ist es seit einiger Zeit besonders „cool", auf dem Weg
zur Schule plötzlich über die Straße zu laufen, möglichst knapp vor dem nächsten Auto, das gerade
angefahren kommt. Wenn der Wagen bremsen muss, gilt die Aktion als besonders gelungen.
Erläutere, wie Jay Giedd mit seinen Forschungen zur Gehirnentwicklung bei Jugendlichen dieses
Verhalten wissenschaftlich erklären würde.

_____

_____

_____

_____

_____

b) „Kein Wunder, wenn diese risikobereiten Jugendlichen auch irgendwann die Grenze zur
Drogenabhängigkeit überschreiten. Da kann man in diesem Alter nichts machen!"
Nimm begründet Stellung zu dieser These.

_____

_____

_____

_____

Körperbild und Medienerwartung

4 a) Stelle unterschiedliche Formen der Essstörung dar.

_____

_____

_____

b) „Zur Bekämpfung von Magersucht würde es sehr helfen, wenn in Deutschland ein ähnliches Gesetz
wie in Schweden erlassen werden würde, nach dem Mode Models mindestens Kleidergröße 38 tragen
müssen und diejenigen, die magersüchtig sind, gar nicht mehr abgebildet werden dürfen. So würde der
immense Druck der Gesellschaft nach einem überschlanken Ideal außer Kraft gesetzt werden."
Nimm begründet Stellung zu dieser These.

_____

_____

_____

_____

Lernzielkontrolle: Erwartungshorizont

Abhängigkeit und Risiko

1 a) Die 13-jährige Lena hat das Thema „Sucht und Abhängigkeit" im Unterricht sehr aufmerksam verfolgt. Sie hat nämlich seit einiger Zeit den Verdacht, dass ihre ältere Schwester alkoholsüchtig ist. Lena hat darüber allerdings bisher mit niemandem gesprochen.
Erläutere, woran Lena erkennen könnte, dass ihre Schwester tatsächlich alkoholsüchtig ist.

  – auffälliges, krankhaftes Verhalten: heimlicher Alkoholgenuss, Reizbarkeit bei fehlendem Alkohol, häufig Geruch aus dem Mund, Geld wird überwiegend für Alkohol ausgegeben (nicht mehr für anderes)
  – Abhängigkeit vom Suchtmittel Alkohol, nicht mehr bewusst steuerbar, sie trinkt regelmäßig und immer, wenn sich – gerade in Gesellschaft – eine Gelegenheit dazu bietet
  – Teufelskreis: Bedürfnis – Befriedigung – Mangelempfinden – erneutes (gesteigertes) Bedürfnis

  b) Benenne und begründe realistische Möglichkeiten für Lena, um ihrer Schwester im Fall einer Alkoholsucht zu helfen.
  Eltern über Verdacht informieren
  Suchtberatungsstelle kontaktieren, dort professionelle Hilfe in Anspruch nehmen
  Gespräch zwischen Eltern oder Suchtberatern mit Schwester über mögliche Probleme anstoßen, die Grund für die Alkoholabhängigkeit sein könnten wie Gruppenzwang, partnerschaftliche Sorgen, geringe/s Ich-Stärke/Selbstbild

2 Erörtere anhand von Beispielen, ob stoffungebundene Süchte weniger gefährlich für den Betroffenen sind als stoffgebundene.
Stoffgebundene Süchte (Alkohol-, Nikotin-, Drogenabhängigkeit) belasten neben der Psyche auch die körperliche Befindlichkeit: Die Sucht kann zur Erkrankung verschiedener Organe führen bis hin zum Tod.
Stoffungebundene Süchte (Computer-, Kaufsucht) sind zwar auch auf äußere Objekte bezogen, meinen aber zwanghaftes Verhalten, das oft psychische Ursachen hat und letztlich auch körperlich krank machen kann.
Was „gefährlicher" ist, ist daher nicht eindeutig zu bestimmen. Die Gefahr, durch Sucht sozial ins Abseits zu geraten und körperlich sowie seelisch krank zu werden, ist bei beiden Sucht-Formen gegeben.

3 a) In Armins Clique von 13- und 14-Jährigen ist es seit einiger Zeit besonders „cool", auf dem Weg zur Schule plötzlich über die Straße zu laufen, möglichst knapp vor dem nächsten Auto, das gerade angefahren kommt. Wenn der Wagen bremsen muss, gilt die Aktion als besonders gelungen.
Erläutere, wie Jay Giedd mit seinen Forschungen zur Gehirnentwicklung bei Jugendlichen dieses Verhalten wissenschaftlich erklären würde.
Giedd hat festgestellt, dass sich das Gehirn im jugendlichen Alter sehr stark verändert. Die sog. Stirnlappen, der Bereich des Gehirns, der wie ein „Aufpasser" über unser Handeln funktioniert, sind erst ca. ab dem 20. Lebensjahr fertig ausgebildet. Das bedeutet, dass Armin und seine Freunde in einer Entwicklungsphase stehen, in der ihnen ‚vernünftige' Entscheidungen oder die kritische Prüfung dessen, was sie tun wollen, nicht leicht fallen. So erklärt Giedd dieses ‚unsinnige' Verhalten der Jugendlichen.

  b) „Kein Wunder, wenn diese risikobereiten Jugendlichen auch irgendwann die Grenze zur Drogenabhängigkeit überschreiten. Da kann man in diesem Alter nichts machen!"
  Nimm begründet Stellung zu dieser These.
  Die Stellungnahme der Schülerinnen und Schüler geht auf den erwiesenen Zusammenhang zwischen Risikobereitschaft und Grenzüberschreitung ein. Kritisch sollte die resignierende These gewertet werden, dass man an diesem Umstand nichts ändern könne. Die Methode der Selbst-Wahrnehmung kann hier z. B. als Möglichkeit für eine aktive (Selbst-)Kontrolle der eigenen Grenzziehung angeführt werden.

Name   Klasse   Datum

Körperbild und Medienerwartung

4 a) Stelle unterschiedliche Formen der Essstörung dar.
   – *Magersucht (Anorexia nervosa): erheblicher Gewichtsverlust durch extrem geringe*
     Nahrungsaufnahme
   – *Ess-Brech-Sucht (Bulimia nervosa): Heißhungerattacken und anschließend selbst verursachtes*
     Erbrechen
   – *Esssucht (Adipositas): erhöhte Fettleibigkeit infolge von ungehemmtem Essen*

b) „Zur Bekämpfung von Magersucht würde es sehr helfen, wenn in Deutschland ein ähnliches Gesetz
   wie in Schweden erlassen werden würde, nach dem Mode-Models mindestens Kleidergröße 38 tragen
   müssen und diejenigen, die magersüchtig sind, gar nicht mehr abgebildet werden dürfen. So würde der
   immense Druck der Gesellschaft nach einem überschlanken Ideal außer Kraft gesetzt werden."
   Nimm begründet Stellung zu dieser These.
   Mögliche Aspekte:
   Zusammenhang zwischen öffentlichem Schlankheits-Ideal und persönlichem Selbstbild Jugendlicher
   spricht für diese Forderung;
   Isabelle Caro prangerte mit ihrer Selbst-Veröffentlichung gerade diese mächtige Einflussnahme der
   Vermarktung von Schönheit auf die persönliche Entwicklung und Gesundheit Betroffener an;
   allerdings liegen Ursachen für Magersucht nicht ausschließlich im öffentlichen Bereich; persönliche
   Beziehungen, schwach ausgeprägtes Selbstbild u. a. können Jugendliche (und Erwachsene) in die
   Magersucht führen.

2 In der Gemeinschaft leben

1 Freundschaft, Liebe, Sexualität

Fachbezogene Kompetenzen

Die Schülerinnen und Schüler
- erschließen Merkmale von und Unterschiede in Freundschaften
- analysieren unterschiedliche Formen von Liebe
- setzen Liebe und Freundschaft zueinander in Beziehung
- erläutern und überprüfen Konfliktlösungen in den Bereichen Liebe und Sexualität

Unterrichtsaspekte

- Merkmale von Freundschaften im Laufe der eigenen Entwicklung
- Gemeinsamkeiten und Unterschiede zwischen Freundschaft und Liebe
- Regeln und Rechte im Bereich Sexualität
- Probleme und Chancen im Ausleben der eigenen Sexualität

Methoden

Schwerpunktmethode
- Perspektivwechsel

Weitere Methoden
- ein Rollenspiel inszenieren
- Informationsmaterial auswerten
- Begriffe bestimmen
- einen Text interpretieren
- einen Text mit einem Bild vergleichen
- einen Film analysieren
- ein Referat halten
- ein Quiz entwerfen

2 Partnerschaft und Lebensformen

Fachbezogene Kompetenzen

Die Schülerinnen und Schüler
- vergleichen traditionelle und moderne Formen des Zusammenlebens
- analysieren unterschiedliche Konfliktformen innerhalb eines partnerschaftlichen Zusammenlebens
- untersuchen Konfliktlösungsstrategien
- erläutern Motive für kooperatives Verhalten im Zusammenleben

Unterrichtsaspekte

- Formen des Zusammenlebens
- Familien damals und heute
- Ursachen von Konflikten im Zusammenleben
- Bewältigungsstrategien bei Konflikten
- Familienleben weltweit
- Motive für kooperatives Verhalten im Zusammenleben

Methoden

Schwerpunktmethode
- Ich-Botschaften

Weitere Methoden
- ein Standbild erstellen
- ein Rollenspiel inszenieren
- eine Umfrage auswerten/eine Statistik erklären
- im Internet/in einer Bibliothek recherchieren
- einen Text mit einer Zeichnung vergleichen
- einen Text interpretieren
- einen Paralleltext verfassen
- ein Referat halten

2.1 Freundschaft, Liebe, Sexualität

Didaktische Erläuterungen

Für nicht wenige Schülerinnen und Schüler der Jahrgänge 7 und 8 stellen die Themen „Freundschaft", „Liebe" und „Sexualität" begriffliche Gegenpole zum Kontext „Schule" oder zumindest Bereiche dar, in die sich die Schule tunlichst nicht einmischen sollte.

Den Vorbehalten, die sich daraus eventuell auf Seiten der Schülerinnen und Schüler ergeben, stehen die pädagogische Dringlichkeit und die didaktische Relevanz dieser Themenfelder gegenüber. Denn der didaktische Kern des Ethikunterrichtes, der sich wohl am ehesten mit der Formulierung „Entwicklung der ethischen Urteilsfähigkeit" umschreiben ließe (vgl. hier z. B. die Fachpräambel der EPA Ethik), trifft insbesondere hier auf zwischenmenschliche Felder zu, in denen sich zu beglückenden Erfahrungen auch vielerlei Enttäuschungen, Verletzungen und Unbedachtheiten gesellen, die Schülerinnen und Schüler in ihrer tiefsten Privatsphäre betreffen und die gerade deshalb einer nachhaltigen und sensiblen Reflexion bedürfen.

In den wenigsten Fällen aber dürfte ausgerechnet die Ethik-Lehrkraft diejenige Person sein, der sich die Schülerinnen und Schüler mit Blick auf Freundschaft, Liebe und Sexualität vorbehaltlos und ehrlich anvertrauen.

Die erste Konsequenz, die daraus ggf. resultiert, sollte in einer methodischen Dezentralisierung des Unterrichts bestehen: Wann immer es sich mit Blick auf die spezifischen Eigenheiten der Lerngruppe anbietet, sollte die Lehrkraft (noch intensiver als ohnehin schon) die Möglichkeit nutzen, die Schülerinnen und Schüler einzeln, partnerschaftlich oder in der Gruppe arbeiten zu lassen.

Die zweite Konsequenz betrifft die unterrichtlich höchst bedeutsamen Aspekte „Ergebnissicherung" und „Leistungsüberprüfung": Erfahrungen, Geständnisse und Entdeckungen aus den Bereichen Liebe, Freundschaft und Sexualität sind z. B. weder mit Kenntnissen über die Hauptstädte Europas (im Fach Erdkunde) noch mit der korrekten Bildung von if-Sätzen (im Fach Englisch) vergleichbar. Denn die Intimität einzelner Arbeitsergebnisse verhindert hier eine rigide Evaluierung derselben.

Aus diesem Grund ist das Kapitel dergestalt angelegt, dass es den Schülerinnen und Schülern einerseits genügend Freiraum lässt, um fernab von Überprüfungsdruck das eigene (und nicht im Rahmen einer Leistungsüberprüfung zu ermittelnde) Eingebundensein in die Themen zu spüren. Andererseits liefert es über die prozessbezogenen Kompetenzbereiche „Verstehen und Reflektieren" genügend Verknüpfungen mit Gedanken, die einer intersubjektiven Prüfung standhalten können und deshalb evaluierbar sind (z. B. über die platonische oder die christliche Liebeskonzeption, z. B. über Räume und Rechte von Sexualität).

Abschließend sei noch bemerkt, dass es mit Blick

a) auf die unterschiedlichen gesetzlichen Bestimmungen in den jeweiligen Bundesländern und (ungeachtet dessen)

b) auf ein vertrauensvolles Zusammenarbeiten mit allen an der Schulgemeinschaft Beteiligten

angebracht sein kann, die Erziehungsberechtigten der Schülerinnen und Schüler bereits *vor* der Unterrichtseinheit zum Kapitel *„Freundschaft, Liebe, Sexualität"* schriftlich über das thematische wie didaktische Vorhaben zu informieren und im Zuge dessen zu versichern, dass jede unterrichtliche Aktivität im Sinne des jeweiligen Schulgesetzes ist und in harmonischen Einklang mit dem Schulprogramm gebracht werden kann (vgl. die Vorlage für ein Anschreiben auf der CD-ROM). Die zentralen didaktischen Begriffe des Kapitels sind bereits durch dessen Titel konturiert:

Freundschaft

Das Thema „Freundschaft", dem im vorangegangenen Band von *Wege Werte Wirklichkeiten* bereits ein eigenständiges Kapitel gewidmet war, wird hier in erster Linie deshalb nochmals aufgegriffen, weil sich im Freundschaftserleben der älter gewordenen Schülerinnen und Schüler mittlerweile vieles geändert haben dürfte: Mit neuen Interessen und Aktivitäten wandeln sich oft auch die Maßstäbe, die an Personen angelegt werden, mit denen diese Interessen und Aktivitäten freundschaftlich durchlebt werden.

Dieser Kriterienwandel, der sich für die Schülerinnen und Schüler (größtenteils gewiss außerbewusst) ergeben hat, wird im vorliegenden Kapitel über das Stufenmodell Robert Selmans exemplifiziert. Der fachwissenschaftlichen Seriosität halber sei hier angemerkt, dass Selman (wie Kohlberg und Piaget) die einzelnen Stufen seines Modells in Form eines zunehmenden Reifegrads anordnet. Im Sinne einer pädagogischen und didaktischen Reduktion wird dieser Aspekt jedoch bewusst verwässert, um die Schülerinnen und Schülern nicht zu brüskieren bzw. im Unterrichtskontext zu Antworten zu verleiten, die gar nicht ihrer (ehrlichen) Sicht der Dinge entsprechen.

Zudem dient die Behandlung des Themas „Freundschaft" dem Zweck, das darauf folgende Thema „Liebe" dialektisch einzubetten: Worin bestehen Gemeinsamkeiten zwischen Freundschaft und Liebe, worin Unterschiede?

Liebe

Das Lehrbuchkapitel möchte die Schülerinnen und Schüler zunächst für den Umstand sensibilisieren, dass der Begriff „Liebe" semantisch äußerst schillernd ist.

Gemäß Wittgensteins Diktum, dass die Bedeutung eines Begriffes sich ausschließlich in dessen Verwendung zeige, soll im Rahmen des vorliegenden Kapitels auch keine bevorzugte Semantik des Begriffes „Liebe" nahe gelegt werden. Eine solche gäbe der Gebrauch dieses Begriffes nämlich auch nicht her, wie aus den unterschiedlichen Verwendungen dieses Wortes hervorgeht (Tierliebe, Nächstenliebe, Heimatliebe etc.).

Da sich aber die Beschäftigung mit dem Liebesbegriff nicht in dem Befund einer alltagssprachlichen Mehrdeutigkeit erschöpfen kann, soll eben diese auch fachwissenschaftlich verortet werden, und zwar über drei verschiedene Bezugswissenschaften des Unterrichtsfaches Ethik: Religionswissenschaft, Philosophie und Psychologie. Wegen ihrer (diachronen wie synchronen) Wirksamkeit wird hier auf Platon, das Christentum und Fromm rekurriert. Den drei unterschiedlichen bezugswissenschaftlichen Ansätzen korrespondieren dabei auch drei verschiedene Textformen: Mythos (Platon), Gleichnis (Jesus), Sachtext (Fromm).

Im Anschluss daran soll (über zwei Kurzgeschichten Kalembas) wieder das (platonisch erotische) Liebeserleben der Schülerinnen und Schüler in den Fokus rücken: Dem Thema „Liebeskummer" folgt dann (als Nahtstelle zum Aspekt „Sexualität") das Aufgeregtsein, das sich an der Schwelle zwischen starker emotionaler Zuneigung und dem Wunsch ergibt, dieser Zuneigung körperlich Ausdruck zu verleihen.

Sexualität

Die oft bis ins Nichtssagende strapazierte Formulierung der „Heterogenität einer Lerngruppe" hat hier erstens hinsichtlich des pikanten Kommunikationsanlasses „Sexualität" und zweitens angesichts des Alters der Schülerinnen und Schüler ihre volle Berechtigung:

Erstens nämlich berührt das Unterrichtsthema „Sexualität" einen Bereich, dem sich nicht jede/r Lernende in gleichem Maße kommunikativ zu öffnen bereit ist (vgl. die didaktischen Erläuterungen). Zweitens schließlich ist zu berücksichtigen, dass die Schülerinnen und Schüler höchst unterschiedliche Vorerfahrungen mitbringen: Während beispielsweise Schüler/in A (mit Blick auf die Themen des Kapitels) noch vollends in der Interaktionsprägung „Freundschaft" sozialisiert ist, verspürt Schüler/in B bereits erotisches Verlangen und Sehnsucht nach einer anderen Person, derweil Schüler/in C schon über erste sexuelle Erfahrungen verfügt.

Ungeachtet dessen schränkt diese Heterogenität nicht das didaktische Kernanliegen des Kapitels ein. Dieses besteht erstens darin, dass Sexualität ein erfüllender, bereichernder Aspekt menschlichen Zusammenlebens sein kann und dass zweitens jede Unterdrückung bzw. Sanktionierung der sexuellen Selbstentfaltung, sofern sie nicht andere Menschen bedrängt oder belästigt, ethisch zu verurteilen ist. Das daraus resultierende Postulat einer sexuellen Toleranz gilt vor allem im Zusammenhang mit dem Thema „Homosexualität", das nach wie vor einer didaktisch behutsamen Behandlung bedarf.

Abschließend noch ein Hinweis, der wahrscheinlich überflüssig ist, dessen Nichtbeachtung aber zu fatalen (pädagogischen wie rechtlichen) Konsequenzen führen könnte: Im Zusammenhang mit dem Thema „Sexualität" ist das Internet ein Tummelplatz fragwürdigster Inhalte. Sollte die Lehrkraft also (z. B. zu Recherchezwecken) eine elektronisch unterstützte Arbeitsphase einplanen, ist strengstens Sorge zu tragen, dass die Schülerinnen und Schüler nicht mit Websites konfrontiert werden, die pädagogisch bedenklich bzw. unverantwortlich sind.

Zur Methode „Perspektivwechsel"

Das oben bereits erwähnte Hauptziel des Ethikunterrichts, also die Entwicklung der ethischen Urteilsfähigkeit, verlangt von den Schülerinnen und Schülern in vielen Kontexten, Standpunkte zu berücksichtigen, die von den eigenen Erfahrungen bzw. Bewertungen differieren. Zu diesem Zweck ist der Wechsel der Perspektive ein probates Mittel, und zwar nicht zuletzt wegen des Umstandes, dass es gerade in Themenfeldern wie „Liebe" und „Sexualität" oft darauf ankommt, den Blickwinkel der anderen Person empathisch zu berücksichtigen.

Die schriftliche Lernzielkontrolle sollte möglichst erst nach Behandlung des gesamten Kapitels erfolgen.

Literatur zum Kapitel

Gaedt, Rainer: Freundschaft, Liebe, Sexualität. Göttingen 1995: Vandenhoeck & Ruprecht.

Martens, Ekkehard: Freundschaft als Problem – im Leben, in der Philosophie und im Unterricht. In: Zeitschrift für Didaktik der Philosophie und Ethik 1/1997. Braunschweig 1997: Schroedel.

Selman, Robert L.: Die Entwicklung des sozialen Verstehens. Frankfurt am Main 1984: Suhrkamp.

Vopel, Klaus W.: Interaktionsspiele für Jugendliche, Teil 3: Ablösung aus der Kindheitsfamilie, Liebe und Freundschaft, Sexualität. Salzhausen 2006: Iskopress.

Kinder- und Jugendbuch

Spinelli, Jerry: Stargirl. München 2004: dtv.

F., Valentina: HDGL – Hab dich ganz doll lieb. Frankfurt am Main 2011: Fischer.

Zudem sei an dieser Stelle auf die zahlreichen (und kostenlos bestellbaren) Publikationen der Bundeszentrale für gesundheitliche Aufklärung (BZgA) verwiesen.

2

Erläuterungen und Lösungen der Aufgaben

➡ *SB S. 36/37*

Die zentralen Themen und Motive des Blickpunktes werden auf der Doppeleinstiegsseite in einem erweiterten Rahmen angesprochen: Menschen sind Gemeinschaftswesen, die sich aus vielerlei Gründen miteinander verbinden (Zuneigung, Arbeitsteilung, gleiche Interessen, gemeinsame Zugehörigkeit zu einer Gruppe etc.). Die Schülerinnen und Schüler sollen an dieser Stelle kurz innehalten, um sich das breite Kaleidoskop ihrer zwischenmenschlichen Verknüpfungen zu vergegenwärtigen.

Auf dieser Basis wird die Aufmerksamkeit dann in einem zweiten Schritt auf verschiedene (mögliche) Konflikte innerhalb menschlicher Beziehungen gelenkt. Diese Konflikte können einerseits in abstrakter Form formuliert und auf alle zwischenmenschlichen Bindungen gemünzt werden (z. B. bei Problemen durch Unehrlichkeit, Unhöflichkeit, Neid etc.), andererseits aber auf konkrete Formen des Miteinanders bezogen sein (z. B. auf ein zu strenges Verhalten einer Lehrkraft gegenüber einem Schüler, auf ein unerwidertes Verliebtsein oder auf Konkurrenzsituationen im Sport). Auf ähnlich abstrakter bzw. kontextuell eingebetteter Ebene können auch Konfliktlösungsstrategien erörtert werden.

Die (bereits im ersten Blickpunkt didaktisch verankerte) Kennzeichnung des Menschen als facettenreiches Zoon politikon soll das Fundament dafür bilden, im Fortlauf spezifische menschliche Bindungen genauer zu betrachten.

➡ *SB S. 38*

1. Das zwischen Simon und Elias geführte Chat-Gespräch lässt die Themen Freundschaft, Liebe und Sexualität implizit und explizit anklingen:

   Freundschaft: Simons Interesse für Elias' Fernbleiben von der Schule, der vertraute Tonfall ihres Gesprächs, Simons Wohlwollen gegenüber den neuen Gefühlen von Elias, Elias' Kennzeichnung der bisherigen Beziehung zu Christin, Simons ‚Empörung' gegenüber Elias' Befürchtung, der Freund könne etwas weiterzählen;

   Liebe: Elias' gewandeltes Verhältnis zu Christin (bisher Freundschaft, jetzt Verliebtsein/Liebe);

   Sexualität: Simons Frage, ob Elias Christin schon geküsst habe.

   Sexualität: Mit Blick auf das Thema „Sexualität" ist vorstellbar, dass einige Schülerinnen und Schüler ein recht verengtes Vorverständnis des Begriffes „Sexualität" mitbringen, etwa in dem Sinne „Sexualität = Geschlechtsverkehr". Deswegen könnte an dieser Stelle bereits thematisiert werden, dass Sexualität ein recht weites Spektrum an Handlungen umfasst (vgl. diesbezüglich die didaktischen Erläuterungen) und auch die Erotik Bestandteil davon ist.

2. Im Chat-Gespräch hat Elias mindestens an zwei Stellen Probleme, die Fragen Simons unumwunden zu beant-

worten, und zwar aus jeweils unterschiedlichen Gründen:

In der Passage, in der Elias seine Eindrücke bezüglich der Netzwerkparty schildert, signalisiert er gegenüber Simon zwar die Bereitschaft auszudrücken, wie sich seine Gefühle gegenüber Christin verändert haben, ‚versagt' hier aber vokabularisch, weil er Vergleichbares noch nie erlebt hat (erstes Verliebtsein).

In der Passage hingegen, in der Elias von Simon gefragt wird, ob er Christin bereits geküsst habe, verweigert Elias gewiss nicht aus Formulierungsnöten die Antwort, sondern eher deswegen, weil diese ihm selbst gegenüber einem Freund peinlich ist. Die Gründe für sein schnelles Ablenken sind wohl in der gesellschaftlich etablierten Einstellung zu verorten, dass die eigene Sexualität etwas Intimes sei, über das zu sprechen sich nicht schicke. Im Rahmen des Unterrichts kann diese Einstellung (je nach Lerngruppe) freilich auch problematisiert werden.

➡ *SB S. 39*

1. Individuell variierende Antworten. Als methodische Alternative kann hier übrigens auch der Weg eingeschlagen werden, die Schülerinnen und Schüler den jeweiligen Buchstaben der Antwort an der Tafel notieren zu lassen.

2. Individuell variierende Beurteilungen.

3. Individuell variierende Begründungen und Beispiele. Didaktisch wichtig ist hier, die gesamte Lerngruppe beurteilen zu lassen, ob das jeweilige Beispiel passgenau ist.

4. Individuell variierende Beurteilungen. Antizipierbar ist hier, dass sich Beziehungen innerhalb der Familie z. B. nicht in gleichen Hobbys manifestieren, wohingegen dieser Aspekt bei Beziehungen zu Sportkameraden meist notwendige Bedingung des Beisammenseins ist. Dass eine (alltäglich wichtige) Beziehung auch von Distanz und (emotionaler) Kontrolle geprägt sein kann, könnte über das Beispiel „Lehrerin" bzw. „Lehrer" deutlich werden.

➡ *KV 7 „Ein Fragebogen zum Thema Freundschaft von Max Frisch"*

➡ *SB S. 41*

1. Die erste Antwort ist der Stufe 4 des Modells von Selman zuzuordnen, da es in dieser Stufe nicht unwesentlich um den Austausch intimster Geheimnisse bzw. Gefühle geht.

   Die zweite Antwort gehört der ersten Stufe Selmans an, denn hier erlischt die Freundschaft mit dem Aufhören gemeinsamer Interessen.

   Die dritte Antwort schließlich ist unter die fünfte Stufe Selmans zu subsumieren, da der Sprecher hier reflektiert ein Partikularinteressse (Fußball schauen) als hinreichendes Kriterium für eine intakte Freundschaft wertet und sich derweil bewusst ist, dass andere Interessen mit dem Freund nicht adäquat verfolgbar sind.

2. Individuell zu gestaltende Rollenspiele. Zu beachten ist jeweils die Rückbindung an Selmans Modell.

3. Individuell unterschiedliche Berichte.

4. Individuell unterschiedliche Begründungen. Antizipierbar sind Gründe wie räumliche Trennung, Verschiebungen von Interessen oder Enttäuschungen in Bereichen wie Loyalität oder Ehrlichkeit.

5. Die Überschrift ergibt sich daraus, dass in Selmans Modell die Berücksichtigung der Eigenarten bzw. der Interessen der jeweils anderen Person eine zusehends größere Rolle spielen.

6. Individuell variierende Stellungnahmen.

⇒ *KV 8: „Über die Freundschaft von Michel de Montaigne"*

⇒ *SB S. 44*

Der Text zu dem Song „Love is blindness" von U2 ist äußerst kryptisch und zielt nicht darauf ab, von den Schülerinnen und Schülern restlos erschlossen zu werden. Didaktisch ist es vielmehr wichtig, den Lernenden durch lyrische Verdichtung zu verdeutlichen, dass der Themenbereich „Liebe" mit subjektiv höchst variierenden (und intersubjektiv daher kaum nachzuprüfenden) Bildern, Gedanken und Assoziationen verknüpft sein kann. Hermeneutische Unsicherheit ist hier nicht gleichbedeutend mit didaktischer Ineffektivität, denn die Schülerinnen und Schüler sind ja gerade dann, wenn ihr Konzept von Liebe mit schwierig zu entschlüsselnden Gegenmodellen konfrontiert wird, dazu aufgefordert, ihr eigenes Konstrukt von „Liebe" gedanklich und begrifflich zu rekonstruieren.

1. Individuell unterschiedliche Interpretationen: Die Metapher „Liebe ist Blindsein" könnte zum Beispiel dergestalt ausgedeutet werden, dass Liebe a) blind macht für alles, was um die verliebte bzw. liebende Person herum passiert oder b) blind ist in ihren Kriterien (Warum liebt man ausgerechnet diese Person unter Hunderten?).

2. Mögliche Übersetzung:

Liebe ist Blindsein

Liebe ist Blindsein, ich will nicht sehen,
willst du nicht die Nacht um mich hüllen?
Oh, mein Herz, Liebe ist Blindsein …
In einem geparkten Auto, in einer überfüllten Straße
siehst du deine Liebe vollendet.
Der Faden reißt.
Der Knoten entgleitet,
Liebe ist Blindsein ….
Liebe ist ein Uhrwerk und kalter Stahl,
Finger, die zu taub sind, um zu fühlen,

Fass den Griff und blas die Kerze aus,
Liebe ist Blindsein …
Liebe ist Blindsein, ich will nicht sehen,
willst du nicht die Nacht um mich hüllen?
Oh, meine Liebe … Blindsein.
Ein kleiner Tod ohne Trauer
Kein Anruf und keine Warnung.
Liebling, eine gefährliche Idee,
die fast Sinn ergibt.
Liebe ertrinkt in einem tiefen Brunnen,
all die Geheimnisse, und niemand zum Anvertrauen
Nimm das Geld, Liebling … Blindsein.
Liebe ist Blindsein, ich will nicht sehen,
willst du nicht die Nacht um mich hüllen?
Oh, meine Liebe … Blindsein.

3. Unstimmigkeiten bzw. Verständnisschwierigkeiten dürfte es vor allem bei den Passagen beginnend mit „Ein kleiner Tod ohne Trauer" und musikalisch durch die „Bridge" verdeutlicht geben: Wird die Liebe zu Beginn noch als etwas Befreiendes angesehen, dominieren nach dem Wendepunkt Einsamkeit und Enttäuschung.

4. Individuelle Deutungen

5. Gemeinsamkeiten zwischen dem Songtext von U2 und dem Gemälde Magrittes bestehen zunächst darin, dass hier wie dort keine realistische Beschreibung eines Sachverhaltes (einer Geschichte) angestrebt wird, sondern der Liebesbegriff über dunkle Metaphorik (vgl. U2) bzw. über ein surrealistisches Element (die Schleier bei Magritte) ausgedrückt wird. Zudem bringen sowohl Text als auch Gemälde die Liebe mit Blindheit in Verbindung.

6. Individuelle Lösungen. Es sollte jedoch hier im Sinne der Methode, die in diesem Kapitel thematisiert wird, darauf geachtet werden, dass die Gedanken in der 1. Person Singular formuliert sind.

⇒ *SB S. 45*
Denkraum

A 1: z. B. Selbstliebe, Mutterliebe, Nächstenliebe, Gottesliebe, Hassliebe, Partnerliebe, Gerechtigkeitsliebe.

A 2: Individuell unterschiedliche Erläuterungen. Erwartbar ist (neben einer semantischen Gleichsetzung der drei erwähnten Begriffe), dass sich der Ausdruck „jemanden lieb haben" auch auf Personen beziehen kann, mit denen kein erotischer Kontakt intendiert ist (Eltern, Haustier etc.). Was die Unterscheidung zwischen „in jemanden verliebt sein" und „jemanden lieben" anbetrifft, ist in der avisierten Jahrgangsstufe erfahrungsgemäß noch kein flächengreifendes Differenzierungsvermögen vorzufinden. Nur vereinzelt finden sich Bemerkungen wie „Verliebtsein ist am Anfang, wenn noch alles aufregend und schön ist" vs. „Lieben heißt ein Gefühl dann, wenn das Verliebtsein vorüber ist und man die andere Person immer noch (und tiefer) mag". Eine solche Distinktion ist aber (wie gesagt) in den Jahrgängen 7/8 die Ausnahme, daher spielte sie in der didaktischen Konzeption des Lehrbuches auch keine exponierte Rolle.

A 3: Mögliche Antworten kreisen um die Pole „Hass" einerseits und „Desinteresse" andererseits.

B 1: Aktuelle Suchergebnisse.

B 2: Individuelle Stellungnahmen.

C 1: Individuelle Bearbeitungen.

⇒ *SB S. 47*

1. Erwartbar ist, dass die Schülerinnen und Schüler die Grundannahme Platons (ursprünglicher Mensch als mannweibliches Lebewesen mit vier Armen etc.) als falsch (im Sinne der Formulierung des Arbeitsauftrages) klassifizieren werden. Ebenso werden sie die Handlungen von Zeus und Apollo nicht für Beschreibungen tatsächlich stattgefundener Ereignisse halten. Der wahre Kern des Mythos bezieht sich hier auf die (damals wie heute zu beobachtenden) Phänomene, zu denen die Fiktion des Mythos eine Erklärung liefern will: Menschen sehnen sich nach einem ständigen Partner, nach einer anderen Hälfte, möchten sich vereinigen und dadurch das Alleinsein überwinden.

2. Der Kuss, in welchem sich das Paar in Klimts Gemälde begegnet, gleicht einer Verschmelzung der beiden Personen und gemahnt dadurch an die platonische Vorstellung eines einst ungeteilten, in sich glücklichen Wesens. Unterstützt wird dieser Einruck durch die Goldtöne des Gemäldes, die glorifizierenden Charakter haben. Auch der Umstand, dass die Umwelt des sich küssenden Paares ausgeblendet wird, lädt zu der Deutung ein, dass die Liebenden sich (zeit- und raumenthoben) selbst genug sind und (anders als die Menschen nach Zeus' Zerschneidung im Mythos Platons) keines Suchens mehr bedürfen.

3. Mögliche Begründung für Eifersucht innerhalb des Mythos: Zeus könnte nochmals das Messer zur Zerschneidung ansetzen. Oder (in übertragenem Sinne): Ein Teil eines sich (freundschaftlich oder erotisch) liebenden Paares hat Angst, dass der andere Teil jemanden findet, der noch besser zu ihm passt. Worauf sich die Frage anschließt: Ist Eifersucht notwendigerweise ein Bestandteil von Liebe?

Mögliche Begründung für eine Trennung: (Mindestens) ein Teil merkt, dass der ursprüngliche Eindruck, beide Teile passten zueinander, trügerisch oder jedenfalls zeitlich begrenzt war.

Spätestens hier sollte die Lehrkraft die fiktional-mythische Ebene verlassen und diese auf die Lebenswelt der Schülerinnen und Schüler zurückführen: Welche (verschiedenen) Gründe gibt es dafür, dass Paare sich wieder trennen?

⇒ *SB S. 48*

1. Der Liebesbegriff in dem Gleichnis Jesu entspricht der platonischen Vorstellung der „agápe", da hier die universelle Liebe zu den Mitmenschen (Nächstenliebe) geschildert wird.

2. a) Individuelle Bearbeitungen.

   b) Individuelle Bewertung. Zu antizipieren ist, dass die Schülerinnen und Schüler den Mangel an Hilfsbereitschaft auch in ihrer Lebenswelt antreffen.

3. Individuell schreiben.

4. Individuell verschiedene Erörterungen.

⇒ *KV 9: „Die Aktualität eines biblischen Gleichnisses untersuchen – Das Gleichnis vom barmherzigen Irren von John Rae"*

⇒ *SB S. 49*

Denkraum

Robert Indianas Skulptur „Love", die mit dem zuvor behandelten Gleichnis Jesu den Straßenkontext gemeinsam hat, drückt (ähnlich wie der Bibeltext) eine universelle Liebe aus, die (gottähnlich) überall und immer anzutreffen sein soll. Dieser implizite Appell Indianas wirkt dort besonders ‚signalhaft' (vgl. die Randinformation im Schülerband), wo er wie im vorliegenden Fall auf das geschäftig-kalte Treiben einer Großstadtkulisse trifft.

1. Beispiel: „Fromm setzt sich mit der Frage auseinander, ob Liebe aus Zufall resultiere oder das Ergebnis von Fleiß und Bemühung sei."

   Neben dieser Wiedergabe des Themas könnte an dieser Stelle auch schon Fromms eigene Position umrissen werden: Dieser ist (im Gegensatz zur landläufigen Auffassung, wie er betont) der Auffassung, der Mensch müsse sich Liebe wie eine Kunst aneignen.

2. a) Hier können die Schüler aus einer breiten Palette von Beispielen wählen. Es sollte ihnen jedoch (im Sinne Fromms) verdeutlicht werden, dass der Begriff „Kunst im vorliegenden Zusammenhang recht weit gefasst ist und also nicht nur Künste im klassischen Sinne (Musik, Malerei, Dichtung etc.) betrifft, sondern jede Tätigkeit, in der der Mensch durch Talent und Übung zu Höchstleistungen imstande ist (also auch z. B. in den Wissenschaften und im Sport)."

   b) Individuelle Antworten. Als provozierender Impuls könnte an dieser Stelle kurz Macolm Gladwells Zehntausend-Stunden-Regel angeführt werden. Diese besagt, dass nur diejenigen zu Spitzenkönnern ihres Faches werden, sobald sie in diesem Fach zehntausend Stunden geübt haben. Eine Übertragung dieser Regel auf die Kunst „lieben" dürfte für die meisten Schülerinnen und Schüler kontraintuitiv sein.

⇒ *SB S. 50*

3. Individuell unterschiedliche Einschätzungen und Beispiele. Reichtum, Erfolg, Macht und körperliche Attraktivität werden heutzutage nach wie vor als Erfolg versprechende ‚Strategien' eingesetzt, um liebenswert zu wirken.

   Grundsätzlich dürfte sich aber an der starren Festlegung

von geschlechtsspezifischen Verhaltensdispositionen vieles geändert haben: Das Muster „Attraktivität durch Macht bei Männern, Attraktivität durch Aussehen bei Frauen" ist gewiss nicht mehr aufrecht zu erhalten. Nichtsdestotrotz sind die oben erwähnten Mechanismen geschlechterübergreifend noch aktiv, auch in der Lebenswelt der Schülerinnen und Schüler: Statussymbole z. B. aus dem Bereich der Technik (Handys, Computer), interessante Kommunikation oder schulische, sportliche und künstlerische Erfolge sollen die Attraktivität ebenso steigern wie Bemühungen im Bereich der äußeren Erscheinung. Gerade hier befindet sich die angesprochene Altersgruppe ja oft in einer auffälligen Umbruchsphase (‚coole Klamotten', neue Haarschnitte, erste Schminkexperimente, körperbetonte Kleidung etc.).

4. Das erste Argument Fromms zielt darauf ab, dass die meisten Menschen eher danach trachten, geliebt zu werden, als selbst zu lieben. Diese Einstellung vermindert ihre Bereitschaft, das Lieben selbst ‚können' zu wollen.

Der zweite Gedanke Fromms bezieht sich auf dessen Einschätzung, dass die meisten Menschen sich zu sehr auf die Suche nach einem Liebespartner konzentrieren und nicht darauf, die eigene Fähigkeit zu lieben zu verbessern.

5. Individuell unterschiedliche Einschätzungen.
6. Individuell unterschiedliche Beispiele.

⇒ *SB S. 51*

1. Der Arbeitsauftrag dient einer allerersten Verstrickung mit dem Text, der für die Schülerinnen und Schüler möglicherweise ein recht empfindliches Thema berührt. Zu beachten ist hier der Umstand, dass Schülerinnen und Schüler der avisierten Altersgruppe noch nicht strikt trennen zwischen der Stimmung eines Textes einerseits und andererseits der Stimmung des (über einen personalen Erzähler vermittelten) Protagonisten. Als mögliche Stichworte zur Charakterisierung der Stimmung sind also z. B. erwartbar: traurig/aggressiv/melancholisch/kitschig/sehnsüchtig.

2. Zunächst glaubt Elias, er habe es selbst in der Hand, Christin aus seinem Gedächtnis zu streichen und dadurch den Zustand zurückzuerlangen, in dem er sich vor der Beziehung zu ihr befand. Er brauche, so denkt er, lediglich die Erinnerungsstücke aus der gemeinsamen Zeit mit Christin aus seinem Zimmer zu verbannen (vgl. Z. 5–10).

Im zweiten Abschnitt der Geschichte richtet sich Elias' Aggressivität gegen Christin selbst: Befeuert von der Eifersucht auf Marvin, redet er sich ein, dass ein Leben ohne Christin sogar ein besseres sei (keine langweiligen Einkaufsbummel mehr etc.) und dass es ihm ganz leicht fallen werde, „auf Null zurück" zu gehen (vgl. Z. 11–19).

Im letzten Abschnitt merkt Elias, dass sich die Erinnerungen an Christin nicht einfach abschütteln lassen. Traurig wird ihm bewusst, dass das Gedächtnis keine löschbare Computer-Festplatte und dass sein Vorhaben, „auf Null zurück" zu gehen, daher zwangsläufig scheitern muss.

3. Individuelle Gestaltung des Briefes.
4. Individuelle Textproduktionen.

⇒ *SB S. 54*

1. a) Individuelle Berichte.
   b) Songtextstelle 1: Sowohl Elias als auch Christin protestieren innerlich gegen den Songtext (Elias hält Christin nicht für austauschbar, Christin bezweifelt, dass hinter allen Worten Aufrichtigkeit steckt).

Songtextstellen 2 und 3: Die Befürchtung, sich zu verlieren, weckt bei beiden die Erinnerung an den zunächst wunderschönen Freitagabend.

Songtextstelle 4: Beide wehren sich dagegen, ihre Zärtlichkeiten mit dem abwertenden Wort „Versuchung" in Verbindung zu bringen.

Songtextstelle 5: Christin münzt das „Aufeinander-zugehen" konjunktivisch auf ihre (damalige) Bereitschaft, mit ihm noch weitere sexuelle Schritte zu wagen.

Songtextstellen 7 und 8: Der (drohende) gegenseitige Verlust wird zunächst zu ergründen versucht, bevor beide sich (in der Schlusspassage) endgültig darüber klar werden, dass sie sich nicht verlieren wollen.

2. Das Missverständnis zwischen Christin und Elias resultiert daraus, dass Elias Christins Satz „Für alles Weitere brauch ich noch Zeit" auf ein grundsätzliches „weiter" ihrer gesamten Beziehung münzt, obwohl Christin mit diesem Satz hat ausdrücken wollen, dass sie für Sexualität, die über Küssen hinausgeht, noch nicht bereit sei. Daher ist sie verstört, als sich Elias während der nächsten Tage nicht bei ihr meldet.

Das Missverständnis hätte sich dadurch vermeiden lassen können, wenn beide von vornherein ihre irritierten Eindrücke von der Bedeutung der Wendung „alles Weitere" preisgegeben hätten.

3. Individuelle Dialoggestaltungen.

⇒ *KV 10 „Paul Watzlawick: Kuss ist nicht gleich Kuss"*

⇒ *SB S. 55*

4. Möglichkeit einer Formulierung:
   „Du hast bei allen sexuellen Aktivitäten die Pflicht, deine eigene wie auch die Freude und die Freiwilligkeit deines Gegenübers zu berücksichtigen, dich und deinen Partner vor Gewalt zu schützen sowie davor, dass bestehende Gesetze missachtet werden."

5. Die Schülerinnen und Schüler sollen hier zwar individuelle Begründungen anbringen, dennoch ist es seitens der Lehrkraft angezeigt, die Lernenden im Verlauf des Unterrichts darauf hinzuweisen, dass das Verhalten des Jungen eine inakzeptable Form sexueller Belästigung darstellt.

2

6. In jedem Fall sollte Lars verbal wie nonverbal signalisieren, dass ihm ein solches Verhalten missfällt. Neben der (gewiss große Selbstüberwindung kostenden) Möglichkeit, die Stationsschwester direkt anzusprechen, gäbe es die Option, sich an die nächsthöheren Vorgesetzten (in diesem Fall die Pflegedienstleitung) oder aber an eine Beratungsstelle (z. B. Pro Familia) zu wenden.

Das vorliegende Beispiel kann natürlich auch auf den Schulkontext bezogen werden. In diesem Fall wäre es wichtig, den Schülerinnen und Schülern die schuleigenen Hilfsmöglichkeiten (z. B. Klassenlehrer, Vertrauenslehrkraft, Beratungslehrkraft, Schulleitung, Sozialarbeiter/in, Schulpsychologe/in) vor Augen zu führen.

7. a) bis c) Kompakte und seriöse Vorlagen für die vorgeschlagenen Referatsthemen sind in Form kostenloser Broschüren bei der Bundeszentrale für gesundheitliche Aufklärung (BZgA) bestell- und herunterladbar.

d) Ortsgebundene Informationen.

e) Individuelle Präsentationen.

➡ *SB S. 57*
Denkraum

Individuelle Gestaltungsmöglichkeiten. Die Lehrkraft kann unter Umständen mit einem eigenen Beispiel auf die Machart des Quiz hinweisen (z. B.: „Welche Aussage über das Kondom ist wahr?" A. Es ist verschreibungspflichtig. B. Es ist nur begrenzt haltbar. C. Es schützt hundertprozentig vor einer Schwangerschaft. D. Man kann es mehrmals verwenden.).

➡ *SB S. 59*

1. Der Brief des homosexuellen Kindes, dessen Geschlecht bewusst nicht genannt wird, geht auf folgende Vorbehalte und Einstellungen gegenüber Homosexualität ein:

Kinderlosigkeit des homosexuellen Kindes als Erwachsener (vgl. Z. 8 ff.);

Lästerei des Umfeldes (vgl. Z. 26);

mögliche Selbstvorwürfe der Eltern, etwas falsch gemacht zu haben;

Homosexualität als „widernatürliche Gotteslästerung" (Z. 69 f.)

2. Aspekt „Kinderlosigkeit des homosexuellen Kindes": Auch heterosexuelle Paare bleiben manchmal kinderlos (vgl. Z. 15 f.);

Lästerei des Umfeldes: Menschen, die andere wegen deren Homosexualität abwerten, seien einer Bekanntschaft nicht wert (vgl. Z. 28 ff.), da Homosexualität über den Charakter einer Person ähnlich wenig aussage wie Schlaf- oder Speisegewohnheiten (vgl. Z. 37);

mögliche Selbstvorwürfe der Eltern, etwas falsch gemacht zu haben: Solche Vorwürfe seien sinnlos, es sei denn, sie beträfen den Vorwurf, man folge zu sehr traditionellen Gewohnheiten (vgl. Z. 52 ff.), Homosexualität sei immerhin kein Verbrechen und könne daher nicht mit dem Begriff „Schuld" in Verbindung gebracht werden (vgl. 64 ff.);

Homosexualität als „widernatürliche Gotteslästerung" (Z. 69 f.): Die schreibende Person fühle sich nicht gottlos, bloß weil sie ihre Natur auslebe (vgl. Z. 70 f.). Homosexualität sei auch im Tierreich anzutreffen, daher passe der Begriff „widernatürlich" nicht (vgl. Z. 71 ff.); zudem reduziere eine solche Sichtweise die Sexualität auf eine Fortpflanzungsfunktion (vgl. Z. 74f).

3. Individuell unterschiedliche Beurteilungen.

➡ *SB S. 60*
Denkraum

A und B: Individuelle Präsentationen und Schwerpunktsetzungen.

➡ *SB S. 61*
Rückblick und Weiterdenken

1. bis 4.: Individuelle Beurteilungen.

5. Individuelle Präsentationen.

Didaktische Erläuterungen und Lösungen zu den Zusatzmaterialien/Kopiervorlagen (KV) und zu der schriftlichen Lernzielkontrolle (LZK)

KV 7, Niveau 1:
zu: Merkmale von Freundschaften ➡ *SB S. 39*

Der berühmte (und hier in didaktisch vertretbaren Auszügen präsentierte) Fragebogen von Max Frisch soll den Schülerinnen und Schülern eine kurze Auszeit von der ansonsten ja dominanten Operationalisierbarkeit der Lernergebnisse gönnen: Zunächst sollen die Antworten ausnahmsweise einmal nicht erläutert, begründet, in Beziehung gesetzt, erörtert usw. werden. Eine Verstrickung mit den Inhalten des Fragebogens findet dann auf einer Meta-Ebene statt (vgl. Arbeitsauftrag 2).

1. Individuelle Antworten.

2. Individuelle Bewertungen.

KV 8, Niveau 1
zu: Ein psychologisches Modell der Freundschaft
➡ *SB S. 41*

Ein philosophischer Text zum Thema „Freundschaft" fehlt im Schulbuchkapitel. Die Schülerinnen und Schüler setzen sich durch Beschäftigung mit Montaignes Text also zugleich mit dem (bereits im 5/6er-Band angelegten) Umstand auseinander, dass Freundschaft seit jeher ein wichtiges Sujet tief greifender philosophischer Reflexion gewesen ist.

1. Der Text grenzt die Freundschaft von verwandtschaftlichen Beziehungen (insbesondere solche zwischen Eltern und Kindern) sowie von Liebesbeziehungen ab.

2. Uneigennützigkeit, gedankliche Intimität und Ehrlichkeit, Vertraulichkeit, Freiwilligkeit, Wärme und Beständigkeit.

3. An den oben angeführten Substantiven ist leicht ersichtlich, dass die von Montaigne angeführten Kriterien für den eher losen Freundschaftsbegriff in sozialen Netzwerken nicht gelten. In diesem Zusammenhang ist von den Schülerinnen und Schülern insbesondere der Aspekt „gedankliche Intimität und Ehrlichkeit" in sozialen Netzwerken zu erörtern.

4. Individuelle Stellungnahmen. Die Schülerinnen und Schüler dürften angesichts der Streitigkeiten, die sie bislang auch in Freundschaften erlebt haben, kaum dem Punkt zustimmen, dass Freundschaft durch eine „dauernde stille, ganz süße und ganz feine Wärme" (Z. 22 f.) gekennzeichnet wird.

KV 9, Niveau 2
zu: Der Liebesbegriff im Christentum ➡ SB S. 48

Der Paralleltext zum biblischen Gleichnis, den der britische Schulleiter John Rae (1931 – 2006) verfasst hat, sensibilisiert die Schülerinnen und Schüler für den Umstand, dass das Gleichnis Jesu auch dann relevant und aussagekräftig ist, wenn es aus dem neutestamentlichen Kontext entkoppelt wird. Im Rahmen einer Binnendifferenzierung sollte Raes Text vornehmlich leistungsstarken Schülerinnen und Schülern präsentiert werden.

1. Gemeinsamkeiten zwischen dem Gleichnis Jesu und dem Paralleltext von John Rae bestehen in der ähnlichen Exposition (ein Mensch wird Opfer von physischer Gewalt und ist danach hilflos), in der ähnlichen (wiewohl bei Rae ausführlicher und personell zahlreicheren) Gestaltung des Hauptteils (bis auf den letzten verweigern alle Passanten die Hilfe), in dem ähnlich kurios gestalteten Umstand, dass ausgerechnet diejenige Person, mit deren Hilfe am wenigsten zu rechnen war, eben diese gewählt, und nicht zuletzt in der Komposition des Schlussteils, in dem das Gleichnis von einer Bild- in eine Deutungsebene überführt wird.

2. Bischof: Konferenz über Hunger in Entwicklungsländern hält ihn von konkreter Hilfe ab und lässt ihn den Notleidenden nur kurz segnen (Vorwurf: Scheinheiligkeit).
Marxist: Er nimmt die Not des Opfers nicht wahr, sondern sieht diese als willkommenes Signal für künftige gesellschaftliche Veränderungen (Vorwurf: ideologische Verblendung).
Philosoph: Er nimmt das Opfer als Anlass zu abstrakten Reflexionen (Vorwurf: Weltfremdheit).
Regierungsmitglied: Not des Opfers wird auf die Fehler der Vorgängerregierung geschoben (Vorwurf: Festhalten an der Macht ohne konkretes Engagement).
Oppositionsmitglied: Not des Opfers wird auf die gegenwärtige Politik der Regierung geschoben (Vorwurf: Wunsch nach Macht ohne konkretes Engagement).
Direktor der Privatschule: Not eines Opfers ist nur dann wichtig, wenn es sich bei der betroffenen Person um ein Mitglied der Schulgemeinschaft handelt (Vorwurf: elitäres Denken).
Popstar: Not des Opfers wird mit floskelhaften Stereotypen übergangen (Vorwurf: Fixierung auf Imagepflege).

3. Individuelle Paralleltexte. An dieser Stelle könnte den Schülerinnen und Schülern alternativ der Vorschlag unterbreitet werden, eine Parallelinszenierung auf die Beine zu stellen.

KV 10, Niveau 2
zu: Sexualität – Räume, Regeln und Rechte: Gewinner
➡ SB S. 54

Paul Watzlawicks (zwischen Psychologie und Kommunikationsforschung angesiedelter) Text hat seinen unterrichtlich sinnvollen Platz nach dem Text „Gewinner" auf S. 52 des Lehrbuches. Dort nämlich wird bereits deutlich, dass in der Liebe sehr schnell Missverständnisse entstehen können.

1. Der erste Arbeitsauftrag dient einer korrekten Texterschließung: Die junge englische Frau war, sobald sie sich zu einem Kuss entschlossen hatte, in ihrem kulturell bedingten Verhaltensmuster in einem Stadium der sexuellen Intimität angelangt, das dem amerikanischen Soldaten zum Zeitpunkt des Küssens noch fremd war. Ein als „schamlos" empfundenes Verhalten bedingte hier also das nächste.

2. Mögliche Antworten: Kinobesuch, gemeinsame Aktivität mit dem besten Freund/der besten Freundin, Händchenhalten, Lippenkuss/Zungenkuss, Petting etc.

3. Individuelle Erörterungen. Antizipierbar ist, dass die Schülerinnen und Schüler die Frage nach einer ‚kulturendogenen' Varianz bejahen (angesichts unterschiedlicher Erziehungsstile, unterschiedlicher Vorerfahrungen z. B. über Medien etc.).

Bemerkungen zur schriftlichen Lernzielkontrolle

Die Lernenden sollten für die Vorbereitung auf die Kursarbeit darauf hingewiesen werden, dass Selmans Modell nicht bis in alle Details ‚auswendig zu lernen' ist, wohl aber eine Kenntnis darüber erwartet wird, woraus bei den einzelnen Stufen Selmans Konflikte resultieren.
Empfohlene Richtschnur zur Gewichtung der Aufgabenteile:

Aufgabe 1: Faktor 2
Aufgabe 2: Faktor 3
Aufgabe 3: Faktor 4

Ein Fragebogen zum Thema „Freundschaft"

nach Max Frisch

1. Hältst du dich für einen guten Freund bzw. eine gute Freundin?

2. Wie viele Freunde bzw. Freundinnen hast du zur Zeit?

3. Hältst du die Dauer einer Freundschaft (Unverbrüchlichkeit) für ein Wertmaß der Freundschaft?

4. Möchtest du ohne Freunde auskommen können?

5. Ist es schon vorgekommen, dass du überhaupt gar keine Freundschaft hattest, oder setzt du dann deine diesbezüglichen Ansprüche einfach herab?

6. Was fürchtest du mehr: das Urteil von einem Freund oder das Urteil von Feinden?

7. Gibt es Feinde, die du insgeheim zu Freunden machen möchtest, um sie müheloser verehren zu können?

8. Hältst du die Natur für einen Freund?

9. Wenn du auf Umwegen erfährst, dass ein böser Witz über dich ausgerechnet von einem Freund ausgegangen ist: kündigst du daraufhin die Freundschaft? Und wenn ja:

10. Wie viel Aufrichtigkeit von einem Freund erträgst du in Gesellschaft oder schriftlich oder unter vier Augen?

11. Wie redest du über verlorene Freunde?

12. Wenn es dahin kommt, dass Freundschaft zu etwas verpflichtet, was eigentlich deinem Gewissen widerspricht, und du hast es um der Freundschaft willen getan: Hat sich die betreffende Freundschaft dadurch erhalten?

13. Gibt es Freundschaft ohne Verwandtschaft im Humor?

14. Wenn eine Freundschaft sich verflüchtigt, z.B. weil der neue Freund bzw. die neue Freundin eines Freundes bzw. einer Freundin nicht zu integrieren ist: bedauerst du dann, dass Freundschaft einmal bestanden hat?

15. Bist du dir selber ein Freund?

(Nach: Max Frisch: Gesammelte Werke, Bd. 6. Frankfurt am Main (Suhrkamp) 1998, S. 297)

Aufgaben

1 Beantworte den Fragenbogen in deinem Heft oder deiner Mappe.

2 Tauscht euch im Kurs darüber aus, welche Fragen aus welchen Gründen leicht bzw. schwer zu beantworten waren.

Ein philosophischer Text über Freundschaft

Über die Freundschaft (Auszug)

von Michel de Montaigne

Nun ist die Freundschaft die eigentliche Erfüllung des Ideals der Gesellschaft: Alle anderen Beweggründe für menschliche Bindungen, sexuelle Anziehung, Vorteil, Notwendigkeit für die Gruppe oder für den einzelnen, sind weniger schön und [weniger] uneigennützig; sie sind deshalb nicht eigentlich als Freundschaften zu bezeichnen, weil sich bei ihnen andere Gesichtspunkte als Motive, als Ziel und als Gewinn einmischen, die mit
5　der Freundschaft selbst nichts zu tun haben. [...]
Was die Kinder an die Eltern bindet, ist eher der Respekt. Die Freundschaft lebt vom ungehinderten Gedankenaustausch; dieser ist zwischen Eltern und Kindern nicht möglich, wegen des zu großen Abstandes, der sie trennt; er würde wahrscheinlich natürliche Pflichten verletzen. Denn die Eltern können den Kindern nicht alles sagen, was sie innerlich denken, weil diese sonst zu einer ungehörigen Vertraulichkeit verführt würden. Aber
10　umgekehrt steht es den Kindern auch nicht zu, ihre Eltern zu mahnen und zurechtzuweisen, was doch vielleicht die vornehmste Verpflichtung unter Freunden darstellt. [...]
Warum muss denn unter Verwandten die geistige Gleichgestimmtheit herrschen, aus der die wahre, die vollkommene Freundschaft hervorwächst? Vater und Sohn können sich charakterlich ganz fern stehen; und ebenso zwei Brüder: Mein Sohn oder mein Bruder ist es auch dann, wenn er ein Starrkopf, ein Bösewicht
15　oder ein Trottel ist. Und dann sind das eben Bindungen, die uns durch das Gesetz oder durch die Natur aufgezwungen sind, und dadurch fehlt bei ihnen etwas von der Freiwilligkeit unserer Wahl und unserer Entscheidung. Unsere freie Entscheidung kann sich aber kein Ziel setzen, das ihr so wohl ansteht als Zuneigung und Freundschaft.
[Die Liebe] kann man mit der Freundschaft nicht gleichsetzen, obwohl wir auch zu ihr uns selbst entscheiden;
20　sie spielt eine andere Rolle. Das Liebesfeuer ist, wie ich zugeben muss, eingreifender, brennender und peinigender; aber zugleich ist es mutwillig und unbeständig, flatternd und sich wandelnd, eine Art Fieberglut, die auf- und abschwillt; ein Feuer, das nur Teile von uns versengt. In der Freundschaft dagegen herrscht eine allgemeine Wärme, die den ganzen Menschen erfüllt und die außerdem immer gleich wohlig bleibt; eine dauernde stille, ganz süße und ganz feine Wärme, die nicht sengt und nicht verletzt. [...]

(Aus: Michel de Montaigne: Die Essais. Übertragen und herausgegeben von Arthur Franz. © Aufbau Verlag GmbH & Co. KG, Berlin 1953 (diese Übersetzung erschien erstmals 1953 in der Sammlung Dieterich (Band 137); Sammlung Dieterich ist eine Marke der Aufbau Verlag GmbH & Co. KG))

Aufgaben

1 Stelle dar, von welchen Beziehungen Montaigne die Freundschaft aus welchen Gründen abgrenzt. Schreibe in dein Heft.

2 Fasse dann in Stichworten zusammen, durch welche Merkmale sich nach Montaigne die Freundschaft auszeichnet. Schreibe in dein Heft.

3 Manche Menschen haben in sozialen Netzwerken mehrere hundert Freunde. Erläutere mithilfe von Textbelegen, ob Montaigne dieser Verwendung des Begriffes „Freund" zustimmen könnte.

_____

_____

_____

4 Diskutiert, ob euch Montaignes Charakterisierung der Freundschaft stichhaltig erscheint.

Die Aktualität eines biblischen Gleichnisses untersuchen

Das Gleichnis vom barmherzigen Irren

von John Rae

[…] Ein Mann machte sich in London auf den Weg von Pimlico* nach Westminster, wo er in die Hände von Straßenräubern geriet, die ihn schlugen und ihm seine Kreditkarten abnahmen und ihn in dem Glauben, er sei tot, liegen ließen. Es begann zu regnen.

Da kam ein Bischof des Wegs, in Violett gekleidet, der, als er den Mann auf dem Pflaster liegen sah, zu seinem Chauffeur sagte: „Fahren Sie hier an die Seite, Jenkins, aber lassen Sie den Motor laufen. Ich bin schon knapp in der Zeit für die Konferenz über Hunger in der Welt." Er ließ die Seitenscheibe gerade weit genug hinunter, um seine Hand herauszustrecken, und sagte, wobei er das Kreuzzeichen machte: „Im Namen des Vaters und des Sohnes und des Heiligen Geistes, Amen. Fahren Sie weiter, Jenkins!" Und er fuhr auf der anderen Seite vorüber.

Da kam ein Mitglied der Internationalen Marxistischen** Gruppe des Wegs, der, als er den Mann sah, sagte: „Ich umarme dich – natürlich im übertragenen Sinne – als Mit-Opfer des kapitalistischen Systems. Mit ein wenig Glück wirst du sterben. Der heldenhafte Kampf der Arbeiterschaft braucht einen Märtyrer*** oder zwei." Und er ging auf der anderen Seite vorüber.

Da kam ein Philosoph der Universität Oxford des Wegs, der, als er den Mann sah, sagte: „Obwohl es wahr ist, dass der Augenschein nahe legt, dass dort ein Mann auf dem Pflaster liegt, ist es kein logischer Schritt zu schließen, dass er, weil er gerade auf dem Pflaster liegt, meiner Hilfe bedarf. Im Gegenteil: Die Tatsache, dass er seit einigen Minuten regungslos ist, legt nahe, dass er jenseits jeder Hilfe ist, die ich gewähren könnte, selbst wenn ich mich dazu entschlösse. Selbst wenn er lebendig ist (was immer das heißen mag), ist es keinesfalls sicher, dass ihm meine Hilfe willkommen wäre: Er mag den Entschluss gefasst haben, auf dem Pflaster zu liegen, in welchem Fall er jede Handlung meinerseits als unberechtigten Eingriff in seinen freien Willen betrachten würde, der in seiner Entscheidung, auf Pflasterungen zu liegen, zum Ausdruck kommt." Und er ging auf der anderen Seite vorüber.

Da kam ein Regierungsmitglied des Wegs, der, als er den Mann sah, sagte: „Dieses ist ein Problem, das wir geerbt haben, als wir ins Amt kamen. Wir sind schon dabei, die energischsten Maßnahmen zu treffen, um damit fertig zu werden. Ich glaube, ich kann – ohne Widerspruch zu befürchten – sagen, dass du einer der Letzten sein wirst, die auf dem Pflaster sterben." Und er ging auf der anderen Seite vorüber.

Da kam ein Mitlied der Opposition des Wegs. Als er den Mann sah, sagte er: „Dieses ist ein direktes Ergebnis der Politik der gegenwärtigen Regierung. Ich gebe ein höchst feierliches Versprechen ab, dass, wenn meine Partei wieder an der Macht ist, Leute wie du nicht auf dem Pflaster sterben dürfen." Und er ging auf der anderen Seite vorüber.

Da kam der Direktor einer nahe gelegenen Privatschule des Wegs, der, als er den Körper auf dem Pflaster liegen sah, zu sich sagte. „Oje, ich hoffe, es ist keiner von uns!" Und er eilte auf der anderen Seite vorüber.

Da kam ein Popstar in seinem taubenblauen Rolls-Royce des Wegs, der, als er den Mann sah, ihm im Vorbeifahren zurief: „Ich erkläre mich mit den Unterdrückten auf der ganzen Welt solidarisch, Ich liebe dich, Mann, ich liebe dein Gesicht, ich liebe das ganze gottverdammte Menschengeschlecht!" Und er fuhr auf der anderen Seite vorüber.

Schließlich kam ein Irrer des Wegs, der kürzlich aus einer Anstalt entkommen war. Er war unfähig, logisch zu denken. Er verstand nichts von Politik, hatte keine Ideale, versah kein öffentliches Amt, hatte keinen Posten in der Welt inne, zahlte keine Steuern und gab keine Almosen. Er hatte die Gesinnung eines Kindes.

Seine Familie hatte heimlich gehofft, dass er nicht bis zum Mannesalter überleben werde, da sie die Bürde seiner abnormen Eigentümlichkeit als zu schwer zu ertragen empfand.

Als er den Mann auf dem Pflaster liegen sah, ging er zu ihm hin und hob ihn hoch, Körper, Blut und Staub, und trug ihn auf seinen Armen zum nächsten Krankenhaus. Auf seinem Weg ging er an einer Bushaltestelle an einer Warteschlange vorbei. Die Männer und Frauen in der Schlange drehten, als sie den Irren einen Mann auf seinen Armen tragen sahen, ihre Gesichter unbeirrt in Richtung des ankommenden Busses. „Wir haben Glück mit dem Wetter", sagte die eine, obwohl ihr Gesicht voller Regentropfen war. „Können nicht klagen, oder?", sagte ein anderer.

Der Irre erreichte das Krankenhaus. Er brachte seine Last in die Ambulanz und legte sie auf einen Tisch. Ein Arzt untersuchte den Mann und sagte: „Dieser Mann ist tot. Wer hat ihn hier hergebracht?"

„Ich", sagte der Irre.

„Sie müssen verrückt sein", sagte der Arzt.

Und sie legten Hand an den Irren und warfen ihn in eine Anstalt.

Und er sagte zu ihnen: „Wer von diesen war dem Mann, der unter die Räuber fiel, der Nächste?"

Und sie antworteten: „Der, der verrückt war."

Und er sagte zu ihnen: „Geht und seid verrückt um meinetwillen. Euer Irrsinn wird euch heil machen."

* Pimlico = ein Londoner Stadtteil

** marxistisch = auf Karl Marx zurückgehend, der als bekanntester Verfechter des Kommunismus (also des Modells einer klassenlosen, antikapitalistischen Gesellschaft) gilt

*** Märtyrer = Mensch, der für eine (z. B. politische oder religiöse) Überzeugung den eigenen Tod hinzunehmen bereit ist

(John Rae: Das Gleichnis vom barmherzigen Irren. Übersetzt von Reinhard Woltermann. In: Eleven Plus. Topics for Text Skills. Armin Steinbrecher (Hg.) Berlin (Cornelsen) 1987.)

Aufgaben

1 Erläutere, inwiefern John Raes Geschichte Gemeinsamkeiten mit Jesu „Gleichnis vom barmherzigen Samariter" aufweist.

_____

_____

_____

_____

_____

_____

2 Analysiere das Verhalten der einzelnen Personen, die vor dem Irren an dem Gewaltopfer vorübergehen, und nimm Stellung zu der Frage, welcher Vorwurf sich an das Verhalten dieser Personen richtet.

_____

_____

_____

_____

_____

3 Verfasse (wie John Rae) einen eigenen Paralleltext zu dem Gleichnis Jesu. Schreibe in dein Heft oder deine Mappe.

Missverständnisse in Liebe und Sexualität ergründen

Kuss ist nicht gleich Kuss

von Paul Watzlawick

Während der letzten Phasen des Zweiten Weltkriegs und in den unmittelbaren Nachkriegsjahren hielten sich Millionen amerikanischer Soldaten auf ihrem Weg zum europäischen Festland vorübergehend in Großbritannien auf. Dies bot die einmalige Gelegenheit, die Wirkungen einer solchen, für moderne Zeiten ungewöhnlichen Massendurchdringung zweier Kulturformen unmittelbar zu studieren.

5 Einer der Aspekte dieser Studie war ein Vergleich des Paarungsverhaltens in den beiden Kulturen. Dabei ergab es sich, dass sowohl die amerikanischen Soldaten als auch die englischen Mädchen sich gegenseitig des Mangels an sexuellem Taktgefühl und Zurückhaltung bezichtigten. Dies schien zunächst sehr merkwürdig, denn wie konnten beide Seiten dasselbe von der anderen behaupten?

Nähere Untersuchungen brachten […] ans Licht: Das kulturspezifische Paarungsverhalten, vom ursprüng-
10 lichen Kennenlernen bis zum Geschlechtsverkehr, durchläuft sowohl in England als auch in den USA ungefähr dieselben 30 Verhaltensstufen; die Reihenfolge (!) dieser Verhaltensweisen ist aber in den beiden Kulturen verschieden. Während in den USA zum Beispiel Küssen relativ früh (etwa auf Stufe 5) kommt und recht harmlos ist, gilt es in England für sehr erotisch und nimmt daher einen viel späteren Platz im Verhaltensablauf (etwa Stufe 25) ein. Wenn also der Amerikaner annahm, es sei Zeit für einen unschuldigen Kuss, war dieser
15 Kuss für die Engländerin durchaus kein unschuldiges, sondern ein sehr unverschämtes Benehmen, das für sie keineswegs in dieses Frühstadium der Beziehung passte. Sie fühlte sich daher nicht nur in undeutlicher Weise (diese kulturell bedingten Verhaltensregeln sind natürlich fast völlig außerbewusst) um einen großen Teil des „richtigen" Paarungsverhaltens betrogen, sondern hatte sich zu entscheiden, ob sie die Beziehung an diesem Punkte abbrechen oder sich ihrem Freunde sexuell hingeben sollte. In diesem letzteren Falle war die Reihe nun
20 am amerikanischen Soldaten, das Verhalten seiner Freundin auf Grund seiner außerbewussten Verhaltensregeln als nicht in das Frühstadium der Beziehung passend und daher schamlos zu finden. […]

Es kann kaum ausdrücklich genug betont werden, dass es sich hier und in allen ähnlichen Fällen um Konflikte handelt, die nicht auf einen der beiden Partner reduziert werden können und dürfen, sondern die ausschließlich im Wesen der Beziehung liegen. Es ist typisch für solche Probleme, dass die Partner sie meist nicht von sich aus
25 lösen können, da ihnen die zwischenpersönliche Natur des Konflikts verborgen bleibt und sie daher in einem Zustand der Desinformation leben.

(Aus: Paul Watzlawick: Wie wirklich ist die Wirklichkeit. Kuss ist nicht gleich Kuss. München (Piper Verlag) 2003, S. 90 f.)

Aufgaben

1 Gib in eigenen Worten den Grund dafür wieder, weshalb die englischen Mädchen die amerikanischen Soldaten schamlos fanden und umgekehrt.

2 In dem Text ist von einem „kulturspezifischen Paarungsverhalten" (Z. 9) die Rede, das „vom Kennenlernen bis zum Geschlechtsverkehr" (Z. 10) ungefähr 30 verschiedene Stufen durchläuft.
Stelle Mutmaßungen darüber an, welche Stufen zum Beispiel hier gemeint sein könnten.

3 Watzlawick scheint in seinem Beispiel davon auszugehen, dass das von ihm beschriebene Missverständnis nur bei einer „ungewöhnlichen Massendurchdringung zweier Kulturformen" (Z. 4f.) zu beobachten sei.
Beurteile, ob dergleichen auch in ein und derselben Kulturform vorkommen kann.

Teste dich selbst

1   Benenne die drei Begriffe, mit denen Platon den deutschen Ausdruck „Liebe" unterscheidet, und gib die Unterschiede zwischen diesen drei Begriffen wieder.

_____

_____

2   Begründe, welcher Stufe innerhalb des Modells von Robert Selman die folgenden Aussagen zuzuordnen sind.

A. „Linda kann mich mal! Heute im Schulbus meinte sie, sie wolle nicht mehr, dass ich dauernd ihre Hausaufgaben abschreibe. Mit der bin ich fertig!"

B. „Immer wieder lästert Jonas über meine Begeisterung für Fußball und den FC Bayern München. Ich glaube oft, wir sind gar keine Freunde mehr."

C. „Ich würde Aaron wahrscheinlich nicht gerade meine intimsten Geheimnisse anvertrauen, aber ich kann mit ihm über Musik reden wie mit keinem anderen Menschen. Oft streiten wir uns zwar über den Stellenwert von Bands, Songs usw., aber das ändert natürlich nichts daran, dass er mein Freund ist."

_____

_____

_____

_____

3 Die Kaulquappe und der Weißfisch

von Wolfdietrich Schnurre

Eine Kaulquappe hatte einen Weißfisch geehelicht. Als ihr Beine wuchsen und sie ein Frosch zu werden begann, sagte sie eines Morgens zu ihm: „Martha, ich werde jetzt bald einer Berufung aufs Festland nachkommen müssen; es wird angebracht sein, dass du dich beizeiten daran gewöhnst, auf dem Lande zu leben."

„Aber um Himmels willen!", rief der Weißfisch verstört, „bedenke doch, Lieber: meine Flossen! Die Kiemen!"

5   Die Kaulquappe sah seufzend zur Decke empor: „Liebst du mich, oder liebst du mich nicht?"

„Ei, aber ja", hauchte der Weißfisch ergeben.

„Na also", sagte die Kaulquappe.

(Aus: Wolfdietrich Schnurre: Der Spatz in der Hand. Langen/Müller Verlag, München 1971.)

A   Setze das Liebesverständnis der Kaulquappe in Bezug zum Freundschaftsmodell von Selman.

_____

_____

B   Übertrage die Fabel Schnurres in einen Zusammenhang, der unter zwei verheirateten Menschen denkbar wäre, und lasse den ‚Weißfisch' in deinem Text nicht „ergeben hauchen" (vgl. Z. 6), sondern scharf (und argumentativ) stichhaltig protestieren. Schreibe in dein Arbeitsheft.

Lernzielkontrolle: Erwartungshorizont

1 Benenne die drei Begriffe, mit denen Platon den deutschen Ausdruck „Liebe" unterscheidet, und gib die Unterschiede zwischen diesen drei Begriffen wieder.
Philia = freundschaftliche Liebe (aus Eigeninteresse)
Éros = sinnlich gemünzte Liebe
Agápe = Menschenliebe

2 Begründe, welcher Stufe innerhalb des Modells von Robert Selman die folgenden Aussagen zuzuordnen sind.

A. „Linda kann mich mal! Heute im Schulbus meinte sie, sie wolle nicht mehr, dass ich dauernd ihre Hausaufgaben abschreibe. Mit der bin ich fertig!"
Diese Aussage bewegt sich auf der zweiten Stufe des Selmanschen Modells, da hier die Freundschaft zu erlöschen droht, sobald keine Hilfe (Zuwendung) mehr erteilt wird.

B. „Immer wieder lästert Jonas über meine Begeisterung für Fußball und den FC Bayern München. Ich glaube oft, wir sind gar keine Freunde mehr."
Diese Aussage ist der dritten Stufe Selmans zuzuordnen, weil sich der Freundschaftskonflikt dadurch ergibt, dass dem anderen die eigene Perspektive nicht mehr vermittelt werden kann.

C. „Ich würde Aaron wahrscheinlich nicht gerade meine intimsten Geheimnisse anvertrauen, aber ich kann mit ihm über Musik reden wie mit keinem anderen Menschen. Oft streiten wir uns zwar über den Stellenwert von Bands, Songs usw., aber das ändert natürlich nichts daran, dass er mein Freund ist."
Diese Aussage gehört der sechsten Stufe im Modell Selmans an, da hier erstens der Universalanspruch von Freundschaft aufgegeben ist und Meinungsverschiedenheiten zweitens nichts an der grundsätzlichen Akzeptanz des anderen ändern.

3 Die Kaulquappe und der Weißfisch

von Wolfdietrich Schnurre

Eine Kaulquappe hatte einen Weißfisch geehelicht. Als ihr Beine wuchsen und sie ein Frosch zu werden begann, sagte sie eines Morgens zu ihm: „Martha, ich werde jetzt bald einer Berufung aufs Festland nachkommen müsse; es wird angebracht sein, dass du dich beizeiten daran gewöhnst, auf dem Lande zu leben."
„Aber um Himmels willen!", rief der Weißfisch verstört, „bedenke doch, Lieber: meine Flossen! Die Kiemen!"
5 Die Kaulquappe sah seufzend zur Decke empor: „Liebst du mich, oder liebst du mich nicht?"
„Ei, aber ja", hauchte der Weißfisch ergeben.
„Na also", sagte die Kaulquappe.

A Setze das Liebesverständnis der Kaulquappe in Bezug zum Freundschaftsmodell von Selman!
Die Kaulquappe verharrt auf der ersten Stufe des Modells von Selman, da sie die Perspektive des Weißfisches nicht nachvollziehen kann oder will.

B Übertrage die Fabel Schnurres in einen Zusammenhang, der unter zwei verheirateten Menschen denkbar wäre, und lasse den ‚Weißfisch' in deinem Text nicht „ergeben hauchen" (vgl. Z. 6), sondern scharf (und argumentativ) stichhaltig protestieren.
Individuelle Lösungen.

2 Partnerschaft und Lebensformen

Didaktische Erläuterungen

Während das erste Kapitel des Blickpunktes den didaktischen Fokus größtenteils noch auf Beziehungsformen legte, die den Schülerinnen und Schülern im alltäglichen Kunterbunt ihrer freiwilligen Entscheidungen begegnen und nicht zwingend auf Langfristigkeit angelegt sind, konzentriert sich das zweite Kapitel nun vorwiegend auf Beziehungen, die gesellschaftlich institutionalisiert sind, und zwar nicht zuletzt im Sinne von Dauer und Verantwortlichkeit.

Meist in familiären Strukturen (welcher genauen Strickart auch immer) aufgewachsen, sollen sich die Schülerinnen und Schüler daher in diesem Kapitel kompetenzorientiert mit Fragen wie den folgenden auseinandersetzen:

- Welche Formen des Zusammenlebens gibt es?
- In welchem Maße haben sich familiäre Strukturen durch welche Umstände gewandelt?
- Welche Eigenschaften einer anderen Person sind für ein dauerhaftes Miteinander wünschenswert, welche weniger?
- Welche partnerschaftlichen Konflikte sind beziehungsspezifisch münzbar? Und welche Möglichkeiten gibt es, diese Konflikte abzumildern oder gar aus der Welt zu schaffen?
- Welche beziehungsübergreifenden Kriterien lassen sich für ein harmonisches Zusammenleben in einer Gemeinschaft formulieren?

Angesichts dieser Fragen ist das Kapitel deshalb lernstrukturell derart gestrickt, dass die Schülerinnen und Schüler zunächst dem bunten Kaleidoskop möglicher Partnerschafts- und Lebensformen begegnen (vgl. die Startseite zum Kapitel), bevor sie in einem zweiten Schritt erörtern, welche Dispositionen und Eigenschaften sie persönlich von einem Menschen erwarten, mit dem ein Beieinander dauerhaft denkbar wäre (vgl. S. 63).

Danach soll ein didaktisches Plateau angelegt werden, das die Schülerinnen und Schüler befähigt, Konflikte polyperspektivisch zu beurteilen. Zu diesem Zweck eignet sich erstens die diskursive Auseinandersetzung mit konkreten (und aus Warte der Schülerinnen und Schüler wahrscheinlich allzu nachvollziehbaren) Streitsituationen und zweitens die probate Methode der Formulierung von Ich-Botschaften (vgl. Konflikte und Konfliktlösungen, SB S. 64 f.).

Der eingestreute Exkurs auf traditionelle Familienstrukturen (exemplifiziert durch den sattsam bekannten Auszug aus Schillers „Glocke") dient nicht dem Zweck, die in den vergangenen Jahrhunderten dominante Form des familiären Zusammenlebens zu diskreditieren (eine mögliche Antiquiertheit wird über den Arbeitsauftrag 2 auf S. 67 allenfalls angedeutet); vielmehr soll durch die diachrone Bezugnahme eine (lernstrukturell wie emanzipativ zu verstehende) Verzahnung mit den darauf folgenden Lebensformen gewährleistet sein. Diese greifen drei Beispiele auf, die, synchron besehen, von großer Relevanz sind, nämlich erstens ein allein erziehendes Elternteil mit Kind (im vorliegenden Fall eine Mutter mit Sohn), zweitens eine Patchwork-Familie und drittens eine so genannte „Regenbogenfamilie" (hier skizziert durch ein schwules Paar mit Kind).

Nachdem die Schülerinnen und Schüler auf diesem Wege (und sofern dergleichen nicht bereits über ihre Alltagserfahrung geschehen ist) für die gesellschaftliche Etablierung von Lebensformen abseits der Schillerschen Rollenverteilung sensibilisiert worden sind, kann nun über den Denkraum auf S. 69 in Form einer Projektarbeit der Fokus auf viele weitere Formen familiären Zusammenlebens verbreitert werden, und zwar sowohl synchron als auch diachron. Das eingangs erwähnte Kaleidoskop von Möglichkeiten eines allgemeinen Miteinanders wird also nun über das Aufgreifen von Fremdperspektiven ausgeweitet.

Das didaktische Anliegen des Kapitels erschöpft sich indes nicht darin, den historisch wie kulturell bedingten Facettenreichtum menschlichen Zusammenlebens kursorisch zu beleuchten. Als didaktischer Schlusspunkt des Kapitels wird deshalb die (Zeiten und Kulturen überdauernde und dem Anspruch auf ethische Universalisierbarkeit verpflichtete) Begründung für ein Zusammenleben in Harmonie ins Zentrum gerückt. Dieser Schlussakkord (des Kapitels wie des Blickpunkts) soll also nicht nur die bisher ins Auge gefassten Formen menschlichen Miteinanders resümieren und auf eine ethisch abstraktere Ebene geleiten, sondern im selben lernstrukturellen Atemzug das nachfolgende Kapitel („Moralisch fühlen, urteilen und handeln") präludieren.

Als thematische Kernbegriffe des Kapitels lassen sich daher die Themenkomplexe „Ehe und Familie", „Konflikte und Konfliktlösungen" sowie „Freundlichkeit und Höflichkeit" ausmachen.

Ehe und Familie

Dem gesamtgesellschaftlichen Wandel korrespondiert ein solcher in den familiären Strukturen; beide Aspekte sind dialektisch miteinander verwoben. Für Veränderungen in ehelichen Lebensformen gilt Entsprechendes. Historischer (wenn auch nicht chronologischer) Ausgangspunkt des Kapitels ist das gutteils überkommene Muster der bürgerlichen Kernfamilie: heterosexuelles, verheiratetes Elternpaar (im selben Haushalt lebend), Vater im Wohnort berufstätig, Mutter Hausfrau, mindestens ein Kind, das in einem noch jungen Lebensalter das Elternhaus verlässt. Die zahlreichen Veränderungen, die diesem Familienmuster die Hegemonialrolle entzogen haben, sollen an dieser Stelle nur fragmentarisch (und vornehmlich auf den Spuren von Nave-Herz; vgl. Literaturverzeichnis) angedeutet werden:

1. Die Heiratsbereitschaft der Deutschen ist seit den 1960er Jahren kontinuierlich gesunken; gleichzeitig ist das Erstheiratsalter bis dato lediger Frauen und Männer gestiegen: Es gibt also insgesamt weniger Ehen mit durchschnittlich älteren Brautpaaren. Zugleich ist die Scheidungsquote verhältnismäßig gestiegen. Die daraus resultierende Pluralisierung der Lebensformen wird im vorliegenden Kapitel beispielsweise durch Bezugnahmen auf alleinerziehende Elternteile oder Patchwork-Familien aufgegriffen.

2. Die Geburtenquote ist, im Zeitraum von Jahrzehnten betrachtet, rückläufig. Gleichzeitig steigt statistisch das Alter der Erstgebärenden: Es gibt also insgesamt weniger Kinder (absolut und dadurch auch pro Familie) und immer ältere Mütter. Was der erste Aspekt für die demografische Entwicklung Deutschlands erwarten lässt und was der zweite Punkt mit Blick auf das (zum Beispiel kommunikativ verortbare) Generationenverhältnis bedeutet, greift das vorliegende Kapitel im Sinne einer didaktischen Reduktion nicht auf. Gleichwohl lässt sich in diesem Zusammenhang mutmaßen, dass die beiden demografischen Trends mit der Expansion des Bildungswesens und dem daraus resultierenden Faktum zusammenhängen, dass das Alter der Frauen, die ihre Berufsausbildung abgeschlossen haben, heutzutage höher ist als zum Beispiel noch vor 60 Jahren.

3. Die (gerade angesprochene) Verlängerung der Ausbildungsdauer hat auch auf Seiten der Kinder dazu geführt, dass diese in signifikantem Maße länger im Elternhaus verweilen als noch vor 50 Jahren. In den Boulevard-Medien ist zum Beispiel der Ausdruck „Hotel Mama" ein gern strapazierter Topos. Dass mit dieser non-virtuellen Immobilität eine (Generationen z. T. diversifizierende) Mobilität im Bereich der Neuen Medien einhergeht, soll im vorliegenden Kapitel ebenso wenig eine Rolle spielen wie die gestiegene Unsicherheit der (vor allem jugendlichen) Arbeitnehmer/-innen mit Blick auf die chronologische Kontinuität und die lokale Sicherheit des Arbeitsplatzes sowie den daraus resultierenden Schwund des Arbeitsplatzes als gesellschaftliche Allokationsinstanz.

4. Die bisher angesprochenen Phänomene stehen in einer dialektischen Wechselwirkung mit allgemeinen Liberalisierungs- und Individualisierungstendenzen. Denn ohne der populistischen Parole eines Werteverfalls das Wort reden zu wollen, kann konstatiert werden, dass der kulturell kodifizierte Normenkanon einige starre Ver-

bindlichkeiten aufgegeben hat. Als Beispiel sei an dieser Stelle die matter gewordene Strahlkraft religiös vermittelter Normen erwähnt, die mit Blick auf die Institution Ehe insofern nicht unerheblich ist, als Lebensformen wie Ein-Eltern-Familien, nichteheliche Lebensgemeinschaften mit Kindern, Stiefelternverhältnisse oder so genannte „Fortsetzungsfamilien" bei ungebrochener Etablierung des religiösen Sakraments „Ehe" nicht in derart signifikantem Maße zugenommen hätten.

Konflikte und Konfliktlösungen

Daraus, dass Konflikte im (nicht nur partnerschaftlichen) Zusammenleben unvermeidbar sind, ergibt sich die didaktische Notwendigkeit, das Themenspektrum „Konflikte" im Rahmen der Gesamtkonzeption von *Wege Werte Wirklichkeiten* auch an dieser Stelle intensiv einfließen zu lassen, zumal sich gerade hier das Proprium des Faches Ethik (bzw. Werte & Normen bzw. praktische Philosophie bzw. LER) und die Lebenswelt der Schülerinnen und Schüler facettenreich begegnen.

Mit Blick auf das Thema des Kapitels werden in erster Linie interpersonale Konflikte aufgegriffen, die sich zumeist auf Verteilungs-, Macht- oder Anerkennungskonflikte zurückführen lassen.

Zweierlei soll in diesem Zusammenhang deutlich werden, nämlich erstens, dass die meisten Konflikte kein unüberwindbares Hindernis darstellen, sondern durch geeignete Kommunikationsstrategien abgemildert oder womöglich gar aus der Welt geschaffen werden können. Aus dem gewaltigen Arsenal an diesbezüglichen Vorschlägen wird hier die (kognitiv altersangemessene und verhältnismäßig praktikable) Methode der Formulierung von Ich-Botschaften fokussiert (vgl. unten).

Zweitens sollen die Schülerinnen und Schüler aber auch für den Umstand sensibilisiert werden, dass nicht jeder Konflikt gelöst werden kann oder muss. Konflikte, deren Beilegung ausschließlich unter Inkaufnahme tiefster eigener Interessen möglich wäre, müssen unter Umständen nur bedingt, Konflikte, deren Eindämmung die Preisgabe der eigenen Würde nach sich zöge, gar nicht gelöst werden.

Freundlichkeit und Höflichkeit

Eine wichtige Scharnierstelle sowohl in Vorbereitung des folgenden Blickpunktes „Moralisch fühlen, urteilen und handeln" als auch in Rückblick auf die bis dato problematisierten Lebensformen stellt die Passage „Rückblick und Weiterdenken" dar.

Hier sollen (altersgemäß adäquate) erste Gehversuche unternommen werden, um aus der moralisch relevanten Auffassung „Man sollte gegenüber anderen Menschen tunlichst freundlich und höflich sein" ein ethisch überzeugendes Argument zu destillieren. Zu diesem Zweck werden dialogisch einige gängige ethische Begründungen skizziert, deren Vergleich bei den Schülerinnen und Schülern erste Sprossen einer metaethischen Reflexion spießen lassen sollen und die abermals auf nichts weniger als auf das Kerngeschäft des Unterrichts abzielen, also auf die Förderung der ethischen Urteilsfähigkeit.

Zur Methode „Ich-Botschaft"

Im vorliegenden Kapitel spielen Konflikte eine wichtige und, empirisch betrachtet, unverzichtbare Rolle. Mit Blick auf die Methode des kontrollierten Einübens von Ich-Botschaften ist natürlich zu bemerken, dass diese kein Allheilmittel für die Bewältigung partnerschaftlicher Dispute darstellen. Bei einer zu rigorosen Anwendung dieser Kommunikationsvariante besteht gar das Risiko, dass diese nur noch als mechanisch-unpersönliches Schema rezipiert wird.

Dennoch liefern Ich-Botschaften ein brauchbares Instrumentarium, um Konflikte nicht über Gebühr eskalieren zu lassen: Statt einer Schuldzuweisung wird eine Betroffenheit artikuliert, statt eines (womöglich verbal aggressiven und den Konflikt dadurch steigernden) Angriffs wird der Kommunikationspartner für sein gefährliches Potenzial sensibilisiert, anderen Menschen Verletzungen zuzufügen.

Die schriftliche Lernzielkontrolle sollte auch hier möglichst erst nach Behandlung des gesamten Kapitels erfolgen.

Literatur zum Kapitel

Sachbücher

Burkart, Günter: Lebensphasen – Liebesphasen. Vom Paar zur Ehe zum Single und zurück? Opladen 1997: Leske und Budrich.

Gordon, Thomas: Familienkonferenz. Die Lösung von Problemen zwischen Eltern und Kind. München 1989: Heyne.

Huinink, Johannes: Warum noch Familie? Zur Attraktivität von Partnerschaft und Elternschaft in unserer Gesellschaft. Frankfurt a. M./New York 1995: Campus.

Juul, Jesper: Aus Stiefeltern werden Bonus-Eltern. Chancen und Herausforderungen für Patchwork-Familien. München 2011: Kösel.

Koch, Birgit Theresa: Hinter jedem Konflikt steckt ein Traum, der sich entfalten will. München 2008: Kösel.

Martens, Gabriela: Streit gehört dazu. Wie wir Konflikte in der Familie verstehen und lösen. München 2005: Kösel.

Nave-Herz, Rosemarie: Kontinuität und Wandel der Familie in Deutschland. Stuttgart 2002: Lucius & Lucius.

Kinder- und Jugendbücher

Kreslehner, Gabi: Charlottes Traum. Weinheim 2009: Beltz.

Nöstlinger, Christine: Wetti und Babs. Landsberg 2000: Beltz.

Erläuterungen und Lösungen der Aufgaben

➡ *SB S. 62*

1. **A** heterosexuelle Eltern (beide berufstätig) mit einem Sohn (hier könnte der Begriff „Doppelverdiener" eingebracht werden);
B heterosexuelle Eltern (zeitweise räumlich getrennt, z. B. aus beruflichen Gründen) mit einer Tochter;
C alleinerziehende Mutter mit einem Sohn;
D alleinerziehender Vater mit einem Sohn;
E heterosexuelle Eltern (Mutter berufstätig, Vater Hausmann) mit einer Tochter;
F heterosexuelle berufstätige Eltern mit Sohn in Obhut (z. B. in einem Internat oder mit einem Tagesvater/einer Tagesmutter);
G schwule Eltern mit Tochter und Sohn;
H lesbische Eltern mit zwei Töchtern und einem Sohn;
I männlicher Single;
J heterosexuelles Paar ohne Kinder;
K heterosexuelle Eltern (Vater berufstätig, Mutter Hausfrau) mit zwei Töchtern und zwei Söhnen;
L Familie mit Kindern, die nicht ausschließlich aus der derzeitigen elterlichen Beziehung, sondern auch aus früheren Beziehungen der Eltern stammen. An dieser Stelle sollte bereits der Ausdruck „Patchwork-Familie" samt etymologischer Erklärung (patchwork = Flickwerk) eingeführt werden.
M kinderloses heterosexuelles Paar, das räumlich getrennt lebt (Fernbeziehung, Wochenendbeziehung);
N lesbisches Paar ohne Kinder;
O schwules Paar ohne Kinder;
P freie Lebens- und Wohngemeinschaften.

2. Individuelle Zukunftsvorstellungen. In diesem Zusammenhang könnten im Rahmen des Unterrichtsgesprächs auch Fragen wie „Wann möchtest du zum ersten Mal Vater oder Mutter werden?" oder „Wann möchtest du mit einer anderen Person dauerhaft zusammenziehen?" anklingen.

➡ *SB S. 63*

1. Individuelle Antworten.

2. Kursindividuelle Grafiken. An dieser Stelle empfiehlt sich (wenn möglich) eine Zusammenarbeit mit dem Fachbereich Informatik.

3. Individuelle Einschätzungen.

2

➡ *SB S. 64*

1. <u>Situation A:</u> Marika erlebt mit ihrer Mutter einen klassischen Sanktionskonflikt, wobei unklar bleibt, ob die Strafe der Mutter aus der mangelhaften Zensur oder aber aus der Tatsache resultiert, dass Marika das Ergebnis der Englisch-Arbeit verschwiegen hat.

<u>Situation B:</u> Zunächst ist bei den Brüdern Ivo und Tobias ein vordergründiger Konflikt virulent: Ivo fühlt sich bei den Vorbereitungen für die Klassenarbeit von seinem Bruder abgelenkt. Im weiteren Verlauf des Textes wird aber deutlich, dass sich hinter diesem anlassbezogenen Konflikt tiefere, grundsätzlichere Konflikte verbergen: Erstens scheint eine schulische Konkurrenzsituation zwischen den beiden Brüdern vorzuliegen, zweitens wirkt es so, als ob diese Konkurrenzsituation vom Vater noch zusätzlich angeheizt wird, und drittens wirft Tobias seinem Bruder vor, dass dieser wegen seines schulischen Engagements gemeinsame Freizeitaktivitäten vernachlässige. An diesem Beispiel ist also gut ersichtlich, dass situativ aufflammende Konflikte auf tieferen, grundlegenderen (und über eine bloß situativ gemünzte Analyse kaum erhellbaren) Ursachen fußen können.

<u>Situation C:</u> Auch dieser Konflikt wird über eine alltägliche Situation initiiert und bringt massive Differenzen zwischen Anna und Antonia zutage: Anna reagiert betroffen und konsterniert, als sie bemerkt, dass Antonia sehr viel Wert auf das äußere Erscheinungsbild ihrer Freundin legt und in diesem Zusammenhang ausdrücklich betont, dass ihr andere Eigenschaften („Menschsein") recht unwichtig sind.

2. a) – c) Individuelle Gestaltungen und Einschätzungen. Im Laufe der Bearbeitung dieser Aufgaben kann (durchaus auch binnendifferenzierend) der Impuls gestartet werden, aus der Perspektive der jeweiligen Protagonisten einen inneren Monolog zu verfassen.

➡ *KV 11 „Vater-Sohn Konflikt – Ein berühmter Brief des Sohnes an seinen Vater"*

➡ *SB S. 66*

3. Bei der Bearbeitung der Aufgabe sollten den Schülerinnen und Schülern die drei Teile, die eine Ich-Botschaft laut Methodenkasten charakterisieren, bei der Ergebnissicherung visuell verdeutlicht werden. Dabei ist es unwichtig, ob diese drei Teile stets in der gleichen Reihenfolge auftauchen. Fernerhin ist darauf zu achten, dass in den Antworten nicht die (für Du-Botschaften typischen) Generalisierungen wie „immer" oder „nie" enthalten sind.

Mögliche Antworten:

A Bei unserer Gruppenarbeit haben nicht alle in gleichem Maße mitgeholfen (BESCHREIBUNG DES VERHALTENS, DAS DEN KONFLIKT AUSGELÖST HAT). Ich bin deswegen ziemlich sauer (OFFENBARUNG DER EIGENEN GEFÜHLE), denn nun werden alle Gruppenmitglieder eine schlechtere Note bekommen (GRÜNDE FÜR DIE GEFÜHLE/AUSWIRKUNGEN DES VERHALTENS).

B Mein Handy-Guthaben ist aufgebraucht, ich konnte deshalb vorhin ein dringendes Telefonat nicht führen (GRÜNDE FÜR DIE GEFÜHLE/AUSWIRKUNGEN DES VERHALTENS). Ich kann mein Guthaben auch nur schwer einschätzen, wenn mein Handy von anderen Personen ungefragt benutzt wird (BESCHREIBUNG DES VERHALTENS, DAS DEN KONFLIKT AUSGELÖST HAT). Das ist echt total ärgerlich (OFFENBARUNG DER EIGENEN GEFÜHLE).

C Ehrlich gesagt, bin ich etwas aufgebracht (OFFENBARUNG DER EIGENEN GEFÜHLE). Denn ich habe das Gefühl, dass dich Stella sehr interessiert. Neulich habe ich bemerkt, dass du ihr in den Ausschnitt geschaut hast. (BESCHREIBUNG DES VERHALTENS, DAS DEN KONFLIKT AUSGELÖST HAT). Das finde ich erstens persönlich und zweitens vor den anderen Leuten unangenehm (GRÜNDE FÜR DIE GEFÜHLE/ AUSWIRKUNGEN DES VERHALTENS).

4. Individuelle Antworten.

Denkraum

A bis C: Individuelle Gestaltungen.

1. a) Die folgenden Begriffe aus Schillers Gedicht sind den Schülerinnen und Schülern eventuell unbekannt und könnten durch die hier vorgeschlagenen Ausdrücke ersetzt werden:

„erraffen" (V. 5.): „schnell zusammensammeln"
„Habe" (V. 9): „Besitz"
„waltet" (V. 11): „herrscht"
„züchtig" (V. 12): „diszipliniert"
„wehret" (V. 17): „widersteht", „bleibt standhaft"

Dem Ehemann fällt in diesem (an der Schwelle zum 19. Jahrhundert entstandenen) Gedicht die Aufgabe zu, außerhalb des familiären Umfelds (Beruf, Gesellschaft etc.) Erfolge zu sammeln, während es der Ehefrau obliegt, die häuslichen Aufgaben (Kinder, Haushalt etc.) zu bewältigen. Als didaktische Negativfolie und in Anbahnung des folgenden Arbeitsauftrages könnte hier die überkommene (mnemotechnisch jedoch gut verankerbare) Formel der drei K (Kinder, Küche, Kirche) eingebracht werden.

➡ *SB S. 67*

1. b) Ehemann: mutig, furchtlos, strebsam, erfolgsorientiert/Ehefrau: diszipliniert, fleißig, (pädagogisch) weise, erfolgreich in der Verwaltung der männlichen Erfolge.

2. Individuelle Beurteilungen. Denn wenngleich natürlich zu antizipieren ist, dass die Schülerinnen und Schüler der Äußerung Annas grosso modo Recht geben, hängen die genauen Begründungen von den konkreten familiären Lebensumständen ab.

3. Um Verwirrungen zu vermeiden, sollte den Schülerinnen und Schülern vor der Bearbeitung des nächsten Arbeitsauftrages verdeutlicht werden, dass die Texte den Bildern nicht passgenau, sondern prinzipiell (also mit Blick auf die grundsätzliche Strickart der jeweiligen Lebensform) entsprechen.

3. a) Text 1 gehört zu Bild 2, weil hier wie dort die Situation eines alleinerziehenden Elternteils (im Text weiblich, im Bild männlich) anklingt.

Text 2 ist verwandt mit Bild 3: In beiden Fällen wird eine Patchwork-Familie dargestellt (im Bild insinuiert durch den farbigen Sohn).

Text 3 schließlich weist Gemeinsamkeiten mit Bild 1 auf, denn der Text skizziert die Eindrücke einer Begegnung mit einem schwulen Elternpaar, und das Bild stellt ein lesbisches Paar mit Kind dar. Für solche Familien hat sich in der Soziologie der (übrigens auf Josephine Baker zurückgehende) Begriff „Regenbogenfamilie" etabliert. An dieser Stelle des Unterrichts könnte eine Recherche bezüglich der Frage platziert werden, wie es mit dem rechtlichen (Ehe-)Status homosexueller Paare in verschiedenen Staaten bestellt ist.

b) Text 1:

Geldprobleme (daher strikter Finanzplan nötig); damit einhergehend: Verzicht auf (nur mit Geld) realisierbare Freizeitaktivitäten; Zeitprobleme (um berufliche Erfordernisse und die Bedürfnisse ihres Sohnes in Einklang zu bringen).

Vertiefend könnte hier die Frage aufgegriffen werden, weshalb Silke Linnemann froh ist, in einer Kleinstadt zu leben. Denn in einer Großstadt oder in einem Dorf hätte sie gewiss größere Probleme, den Alltag logistisch zu meistern.

Text 2:

Das vorrangige Problem, das in dem Text anklingt, besteht in der Schwierigkeit, als Mitglied einer Patchwork-Familie die eigene soziale Rolle zu finden bzw. die angestrebte soziale Rolle der anderen zu akzeptieren. An dieser Stelle des Unterrichtsverlaufs empfiehlt sich ein Rückgriff auf das im ersten Blickpunkt fokussierte Thema der sozialen Rollen (vgl. Schülerarbeitsbuch S. 14f. und Lehrerband S. 15). Wenn nämlich die soziale Rolle die Essenz extrapersonaler Erwartungshaltungen bedeutet, stellen sich in Patchwork-Familien oft Probleme zwischen (‚elterlich' gefühlter) Verantwortung und (‚kindlich' empfundener) Maßregelung einerseits und Konflikte zwischen (‚kindlich' angestrebter) Emanzipation und (‚elterlich' gewünschter) Loyalität andererseits ein. Deutlich wird diese Ambivalenz zum Beispiel in Äußerungen wie: „Du hast mir gar nichts zu sagen, du bist schließlich nicht meine Mutter".

Zu den Konflikten innerhalb einer Patchwork-Familie tragen nicht nur deren Mitglieder, sondern unter Umständen auch die ehemaligen Partner bei, wie die Passage mit dem verschwiegenen Gespräch mit den Lehrern zeigt.

Text 3:

Auf den ersten Blick scheint es in den „Regenbogenfamilien", die Verena Jaekel besucht hat, keinerlei Probleme zu geben. Allenfalls implizit klingt das bereits in Text 2 thematisierte Konfliktpotenzial bezüglich des Umstands an, dass homosexuelle Eltern nie gemeinsame ‚leibliche' Kinder haben können und dass sich daher eventuell ebenfalls die emotionale Distanz, von der in Text 2 die Rede war, einstellen könnte.

Weitere denkbare Probleme können die Schülerinnen und Schüler aber nach der Auseinandersetzung mit dem Thema „Homosexualität" im ersten Kapitel des vorliegenden Blickpunktes antizipieren, denn durch den Brief des homosexuellen Kindes an seine Eltern (vgl. S. 57ff. des Schüler- und S. 52 des Lehrerbandes) müsste eine Sensibilisierung für die (nach wie vor bestehenden) Schwierigkeiten der gesamtgesellschaftlichen Akzeptanz gegenüber Homosexuellen gewährleistet sein. Mit strengem Blick auf die Aufgabenstellung ist dies aber erst im nächsten Arbeitsauftrag zu thematisieren.

c) Individuelle Einschätzungen bzw. Ergänzungen (letztere sind wohl insbesondere mit Blick auf Text 3 vonnöten; vgl. den Kommentar zu Aufgabe 3b)

⇒ *KV 12*
„Kinder als Glücksfall oder Störfaktor"

⇒ *SB S. 68*
4. Individuelle Texte oder Inszenierungen.

⇒ *SB. S. 69*
5. Aus der Statistik geht hervor, dass der Trend zur Eheschließung in Deutschland insgesamt rückläufig ist, während die Scheidungsrate in der Gesamttendenz ansteigt.

Wenn die Schülerinnen und Schüler nach einer Erklärung für die Abweichungen in der Scheidungsquote fragen, sollen an dieser Stelle (für die Lehrkraft) kurz die diesbezüglich gängigen soziologischen Hypothesen skizziert werden: Der signifikante Rückgang der Scheidungszahlen im Jahre 1978 ergibt sich dadurch, dass ab 1977 das so genannte „Zerrüttungsprinzip" zu gelten begann. Dieses implizierte u. a., dass scheidungsrechtlich relevante Fragen (wie Unterhalt, Sorgerecht etc.) nicht mehr wie bisher in einem Gerichtsverfahren abgewickelt werden konnten (wie es nach dem bis dato geltenden Schuldprinzip möglich gewesen war), sondern in getrennten Verfahren behandelt werden mussten. Dies führte zu Verzögerungen bei Scheidungsurteilen und damit zu einem kurzzeitigen Rückgang der Scheidungsquote.

Der Rückgang um 1990 ist mit der Wiedervereinigung

2

erklärbar: Das recht liberale Scheidungsrecht der DDR wich demjenigen der BRD, was abermals zu den oben skizzierten Verfahrensverzögerungen führte.

6. Text 1 ist mit der Statistik insofern in Bezug zu setzen, als alleinerziehende Elternteile die erhöhte Scheidungsquote widerspiegeln; der Bezug zu Text 2 ergibt sich aus eben diesem Umstand, denn Kinder bzw. Partner aus früheren Beziehungen sind nicht selten Kinder bzw. Partner aus früheren (z. T. geschiedenen) Ehen. Die gesellschaftlich gewachsene und seit Jahrtausendbeginn auch rechtlich abgesicherte Akzeptanz gegenüber einer homosexuellen Partnerschaft, wie sie in Text 3 thematisiert wird, findet sich in der Statistik indes nicht zwingend wieder.

Denkraum
Individuell gestaltete Referate.

➡ *SB S. 71*
Rückblick und Weiterdenken

1. Das Gespräch zwischen Christin und Elias kreist in erster Linie um die Frage, aus welchen verschiedenen Motiven oder auch kulturellen Unterschieden Freundlichkeit gegenüber Mitmenschen resultieren kann. Leistungsstärkere Schülerinnen und Schüler werden gleichwohl merken, dass es Christin (mindestens) ebenso sehr um die Frage geht, ob sich Elias' Verhalten *ihr* gegenüber von den sonstigen „Freundlichkeitsmustern" unterscheidet.

2. Grund für Elias' Freundlichkeit gegenüber Christin: Sympathie (an dieser Stelle könnte freilich betont werden, dass Elias während seiner Antwort stockt (vgl. Z. 14), was die Mutmaßung zulässt, dass eine unumwundene Antwort nicht nur auf Sympathie, sondern auf Liebe bzw. Verliebtsein abgezielt hätte);
Grund für Elias' Freundlichkeit gegenüber Lars: Eigennutzen (Elias profitiert davon, dass er sich immer wieder Bücher ausleihen kann);
Grund für Elias' Freundlichkeit gegenüber Mario: elterliche (evtl. kulturell geprägte) Erziehung zur Höflichkeit jedem gegenüber;
Nach Christins Einwand, dass ihr dieses Argument erstens wegen fehlender Verallgemeinerungsfähigkeit und zweitens wegen Elias' (vermeintlicher) Autoritätshörigkeit nicht genüge, formuliert Elias zunächst eine Begründung nach Art der Goldenen Regel. Von Christin mit dem Vorwurf konfrontiert, dass diese Begründung egoistische Elemente enthalte, wandelt Elias in Ansätzen auf den Pfaden des kategorischen Imperativs: Eine Welt ohne Höflichkeit sei mit Blick auf alle in ihr Agierenden nicht wünschenswert. Oder anders, kantischer formuliert: Die Maxime „Ich bin nur dann freundlich zu anderen Menschen, wenn es mir gerade passt" führt zu einem Widerspruch zwischen Wollen und Verallgemeinerungstauglichkeit.
Wahrscheinlich liegt es an dem gering ausgeprägten

Grad an Egoismus, dass sich Christin erst mit der letzten Begründung von Elias zufrieden gibt.

3. Als didaktisch-methodischer Schritt wäre es entweder an dieser Stelle oder noch vor der Auseinandersetzung mit dem Text „Dünner Rand" denkbar, die Schülerinnen und Schüler eigene Titel für M. C. Eschers Grafik ersinnen zu lassen. In beiden Fällen würde die Auseinandersetzung mit der Zeichnung produktionsorientiert intensiviert.
Weiterhin empfiehlt sich im vorliegenden Zusammenhang das altbewährte Vorgehen, die Schülerinnen und Schüler das Bild zunächst schlicht beschreiben zu lassen, bevor Deutungshypothesen gebildet werden. Letztere kreisen (nach einschlägigen unterrichtlichen Erfahrungen) vornehmlich um die Fragen, ob die Kugeln statisch oder aber in Bewegung sind (Näheres vgl. unten) und was besagte Kugeln symbolisieren.
M. C. Eschers Grafik trägt den Titel „Bond of Union" (mögliche dt. Übersetzung: „Band der Einheit") und zeigt zwei Menschen offenbar unterschiedlichen Geschlechts, deren Köpfe zwar einerseits einander zugewandt und durch ein Möbiusband untrennbar miteinander verbunden sind, die aber andererseits keine direkte Kommunikation eingehen. Kontemplativ wirkend, sind die beiden Personen nicht nur durch das Band, sondern auch die Kugeln verbunden.
Von diesen geht für viele Rezipienten ein dynamischer Eindruck aus, was die Deutung zulässt, dass die Kugeln für Bewusstseinsinhalte stehen, die mehr als einen Menschen bzw. alle Menschen durchströmen: Fragen nach dem Sinn des Lebens zum Beispiel, Fragen nach dem Woher und Wohin des (eigenen) Seins, aber natürlich auch Fragen nach dem Warum des eigenen Handelns. Eben hier wäre dann eine Bezugnahme zu dem Text „Dünner Rand" gegeben, in welchem Christins Fragen ganz *grundsätzlich* auf Beweggründe für zwischenmenschliche Freund- bzw. Höflichkeit abzielen.

4. Eine mögliche Gliederung der Antwort könnte z. T. auf die behandelte Taxonomie Platons zurückgreifen, womit ein kumulativer Nebeneffekt möglich wäre.
   - Freundinnen, Freunde, Kumpel im Sinne der platonischen „Philía" (z. B. auf den S. 38, 39, 40, 41, 64)
   - Verliebte/Liebende im Sinne des platonischen „Éros" (z. B. auf den S. 44, 45, 49 f., 52, 53, 57, 58, 59)
   - Mitmenschlichkeit in Form der platonischen „Agápe"(z. B. auf den S. 48, 49 f., 70 f.)
   - Familiäres Zusammenleben (z. B. auf den S. 57, 64, 66, 67)

5. Individuell variierende Begründungen. Mögliche Antworten in Stichwortform: Sympathie, Eigennutz, Angst (vor Sanktionen), Respekt, Solidarität, Zusammengehörigkeitsgefühl.

6. Von den zahlreichen Beziehungen, die im Sinne einer didaktischen Reduktion ausgelassen wurden, dürften aus Sicht der Schülerinnen besonders diejenigen zu Lehrerinnen und Lehrern alltagsrelevant sein. Ähnli-

ches gilt auch für die Verhältnisse zu Erziehungspersonen im Freizeitbereich (wie etwa zu Trainerinnen und Trainern im Sport, Leiterinnen und Leitern von Jugendgruppen etc.).

Auch wurden im Laufe des Blickpunkts kaum ‚kameradschaftliche' Verhältnisse thematisiert (wie z. B. zwischen Mitgliedern in einem Sportteam oder in einer Jugendgruppe).

Aus Warte vieler Schülerinnen und Schüler dürfte auch das Verhältnis zu den Großeltern zu kurz gekommen

sein, das sich bekanntlich oft weniger konfliktbeladen als die Beziehungen zwischen Eltern und Kindern zeigt und viel stärker auf Ruhe, Harmonie und Ausgleich angelegt ist. Für eine Vertiefung eben dieses Aspekts eignet sich zum Beispiel (auch für die Jahrgangsstufe 7/8) der am 26. Dezember 2011 erschienene ZEIT-Artikel über das schlichtende Band zwischen Großeltern und Enkeln ganz vortrefflich (abrufbar online über das ZEIT-Archiv).

Didaktische Erläuterungen und Lösungen zu den Zusatzmaterialien/Kopiervorlagen (KV) und zu der schriftlichen Lernzielkontrolle (LZK)

KV 11, Niveau 2
zu: Konflikte und Konfliktlösungen im Zusammenleben ➡ *SB. S. 64*

Die Bewältigung des weltbekannten und hier in behutsamen) Auszügen präsentierten „Briefes an den Vater", den Franz Kafka im Jahre 1919 verfasste, stellt in Diktion und Inhalt eine besondere Herausforderung für die Schülerinnen und Schüler der avisierten Jahrgangsstufe dar und eignet sich daher vornehmlich für ein binnendifferenzierendes Unterrichtsvorgehen. Ungeachtet dessen schließt er sich nahtlos (wiewohl im Sinne einer Niveausteigerung) an die Themensequenz „Konflikte im Zusammenleben" an.

1. Es liegt ganz offenkundig ein distanziertes, kaltes, entfremdetes Verhältnis vor. Den Schülerinnen und Schülern der Jahrgangsstufe 7/8 wird womöglich nicht immer der bittere, sarkastische Tonfall des Schreibers gewärtig sein. Dies betrifft zum Beispiel die Passagen, in denen der Sohn dem Vater nur scheinbar für dessen Aufopferungsbereitschaft dankt (vgl. Z. 6–12), tatsächlich aber die väterliche Selbstgerechtigkeit geißelt. Um eventuelle Missverständnisse in der Texterfassung zu reduzieren, kann ein Vortrag des Briefauszuges durch die Lehrkraft sinnvoll sein.

2. Grundsätzlich wirft der Sohn dem Vater mangelnde Einfühlsamkeit wie emotionale Kälte vor und betont, dass diese (vermeintlichen) Dispositionen des Vaters zu einer permanenten Furcht des Sohnes sowie zu dem Selbstkonzept geführt hätten, nichts wert zu sein (vgl. Z. 1 ff. und Z. 42).

Im Einzelnen lässt der Briefauszug explizit oder implizit die folgenden Vorwürfe anklingen:

Der Sohn hatte sich ungerechtfertigten Anschuldigungen des Vaters ausgesetzt gefühlt. Dies betrifft etwa die Disziplin des Vaters im Vergleich zum vermeintlichen ‚Lotterleben' des Sohnes (vgl. Z. 7 ff.), die mangelnde kommunikative Offenheit des Sohnes sowie dessen fragwürdigen Umgang (vgl. Z. 11 f.).

Weitere Vorwürfe betreffen die mangelnde Freundlichkeit des Vaters. Dieser habe sich weder verbal noch nonverbal herzlich gegenüber seinem Sprössling gezeigt (vgl. Z. 27 f.). Stattdessen hätten „Kraft, Lärm und Jähzorn" (vgl. Z. 31) dominiert.

Konkretisiert wird das Vater-Sohn-Verhältnis durch die Schilderung des offenkundig prägenden Beispiels, dass der Vater dem Sohn einst keine nächtliche Hilfe gewährt, sondern ihn stattdessen auf dem Hausflur ausgesperrt habe.

Ungeachtet dessen hat der Schreiber versucht, den Einstellungen und Präferenzen des Vaters entgegenzukommen. Dies habe, so der Sohn in seinem Brief, zu einer Verleugnung der eigenen Interessen und Wünsche geführt (vgl. Z. 45 ff.).

3. Individuelle Antwortschreiben. Wichtig ist es bei dieser produktionsorientierten Aufgabe natürlich, dass der Antwortbrief zum Tonfall der vorgegebenen Textvorlage passt (mithin Missverständnisse klären möchte) und zudem Details aus dem Schreiben des Sohnes aufgreift.

KV 12, Niveau 1
zu: Familie – damals und heute ➡ *SB. S. 67*

Der vorliegende ZEIT-Artikel greift mit dem Topos „Zusammenleben mit Kindern" einen Aspekt des Kapitelthemas „Partnerschaft und Lebensformen" auf, der zwar aus Sicht der Schülerinnen und Schüler nicht unmittelbar akut ist, dessen Relevanz mit Blick auf die Zukunftsgestaltung aber von ihnen sehr wohl antizipierbar sein dürfte. Zudem könnte die Behandlung dieses Aspektes auch ungeachtet eines (späteren) Zukunftswunsches der Schülerinnen und Schüler den empathischen Blick für die Beschwernisse schärfen, denen (auch ihre) Eltern ausgesetzt waren und sind.

1. In dem Artikel geht es vorrangig um den Konflikt, den Eltern einerseits angesichts des Glücks, das ihnen ihre Kinder verheißen, und andererseits angesichts der Beschwerlichkeiten, die sie beim sprichwörtlichen Be-

gleiten ihrer Kinder in Kauf nehmen müssen, erleben. Konkretisiert wird der Konflikt durch die Begegnung mit kinderlosen Personen, wie die Geschichte in einem norddeutschen Linienbus oder die Reaktion des hessischen Gastronoms, der Kinder für unerwünscht erklärte, zeigen (vgl. Z. 14 ff. und Z. 25 ff.).

2. Individuelle Antworten.

3. Individuelle Präsentationen.

Bemerkungen zur schriftlichen Lernzielkontrolle

Die Konzeption der Aufgabenstellung für eine Lernzielkontrolle zum vorliegenden Kapitel berücksichtigt nahezu in Reinform die drei Anforderungsbereiche der EPA Ethik: Während die erste Aufgabe auf die Reproduktion erworbenen Wissens (hier in Form von Begriffserklärungen) abzielt, wird von den Schülerinnen und Schülern bei der Bearbeitung der zweiten Aufgabe verlangt, das Erlernte dergestalt zu reorganisieren, dass sie einen Text, in welchem ein überkommenes Bild des ‚Aufgabenbereiches‘ von Frauen zum Ausdruck kommt, in Beziehung zu den zahlreichen Veränderungen setzen, die sich diesbezüglich ergeben haben und die in dem Lehrbuchkapitel mannigfach anklingen (Näheres vgl. im Erwartungshorizont zur Lernzielkontrolle).

Die dritte Aufgabe schließlich verlangt ein selbstständiges Gestalten von Ich-Botschaften und fordert damit von den Schülerinnen und Schülern ein autokonzeptionelles Vorgehen, das sich dem Anforderungsbereich III zuordnen lässt.

Weil gerade das Entwerfen dieser Ich-Botschaften (unter Berücksichtigung der in der Aufgabenstellung eingeforderten drei Elemente dieser Kommunikationsform) nicht wenig Zeit erfordert und weil darüber hinaus auch die (aus Sicht der Schülerinnen und Schüler gewiss gegebene) Sperrigkeit des Campe-Textes keine rasche Rezeption desselben begünstigt, werden nur drei Aufgaben für die schriftliche Leistungsüberprüfung formuliert, zumal für eine solche ja oft nur eine Unterrichtsstunde zur Verfügung steht.

Für die Gewichtung der Teilaufgaben werden die Koeffizienten wie folgt empfohlen:

Aufgabe 1: Faktor 1

Aufgabe 2: Faktor 2

Aufgabe 3: Faktor 2

Vater-Sohn Konflikt

Ein berühmter Brief eines Sohnes an seinen Vater (Auszüge)

von Franz Kafka (1883–1924)

Liebster Vater,

Du hast mich letzthin einmal gefragt, warum ich behaupte, ich hätte Furcht vor dir. Ich wusste dir, wie gewöhnlich, nichts zu antworten, zum Teil eben aus der Furcht, die ich vor dir habe, zum Teil deshalb, weil zur Begründung dieser Furcht zu viele Einzelheiten gehören, als dass ich sie im Reden halbwegs zusammenhalten könnte. […]

5 Dir hat sich die Sache immer sehr einfach dargestellt, wenigstens soweit du vor mir und, ohne Auswahl, vor vielen andern davon gesprochen hast. Es schien dir etwa so zu sein: Du hast dein ganzes Leben lang schwer gearbeitet, alles für deine Kinder, vor allem für mich geopfert, ich habe infolgedessen „in Saus und Braus" gelebt, habe vollständige Freiheit gehabt zu lernen, was ich wollte, habe keinen Anlass zu Nahrungssorgen, also zu Sorgen überhaupt gehabt; du hast dafür keine Dankbarkeit verlangt, du kennst „die Dankbarkeit der Kinder",

10 aber doch wenigstens irgendein Entgegenkommen, Zeichen eines Mitgefühls; statt dessen habe ich mich seit jeher vor dir verkrochen, in mein Zimmer, zu Büchern, zu verrückten Freunden, zu überspannten Ideen; offen gesprochen habe ich mit dir niemals; […] auch sonst nie Familiensinn gehabt. […]
Diese deine übliche Darstellung halte ich nur so weit für richtig, dass auch ich glaube, du seist gänzlich schuldlos an unserer Entfremdung. Aber ebenso gänzlich schuldlos bin auch ich. Könnte ich dich dazu bringen, dass du

15 das anerkennst, dann wäre – nicht etwa ein neues Leben möglich, dazu sind wir beide viel zu alt, aber doch eine Art Friede, kein Aufhören, aber doch ein Mildern deiner unaufhörlichen Vorwürfe.
Irgendeine Ahnung dessen, was ich sagen will, hast du merkwürdigerweise. So hast du mir zum Beispiel vor kurzem gesagt: „Ich habe dich immer gern gehabt, wenn ich auch äußerlich nicht so zu dir war wie andere Väter zu sein pflegen, eben deshalb weil ich mich nicht verstellen kann wie andere". Nun habe ich, Vater, im Ganzen

20 niemals an deiner Güte mir gegenüber gezweifelt, aber diese Bemerkung halte ich für unrichtig. Du kannst dich nicht verstellen, das ist richtig, aber nur aus diesem Grunde behaupten wollen, dass die andern sich verstellen, ist entweder bloße, nicht weiter diskutierbare Rechthaberei oder aber – und das ist es meiner Meinung nach wirklich – der verhüllte Ausdruck dafür, dass zwischen uns etwas nicht in Ordnung ist und dass du es mitverursacht hast, aber ohne Schuld. […]

25 Ich war ein ängstliches Kind, trotzdem war ich gewiss auch störrisch, wie Kinder sind, gewiss verwöhnte mich die Mutter auch, aber ich kann nicht glauben, dass ich besonders schwer lenkbar war, ich kann nicht glauben, dass ein freundliches Wort, ein stilles Bei-der-Hand-Nehmen, ein guter Blick mir nicht alles hätten abfordern können, was man wollte. Nun bist du ja im Grunde ein gütiger und weicher Mensch (das Folgende wird dem nicht widersprechen, ich rede ja nur von der Erscheinung, in der du auf das Kind wirktest) aber nicht jedes Kind

30 hat die Ausdauer und Unerschrockenheit, solange zu suchen, bis es zu der Güte kommt. Du kannst ein Kind nur so behandeln, wie du eben selbst geschaffen bist, mit Kraft, Lärm und Jähzorn und in diesem Fall schien dir das auch noch überdies deshalb sehr gut geeignet, weil du einen kräftigen mutigen Jungen in mir aufziehen wolltest.
[…]
Direkt erinnere ich mich nur an einen Vorfall aus den ersten Jahren. Du erinnerst dich vielleicht auch daran. Ich

35 winselte einmal in der Nacht immerfort um Wasser, gewiss nicht aus Durst, sondern wahrscheinlich teils um zu ärgern, teils um mich zu unterhalten. Nachdem einige starke Drohungen nicht geholfen hatten, nahmst du mich aus dem Bett, trugst mich auf die Pawlatsche* und ließest mich dort allein vor der geschlossenen Tür ein Weilchen im Hemd stehn. Ich will nicht sagen, dass das unrichtig war, vielleicht war damals die Nachtruhe auf andere Weise wirklich nicht zu verschaffen, ich will aber damit deine Erziehungsmittel und ihre Wirkung auf

40 mich charakterisieren. Ich war damals nachher wohl schon folgsam, aber ich hatte einen innern Schaden davon.
[…]
Das war damals ein kleiner Anfang nur, aber dieses mich oft beherrschende Gefühl der Nichtigkeit (ein in anderer Hinsicht allerdings auch edles und fruchtbares Gefühl) stammt vielfach von deinem Einfluss. Ich hätte ein wenig Aufmunterung, ein wenig Freundlichkeit, ein wenig Offenhalten meines Wegs gebraucht, stattdessen

45 verstelltest du mir ihn, in der guten Absicht freilich, dass ich einen andern Weg gehen sollte. Aber dazu taugte

---

*   tschechisch-österreichisch für „offener Hauseingang"

Name
Klasse
Datum

KV 11
Wege · Werte ·
Wirklichkeiten 7/8
Kap. 2.2

ich nicht. Du muntertest mich z. B. auf, wenn ich gut salutierte und marschierte, aber ich war kein künftiger Soldat, oder du muntertest mich auf, wenn ich kräftig essen und sogar Bier dazu trinken konnte, oder wenn ich unverstandene Lieder nachsingen oder deine Lieblingsredensarten dir nachplappern konnte, aber nichts davon gehörte zu meiner Zukunft. […]

Franz

(Franz Kafka: Brief an den Vater. In: Heinz Politzer (Hg): Franz Kafka: Eine innere Biographie in Selbstzeugnissen. Frankfurt am Main (Fischer) 1965, S. 13 ff.)

Aufgaben

1 Beschreibe das Verhältnis zwischen Franz Kafka und dessen Vater in eigenen Worten.

_____

_____

_____

_____

_____

2 Erläutere detailliert, was Franz Kafka seinem Vater in den vorliegenden Briefauszügen vorwirft.

_____

_____

_____

_____

_____

_____

3 Franz Kafka hat den Brief an seinen Vater nie abgeschickt. Stelle dir vor, er hätte es doch getan, und stelle dir weiterhin vor, der Vater hätte einen Antwortbrief mit folgendem Beginn verfasst: „Lieber Franz, zwischen uns scheinen einige Missverständnisse entstanden zu sein. Ich habe deinen Brief mit großer Bestürzung gelesen und möchte dir darauf folgendermaßen antworten: …"
Verfasse einen entsprechenden Antwortbrief in deinem Arbeitsheft.

Kinder als Glücksfall oder Störfaktor

Eltern empören sich über kinderfreie Cafés, Paare ohne Kinder wollen ihre Ruhe – der Graben zwischen glücklichen Eltern und genervten Kinderlosen wird im Alltag tiefer.

von Kostas Petropulos

Eltern sind angeblich nicht glücklicher als Kinderlose – so das Ergebnis einer kürzlich veröffentlichten internationalen Vergleichsstudie der Max-Planck-Gesellschaft. Gerade in jungen Jahren trüben die Sorgen um den Nachwuchs, das oft knappe Geld oder die Sorgen um den Beruf die Freude vieler Mütter und Väter. Erst wenn die Kinder erwachsen werden, profitierten die Eltern, meist in der Zeitspanne zwischen 40 und 60 Jahren,
5 finanziell und emotional von ihnen. Ihre Lebenszufriedenheit übertreffe dann deutlich und dauerhaft die von Kinderlosen.

Diesen Befund empfinden viele Eltern als Provokation. In den Leserbriefspalten der Zeitungen und in Internetforen widersprechen sie ihm mit Blick auf ihre persönlichen Erfahrungen vehement. Trotz aller wirtschaftlichen und beruflichen Belastungen seien Kinder unterm Strich eine Bereicherung ihres Lebens, die sie keinesfalls
10 missen wollen. Zu einem ähnlichen Ergebnis kommt auch eine Allensbach-Umfrage.

Und überhaupt: Warum stellt sich eine Gesellschaft überhaupt die Frage, ob Kinder glücklich machen oder vielleicht doch entbehrlich sind? Dass der Nachwuchs seinen unantastbaren Platz in der Gesellschaft haben muss, ist längst nicht mehr Konsens in unserem Land. Das zeigt etwa ein Vorfall, der jüngst für Schlagzeilen sorgte: Zwei ältere Passagiere eines Linienbusses in Elmshorn fühlten sich durch das Geschrei eines Babys
15 gestört und beschwerten sich beim Busfahrer. Daraufhin veranlasste er, dass die junge Mutter auf offener Strecke aussteigen musste. Die Frau war auf diese Grenzüberschreitung nicht vorbereitet, aber auch nicht vollkommen überrascht. Gerade ältere Menschen, so berichtete sie, fühlten sich von kleinen Kindern oft gestört und hätten bereits öfters von ihr verlangt, ihr drei Monate altes Baby endlich ruhig zu stellen.

Diese eklatante Verständnislosigkeit gegenüber Eltern und ihren Kindern ist überall im Land zu spüren. Deshalb
20 hatte etwa das Bundeskabinett im Februar das Kinderlärmgesetz verabschiedet. Damit sollen künftig Anwohnerklagen gegen den Bau von Kitas in Wohngebieten erschwert werden.

Die Politik reagiert jedoch nur auf die Spitze eines Eisberges möglicher Konflikte von Familien mit ihrem Umfeld in unserer zunehmend ergrauenden und kinderlosen Gesellschaft. Gerade in den städtischen Ballungszentren kommt es immer öfter zu Konfrontationen, die die Bevölkerung rasch polarisieren. Derzeit sorgt
25 beispielsweise ein Fall in Frankfurt a. M. für Aufsehen und reichlich Gesprächsstoff. Im Nordend, einem wohlhabenden und kinderreichen Stadtteil, hat der Betreiber eines Cafés per Aushang Kinder zu unerwünschten Gästen erklärt. Möbel seien als Hüpfburg missbraucht und Scheiben beschmiert worden, in aller Öffentlichkeit seien Babys gewickelt worden. Weder die Kinder noch die Eltern hätten das Café als Raum respektiert, in dem sich Erwachsene erholen wollten. Seither tobt die Debatte. Mütter, die sich und ihre Kinder aus der Gesellschaft
30 ausgegrenzt fühlen gegen Caféhausgäste und Nachbarn, die sich über egoistische Mittelstandsmütter mit ihrem unerzogenen Nachwuchs ärgern.

Tatsächlich offenbart die Auseinandersetzung, wie tief der Graben zwischen Familien und den anderen Bevölkerungsgruppen nicht nur in Frankfurt schon geworden ist. Dabei haben alle Seiten durchaus nachvollziehbare Gründe für ihre Haltung. So nehmen die Mütter für sich in Anspruch, mit ihrem Nachwuchs nicht in ihren
35 eigenen vier Wänden isoliert bleiben zu wollen. Sie selbst und ihre Kinder hätten ein Recht darauf, sich mit anderen Familien zu treffen und am normalen gesellschaftlichen Leben teilzunehmen.

Umgekehrt ist es verständlich, wenn die Café-Betreiber ihr Geschäft nicht zum Hort umfunktionieren lassen wollen und auf die Einhaltung von Verhaltensregeln pochen. Auch das Bedürfnis der Gäste nach Entspannung bei Cappuccino und Zeitung ist nicht zu beanstanden.
40 Mehr Gelassenheit und Verständnis für Eltern und ihre Sprösslinge von Alten und Kinderlosen sind da auf der einen Seite sicher angebracht. Aber genauso Hilfe von außen – beispielsweise durch eine Wohnungsbau- und Schulpolitik, die verhindert, dass sich Familien in einzelnen Stadtteilen zusammenballen und in anderen fast vollständig fehlen; durch alltagsnahe Erziehungshilfen von Hebammen oder Erziehern in den Kitas; durch Betriebe, die Eltern nicht bis zur Erschöpfung fordern, so dass sie noch Zeit und Kraft haben, sich ihrem
45 Nachwuchs mit der nötigen Ruhe und Konsequenz zu widmen.

Stattdessen steht am Ende das Eintrittsverbot für Kinder im Café. Und das nicht nur in Frankfurt. Auch in Berlin, Hamburg oder München finden sich mittlerweile Cafés und Lokale, die Kinder oder Kinderwagen kurzerhand aussperren. Der Wunsch nach mehr kinderfreien Zonen in den Städten beschränkt sich längst nicht auf diese Orte. Und der demografische Wandel hat gerade erst begonnen.

(Kostas Petropulos: „Kinder als Glücksfall oder Störfaktor?" © www.zeit.de vom 30.3.2012)

Aufgaben

1 a) Stelle zunächst in knapper Form dar, um welchen Konflikt es im vorliegenden Text geht.

_____

_____

_____

b) Erläutere dann, inwiefern der Text Beispiele für diesen Konflikt liefert.

_____

_____

_____

_____

_____

_____

2 Fülle folgende Tabelle mit Argumenten.

Kinderlärm ist Ruhestörung, weil	Kinderlärm ist Zukunftsmusik, weil

3 Erörtere die Frage, welche Vorteile und welche Nachteile es für Eltern mit sich bringt, Kinder zu haben.

Teste dich selbst

1 Erkläre die folgenden Begriffe in ganzen Sätzen.

A Patchwork-Familie

_____

_____

B Regenbogen-Familie

_____

_____

C Ich-Botschaft

_____

_____

_____

_____

2 *Am Ende des 18. Jahrhunderts schrieb der deutsche Schriftsteller, Pädagoge und Verleger Joachim Heinrich Campe ein Buch namens „Väterlicher Rat für meine Tochter". Im ersten Kapitel, das mit dem Titel „Über die allgemeine und besondere Bestimmung des Weibes" überschrieben ist, führt er über die Rolle der Frauen Folgendes aus:*

„Ihr seid wahrlich nicht dazu bestimmt, nur große Kinder […] zu sein; ihr seid vielmehr geschaffen – o vernimm deinen ehrwürdigen Beruf mit dankbarer Freude über die große Würde desselben! – um beglückende Gattinnen, bildende Mütter und weise Vorsteherinnen des innern Hauswesens* zu werden; Gattinnen, die der ganzen zweiten Hälfte des menschlichen Geschlechts, der männlichen, welche die größeren Beschwerden, Sorgen und Mühseligkeiten zu tragen hat, durch zärtliche Teilnahme, Liebe, Pflege und Fürsorge das Leben versüßen sollen; Mütter, welche nicht bloß Kinder gebären, sondern auch die ersten Keime jeder schönen menschlichen Tugend in ihnen pflegen, die ersten Knospen ihrer Seelenfähigkeiten weislich zur Entwicklung fördern sollen; Vorsteherinnen des Hauswesens, welche durch Aufmerksamkeit, Ordnung, Reinlichkeit, Fleiß, Sparsamkeit, wirtschaftliche Kenntnisse und Geschicklichkeiten den Wohlstand, die Ehre, die häusliche Ruhe und Glückseligkeit des erwerbenden Gatten sicher stellen, ihm die Sorgen der Nahrung erleichtern, und sein Haus zu einer Wohnung des Friedens, der Freude und der Glückseligkeit machen sollen. Fasse diese hohe und würdige Bestimmung deines Geschlechts doch ja recht fest ins Auge, mein Kind; und siehe, wie das Wohl der ganzen menschlichen Gesellschaft am Ende: lediglich davon abhängt, wie gut oder wie schlecht ihr dazu vorbereitet werdet."

(Joachim Heinrich Campe: Vaeterlicher Rath für meine Tochter. Braunschweig 1796, Nachdruck Paderborn (Hüttemann) 1988, S. 16 f.)

_____

* „Haushalt"

Vergleiche Campes Auffassung über die Rolle der Frau im Zusammenleben mit den im Unterricht thematisierten „Frauenrollen".

_____

_____

_____

_____

_____

_____

_____

3 Gestalte die folgenden Du-Botschaften in Ich-Botschaften um. Achte dabei auf die drei Teile, die in einer Ich-Botschaft meistens enthalten sind.

A Du könntest ruhig auch mal ein bisschen im Haushalt helfen.

_____

_____

_____

_____

B Du hast schon wieder die ganzen Süßigkeiten aufgegessen.

_____

_____

_____

_____

C Hör endlich damit auf, immer so gemein zu deiner kleinen Schwester zu sein.

_____

_____

_____

_____

Lernzielkontrolle: Erwartungshorizont

1 Erkläre die folgenden Begriffe in ganzen Sätzen.
A Patchwork-Familie
Eine Patchwork-Familie ist eine Familie, in der mindestens ein Elternteil ein Kind aus einer vorangegangenen Beziehung mitgebracht hat.
B Regenbogen-Familie
Eine Regenbogen-Familie ist eine Familie, in der die Eltern homosexuell sind.
C Ich-Botschaft
Eine Ich-Botschaft formuliert die eigenen Ziele und Bedürfnisse, ohne den Kommunikationspartner anzugreifen. Sie besteht zumeist aus drei Teilen, nämlich erstens der Beschreibung des Verhaltens, das den Konflikt ausgelöst hat, zweitens der eigenen Gefühlsoffenbarung und drittens der Offenlegung der Gründe für die Gefühle des Sprechers.

2 Vergleiche Campes Auffassung über die Rolle der Frau im Zusammenleben mit den im Unterricht thematisierten „Frauenrollen".
Der Vergleich zwischen dem Frauenbild, das in Campes Text anklingt, und den ungleich facettenreicheren Rollen, wie sie im Lehrbuchkapitel thematisiert werden, müsste, um adäquat zu geraten, eher Unterschiede als Gemeinsamkeiten herausarbeiten. Letztere gibt es freilich auch, da ja Campes Auffassung nahezu wörtlich derjenigen entspricht, die in dem Auszug aus Schillers „Glocke" deutlich wird (vgl. SB, S. 66).
Nicht oder kaum zu vereinbaren sind Campes Direktiven jedoch mit den folgenden, im Lehrbuchkapitel angesprochenen gesellschaftlichen Veränderungen:
a) Campes Text geht davon aus, dass Eltern notwendigerweise aus Mann und Frau bestehen müssen. Diese Voraussetzung ist heutzutage nicht mehr gegeben, wie der Text über Regenbogenfamilien dokumentiert (vgl. SB S. 62 und 68).
b) Ebenso geht Campes Text nicht auf das (heute häufig anzutreffende und im Schülerbuch auf den S. 62 und 67 thematisierte) Phänomen alleinerziehender Elternteile ein. Im Zusammenhang mit Text 1 auf Seite 67 der Lehrbuches klingt zudem die (in Campes Text nicht angedachte) Möglichkeit an, dass Frauen im Berufsleben erfolgreicher sein können als Männer.

3 Gestalte die folgenden Du-Botschaften in Ich-Botschaften um. Achte dabei auf die drei Teile, die in einer Ich-Botschaft meistens enthalten sind.
Es ist im Rahmen dieser Aufgabe nicht wichtig, in welcher Reihenfolge die Schülerinnen und Schüler die drei Elemente der Ich-Botschaft anordnen.
A Du könntest ruhig auch mal ein bisschen im Haushalt helfen.
Mögliche Formulierung: In unserem Haushalt helfen nicht alle mit. (BESCHREIBUNG DES VERHALTENS, DAS DEN KONFLIKT AUSGELÖST HAT). Ich bin deswegen ziemlich ärgerlich (OFFENBARUNG DER EIGENEN GEFÜHLE), denn obwohl ich so viel gearbeitet habe, ist noch nicht alles erledigt (GRÜNDE FÜR DIE GEFÜHLE/AUSWIRKUNGEN DES VERHALTENS).
B Du hast schon wieder die ganzen Süßigkeiten aufgegessen.
Mögliche Formulierung: Ich wollte vorhin Gummibärchen essen, aber es waren keine mehr da. (GRÜNDE FÜR DIE GEFÜHLE/AUSWIRKUNGEN DES VERHALTENS). So ist das eben, wenn sich jemand ungefragt an meinen Süßigkeiten bedient. (BESCHREIBUNG DES VERHALTENS, DAS DEN KONFLIKT AUSGELÖST HAT). Das finde ich ziemlich doof. (OFFENBARUNG DER EIGENEN GEFÜHLE).
C Hör endlich damit auf, immer so gemein zu deiner kleinen Schwester zu sein.
Mögliche Formulierung: Ehrlich gesagt, bin ich etwas ärgerlich. (OFFENBARUNG DER EIGENEN GEFÜHLE). Stella weint, weil sie sich beleidigt fühlt. (BESCHREIBUNG DES VERHALTENS, DAS DEN KONFLIKT AUSGELÖST HAT). Unseren gemeinsamen Spieleabend können wir jetzt wohl vergessen. (GRÜNDE FÜR DIE GEFÜHLE/AUSWIRKUNGEN DES VERHALTENS).

3 Moralisch fühlen, urteilen und handeln

1 Freiheit

Fachbezogene Kompetenzen

Die Schülerinnen und Schüler

- beschreiben Gefühle und Vorverständnisse von ‚Freiheit'
- erläutern und konkretisieren den Unterschied von innerer und äußerer Freiheit am Beispiel der Gedankenfreiheit
- prüfen den Unterschied zwischen Wahlfreiheit und Willensfreiheit an einem Fallbeispiel
- setzen sich mit den Konsequenzen der Selbstbestimmung auseinander
- nehmen kritisch Stellung zu einer möglichen Norm von Zivilcourage

Unterrichtsaspekte

- Freiheit als Gefühl
- Gedankenfreiheit
- Freiheitsspielräume im Kontext von Freundschaften
- Konsumfreiheit und freie Entscheidung aus innerer Motivation
- Freiheit als Möglichkeit, Stellung zu nehmen oder anders handeln zu können versus (naturbedingter) Notwendigkeit
- Zivilcourage
- ideengeschichtliche Hintergründe und rechtliche Kodifizierungen der Freiheit

Methoden

Schwerpunktmethode
- Essay schreiben

Weitere Methoden
- Szenische Darstellung
- Collage, Bild anfertigen
- Gedankenkarte anfertigen
- Schreibgespräch führen
- Dilemma-Diskussion führen
- Drehbuch bzw. Skript schreiben

2 Gerechtigkeit und Würde

Fachbezogene Kompetenzen

Die Schülerinnen und Schüler
- analysieren das Sprachspiel „die Würde verletzten"
- beschreiben Phänomene von Entwürdigung
- erläutern thematische Kernbegriffe (Wert, Würde, Preis)
- stellen ideengeschichtliche Aspekte des Würde-Konzeptes dar
- setzen Würde und Gerechtigkeit zueinander in Beziehung
- nehmen Stellung zu Strategien der Entwürdigung
- entwickeln Strategien des Selbstschutzes

Unterrichtsaspekte

- Phänomene der Würde und des Werts von Personen
- Ideengeschichte des Würde-Konzeptes
- Verletzung der Würde durch Folter
- Armut im Spannungsfeld von Würde und Gerechtigkeit
- Achtung und Verletzung von Würde durch die Fotografie
- TV-Formate und die Frage des Selbstschutzes vor Entwürdigung

Methoden

Schwerpunktmethode
- Sokratisches Gespräch

Weitere Methoden
- eine Mindmap anlegen
- ein Schreibgespräch führen
- ein Plakat gestalten
- eine Umfrage konzipieren und durchführen
- einen Essay schreiben

3

1 Freiheit

Didaktische Erläuterungen

Das dritte Thema des Lehrwerks erschließt mit den Begriffen ‚Freiheit', ‚Gerechtigkeit' und ‚Würde' drei Zugänge zur Erarbeitung eines Verständnisses von Moral und schließt damit an den Band für die Klassenstufe 5/6 an. Dort standen moralische Gefühle und erste begriffliche Unterscheidungen von ‚Gerechtigkeit' im Zentrum, die geeignet erschienen, altersangemessene Wege in eine selbstständige moralische Orientierung zu weisen. Auch im vorliegenden Band nimmt die didaktische Operationalisierung moralischen Fühlens, Urteilens und Handelns ihren Ausgang einerseits von altersbezogenen Erfahrungen und den vortheoretischen moralischen Intuitionen der Schülerinnen und Schüler, andererseits von ihrem wachsenden Bedürfnis nach selbstständiger Orientierung im „Bezugsgewebe menschlicher Angelegenheiten" (Hannah Arendt): Das Gefühl für und das Wissen um Spielräume des Verhaltens, Grade der Freiheit, Aspekte der Gerechtigkeit und, einhergehend mit der Entwicklung von Ich-Identität und Persönlichkeit, der emotionalen und kognitiven Reifung eines „Gefühls der Achtung" (Immanuel Kant), werden in diesem Alter mehr und mehr bewusst wahrgenommen und auf Haltungen, Urteile und Handlungen anderer bezogen. Das Konzept der Würde des Menschen (die Achtung des anderen als Zweck an sich selbst), die Wechselseitigkeit der Anerkennung von Personen und ihrer Freiheitsspielräume treten erstmals als solche ins Bewusstsein der Jugendlichen.

Dem entsprechen die Entwicklungsaufgaben in diesem Alter: Die Jugendlichen erwerben zunehmend Kompetenzen im abstrakten Denken; nehmen Ungleichgewichte zwischen Erkennen und Wissen einerseits und Gefühlen andererseits wahr und gehen damit um; sie überblicken größere Zeiträume; hinterfragen konventionelles und traditionelles Verhalten; in der Familie erleben sie Konflikte in der Folge ihres Strebens nach Unabhängigkeit und müssen an der Lösung dieser Konflikte mitarbeiten; in Bezug auf Gleichaltrige haben die Jugendlichen ein starkes Bedürfnis nach Übereinstimmung mit der Gruppe; sie experimentieren mit risikoreichem Verhalten.

Das Streben nach Freiheit, die Entwicklung von Gerechtigkeitsvorstellungen und die Entwicklung eines Gefühls der Würde, die Achtung der Menschenwürde im Allgemeinen, entsprechen diesen Entwicklungsaufgaben. Die Entwicklung ist kein kontinuierlicher Prozess, sie erfährt vielmehr temporär Rückschläge, Brüche und Sprünge. Die Selbstzufriedenheit der Jugendlichen schwankt. Die Passung von Freiheitsstreben und einer auf Autonomie beruhenden, langfristig postkonventionellen Moralität, stellt die vielleicht größte Herausforderung dar. In diesem Prozess entwickeln die Jugendlichen zum Teil ein ausgeprägtes Gerechtigkeitsgefühl, das sich auf eigene Belange ebenso bezieht wie auf die anderer.

Freiheit

Der Zusammenhang von Freiheit und Gerechtigkeit bzw. Freiheit und Würde ist seit Sokrates gegeben, für den Freiheit das „Tun des Besten" meint; bei Platon bezogen auf die Polis das Sein des Guten. Der Begriff der Autarkie (Selbstgenügsamkeit) war für die Freiheit stets grundlegend: Frei ist der Mensch, der in seinem Handeln auf das Gute zielt, denn das Gute im Sinne der Autarkie bringt Freiheit. Aristoteles bindet freiwilliges Tun zum einen an die Kenntnis, die der Handelnde über die Umstände seines Tuns hat, und zum anderen an die Möglichkeit der Selbstbestimmung (Autonomie). Skeptiker einer Freiheit im Sinne von Autonomie ist David Hume. Für ihn ist der Wille kausal bestimmt und ergibt sich aus einem gesetzmäßigen Zusammenhang zwischen Charakter, Wille und Handlung. Der Wille ist darum auch vorhersehbar. Kant verbindet Humes Skepsis mit der Idee der Selbstbestimmung: Unter Bedingungen der menschlichen Vernunft können wir uns zum Handeln aus vernünftiger Einsicht selbst bestimmen. In einem Sinn von Notwendigkeit müssen wir es nicht, aber wir können. Kant ging davon aus, dass wir die Kausalität der Natur außer Acht lassen und eine Ursache unserer Handlungen selbst setzen können (auch wenn wir das nicht ständig tun). In diesem Sinne ist bei Kant von Willensfreiheit die Rede, die im Kern nur vernünftige Selbstgesetzgebung bzw. -bestimmung (Autonomie) bedeutet. Freiheit im Sinne von Autonomie ist denn auch das Fundament der Würde. Nicht weil wir Würde haben, sind wir frei, sondern weil wir frei sind, nämlich mit Ja und Nein Stellung nehmen, etwas tun oder lassen oder auch anders machen können, haben wir Würde. So sieht etwa Peter Bieri die willentliche Selbstbestimmung als entwicklungsbedürftig und -fähig an: Man muss an ihr arbeiten. Darum die Rede vom Handwerk der Freiheit. Dass Willensfreiheit wesentlich vernünftige Selbstbestimmung meint, ist grundlegend für die Moderne.

Didaktische Operationalisierung

Das Kapitel spricht drei Niveaus eines Verständnisses von Freiheit an:

Das präkonventionelle Niveau: „Als Freiheit erlebe ich, was mir als Freiheit gelassen und zugesprochen wird; frei (von Problemen und Sanktionen) bin ich, wenn ich Erwartungen entspreche." (Heteronomie)

Das konventionelle Niveau: „Freiheit ist, wenn ich frei bin, zwischen bestehenden, vorgegebenen Optionen zu wählen, was mir gefällt." (Am sozialen Umfeld orientierte Wahlfreiheit, ggf. heteronom oder autonom)

Das postkonventionelle Niveau: „Freiheit besteht darin, zu tun, was ich (selbstbestimmt) wollen kann." (Autonomie)

Damit ist von zwei Übergängen die Rede, die für die Schüler und Schülerinnen in der Erarbeitung des Materials zugänglich werden:

1. Der Übergang von einem präkonventionellen zu einem konventionellen Freiheitsverständnis und

2. der Übergang von einem konventionellen zu einem postkonventionellen Freiheitsverständnis.

Diese Übergänge können erschlossen werden, sicher aber nur von Fall zu Fall und sicher nicht beide in allen Phasen des Lehr-Lern-Prozesses gleichermaßen. Nicht jeder Schüler, jede Schülerin, die bei einem Thema den ersten Übergang wahrnimmt, erkennt oder geht, geht ihn auch bei einem anderen Thema. Wenn Schüler A in der Auseinandersetzung mit Material 1 bei einem Übergang Kompetenzen erwirbt, heißt das nicht, dass das auch bei Material B der Fall ist oder bei einem zweiten Übergang. Die Auseinandersetzung mit dem Thema Freiheit ist individuell, weil stark abhängig von den (Vor-)Erfahrungen der Schülerinnen und Schüler. Gleichwohl ist ein Kompetenzzuwachs möglich, wenn die individuellen Voraussetzungen in der Gestaltung der Lehr-Lern-Prozesse berücksichtigt und selber zum Thema gemacht werden.

Der psychologisch fundierten Struktur der Übergänge will die didaktische Operationalisierung und Progression gerecht werden. Mit dem Gefühl für die Freiheit werden Vorverständnisse, erste Problematisierungen und eine Verortung im Lichte eigener Präferenzen (Doppelseite) angesprochen. Die „äußere und innere Freiheit" widmet sich der Unterscheidung der „Freiheit von äußeren Hindernissen" einerseits und der „Freiheit aus innerer Nötigung" (Gewissen, Willensbestimmung) andererseits. Daran schließt sich die Frage an, ob und unter welchen Umständen man auch Nein sagen darf („Kann ich, darf ich?"). Zu dieser Thematik gehören Informationen zur Entstehung und zum Schutz von Freiheitsrechten („Freiheit erklären – Freiheit schützen", „Grundgesetz der Bundesrepublik Deutschland", „Grundrechtsstreit"). Die Erarbeitung der Informationen wird dann auf einen konkreten Fall („Ich bin frei") angewendet und auf eine mögliche Perspektive der Schülerinnen und Schüler bezogen („Freiheit ist anstrengend.").

Hier wird die begriffliche Unterscheidung als Unterschied zwischen „bestimmt werden" (Heteronomie) und „durch sich selbst bestimmt sein" (Autonomie) operationalisiert. Sie lässt sich auch durch die Imperative ‚Tu, was du willst?' (Wahl-, Willkürfreiheit) und ‚Tu, was du wollen kannst' (Willensfreiheit, Autonomie) wiedergeben. In dieser Formulierung verweist sie auf Michael Endes bedeutenden Entwicklungsroman „Die unendliche Geschichte": Die menschliche und moralische Entwicklung des Protagonisten Bastian Balthasar Bux besteht im Verständnis dieses Unterschiedes. Er entwickelt sich von einem Freiheitsverständnis im Sinne von ‚Tu, was du willst'

zu ‚Tu, was du wollen kannst'. – Zur Lektüre empfohlen: vgl. Band 5/6, Schüler- und Lehrerband; darin: Kapitel Freundschaft.

Die Unterscheidung zwischen heteronomer und autonomer Nötigung kann am Beispiel der Zivilcourage verdeutlicht werden. Zivilcourage erfordert den Mut, aus der Masse (Gruppe) herauszutreten und nach eigenen Überzeugungen zu handeln. Man trennt sich inhaltlich und äußerlich von der Gruppe, um zu tun, was man tun zu müssen glaubt. Zivilcourage zeigt man, indem man sich nicht an dem orientiert, was „alle anderen" machen oder unterlassen, sondern an dem, was man im Lichte von vernünftigen Gründen und Überzeugungen selbst für richtig und geboten hält.

Der Rückblick lässt Spielraum zur selbstständigen Orientierung und Bewertung, will aber auch das Vertrauen in die eigenen Träume (und Wünsche) stärken. Die abschließende Anregung zum Weiterdenken nimmt noch einmal das Thema Zivilcourage auf und problematisiert die parodoxe Verpflichtung zu Zivilcourage, die die Schülerinnen und Schüler dieser Altergruppe verständlicherweise als Heteronomie verstehen können. Der Aspekt bietet erneut Gelegenheit, das Selbstvertrauen der Schülerinnen und Schüler zu stärken. Sie sind frei, zivilcouragiert zu handeln. Wo sie (vernünftigerweise) im öffentlichen Raum nicht mutig handeln können bzw. es nicht wollen können, sollen sie es auch nicht.

Die Methode „Essay schreiben" ist für die Alterstufe gewiss eine Herausforderung. Die Methode soll auch nur in einem ersten Schritt eingeführt werden. Sie kommt der Ungleichzeitigkeit der Entwicklungen in Bezug auf ein Verständnis der Freiheit bei den Schülerinnen und Schülern aber entgegen, indem sie sie ausdrücklich dabei unterstützt, subjektive Standpunkte, marginale Gedanken und Zusammenhänge zur Sprache zu bringen, die Gedankenfreiheit implizieren.

Literatur

Bieri, Peter: Das Handwerk der Freiheit. Über die Entdeckung des eigenen Willens. München 2001: Carl Hanser Verlag.

Keil, Geert: Willensfreiheit. Berlin 2007: de Gruyter.

Mill, John S.: Über die Freiheit. Frankfurt/M. 1969: Europäische Verlagsanstalt.

Pauen, Michael: Illusion Freiheit? Mögliche und unmögliche Konsequenzen der Hirnforschung. Frankfurt/M. 2004: Fischer.

Planck, Michael: „Vom Wesen der Willensfreiheit". In: U. Pothast: Seminar: Freies Handeln und Determinismus. Frankfurt am Main. 1. Aufl. 1978. 2. Aufl. 1988: Suhrkamp, S. 272–293.

Wildfeuer, Armin G.: Freiheit. In: Handbuch der Ethik. Stuttgart 2002: Metzler.

3

Erläuterungen und Lösungen der Aufgaben

➡ *SB S. 72/73*

Die einführende Doppelseite verbindet Freiheit, Gerechtigkeit und Würde. Die Illustration bringt Freiheitsstreben zum Ausdruck, das Zitat von Voltaire spricht Grundrechte an. Die weitgehend formlose Grafik rechts, die thematisch auf der Einstiegsseite wieder aufgenommen wird, regt an, über das Gefühl der Freiheit, über affektive Aspekte des Themas zu sprechen. Der Adler steht symbolisch für Freiheit; das Mädchen schwingt sich mit ihm auf, lässt sich mitnehmen, auch wenn ihr Gesicht eine Mischung aus Skepsis und Mut verrät. Ein erster inhaltlicher Zugriff auf die Freiheitsthematik lädt zum Austausch über Vorverständnisse und Intuitionen ein. Der kurze Text formuliert mehr Fragen als Antworten; auch er regt eine erste Auseinandersetzung und einen Austausch von Erfahrungen und Einstellungen an, indem er einen Zusammenhang von Freiheit und Gerechtigkeit unterstellt. Eben an dieser Unterstellung kann sich das Gespräch entzünden. Jugendliche dieser Altersgruppe sehen Freiheit einerseits oft als Gegenpol zu Gerechtigkeit, die für sie auf der Einhaltung von Regeln und moralischen Normen beruht. Andererseits ist ihnen der Zusammenhang von Freiheit und Gerechtigkeit intuitiv zugänglich, insofern Gerechtigkeit Spielräume der Freiheit unter Bedingungen des gesellschaftlichen Zusammenlebens auch sichert. Die lockere Umsetzung einer Umfrage zum Verständnis von Freiheit erlaubt es den Schülern und Schülerinnen, sich selbst vorläufig zu positionieren: Was gehört für mich zur Freiheit dazu? Die Doppelseite bietet Anlässe für Rückgriffe im weiteren Verlauf des Kapitels.

➡ *SB S. 74*

Das Foto von Kamil Vojnar regt zur Thematisierung von affektiven Zugängen zum Thema Freiheit an. „Fühlt sich Freiheit irgendwie an?" Dabei ist es jedoch wichtig, dass den Schülerinnen und Schülern Raum für eigene Imaginationen der Freiheit gelassen wird. Möglicherweise verbinden sie ganz andere Vorstellungen mit Freiheit, als es das Foto nahelegt. Immerhin spricht es das Ungebundensein, das Gefühl, losgelöst, enthoben zu sein, Dynamik und Bewegung an.

1. Individuelle Lösungen. – Fächerübergreifend: Kunst
2. Das Foto muss nicht als Ausdruck von Freiheit wahrgenommen werden. Dementsprechend kann das Spektrum der Antworten durchaus weit gefächert sein. In den Erläuterungen werden Einstellungen und Vorverständnisse der Schülerinnen und Schüler sichtbar, auf die im weiteren Verlauf des Kapitels zurückgegriffen werden kann.
3. Die Frage regt zur Verortung mit topologischen Mitteln an. Die Landkarte der Freiheit ist eine Gedanken- bzw. Gefühlskarte. Zu den Bereichen könnten verschiedene Landschaftstypen dargestellt werden, die durch Flüsse, Meere oder Gebirge getrennt sind. Auch Verbindun-

gen und Brücken sind möglich. Abgeschiedene Bergtäler und Inseln etwa können auf exklusive Räume im persönlichen Erleben oder Imaginieren der Freiheit verweisen.

➡ *KV 13 „Individuelle Freiheitswünsche – Das gehört für mich zur Freiheit unbedingt dazu"*

➡ *SB S. 75*

Das erste Unterkapitel thematisiert die Unterscheidung von innerer und äußerer Freiheit, insbesondere die Gedankenfreiheit. Damit ist ein erster Zugang zu zwei wichtigen Teilbegriffen der Freiheit gelegt: dem der Wahlfreiheit zwischen verschiedenen Optionen bzw. Präferenzen und dem der Freiheit zur willentlichen Selbstbestimmung (Willensfreiheit).

Das bekannte Burschenschaftslied aus der Vormärzzeit thematisiert Freiheit als Gedankenfreiheit, auch die politische Macht von Gedanken. Sophie Scholl steht exemplarisch für ein Handeln aus Willensfreiheit. Fächerübergreifend: Geschichte, Musik.

1. **a)** Das Lied hat eine lange Tradition. Es erinnert an die Stärke innerer Freiheit, die Freiheit der Gedanken, die nicht unterdrückt werden darf. Das Lied spendet Hoffnung.
   b) Freiheit der Gedanken und des intrinsischen Willens (Kants unbedingt guter Wille), das gute Gewissen als Indikator dafür, das Rechte zu tun, auch wenn es mit dem Verlust der äußeren Freiheit verbunden ist. Als Voraussetzung dafür gilt, dass die materielle Versorgung (Trinken, Essen, Hygiene, Schutz vor Kälte) gewährleistet ist. Ihr Fehlen kann auch die Freiheit der Gedanken, des Gewissens beeinträchtigen, zermürben oder zunichte machen.
   c) Die Trennung von Gedanken und Handlungen ist nicht einfach. So sind rassistische oder sexistische Gedanken als solche nicht justiziabel, wohl aber Handlungen, die solche Gedanken handlungswirksam, das heißt in strategischer Absicht, bewusst verbreiten. Ein Beispiel ist § 130 Volksverhetzung des StGB (z. B. auch die so genannte Auschwitzlüge).
2. **a)** Individuelle Lösungen; zu besprechen wäre allerdings die Angemessenheit von Katrins ausgeprägter Aggression. In diesem Zusammenhang könnte an Adam Smiths unbeteiligten Betrachter erinnert werden, der in Band 5/6 eingeführt wird. Er beurteilt die Schicklichkeit von Affekten.
   b) Die Freiheit der Gedanken ist grundsätzlich unbegrenzt; sie ist auch unbedenklich, solange Gedanken nicht zur handlungswirksamen fixen Idee werden oder zu Realitätsverlust führen. Dann ist eine (selbstregulierende und ggf. fremdregulierende) Mäßigung oder Disziplinierung insbesondere negativer Gedan-

ken angebracht. Das kann auch ein Gedanke sein, wie Katrin ihn hat.

c) Individuelle Lösung.

➡ SB S. 76
Denkraum

A. Zitat spielt auf den Zeitbezug der Verfolgung durch das Naziregime an. Es bietet Anlass für die Schülerinnen und Schüler, sich die Ungeheuerlichkeit zu vergegenwärtigen, dass Menschen andere Menschen verraten, verletzen und ermorden. Das Zitat fordert auf, sich in Sophie Scholl hineinzuversetzen und die Nachvollziehbarkeit ihres Standpunktes zu prüfen. Die Schüler und Schülerinnen werden in der Regel (zum Glück) nicht über Erfahrungen der Art verfügen, die in dem Zitat indirekt angesprochen werden. Der Sachverhalt des In-Gefahr-Bringens könnte jedoch, wenn auch abgeschwächt, durch eigene Erfahrungen vertraut sein.

B. Die Schülerinnen und Schüler werden hier mit dem Anspruch konfrontiert, dass es Situationen gibt, in denen man Stellung beziehen muss, um auf Unrecht und Ungerechtigkeit aufmerksam zu machen. Im „bösen Gewissen" klingt das Motiv des Spiegel-Vorhaltens an; anderen spiegeln, wie man ihre Handlungen und Haltungen wahrnimmt und beurteilt.

➡ SB S. 77

Das Emerson-Zitat lässt sich auf den Übergang von konventioneller zu postkonventioneller Moralstufe beziehen: Die Orientierung an anderen erleichtert eigene Entscheidungen oder macht sie, besonders in der Altersstufe, entbehrlich. Man schließt sich der Gruppe an. Auch wenn man ganz allein wäre, ist es leicht, nach eigenen Vorstellungen zu leben. Unabhängigkeit, Freiheit beweist sich erst in der Gemeinschaft.

Auch das Bergmann-Zitat nimmt die Gedankenfreiheit auf und fügt den neuen Aspekt ihrer Begrenzung durch die Angst vor Neuem und Unbekanntem hinzu.

Hier Rückgriff auf „Landkarte der Freiheit" S. 74 im SB möglich. Der Tipp in der Randspalte gibt durch die angebotenen Begriffe eine Hilfestellung.

3. Individuelle Lösung.

4. Individuelle Lösungen. Zu Emerson einerseits: Orientierung an der Gruppe; nach den Vorstellungen der Eltern handeln; andererseits: Leben auf einer einsamen Insel; bewundernswert: Sophie Scholl, die in der Gemeinschaft unabhängig bleibt; Nein zu etwas sagen, auch wenn die Gruppe Ja sagt; eine eigene Meinung vertreten.

5. Individuelle Lösung.

Hier werden die Aspekte Wahlfreiheit und Willensfreiheit behandelt. Karikatur A spricht mit dem „Titanic-Motiv", das Freiheit suggerieren soll, die Wahlfreiheit in der Welt, im weiten Meer des Konsums an. Karikatur B thematisiert die postkonventionelle Autonomie einer So-

phie Scholl bzw. derjenigen, denen Emersons Bewunderung gilt.

1. A veranschaulicht (kritisch) eine Freiheit, die in der Freiheit, zwischen Produkten wählen zu können, besteht. B steht für die autonome (selbstbestimmte) Person, deren Willensfreiheit sie zu einem Handeln nötigt, das sogar gefährlich sein kann. Der einzelne Fisch „kann nicht anders".

2. Wahlfreiheit; selbstbestimmte, wirkliche oder Willensfreiheit.

3. Individuelle Lösungen; A Konsum, Präferenzen in der Wahl von Freizeitangeboten, Sportarten, Urlaubsziele, Nahrungsmittel; B einem Freund eine unangenehme Wahrheit sagen; vor anderen etwas eingestehen; eine Person gegen die Mehrheit (Gruppe) verteidigen, in Schutz nehmen; begründet Nein sagen zu Beschlüssen und Entscheidungen der Gruppe oder Gemeinschaft.

➡ KV 13 „Freiwilligkeit und Unfreiwilligkeit"

➡ SB S. 78

Der eingeführte Gedanke, dass Freiheit sich in der Selbstbestimmung realisiert, wird nun auf einen konkreten Fall bezogen. Darf man, ist man frei, Erwartungen nicht zu erfüllen, wenn man dafür Gründe hat?

Der Erzähler will sich der gemeinsamen Reise entziehen, weil die Voraussetzungen dafür für ihn nicht mehr gegeben sind. In gewisser Weise ist das ein Akt der Achtung, die der Erzähler seinem Freund Mark entgegenbringt, denn Freundschaft vorzugaukeln, wo sie gar nicht mehr als solche empfunden wird, bedeutet auch eine Missachtung des anderen.

4. Der Erzähler überlegt, ob er die Freiheit hat, Nein zu sagen; Das ist mehr, als einfach nur zwischen Mitfahren und Nicht-Mitfahren zu wählen.

5. Der Erzähler weiß und spürt, dass es zu einfach wäre, einfach nur zu tun, was er will, nämlich nicht mitzufahren, weil er damit Erwartungen enttäuscht, die in der Freundschaft zu Mark bis dahin berechtigt waren.

6. Individuelle Lösungen; auch das Rousseau-Zitat hebt noch einmal ab auf die willentliche Selbstbestimmung, darauf, dass Freiheit auch bedeutet, nicht tun zu müssen, was man (begründet) nicht tun will. Der Erzähler kann Nein sagen.

➡ SB S. 80.

7. Absatz 1: In gewisser Hinsicht sind wir Menschen auch nicht frei, denn wir sind von der Natur so eingerichtet, dass wir nur bestimmte Dinge trinken und essen können. Wir müssen uns wärmen, und wir müssen schlafen. Wir sind sterblich.

Absatz 2: Wir sind nicht frei, Gegebenheiten auszuwählen, die wir nicht ändern können: geboren zu werden, ohne eigenes Zutun in einen Autounfall verwickelt zu werden; schön oder hässlich zu sein. – Absatz 2: Aber was wir im Unterschied zu Termiten und Ebbe und Flut können, ist, dass wir nie nur einem einzigen Weg folgen müssen; es gibt in den allermeisten Fällen immer mehrere Möglichkeiten, zwischen denen wir wählen können. Termiten können sich nicht aussuchen, dass und wie sie ihren Termitenhügel errichten (sie planen nicht). Die Flut kann sich nicht aussuchen, ob sie kommt oder nicht.

Absatz 3: Wir sind frei, auf Dinge, die uns geschehen, unterschiedlich zu reagieren. Wir wägen ab, wir planen. Wenn uns jemand einen Befehl gibt, können wir gehorchen oder nicht gehorchen; wir können uns trauen, etwas zu tun oder es lassen.

Absatz 4: Zweitens: Freiheit ist nicht Allmacht, weil wir nicht alles erreichen können, was wir uns wünschen oder vornehmen. Wir können nur erreichen, was uns möglich ist, aber zwischen verschiedenen Möglichkeiten können wir wählen

Absatz 5: Wenn man wenig weiß und kennt, scheitert man mit seiner Freiheit, weil man die Wege nicht kennt, zwischen denen man wählen kann. Man kann seine Freiheit nicht nutzen.

Absatz 5: Wenn man einmal an etwas scheitert, ist man trotzdem frei, denn man hatte die Möglichkeit, sich dafür zu entscheiden. Dass unsere Entscheidungen manchmal nicht zum Erfolg führen, bedeutet nicht, dass wir nicht frei sind. (Ikaros wollte fliegen, baute einen Flugapparat und stürzte dennoch ab.)

8. Individuelle Lösungen. Freiheit schließt die Möglichkeit des Irrtums ein; Freiheit in Anspruch zu nehmen, bedeutet, sich einem Risiko auszusetzen; wer gar keine Risiken einzugehen bereit ist, ist nicht frei.

9. Individuelle Lösungen.

„Freiheit erklären – Freiheit schützen" präsentiert mit der Amerikanischen Unabhängigkeitserklärung sachliche Informationen zum Thema Freiheit.

Die deutsche Übersetzung im „Pennsylvanischen Staatsboten" gibt einen Hinweis auf das multikulturelle Einwanderungsland Amerika; der kulturübergreifende Aspekt der Menschen- und Grundrechte kann daran gezeigt werden. In diesen Zusammenhang gehört auch die Information, dass die Freiheitsstatue ein Geschenk des französischen Volkes ist. Fächerübergreifend: Geschichte, Englisch, Gemeinschaftskunde.

1. 4. Juli 1776 – Am 4. Juli wird in den USA der Independence Day gefeiert.

2. Alle Bürger und Bürgerinnen haben ein Recht auf den Schutz ihres Lebens (z. B. vor gewaltsamen Angriffen); nach Glück zu streben (nicht: Recht auf Glück); weiter: auf freie Persönlichkeitsentfaltung; gegen Diskriminierung aufgrund von Geschlecht, Herkunft, Religion oder Ethnie.
Beispiele: Strafrecht, ärztliche Versorgung; Sicherheits- und Schutzvorkehrungen wie Brandschutz, Rettungsdienst etc. (z. B. in der Schule und am Arbeitsplatz);

freie Meinungsäußerung, Berufswahl, Religionsausübung, Pressefreiheit, Wahl des Wohnortes.

⇒ *SB S. 81*

Vertiefung von Informationen zum Grundgesetz und Erarbeitung einzelner Artikel. Fächerübergreifend: Gemeinschaftskunde, Politik, Geschichte.

3. (1) zu Art. 4, weitere Beispiele: Niemand darf gezwungen werden, einer Religionsgemeinschaft beizutreten, konfirmiert zu werden, zu konvertieren, aus der Kirche auszutreten, am Religionsunterricht teilzunehmen, ein Glaubensbekenntnis abzugeben; Nahrungsmittel zu sich zu nehmen, die die Religion verbietet; Nahrung während einer religiös begründeten Fastenzeit zu sich zu nehmen. Verweis auf Speisevorschriften, SB S. 173
(2) zu Art. 2, weitere Beispiele: Niemand darf gezwungen werden, sich auf eine bestimmte Weise zu kleiden, insofern die Berufs- und Dienstvorschriften das nicht vorgeben (Uniformen, Schutzkleidung), und zu stylen (Ausnahmen); bestimmte Hobbys zu pflegen, seine Wohnung auf bestimmte Weise einzurichten, den Wohnort nicht frei zu wählen (Ausnahme: Militärangehörige und einige andere Beamte), bestimmte Freunde zu haben, bestimmte Musik zu hören, bestimmte Bücher zu lesen (Ausnahme: Schule). In diesem Zusammenhang könnte das sogenannte Kopftuchverbot besprochen werden. Verweis auf Kleidervorschriften („Burkini", SB S. 176)
(3) zu Art. 5: Niemand darf daran gehindert werden, frei verkäufliche Zeitungen, Zeitschriften, Bücher zu lesen und zu kaufen; Radio zu hören, Fernseh- und Kinofilme zu sehen (Ausnahmen z. B. durch das Jugendschutzgesetz und Kinderpornografie-Verbot).

4. a) Illustration 1: Die Kinder könnten sich auf Art. 5 beziehen. – Illustration 2: Der laut Musik hörende Mann, der seinen Garten asphaltiert hat und nun streicht, könnte sich auf Art. 2 beziehen. – Illustration 3: Die Lehrerin, die ein „Kopftuch" trägt, könnte sich auf Art. 4 beziehen.
b) Illustration 1: Einschränkung durch Jugendschutzgesetze – Illustration 2: Einschränkung wegen Lärmbelästigung – Illustration 3: Einschränkung durch Kopftucherlasse in manchen Bundesländern bzw. europäischen Ländern (Frankreich, Türkei); Begründung in Deutschland durch das Beamtenrecht.
c) Grad des Verstoßes; Angemessenheit (Lautstärke ist etwas subjektiv Empfundenes und damit relativ); im Einzelfall können Abwägungen vorgenommen oder Absprachen auf Zeit (laute Musik) getroffen werden; gesetzliche Vorgaben sind grundsätzlich einzuhalten.

⇒ *SB S. 82*

5. Niemand ist dazu gezwungen, in einer Wohnung zu wohnen, sich zu waschen, seine Haare zu schneiden. Nach GG Art. 2 ist der Mann frei, zu leben, wie er

möchte, wenn er nicht gegen die Gesetze verstößt und die Freiheit anderer beeinträchtigt.

6. Individuelle Lösungen. Es bestehen keine Verdachtsmomente gegen den Wohnungslosen, darum scheint eine Kontrolle und Leibesvisitation nicht angemessen. Es besteht auch keine Veranlassung zu vermuten, der Wohnungslose brauche Hilfe. Man kann die Maßnahme der Polizisten als Einschränkung der Freiheitsrechte des Mannes sehen. Der Filmausschnitt, der dem Text zugrunde liegt, macht noch deutlicher, dass die Anweisung, die die beiden älteren Polizisten ihrem jungen Kollegen geben, eine Art böser Streich ist. Sie möchten ihren Spaß daran haben, zuzuschauen, wie der junge Kollege die unangenehme Aufgabe erfüllt. Ihr Verhalten kann als Verstoß gegen GG 1, Art. 1 aufgefasst werden.

7. Individuelle Lösungen.

⇒ *SB S. 83*

Der Text ist Grundlage der Auseinandersetzung mit der Freiheit im Sinne von Autonomie als einer Aufgabe, die oft nicht leicht ist, und vor der wir uns manchmal gerne drücken möchten, weil es auch anstrengend ist, selbst zu bestimmen, was man tun soll.

8. „Bestimmt werden": gehorchen, tun, was andere sagen (Heteronomie); „durch sich selbst bestimmt sein": sich selbst vorschreiben, was man tun soll, nach dem handeln, was man meint, unbedingt tun zu müssen, ob es einem nun gefällt oder nicht (Autonomie = Selbstgesetzgebung). Typische Haltungen: „Ich kann nicht anders, auch wenn es mir nicht leicht fällt …", „Hier stehe ich und kann nicht anders." (Luther)

9. a) „Bedeutet denn ‚Freiheit', tun und lassen zu können, was man will?"; „Bedeutet ‚Freiheit' vielleicht mehr, als tun und lassen zu können, was man will?"; „Könnte Freiheit bedeuten, zu tun, wovon man auch ganz ehrlich und mit reinem Gewissen überzeugt ist?"; „Siehst du einen Unterschied zwischen ‚Tu, was du willst?' und ‚Tu, was du wollen kannst'?"

b) Individuelle Stellungnahmen.

10. Individuelle Lösungen.

11. Autonomie bzw. Willensfreiheit beschreibt das Verständnis von Freiheit, das mit dem Treffen von Entscheidungen zu tun hat. Die Wahl, das ‚Richtige' zu tun, findet Mareike ein wenig anstrengend.

⇒ *SB S. 84*

Zivilcourage ist die Tugend, die Selbstbestimmung (Autonomie, Willensfreiheit) im öffentlichen Raum als handlungswirksames Verhalten zum Ausdruck bringt. Zu Zivilcourage gehört Mut; sie ist, wie die Protagonistin Mareike im Text S. 82 f. es formuliert, „anstrengend".

1. Grafik: Eine Reihe von still stehenden, unbeweglichen schwarzen Gestalten, aus der eine grüne Gestalt engagiert hervortritt. Zivilcourage erfordert den Mut, aus der Masse herauszutreten und nach eigenen Überzeu-

gungen zu handeln. Wer Zivilcourage zeigt, tritt aus der Menge, aus der Reihe heraus, weil er glaubt, etwas tun zu müssen. Zivilcourage zeigt man, indem man sich nicht in erster Linie an dem orientiert, was „alle anderen" machen oder unterlassen, sondern an dem, was man selbst (vernünftigerweise) für richtig und geboten hält. Der Slogan „Überwindung – aber Pflicht" macht den selbstverpflichtenden Charakter deutlich, der Menschen dazu bringt, Zivilcourage zu zeigen. Bewertung: individuelle Lösungen.

2. Die politischen Aktionen, zu denen Sophie und Hans Scholl und ihr Freund bereit waren, sind ihnen bestimmt auch nicht leichtgefallen, auch wenn sie glaubten, sie durchführen zu müssen. Womöglich hatten sie auch Angst. Dennoch haben sie den Mut aufgebracht und ein sehr großes Risiko für ihre eigene Sicherheit, für ihr Leben auf sich genommen.

3. Ein Mitschüler oder eine Mitschülerin, die man selbst nicht gut kennt oder die man nicht einmal mag, wird von anderen (auf dem Pausenhof, im Bus, beim Sport) drangsaliert (gemobbt); du trittst vor und stellst dich vor sie und sagst: Lasst das. Das geht so nicht. Er/sie hat nichts getan. Beim Bäcker steht ein kleines Kind, dass immer übersehen wird und nicht dran kommt; du sagst: „Das Kind neben mir war zuerst dran. (Es ist schon zweimal übergangen worden.)"

4. **A:** Selbstschutz und Loyalität mit einer Freundin aus der Gruppe der Angreifer: Du könntest befürchten, selbst angegriffen und verletzt zu werden und mischst dich deshalb nicht ein. (Du kannst aber Erwachsene zu Hilfe rufen.) Deine beste Freundin ist bei den Angreiferinnen; du fürchtest, sie könnte sich von dir abwenden, wenn du dem bedrohten Kind hilfst.
B: Selbstschutz, eigenes Interesse daran, dass die Wahrheit nicht herauskommt: Du fürchtest, selbst bedroht zu werden, wenn du dich einmischst; du willst selbst nicht, dass die Wahrheit herauskommt, weil du an der Sache beteiligt warst, die nicht ans Licht kommen soll.
C: Egoismus; Angst; Rachegedanken: Du willst dich nicht gegen einen Lehrer stellen, weil du Angst hast, dass er dich dann strenger behandelt und du den Abschluss der Klasse nicht schaffst. Du bist selber der/die Schuldige und hast Angst, es einzugestehen. Du bist sowieso wütend auf die beschuldigte Person und empfindest Schadenfreude: Geschieht ihr ganz recht.
D: Du weißt um die Gefahren, die das politische Engagement, die politischen Aktivitäten für deine Freundin Sophie Scholl mit sich bringen. Du möchtest sie nicht verlieren oder sie vor einer Verhaftung und Verurteilung bewahren und bedrängst sie darum, von ihrem Vorhaben Abstand zu nehmen.

5. Individuelle Lösungen.
Alle Fälle sind in der Altersstufe ernsthafte Dilemmata, für die es grundsätzlich keine eindeutigen Lösungen gibt und auch keine vorgegeben werden sollten. Lediglich lässliche oder ihrerseits moralisch zweifelhafte

3

Begründungen für die Absage an Zivilcourage könnten problematisiert werden, wie etwa Rachegedanken, Schadenfreude oder Bequemlichkeit.

➡ *KV 14 „Freiwilligkeit und Unfreiwilligkeit"*

Denkraum

Individuelle Lösungen. Auch hier ist darauf zu achten, dass manche Lösungen altersentsprechend bewertet, aber die Schülerinnen und Schüler keinesfalls zur Einnahme von Moralpositionen gedrängt werden sollten (z.B. postkonventionelles Handeln), deren Bedeutung ihnen (noch) nicht zugänglich ist. Unterschiede in der Moralentwicklung können hier deutlich nebeneinander bestehen bleiben.

➡ *SB S. 85*
Rückblick und Weiterdenken

1. Individuelle Lösungen.
2. Individuelle Lösungen.
3. Individuelle Lösungen. Das Zitat drückt Vertrauen in die eigenen Träume und Wünsche aus. Die Schülerinnen und Schüler können an dieser Stelle ihr Wissen um moralische Maßstäbe formulieren. Zuversichtlich in die Richtung gehen zu können, in die die eigenen Träume weisen, hängt davon ab, ob die eigenen Träume mit den Träumen anderer übereinstimmen. Wenn es sich um Träume handelt, die nur auf Kosten der Freiheitsspielräume anderer verwirklicht werden, kann es problematisch sein und muss überdacht werden.

4. Dilemmata, Gefahren, Heteronomie, Unfreiwilligkeit: Die junge Frau könnte Dilemmata und Gefahren im Sinn haben, denen man sich aussetzt, wenn man sich zur Zivilcourage entschließt. Sie könnte aber auch daran denken, dass Zivilcourage zu zeigen eine Erwartungshaltung, eine Norm ist, die nicht jeder unter allen Umständen erfüllen kann. Zivilcouragiertes Verhalten kann demzufolge als Heteronomie erfahren werden und büßt damit seinen freiwilligen Charakter ein.

5. Man muss Zivilcourage zeigen, wenn nicht, ist man dran; es wird alles überwacht; man kann sich nicht drücken, nicht frei entscheiden.

6. Die Aufgabe hebt auf die Zweideutigkeit des Pflichtbegriffs ab, die Kant in der „Grundlegung zur Metaphysik der Sitten" herausgearbeitet hat: „aus Pflicht handeln" und „pflichtmäßig" handeln. Im ersten Sinn ist moralisches, autonomes Handeln (postkonventionelles Moralbewusstsein), im zweiten Sinne heteronomes, an Vorgaben orientiertes Handeln („im Dienst treuer Pflichterfüllung") angesprochen (konventionelles Moralbewusstsein). Wenn Zivilcourage „pflichtmäßig" praktiziert wird, ist sie nicht im eigentlichen Sinne moralisch, sondern durch Furcht vor Sanktionen oder unliebsamen Folgen motiviert; wenn „aus Pflicht", ist sie moralisch motiviert. – Psychologisch und pädagogisch folgt daraus, dass die Schülerinnen und Schüler wissen müssen, dass sie frei sind, Zivilcourage zu zeigen und sich nicht über ihre intrinsische, autonome Motivation hinaus gezwungen fühlen dürfen.

Didaktische Erläuterungen und Lösungen zu den Zusatzmaterialien/Kopiervorlagen (KV) und zur Lernzielkontrolle (LZK)

KV 13, Niveau 1
zu: Freiheit ➡ SB S. 74

Das Lesen und Interpretieren von Diagrammen ist Teil der ethischen Kompetenz. Aus ihnen können ethisch gehaltvolle Interpretationen, mehr noch normative Bewertungen von Sachverhalten folgen. Die dargestellte Grafik stellt Ergebnisse einer größeren Erhebung dar. Sie lässt sich sehr an die Perspektive von Schülerinnen und Schülern rückbinden. Die Items zu Präferenzen hinsichtlich verschiedener Aspekte der Freiheit lassen sich mühelos übertragen.

1. Beispiele: Die allermeisten Befragten stimmen darüber überein, dass die Meinungsfreiheit für ihr Freiheitsempfinden sehr wichtig ist. – Ungefähr die Hälfte der Befragten meint, dass zu ihrer Freiheit gehört, für ihre Fehler selber grade zu stehen.
   Weitere:
   – Die freie Berufswahl gehört für mehr Befragte zur Freiheit, als tun und lassen zu können, was man will.

   – Angenehm zu leben ist in Bezug auf Freiheit für viele Befragte weniger wichtig, als seine Meinung frei zu äußern.
   – Sein Leben selber in der Hand zu haben, finden mehr Befragte wichtig, als tun und lassen zu können, was sie wollen.
   – Tun und lassen zu können, was man will, ist wichtiger für die Freiheit, als Spaß zu haben.
   – Für seine Fehler selber geradezustehen ist wichtiger für die persönliche Freiheit, als ein angenehmes, unbeschwertes Leben zu führen.

2. Individuelle Lösungen.
3. Individuelle Lösungen.
4. Die Befragten wissen: Spaß haben, muss nicht heißen, dass man frei ist. Man kann auch als Sklave, als Gefangener oder als Mensch, der nicht frei entscheiden kann, Spaß haben. Es gibt wichtigere Werte als den individuellen Spaß. Diese Werte und Normen sichern den Rahmen, in dem man individuellen Spaß haben kann.

KV 14, Niveau 2

zu: Zivilcourage ➡ *SB S. 84*

Die Auseinandersetzung mit Aristoteles' grundlegender Unterscheidung zwischen freiwilligen und unfreiwilligen Handlungen zielt ins Zentrum der Freiheit. Nicht alle Handlungen, nicht alles Verhalten, das Menschen ausüben, geschieht freiwillig. Zu manchen Handlungen fühlen sie sich aus einer inneren Verpflichtung heraus gezwungen. Andererseits sind sie zu einem bestimmten Verhalten gewissermaßen genötigt. Aristoteles spricht hier an, dass man zu grundsätzlich freien Handlungen gezwungen sein kann. Dazu zählen etwa Handlungen, die dem Bereich der Zivilcourage zuzuordnen sind.

Die Aufgabe gibt Anlass, den Schülern und Schülerinnen zu vermitteln, dass sie sich nicht zu intrinsisch erzwungenen Hilfeleistungen verpflichten müssen. Dass Menschen der Hilfe und Unterstützung bedürfen, heißt nicht und kann nicht heißen, dass man sie selber geben muss. In dem zitierten Abschnitt lässt Aristoteles die Frage gebotener, aber unfreiwilliger Hilfeleistungen – zu Recht – offen.

1. Wenn man sagen möchte, was gut (tugendhaft) ist, muss man sich damit auseinandersetzen, was man unter freiwilligen und unfreiwilligen Handlungen versteht.

2. A.: Wenn jemand gezwungen wird, einer anderen Person zu helfen, kann man die Hilfeleistung nicht loben und nicht tadeln. Man kann tadeln, dass sie erzwungenermaßen vollzogen wurde. Man lobt jemanden nicht für eine Hilfeleistung, die er nicht freiwillig erbracht hat.

   B.: Nur freiwillige Handlungen kann man loben und tadeln. Aristoteles zielt darauf ab, dass man erzwungenes gutes Verhalten nicht loben kann.

   D.: Manchmal werden Menschen durch äußere Umstände zum Handeln gezwungen. Jemand rettet sein Leben in Notwehr. Das ist aber kein freiwilliges Handeln, denn niemand will einen anderen freiwillig schädigen. (Hier auch das Problem des so genannten Kollateralschadens).

   E.: Wenn jemand unter Bedingungen einer von ihm verursachten schlechten Situation gut handelt, muss seine Handlung nicht gut sein. Z. B. betrügt jemand eine Person und überreicht ihr ein Geschenk. Das Geschenk ist keine wirkliche Wertschätzung der Person, sondern nur eine strategische Maßnahme. – Jemand sieht sich genötigt, kann nicht anders, als einem anderen zu helfen: Ein Freund ist sehr schlecht in Englisch. Um das Klassenziel zu erreichen, braucht er Unterstützung. Ist die Unterstützung freiwillig?

3. Individuelle Lösungen. Die Lehrerin/der Lehrer sollte an dieser Stelle darauf achten, dass die Schülerinnen und Schüler sich nicht überfordern und gewissermaßen moralisch übernehmen. Hier kann auch die Fähigkeit, Nein sagen zu können, thematisiert werden (siehe: „Kann ich, darf ich?").

4. Die Handlung kann, wenn sie Gegenstand eines autonomen Willens ist, als freiwillig bezeichnet werden; wenn sie Gegenstand eines heteronomen Willens (aus Gründen der Konvention vollzogen) ist, als unfreiwillig bezeichnet werden. – Wenn ein Schüler einem anderen beisteht, weil er dies selbst will, ist die Handlung freiwillig; wenn er es tut, weil es die Lehrerin von ihm verlangt, ist sie nicht freiwillig, vielmehr „pflichtmäßig" motiviert, also heteronom.

Bemerkungen zur schriftlichen Lernzielkontrolle

Ethik ist ein eigenständiges Unterrichtsfach mit fachwissenschaftlichen Bezugsdisziplinen (Philosophie, Psychologie, Sozial- und Kulturwissenschaften). Inhalte, Methoden und Kompetenzen des Fachs sind ausweisbar und evaluierbar. Meinungen, Haltungen, Einstellungen und Wissen sind Gegenstände des Fachs, die didaktisch operationalisiert werden. Eine Überprüfung von Kompetenzen im Umgang mit sachlichen Konkretisierungen dieser Gegenstände ist im Fach Ethik gegeben wie in jedem anderen Fach. Nicht der performative Gehalt einer Meinung ist Gegenstand der Bewertung, sondern der Umgang mit einer Meinung, ihre Begründung und ihre Reflexion. Die Scheu, die ethische Urteilskraft von Schülerinnen und Schülern zu bewerten, ist unberechtigt, insofern ethische Kompetenzen operationalisierbar sind. Die Überprüfung von Kompetenzen darf nicht verwechselt werden mit der Bewertung von Personen. Diese hat im Ethikunterricht keinen Platz. Ebenso wie sich ethische Urteile nur auf Handlungen und nicht auf Personen als solche beziehen, bezieht sich auch die Evaluation von ethischen Kompetenzen nur auf die Kompetenzen und nicht auf die Personen, die über diese Kompetenzen verfügen bzw. nicht verfügen. Ethisches Orientierungswissen ist erlernbar. Ob sich die Schülerinnen und Schüler das gelernte Orientierungswissen zu eigen machen und in ihren Handlungskodex aufnehmen, ist nicht überprüfbar und soll auch nicht überprüft werden. Die vorgeschlagenen Lernzielkontrollen können sowohl Fakten- wie auch Orientierungswissen zum Gegenstand haben. In jedem Fall handelt es sich um Kenntnisse argumentativ dargelegt.

Empfohlene Richtschnur zur Gewichtung der Aufgabenteile:

Aufgabe 1: Faktor 2

Aufgabe 2: Faktor 3

Aufgabe 3: Faktor 4

Aufgabe 4: Faktor 4

Individuelle Freiheitswünsche

„Das gehört für mich zur Freiheit unbedingt dazu"

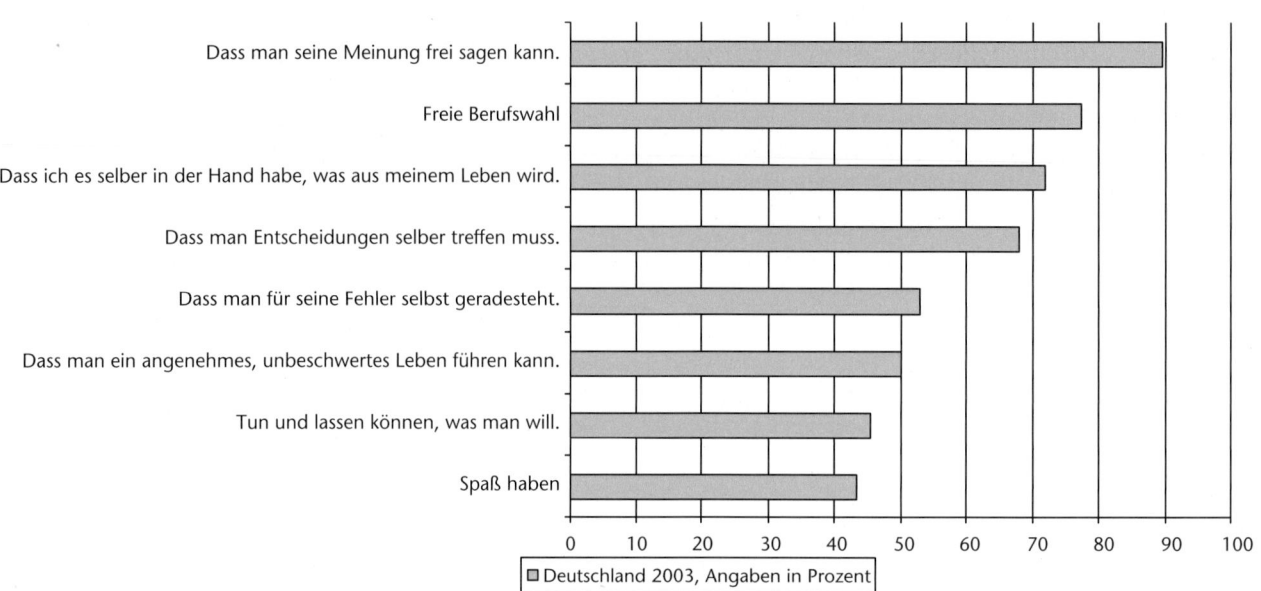

Dass man seine Meinung frei sagen kann.

Freie Berufswahl

Dass ich es selber in der Hand habe, was aus meinem Leben wird.

Dass man Entscheidungen selber treffen muss.

Dass man für seine Fehler selbst geradesteht.

Dass man ein angenehmes, unbeschwertes Leben führen kann.

Tun und lassen können, was man will.

Spaß haben

□ Deutschland 2003, Angaben in Prozent

(Aus: Der Wert der Freiheit. Ergebnisse einer Grundlagenstudie zum Freiheitsverständnis der Deutschen. Oktober/November 2003, S. 32)

Aufgaben

1 Interpretiere das Diagramm, indem du die acht Ergebnisse der Umfrage in Sätzen ausdrückst.
Beispiele: Die allermeisten Befragten stimmen darüber überein, dass die Meinungsfreiheit für ihre Freiheit sehr wichtig ist.
Ungefähr die Hälfte der Befragten meint, dass zu ihrer Freiheit gehört, für seine Fehler selber grade zu stehen.

_____

_____

_____

_____

_____

_____

_____

2 Diskutiert eure Formulierungen.

3 Was gehört für dich zur Freiheit unbedingt dazu? Stelle in deinem Heft oder deiner Mappe eine eigene Rangfolge zusammen.

4 Gebt eine Erklärung dafür, warum den Befragten „Spaß haben" nur halb so wichtig ist wie „Meinungsfreiheit".

Freiwilligkeit und Unfreiwilligkeit

A. Wir loben und tadeln Handlungen, die freiwillig getan werden.

B. Unfreiwillige Handlungen können wir verzeihen; manchmal hat man Mitleid mit unfreiwillig getanen Handlungen. Unfreiwillige Handlungen kann man eigentlich nicht loben oder tadeln.

C. Wer nun erforschen will, was Tugend ist, muss also bestimmen, was das Freiwillige und was das Unfreiwillige ist.

D. Unfreiwillig scheint zu sein, was durch Gewalt oder Unkenntnis (Unwissenheit) geschieht. Mit Gewalt ist hier gemeint, dass etwas geschieht, ohne dass man es in der Hand hat oder Einfluss darauf hat. Zum Beispiel, wenn einen ein Sturm vom Kurs abbringt oder wenn Menschen über einen herrschen.

E. Wenn man aber handelt, um ein größeres Übel zu verhindern oder um etwas Gutes gegen etwas Schlechtes zu tun, und dann auch so handelt, dann ist nicht klar, ob man das freiwillig oder unfreiwillig nennen soll. Zum Beispiel: Ein Tyrann (Gewaltherrscher) befiehlt eine schändliche Tat und bedroht Eltern und Kinder mit dem Tod, die er in seiner Gewalt hat. Wenn nun jemand so handeln könnte, dass er dieses Verbrechen verhindert und die Eltern und Kinder gerettet werden können, handelt er dann freiwillig oder unfreiwillig? Wenn er nicht so handeln würde, würden diese Menschen sterben. Kann man in diesem Fall klar sagen, ob die Handlung zur Rettung freiwillig oder unfreiwillig geschieht?

(Nach Aristoteles: Nikomachische Ethik, 3. Buch, aus dem Griechischen von Olof Gigon, 4. Auflage, München (Deutscher Taschenbuch Verlag) 2000, S. 149–151)

Aufgaben

1 Begründe Satz C.

_____

_____

2 Gib weitere Beispiele für die Sätze A, B, D, E.

_____

_____

_____

_____

3 Diskutiert die Beispiele.

4 Beziehe eine eigene Position in der Frage, ob die Handlung, die zur Rettung der Eltern und Kinder in dem Beispiel in E führt, freiwillig genannt werden kann oder unfreiwillig.

_____

_____

Teste dich selbst

1 Benenne zwei Freiheitsbegriffe und gib Unterschiede an.

_____

_____

2 Erkläre, was „Freiheitsrecht" bedeutet, an einem der Grundgesetzartikel. Wähle zwischen Artikel 2, Artikel 4 oder Artikel 5.

_____

_____

_____

_____

3 „Der Mensch wird frei geboren, und überall ist er in Banden. Mancher hält sich für den Herrn seiner Mitmenschen und ist trotzdem mehr Sklave als sie." (Jean-Jacques Rousseau, Contrat Social; 1. Buch. 1. Kap. 1. Satz)
Schreibe in einem Mini-Essay deine Gedanken zu dem Zitat auf.

4 Dialog beim Mittagessen

Mareike: Heute haben sie nach Schulschluss einem den Rucksack ausgekippt und die Sachen mit dem Fuß durch die Gegend gekickt. Als er dann anfing zu heulen, haben sie sich übel lustig gemacht. Der hat mir schon irgendwie leid getan.
Großvater: Und was hast du gemacht?
Mareike: Ich stand nur so dabei und hab' nichts gemacht.
Großvater: Wenn er dir leid getan hat, warum hast du nichts unternommen und ihm geholfen?
Mareike: Ich hatte Angst, selber ausgelacht zu werden, wenn ich der Heulsuse auch noch helfe. – Ist er doch wirklich!
Großvater: Aber du hast doch gesagt, dass er dir leid tat.
Mareike: Ja, irgendwie schon, aber andererseits auch nicht. Immer flennt er gleich, die Memme, und oft petzt er. Geschieht ihm irgendwie recht.
Großvater: Ist das nicht ein Fall von …
Mareike: … weiß ich doch eigentlich auch!

a) Nenne den Begriff, den der Großvater hätte sagen wollen, wenn ihn Mareike nicht unterbrochen hätte.

_____

Nimm Stellung
b) warum Mareike dem Jungen nicht geholfen hat und

_____

c) warum sie ihm nicht hat helfen wollen.

_____

Lernzielkontrolle: Erwartungshorizont

1 Benenne zwei Freiheitsbegriffe und gib Unterschiede an.
Wahlfreiheit – zwischen verschiedenen, vorgegebenen Möglichkeiten auswählen zu können; z. B. beim Einkaufen.
Willensfreiheit, Selbstbestimmung: unabhängig von vorgegebenen Möglichkeiten selbst bestimmen, wie man handelt oder entscheidet, z. B. Sophie Scholl.

2 Erkläre, was „Freiheitsrecht" bedeutet, an einem der Grundgesetzartikel. Wähle zwischen Artikel 2, Artikel 4 oder Artikel 5.
„Freiheitsrecht" bedeutet, dass man ein Recht auf bestimmte Freiheiten hat.
GG Art. 2: Das Recht auf freie Persönlichkeitsentfaltung: Jeder darf so leben, sich so kleiden, seine Wohnung so gestalten, wie er will, und grundsätzlich leben, wo er will, wenn er andere dadurch nicht in ihrem Recht auf Persönlichkeitsentfaltung einschränkt.
GG Art. 4: Das Recht auf Glaubensfreiheit: Jeder darf sich frei zu einer Religion bekennen und glauben, woran er möchte, oder auch gar keiner Religionsgemeinschaft angehören und an nichts glauben. Niemand darf an der Ausübung seiner Religion (Gottesdienste besuchen, Beten, Fasten, Vorschriften beachten) gehindert werden. Die Ausübung der Religion darf andere allerdings nicht in ihren Freiheitsrechten einschränken.
GG Art. 5: Das Recht auf Meinungs- und Informationsfreiheit: Jeder darf seine eigene Meinung haben und öffentlich vertreten. Eingeschränkt wird diese Freiheit durch die Freiheitsrechte anderer. Man darf zum Beispiel niemanden falsch beschuldigen oder Tatsachen leugnen, wenn man damit die Würde anderer verletzt (z. B. zu behaupten, dass es die Vernichtung der Juden durch die Nationalsozialisten nicht gegeben hat, ist verboten). Jeder darf lesen, was er möchte, sich Informationen (Nachrichten, Bücher, Zeitschriften, Zeitungen, Twitter) aus allen frei zugänglichen Quellen beschaffen, wenn er damit z. B. das Jugendschutzgesetz nicht verletzt.

3 „Der Mensch wird frei geboren, und überall ist er in Banden. Mancher hält sich für den Herrn seiner Mitmenschen und ist trotzdem mehr Sklave als sie." (Jean-Jacques Rousseau, Contrat Social; 1. Buch. 1. Kap. 1. Satz)
Schreibe in einem Mini-Essay deine Gedanken zu dem Zitat auf.
Mögliche Gedanken:
Rousseau ist der Auffassung, dass der Mensch frei geboren wird. Er kann sich frei entwickeln. Zugleich sieht man aber, dass die Menschen dann doch nicht frei sind, sondern vielmehr gebunden oder gefesselt. Sie müssen sich nach anderen richten, tun und denken, was andere sagen, sich anpassen. Rousseau behauptet also, dass der Mensch eine Freiheit verliert, die er ursprünglich einmal hatte. Das ist auf den ersten Blick auch ganz einleuchtend, nur kann man sich fragen, wie das denn überhaupt möglich sein soll, dass jeder sich ganz frei entwickelt. Wie der eine sich entwickeln möchte, ist nicht immer vereinbar mit den Wünschen anderer. Vielleicht meint Rousseau aber auch, dass die Menschen etwas mehr von ihrer Freiheit behalten könnten, wenn man sie nicht unnötigerweise zu Dingen zwingen würde. Sie könnten friedlich miteinander leben, auch wenn sie unterschiedlich sind. Man kann Rousseau zustimmen, wenn er es so meint. Es wäre gut, wenn möglichst viele Menschen in möglichst großer Freiheit so leben könnten, wie sie es für sich richtig finden.
In dem zweiten Satz nennt Rousseau auch einen Grund, warum die Menschen ihre Freiheit verlieren: Es gibt immer Menschen, die über andere bestimmen und herrschen wollen. Aber eigentlich fehlt ihnen dazu jede Berechtigung. Denn wenn jeder Mensch frei geboren wird, sind die Menschen gleich frei, wie es im ersten Satz steht. Also kann es eigentlich nicht sein, dass Menschen über andere Menschen herrschen und bestimmen. Rousseau geht noch einen Schritt weiter und behauptet, die Menschen, die über andere Menschen herrschen, sind eigentlich noch viel mehr Sklaven, als diejenigen, die sie beherrschen. Er sagt also, dass Herrschaft unfrei macht. Darüber kann man streiten. Einerseits können Herrscher Freiheiten genießen, indem sie andere beherrschen und zum Beispiel für sich arbeiten lassen. Andererseits sind diejenigen, die über andere herrschen, unfreier, weil sie nicht verstehen und nicht sehen, dass alle Menschen gleich frei sind. Demnach meint Rousseau, dass die Unfreiheit der

Herrschenden darin liegt, die Freiheit nicht zu erkennen. Diejenigen, die beherrscht werden und wirklich Sklaven des Herrschers sind, wissen wenigstens, dass sie nicht frei sind.

4 Dialog beim Mittagessen

a) Nenne den Begriff, den der Großvater hätte sagen wollen, wenn ihn Mareike nicht unterbrochen hätte.
Der Großvater meint Zivilcourage.

Nimm Stellung
b) warum Mareike dem Jungen nicht geholfen hat und
Mareike hat Angst, selbst ausgelacht und gemobbt zu werden, wenn sie sich in die Situation einmischt. Das kann man einerseits nachvollziehen, andererseits sollte man jemandem helfen können, der in so einer Situation ist. In diesem Fall wäre es schon möglich, seine Angst zu überwinden.

c) warum sie ihm nicht hat helfen wollen.
Mareike empfindet zwar einerseits Mitleid, andererseits Schadenfreude, denn sie mag den Jungen selbst nicht und freut sich, dass ihm eins ausgewischt wird. Man freut sich auf Kosten eines anderen, der gedemütigt wird, und das kann kein eigentlich guter Grund sein.

2 Gerechtigkeit und Würde

Didaktische Erläuterungen

Der Schwerpunkt des Kapitels liegt deutlich auf dem Thema Würde bzw. Menschenwürde. Damit werden aber zugleich Sachverhalte angesprochen, bei denen es um fundamentale Fragen der Gerechtigkeit geht: Kindersklaven in Afrika, Folter, Kinderarmut in Deutschland, Straßenkinder in Russland. Die spezifische Weise, in der in allen Fällen die Würde von Menschen, die hier meistens Kinder oder Jugendliche sind, verletzt wird, verweist auf Gerechtigkeit, auf fehlende Chancengleichheit, auf die Verletzung von Menschenrechten, auf gesellschaftliche Exklusion aus Ursachen und Gründen, die nicht selbst zu verantworten sind. Nachdem in Band 5/6 Aspekte der Gerechtigkeit in einem ersten Schritt eingeführt wurden (Gerechtigkeit als Fairness, Chancengleichheit, Goldene Regel), geht es im vorliegenden Band um (Menschen-)Würde als grundlegendem Maßstab der Gerechtigkeit in einem umfassenden Sinn.

Die Startseite setzt bei Artikel 1 des Grundgesetzes ein, dessen Verständnis aus konkreten Verhaltensweisen und Handlungen erarbeitet werden kann. Der methodische Ansatz besteht darin, das Sprachspiel (Wittgenstein) „Würde verletzen" genauer unter die Lupe zu nehmen: Was tun wir, wenn wir die Würde eines anderen „antasten"? Damit sind konkrete Situationen und Phänomene aus dem Alltag der Schülerinnen und Schüler angesprochen.

Wert und Würde

Würde ist für die Schülerinnen und Schüler der Klassenstufe 7/8 kein explizites Thema, aber ihre normativen Orientierungen erweitern sich zunehmend – und eben meistens implizit – in Richtung auf ein Selbstwertgefühl, in Richtung auf ein Gefühl für die Würde des anderen. Dieses Gefühl ist etwas anderes und mehr als Empathie und Sympathie im Sinne der Fähigkeit des affektiven Mitschwingens. Kant hatte dieses Gefühl beschrieben als „selbstgewirktes Gefühl" (Grundlegung zur Metaphysik der Sitten, Anm. BA 17) der Achtung. Es ist freilich in der Altersstufe erst im Entstehen. Zunehmend hinterfragen die Jugendlichen konventionelles und traditionelles Verhalten, streben nach Unabhängigkeit, ohne aber schon über ein tragfähiges Fundament einer autonomen Orientierung zu verfügen. Diese bedarf eines stabilen Selbstwertgefühls, eines Gefühls für den Wert der Person. All dies ist im Aufbau. Das Kapitel greift Aufgaben dieser Entwicklungsphase, die erst im Erwachsenenalter abgeschlossen sein wird, auf und will Angebote machen, die die Schüler und Schülerinnen darin unterstützen, ein Gefühl für den Selbstwert der eigenen wie jeder anderen Person zu entwickeln.

Das Unterkapitel führt dazu eine semantische Unterscheidung im Begriff des Wertes ein: materialer Sachwert und personaler, idealer Selbstwert. Der zweite meint „Würde" im Sinne des Zwecks an sich selbst, der Personen aufgrund ihrer Freiheit, ihrer Fähigkeit zu vernünftiger Selbstbestimmung (Autonomie) zukommt.

Stationen der Menschenwürde

Neben einem ersten begrifflichen Zugang zum Thema im ersten Unterkapitel werden auch ideengeschichtliche Idealtypen eines Verständnisses von Würde vorgestellt. Die Schülerinnen und Schüler erfahren in der Erarbeitung der „Stationen", dass Würde ein Konzept ist, das sich entwickelt hat zu seiner heutigen, modernen, grundgesetzlich verankerten, rechtsstaatlich gesicherten Gestalt. Die Konzepte unterscheiden sich grundlegend in Bezug auf die Frage, ob Würde eine Wesenseigenschaft oder ein Gestaltungsauftrag bzw. ein Verdienst ist. In der Antike ist Würde Ehre aus Verdienst; seit der römischen Stoa und Cicero ein Wesensmerkmal, das aus der Idee der Gleichheit aller Menschen folgt. Das Christentum leitet Würde aus der Gottesebenbildlichkeit des Menschen ab, die ihm einen unbedingten Wert verleiht. Der neuzeitliche, in die Moderne hinein weiter entwickelte Gedanke, dass Würde ein Wesensmerkmal des Menschen ist, das auf seinem freien Willen beruht, ist ein Gedanke der Renaissance, paradigmatisch bei Giovanni Pico della Mirándola ausgedrückt. Sein Text „Über die Würde des Menschen" ist ein Grundtext der abendländischen Kultur. Selbstbestimmung und das Freiheitsstreben sind Motive, die von den Schülerinnen und Schülern gerne aufgegriffen werden. Hilfreich könnten Hinweise auf den ungewohnten Stil sein, immerhin ein Beleg dafür, dass der Text über eine Spanne von einem halben Jahrtausend etwas zu sagen hat. Auch das Portrait Picos ist geeignet, ihn den Schülerinnen und Schülern näher zu bringen. Es zeigt ihn als jungen Mann mit langen Haaren, etwa in dem Alter, als er mit 23 Jahren die Rede über die Würde des Menschen schrieb.

Immanuel Kant über die Würde

Willensfreiheit und Autonomie als Fundament der Würde, ist der Gedanke, der die Kantsche Ethik trägt. Kant schreibt Würde allen vernunftfähigen Wesen zu, das heißt allen Wesen, die über die Disposition verfügen, vernünftig zu denken, zu handeln und zu urteilen, auch wenn sie aus Gründen des Alters oder der körperlichen Verfassung, wie Behinderungen, nicht dazu im Stande sind. Würde kommt allem zu, was ein menschliches Antlitz trägt. Möglicherweise regt das die Schülerinnen und Schüler zum Widerspruch an, wo sie auch an die Würde des Tiers denken. Diesen Widerspruch kann man in drei

3

Richtungen, wenn nicht gänzlich auflösen, so doch zumindest glätten: (1) Würde zu besitzen, schließt nach Kant auch die Disposition ein, sich der eigenen wie der Würde einer jeden anderen Person bewusst zu sein. Dies ist bei Tieren nicht der Fall. (2) Würde kommt Wesen zu, die Subjekte und Objekte moralischer Pflichten und Rechte sind. Auch dies trifft bei Tieren nicht zu. Wir sanktionieren Tiere nicht für das, was in unseren Augen moralische Verfehlungen sind. Von den Aufgaben und Verpflichtungen, die Würde mit sich bringt, sind Tiere freigestellt. (3) Tiere sind gleichwohl in der Perspektive der Kantschen Ethik moralisch berücksichtigungsfähig, ohne Träger moralischer Rechte zu sein. Tiere dürfen nicht gequält und nicht sinnlos als Mittel zum Zweck missbraucht werden. Darüber hinaus können wir vor dem Hintergrund neuerer wissenschaftlicher Einsichten in Verhalten und Kognition bei Tieren auch den Standpunkt einnehmen, dass das Wissen über kognitive Fähigkeiten, über die Empfindungsfähigkeit von Tieren ihnen in einem metaphorischen Sinn zuweilen ein „menschliches Antlitz" verleiht. So gesehen können wir Tiere durchaus, wenn auch nicht durchweg behandeln, als ob sie Würde besäßen. Entsprechend sind auch nach dem Tierschutzgesetz Tiere nicht mehr bloß als „Sachen" zu behandeln.

Folter

Kein anderes Phänomen im Bereich menschlicher Angelegenheiten wie die Folter zeigt, in welch unmenschlicher Weise Würde angetastet und verletzt werden kann. Die Geschichte von Peter Härtling bereitet das Thema so auf, dass auch Kinder und Jugendliche sich mit dem Phänomen und insbesondere seinen gravierenden körperlichen und seelischen Folgen für die Opfer annähern können. Der Text zeigt insbesondere auf, welche psychischen Spuren Folter hinterlässt. Die Schülerinnen und Schüler werden im Rahmen öffentlicher Meinungsbildung mit dem Thema konfrontiert; ob, wie vor Jahren geschehen, anlässlich der Entführung von Jakob von Metzler oder angesichts von Bildern aus Abu Ghuraib. Eine behutsam angeleitete Auseinandersetzung mit dem Thema Folter ist in der Altersstufe möglich, wenn nicht gar geboten angesichts der Alltäglichkeit von Folter in Medien und speziell in interaktiven digitalen Spielen.

Armut

Über eine Milliarde Menschen leben am Rande des Existenzminimums; ungefähr 30.000 sterben an den Folgen von Armut und Hunger. Das Kapitel thematisiert Armut, legt den Fokus aber auf die „relative Armut", die auch in den Industriestaaten verbreitet ist. Von ihr unterscheidet sich die „absolute Armut", die vorliegt, wenn weniger als 1,25 US-Dollar pro Person und Tag zur Verfügung stehen. Relative Armut ist den Schülerinnen und Schülern möglicherweise aus ihrem eigenen Umfeld bekannt, aber sie wissen das häufig nicht, weil Armut in den reichen Industriestaaten versteckt wird; Arme schämen sich ihrer Armut. Gerade weil das Phänomen Armut im Nahbereich der Schüler und Schülerinnen liegt und weil sie als beschämend empfunden wird, ist ein besonders umsichtiger Umgang mit dem Thema angezeigt. Es darf niemand beschämt werden, aber das Thema sollte dennoch Gegenstand des Ethik-Unterrichts werden. Besondere Aufmerksamkeit liegt auch hier auf den Folgen der Armut speziell für Kinder und Jugendliche, wie etwa die eingeschränkte gesellschaftliche und kulturelle Teilhabe und die eingeschränkte Nutzung von Bildungsgütern. Um nicht der Exklusion Armer Vorschub zu leisten, bettet das Kapitel das Thema relative Armut von Kindern und Jugendlichen in den allgemeinen Rahmen „Lage der Kinder in Deutschland" nach dem Unicef-Bericht 2010 ein. Danach fühlt sich ein erheblicher Teil der 15-Jährigen in Deutschland „allein", „unbehaglich" oder „fehl am Platz". Wenn Erfahrungen und Gefühle, die in der Pubertät typischerweise vorkommen mit Armut zusammenfallen, verstärken sie sich. Aber die allgemeine Befindlichkeit vieler Jugendlicher eröffnet gleichzeitig einen Zugang zu den besonderen Schwierigkeiten, die relativ arme Kinder und Jugendliche zu meistern haben. Das Kapitel setzt also auf Inklusion aus dem Selbstverständnis Jugendlicher heraus und nicht auf die exklusive Betrachtung der abgründigen Phänomene von Armut, die möglicherweise in Mitleid mündet und damit dem offenen Umgang mit Armut im eigenen Umfeld im Weg stehen kann. Von daher begründet sich auch der Verzicht auf die Thematisierung absoluter Armut in den so genannten Entwicklungs- und Schwellenländern.

Sich selber schützen

Wege Werte Wirklichkeiten ist dem Gedanken verpflichtet, dass die Auseinandersetzung mit ethischen und moralischen Problemlagen und Sorgen stets mit Möglichkeiten eines Auswegs verbunden sein sollte. Das Unterkapitel geht dazu ganz auf die erstpersonale Perspektive Betroffener ein. Wie kann man sich vor Entwürdigung selber schützen? Dass Situationen entwürdigend sein können, auch wenn man das selbst nicht so wahrnimmt, kann das Beispiel des Sendeformats „Deutschland sucht den Superstar" (DSDS) mit Dieter Bohlen zeigen. Die Schüler und Schülerinnen setzen sich mit der Frage auseinander, in welchem Sinne die Sendung die Würde der Gäste verletzt, die in ihr auftreten. Die Reduktion der jugendlichen Gäste auf ein Mittel (Kant), ihre Instrumentalisierung zu Zwecken der Vermarktung, öffentliche Demütigungen und Beleidigungen sind Aspekte, die ihnen deutlich vor Augen führen, dass der Schutz vor solchen Entwürdigungen nicht zuletzt in einem starken Selbstwertgefühl und in der Fähigkeit, Nein sagen zu können, liegt. Ein Rückgriff auf die Schwerpunktmethode „Selbst-Wahrnehmung" im Kapitel „Sucht und Abhängigkeit" bietet sich an.

Zur Methode: Sokratisches Gespräch

Die Methode wird mit einer Geschichte zur philosophischen Art der Diskussion bzw. Gesprächsführung eingeleitet; sie unterscheidet sich von der „Diskussion", die Könige führen. Die philosophische Diskussion ist ausschließlich sachorientiert, der (politische) Diskurs der Könige auch interessengeleitet und strategisch. Für den philosophischen Diskurs, für das sokratische Gespräch, ist die wechselseitige Achtung der Teilnehmer/innen wesentlich. Keine Meinung, keine Stimme hat mehr Bedeutung, mehr Gewicht als jede andere. Insofern passt die Schwerpunktmethode zum Thema des Kapitels.

Sokratische Übung:

Man darf also ein Thema nicht allein bestimmen und es den anderen vorgeben.

Man darf niemandem von einem sokratischen Gespräch ausschließen (der sich ernsthaft um Austausch und Argumente bemüht).

Man darf keine Meinung vorverurteilen. – Man darf nicht auf seiner Meinung bestehen, ohne bereit zu sein, sie kritisch zu prüfen. – Man darf niemanden persönlich angreifen (es geht nur um die sachlichen Argumente).

Man darf nicht auf Meinungen und Thesen bestehen, ohne sie zu begründen bzw. ohne zu versuchen, sie zu begründen.

Man darf mit einem sokratischen Ziel keine eigenen Ziele anstreben, für die man das Gespräch nur benutzt (eine Meinung, die eine teilnehmende Person hat, erfahren wollen, um die Person unter Druck zu setzen, zu erpressen, für eigene Zwecke zu instrumentalisieren).

Man darf sich in einem sokratischen Gespräch nicht gehen lassen, sondern muss auch darauf achten, dass man sich respektvoll verhält.

Literaturhinweise zum Kapitel

Bayertz, Kurt: Die Idee der Menschenwürde: Probleme und Paradoxien. In: Archiv für Rechts- und Sozialphilosophie, Bd. 81, H. 4, Stuttgart 1995: Franz Steiner.

Birnbacher, D./Krohn, D. (Hrsg.): Das sokratische Gespräch. Stuttgart 2002: Reclam.

Horster, Detlef: Das sokratische Gespräch in Theorie und Praxis. Opladen 1994: Leske + Budrich.

Kant, Imanuel: Metaphysik der Sitten, Werkausgabe Bd. VIII, Frankfurt a. M. 1968: Suhrkamp.

Pico della Mirandola, Giovanni: Über die Würde des Menschen. Hamburg 1990: Meiner.

Wetz, Franz J.: Illusion Menschenwürde. Aufstieg und Fall eines Grundwertes. Stuttgart 2005: Klett-Cotta.

Erläuterungen und Lösungen der Aufgaben

⇒ *SB S. 86*

Die Einführung in das Kapitel nimmt unser, im ersten Kapitel bereits angesprochenes Grundgesetz auf; hier nun Art. 1: „Die Würde des Menschen ist unantastbar. Sie zu achten und zu schützen ist Aufgabe aller staatlichen Gewalt." Der Artikel wird ganz wiedergegeben, um deutlich zu machen, dass der effektive Schutz der Würde Aufgabe des Staates ist und nicht der Bürgerinnen und Bürger. Die dargestellte Szene stellt dementsprechend auch mehr eine hermeneutische Auseinandersetzung mit Artikel 1 dar, sie zeigt nicht, dass das Grundgesetz den Einzelnen selbst und unmittelbar verpflichtet; man kann aus Artikel 1 weder konkrete Verpflichtungen noch eine Operationalisierung der Sanktionierbarkeit von Verletzungen der Menschenwürde herauslesen. Gleichwohl erzwingt der Wortlaut eine Auseinandersetzung mit der Frage, wann und unter welchen Umständen die Würde eines Menschen verletzt wird. Hier setzt das Kapitel an. In der erstpersonalen Perspektive der Schülerinnen und Schüler geht es um die Frage, was wir tun, wenn wir die Würde des Menschen verletzten. Man kann dies auch im Sinne einer Analyse des Sprachspiels „die Würde eines Menschen verletzen" verstehen. Der Begriff ‚Würde' erscheint hier weniger als formales Konstrukt, eher wird er

von der Seite des Handelns, seiner Operationalisierung her gesehen. Der Zugang lässt sich als Versuch verstehen, den Auftrag des Grundgesetzes an alle staatliche Gewalt auf die Ebene des individuellen und alltäglichen Umgangs der Menschen miteinander anzuwenden. Eine zweite Szene spricht mögliche subtile Verletzungen der Würde im Alltag der Schülerinnen und Schüler an.

1. a) jemanden demütigen, betrügen, belügen, foltern, quälen, bedrohen, erpressen, entführen, als Geisel nehmen, verletzen, instrumentalisieren (als Mittel benutzen), verhöhnen, hintergehen, ausbeuten, missachten, vorführen, klein machen, mobben, verraten, verspotten etc. – Manche dieser Verhaltensweisen liegen in einer Grauzone; ihre Sanktion kann auch vom Einverständnis des Betroffenen abhängen. So sind etwa freundschaftliche, liebevolle Formen des Spotts denkbar.

   b) Der erste Satz von GG Art. 1 ist normativ, nicht deskriptiv zu verstehen: Die Würde des Menschen soll nicht verletzt werden.

   Die zweite Szene, in der sich zwei Jugendliche über einen Dritten lustig machen, womöglich über ihren Freund bzw. ihre Freundin, kann zeigen, dass verächtliches Verhalten auch in ganz alltäglichen und

3

scheinbar unproblematischen Situationen vorkommen kann.

2. Gerade weil die Würde des Menschen laufend verletzt wird, muss es ein Gesetz zu ihrem Schutz geben.

➡ *SB S. 87 f.*

Einen ersten Zugang zum Verständnis eines Begriffs von Würde erschließt das Unterkapitel „Wert und Würde" über den Zusammenhang von ‚Wert' und ‚Würde'. ‚Wert' im Sinne eines materiellen Werts von Gegenständen und ‚Wert' im Sinne von Wertschätzung, Wert der Person, und schließlich Würde wird über die in A und B dargestellten Fälle unterschieden.

1. Der Wert ergibt sich aus den materiellen, chemischen Substanzen, aus denen der Mensch besteht. Aus diesen Substanzen bestehen alle organischen Wesen. Die Substanzen sind käuflich.

2. Man kann diese Berechnung anstellen, aber sie sagt nichts über den besonderen Wert, den Menschen haben, insofern sie Menschen (Personen) sind, aus. Der Wert eines Menschen kann nicht auf den Preis der Substanzen reduziert werden, aus denen er physisch besteht.

3. Sie wurde geraubt und entführt; sie wurde nicht angemessen versorgt und litt Hunger; sie wurde geschlagen; sie war Dienerin und hatte keine Rechte; sie konnte sich nicht entwickeln und lernen, hatte keine Chancen auf Bildung; sie wurde wie eine Sache behandelt.

4. Der Wert nach A bezieht sich auf Sachen, mit denen man tun und lassen kann, was man will; der Wert nach B auf den inneren Wert, den Selbstwert, die Würde; auf einen Eigenwert von Personen, mit denen man darum nicht machen kann, was man will.

5. „Vielleicht … weil wir selbst bestimmen, wer wir sein wollen und wie wir leben wollen; weil wir niemandem gehören, sondern nur uns selbst gehören; weil wir frei entscheiden können; weil jeder Mensch einzigartig ist; weil jeder Mensch einen eigenen, unverwechselbaren Wert hat; weil wir uns in unserer Einzigartigkeit respektieren; weil wir Verantwortung übernehmen können; weil man Menschen nicht als Sachen behandeln kann."

➡ *S. 89*

Die „Stationen der Menschenwürde" sind geeignet, die Entwicklung der Idee von der Menschenwürde zu verdeutlichen. Der Begriff der Menschenwürde ist eine Errungenschaft jenseits seiner biologischen Verfassung.

Der zentrale Text, der den Begriff der Würde zugleich mit einem normativen Gestaltungsauftrag des Menschen verbindet, ist der von Pico della Mirandola. Er kann als Urtext des neuzeitlichen Verständnisses von Würde gelesen werden, insofern er Würde an die Idee der Freiheit bindet. Dieser Zusammenhang bildet denn auch das Zentrum des Kantschen Würdebegriffs. Ein Rückgriff auf das Freiheitskapitel (SB S. 82/83) ist sehr gut möglich.

1. Im allgemeinen Verständnis der Antike besitzt der Mensch Würde, insofern er sich durch entsprechende Handlungen Ehre verdienen kann. Würde muss man sich verdienen; man hat sie nicht von vornherein.

Bei Cicero besitzt der Mensch Würde, insofern alle Menschen von Natur aus gleich sind. Was sie gleich macht ist, dass sie grundsätzlich über Vernunft verfügen. Würde kann man sich deshalb nicht verdienen, sie gehört zum Wesen des Menschen.

Im Christentum besitzt der Mensch Würde, insofern er das Ebenbild Gottes ist. Das hat einen absoluten Wert. Der Mensch hat Würde, weil er ein Geschöpf Gottes ist.

In der Renaissance, bei Giovanni Pico della Mirandola, besitzt der Mensch Würde, insofern er grundsätzlich frei ist. Würde besitzt der Mensch, wenn er sich bemüht, aus sich das Beste zu machen. Wer sich also hängen und verkommen lässt, verhält sich nach Pico unwürdig. Er verspielt seine Freiheit.

In der Aufklärung, bei Immanuel Kant, besitzt der Mensch Würde, insofern er vernünftig und selbstbestimmt (autonom) handeln kann. Würde zu haben bringt die Aufgabe mit sich, ein eigenes freies Leben so zu gestalten, dass die Freiheit anderer nicht eingeschränkt wird. Die Würde des Einzelnen hängt also von der Würde der anderen ab.

2. Individuelle Lösungen.

3. Eine Entwicklung kann man insofern erkennen, als die Freiheit im Verständnis der Würde eine immer größere Rolle spielt. Der konventionell erworbene Verdienst, die Ehre, die in der Antike im Vordergrund steht, wird sukzessive durch einen Zuwachs an Autonomie und wechselseitiger Anerkennung und Rücksichtnahme abgelöst. Insofern handelt es sich um eine Entwicklung von einem konventionellen zu einem postkonventionellen Verständnis von Würde.

➡ *SB S. 90*

Kants Unterscheidung von Sache–Preis einerseits und Person–Würde andererseits ist hier angesprochen, die „Zweck an sich selbst"-Formel nach der entsprechenden Formulierung des Kategorischen Imperativs gemeint: „Handle so, dass du die Menschheit, sowohl in deiner Person als in der Person eines jeden andern, jederzeit zugleich als Zweck, niemals bloß als Mittel brauchest." (Grundlegung zur Metaphysik der Sitten, BA 66 f.)

1. Sachen haben einen „Preis" – Personen haben „Würde". Etwas hat einen Preis – jemand hat Würde.

Den Schülerinnen und Schülern wird hier neben der Zuordnung Sache – Preis bzw. Person – Würde noch die weitere semantische Differenz von Preis und Würde erschlossen: Eine Person ist immer jemand; eine Sache immer ‚etwas'.

2. Individuelle Lösungen. – Hat einen eigenen Wert, Selbstwert; hat sein Ziel in sich selbst: macht aus sich

selbst etwas; hat keinen anderen Zweck, als er selbst zu sein; ist kein Mittel zu einem (anderen) Zweck.

3. Individuelle Lösungen. – Die Schülerinnen und Schüler haben hier Gelegenheit, individuelle Beispiele für die Erfahrung der Würde eines Menschen zu thematisieren. Die Frage, ob man Würde sehen kann, ermöglicht einen phänomenologischen Zugang zum Würdebegriff. Würde kann sich in Haltungen, Einstellungen, Handlungen und Gedanken zeigen.

4. Niemand soll stehlen müssen, um seine Kinder zu versorgen. – Niemand soll sich wertlos fühlen, weil er eine Behinderung hat. Niemand soll sich erniedrigen müssen für Geld (DSDS, Big Brother). Niemand soll gedemütigt werden, weil er anders ist als andere (Mobbing).

5. Individuelle Lösungen. – Im Kern geht es der Aufgabe um die Frage, ob man Würde einfach so besitzt oder ob mit der Würde auch eine Aufgabe, ein Auftrag verbunden ist.

⇒ **KV 15 „Würde und Gerechtigkeit – Die Möhre"**

⇒ **SB S. 91**
Denkraum
Seit Kants – seinerzeit fortschrittlichem – Gedanken einer Berücksichtigung des Wohls von Tieren in Anlehnung an die Moralität des Menschen hat sich unser Verhältnis zu Tieren, nicht zuletzt durch zunehmendes Wissen über Tiere und speziell Säugetiere, gewandelt. In der modernen Tierethik wird entsprechend ein weicher Übergang der klaren Trennlinie zwischen Menschen als Personen und Tieren als Sachen diskutiert und angenommen. Dem entspricht das Tierschutzgesetz, nach dem Tiere nicht mehr eindeutig Sachen sind. (Siehe S. 128 zum Umgang mit Tieren.) – Je nach ethischer Grundposition, wird die Unterscheidung sogar in manchen Ansätzen des Utilitarismus (Peter Singer), in speziellen Aspekten (Leidensfähigkeit, Selbsterhaltungsinteresse von Lebewesen) weitgehend aufgehoben. – Die Fotoarbeit von Candida Höfer bringt das Problem des Umgangs mit der Annahme einer „Würde des Tiers" zum Ausdruck.

⇒ **SB S. 92**
1. Ein griechischer Offizier, der sich zusammen mit ein paar wenigen anderen für Demokratie und Gerechtigkeit und gegen Gewalt in Griechenland zur Zeit der Junta einsetzte, wurde inhaftiert und so schwer gefoltert, dass er zum Krüppel wurde.

2. „Im Auftrag" quält jemand, wenn er dazu einen entsprechenden Befehl bekommen hat. Ob die Person eine Möglichkeit oder keine Möglichkeit sieht, den Befehl zu verweigern, spielt dabei eine wichtige Rolle, wenn auch nicht unter allen Umständen eine entscheidende. Es ist denkbar, dass jemand keine Möglichkeit sieht oder hat, sich einem Befehl zu verweigern, und dennoch eben dies von ihm verlangt werden kann. (In diesem Sinn

ist eine Begründung von Handlungen durch einen so genannten „Befehlsnotstand" durch das Grundgesetz nicht mehr abgedeckt. Unbedingter Gehorsam, wie nach dem nationalsozialistischen „Führerprinzip", darf von „Bürgern in Uniform" nicht verlangt werden. Befehle müssen mit dem Grundgesetz bzw. anhängenden Konventionen vereinbar sein.)
„Aus Lust" quält jemand, der freiwillig und/oder gerne andere Menschen quält.

3. Individuelle Lösungen: – Hier geht es um die Frage, ob und in welchem Grad Leid nachvollziehbar ist, wie weit die Fähigkeit zur Empathie reicht. Um mit jemandem mitzuleiden, braucht man das Leiden nicht selbst erfahren zu haben. Hinreichend ist es, um das Leid zu wissen. – Kontroverse Ergebnisse sind denkbar und sollten als solche nebeneinander bestehen können.

⇒ **SB S. 94**
Das Thema „Armut" berührt Würde und Gerechtigkeit gleichermaßen.
1. Relativ arm ist, wer über weniger als die Hälfte des Einkommens verfügt, das die Bevölkerung eines Landes im Durchschnitt hat.

2. Wer am Rande der Gesellschaft steht, kann an den Dingen, die typisch, wichtig oder wesentlich für eine Gesellschaft sind, nicht teilnehmen, weil er das Geld dazu nicht hat: z.B. Eintrittskarten für Kino, Theater, Zirkus; Klassenfahrten der Kinder; Geschenke kaufen; Musikinstrumente leihen oder kaufen; Urlaubsreisen; Beiträge für Vereins- oder Parteimitgliedschaft. – Am Rand steht, wer verachtet wird, weil er arm ist.

3. Kinder können nichts dafür, wenn ihre Eltern arm sind, sie in Armut leben. Sie sind also nicht dafür verantwortlich, wenn sie schlecht ernährt, schlecht gekleidet, schlecht ausgebildet etc. sind. Gerade weil sie nichts dafür können und der Armut ihrer Eltern oder ihres Umfeldes ausgeliefert sind, haben sie Anspruch auf gleiche Chancen bzw. geeignete Förderung.

⇒ **KV 16 „Henning Mankell über die Armut"**

⇒ **KV 15 „Würde und Gerechtigkeit – Die Möhre"**

⇒ **SB S. 95/96**
4. Antwort auf die Schule bezogen ausrechnen.
5. Weitere Bildungsgüter zu Zeile 9 f. des Unicef-Berichtes: Bücher, Zeitschriften, Museums-, Theater-, Kinobesuche, Musikinstrumente, Mitgliedschaften in Sportvereinen.

3

6.

Aktivität/Chancen	gar nicht	einge-schränkt	uneinge-schränkt
Klassenfahrten ins Ausland		X	
Privatschule besu-chen	X	X	
Bildungsreise	X		
Sportverein, Teil-nahme an Wett-kämpfen;		X	
Teure Sportart (z. B. Tennis, Fechten, Reiten, Golf)	X		
Bestimmte, teure Sportbekleidung	X		
Freizeitparks besu-chen	X		
Eigenes Musikinst-rument spielen	X	X	
Geschenke machen (Geburtstage)		X	
Abonnement für eine Jugendzeit-schrift	X	X	
Ein Haustier halten	X	(X)	
Hobbys ausüben, die (teure) Geräte erfordern (Fotogra-fieren)	X	X	

7. Die Schere zwischen Arm und Reich geht immer weiter auseinander in Deutschland. Das kann als „Armuts-zeugnis" für die Gesellschaft gesehen werden.

⇒ *SB S. 96*
Denkraum
Der Denkraum bietet Gelegenheit, die Schülerinnen und Schüler mit methodischen Aspekten der Gestaltung von Umfragen vertraut zu machen. Der Info-Kasten über-nimmt diese Funktion.

⇒ *SB S. 97*
8. Zwei Kinder, ein Mädchen vielleicht im Alter von 12 und ein jüngerer Junge sitzen am Straßenrand und hal-ten rosa Plastiktüten in den Händen. Das Mädchen hat kurz geschorene Haare. Beide sehen nicht so aus, als hätten sie viel Spaß. Es scheint ganz normal für sie zu sein, dort am Straßenrand zu sitzen. Sie haben ernste Gesichter, sind barfuß, die Füße sind schmutzig.
9. Mikhailov will die Kinder nicht bloßstellen; er behan-delt sie nicht verächtlich oder herablassend; er möchte

durch seine Fotografien auch auf die Situation von Stra-ßenkindern in Russland aufmerksam machen; wenn die Kinder sich über seine Aufmerksamkeit freuen und sich dadurch nicht belästigt oder unwürdig behandelt fühlen, ist es in Ordnung, sie zu fotografieren; die Kin-der wirken erwachsen, wie Personen, die der Fotograf ernst nimmt; er begegnet ihnen mit Achtsamkeit, Auf-merksamkeit, Interesse und Wertschätzung.

Die Journalistin Christine Meffert sieht den Aspekt, dass Mikhailov Solidarität mit den Kindern übt und empfindet. Er stellt sich auf die Seite der Vernachläs-sigten, der ungerecht Behandelten und der Getretenen; seine Fotos machen aus den für uns sonst gesichts- und namenlosen Straßenkindern Russlands besondere Menschen; somit sind die Fotos auch Ausdruck einer Wertschätzung des Fotografen für die Kinder.

⇒ *SB S. 98*
1. Bischof Huber ist der Auffassung, dass Bohlen seine Gäste klein macht und demütigt, sie fertig macht, Wit-ze über sie reißt; er behandelt sie nicht wie Gäste; er bewertet nicht die Leistungen, die Darbietungen seiner Gäste, sondern er bewertet, entwertet Menschen. Er verletzt damit die Würde seiner Gäste.
2. „borgir" bringt zwei Argumente, mit denen er Bohlen verteidigt: Erstens wüssten alle, die bei DSDS mitma-chen, worauf sie sich mit Bohlen einlassen; dass der „kein Blatt vor den Mund nehme". Zweitens treffe Bohlen ja auch „den Nagel auf den Kopf". Das heißt, dass der Web-Reporter Bohlen in der Sache zustimmt; Bohlen bringe angemessen zum Ausdruck, was er sel-ber denke. – Aber selbst wenn die Gäste sich schlecht präsentieren, ist das kein Grund, sie so verächtlich zu behandeln.
3. Das Wichtigste ist für Wagner die Vermarktbarkeit, also der „Preis" der Models, der Wert ihres Profits. An zweiter Stelle steht erst die Persönlichkeit (die ja auch vermarktet wird). Damit reduziert er Personen bzw. Menschen auf ein Mittel, mit dem man Geld verdienen kann.
4. Individuelle Lösungen. – Die Freiwilligkeit der Teil-nahme ist keine Entschuldigung für das entwürdigen-de Verhalten des Gastgebers Bohlen. Die Absicht, sei-ne Talente zu zeigen und damit Geld zu verdienen, ist verständlich. Dass die Kandidaten und Kandidatinnen dann aber in ihrer Würde verletzt werden, ist unabhän-gig von dieser Absicht zu bewerten. Am klügsten ist es natürlich, sich solchen Veranstaltungen zu entziehen, nicht das Gefühl zu haben, auf so etwas angewiesen zu sein.

⇒ *KV 17 „Qualität versus Banalität – John Stuart Mill"*

⇒ *SB S. 99*
Rückblick und Weiterdenken
1. a) und b): Individuelle Lösungen.

2. Individuelle Lösungen: Lehrerin bzw. Lehrer sollte Hilfestellung bei der Internet-Recherche geben: z. B.: „GG 19 – 19 Gründe für die Demokratie" (planet-schule. de). Aus diesem Format stammt auch die Geschichte „Ich bin frei", Kapitel Freiheit, SB S. 82)

3. Individuelle Lösungen.

4. a) Der Mann, das Baby, die behinderte Frau. Ob die Schülerinnen und Schüler auch Toten bzw. dem Hund Würde zuschreiben, kann in ihrem Ermessen bleiben. Sie sollten zu keiner Position gezwungen werden. Fliege, Pflanze und Stein haben wohl eher keine Würde im Sinne personaler Würde. – Ergänzend könnten andere nicht-menschliche intelligente Lebensformen genannt werden (Aliens); vielleicht möchten Schülerinnen und Schüler auch heilige Personen (Gott, Engel) nennen.

b) Individuelle Lösungen.

Didaktische Erläuterungen und Lösungen zu den Zusatzmaterialien/Kopiervorlagen (KV) und zur Lernzielkontrolle (LZK)

KV 15, Niveau 1
zu: Imanuel Kant über die Würde ➡ *SB S. 90*
zu: Armut ➡ *SB S. 94*
Der Text ist geeignet, den Zusammenhang von Gerechtigkeit und Würde herauszuarbeiten, weil er für den Konflikt zwischen Legalität (Stehlen ist verboten) und Moralität (Hilfe in Not; Achtung der Würde eines hungernden Kindes) einen zugespitzten, aber doch sehr realistischen Ausdruck findet. Der Ausgang der Dilemma-Diskussion ist offen, je nachdem, wie die Schülerinnen und Schüler dieses Verhältnis gewichten. Die Pointe der Geschichte ist nicht das Eingeständnis Ottos, unter dem Gesichtspunkt der Legalität Unrecht getan zu haben, sondern sein Unverständnis über das Verhalten des Gartenbesitzers, der unfähig ist, sich über den Standpunkt der Legalität hinwegzusetzen und zu einer moralisch angemessenen Handlungsweise zu kommen, indem er Otto auf seine unrechte Handlungsweise, den Diebstahl, aufmerksam macht und ihn dennoch seinen Hunger stillen lässt.

KV 16, Niveau 2
zu: Armut ➡ *SB S. 94*
Mankells Text hebt auf die Armut als zentrales Problem des afrikanischen Kontinents Afrikas ab, aus dem sich die meisten anderen gravierenden Probleme ergeben. In der Auseinandersetzung mit dem Text könnte auch diskutiert werden, ob die Rede von dem einen „afrikanischen Kontinent" nicht auch eine Verallgemeinerung ist, die der ungleichzeitigen Entwicklung und den besonderen Umständen in den verschiedenen Staaten nicht gerecht wird. Eine andere (kontroverse) Frage ist die nachwirkende Verantwortung der Kolonialmächte und welche Konsequenzen aus dieser Verantwortung gegebenenfalls gezogen werden müssen. Mit Vorsicht und Umsicht sollte an dieser Stelle jedoch ein Hilfebedürfnis thematisiert werden, das nicht selten Ausdruck von diffusen Gefühlen ist, ohne auf Wissen zu basieren. Das Bedürfnis zu helfen geht an den wirklichen Bedürfnissen der Gesellschaften in afrikanischen Ländern nicht selten vorbei. Der Comic thematisiert das oftmals zynische Verhältnis kapitalistisch-westlicher Warenwelt zu der Hungerproblematik Afrikas. Was hierzulande Teil unserer Konsumhaltung bedeutet, beschreibt in Afrika die problematische Realität.

KV 17, Niveau 2
zu: Sich selber schützen ➡ *SB S. 98*
Der Zusammenhang, aus dem das Zitat stammt, wird aus der Frage heraus gebildet, wie das Glück, nach dem alle Menschen streben und das damit zugleich Norm der Moral ist, jeweils zu qualifizieren ist. Mill führt, anders als Jeremy Bentham und kritisch gegen diesen gewendet, Qualität als Kriterium des Glücks ein. Dem entsprechend argumentiert er:
„Ein höheres Wesen verlangt mehr zu seinem Glück, ist wohl auch größeren Leidens fähig und ihm sicherlich in höherem Maße ausgesetzt als ein niedrigeres Wesen; aber trotz dieser Gefährdungen wird es niemals in jene Daseinsweise absinken wollen, die es als niedriger empfindet. Wir mögen dieses Widerstreben erklären wie wir wollen [...], am zutreffendsten wird es als ein Gefühl der Würde beschrieben" (John Stuart Mill: Der Utilitarismus, a.a.O.) – Schwierigkeiten könnten für Schüler die Rede von „niedriger" und „höher" aufwerfen. Man kann dieser Schwierigkeit entgehen, indem man einmal auf den Preis „höherer Fähigkeiten", nämlich die höhere Leidensfähigkeit, verweist. Zum anderen kann man die Wortwahl historisch erklären. Mills „Der Utilitarismus" erschien 1861, zwei Jahre nach Darwins „Die Entstehung der Arten durch natürliche Zuchtwahl". Die Rede von „höheren" und „niedrigeren" evolutionären Entwicklungsstufen des Lebens war damals noch völlig unproblematisch. Durch tiefere Einsichten in evolutionäre Prozesse ist diese Sichtweise deutlich zurückgetreten hinter eine normativ neutrale Betrachtung der Vielfalt (Diversität), die Anpassung an ökologische Nischen etc. Da das Zitat, das die Kopiervorlage verwendet, auf einen Tier-Mensch-Vergleich und nicht etwa auf höher bzw. weniger hoch entwickelte Menschen abhebt, kann Mills These im Kontext des Tier-Mensch-Vergleiches diskutiert werden. Aber auch

die vorgesehene Öffnung in Richtung auf qualitativ höhere und weniger hohe menschliche Beschäftigungen ist unproblematisch. Diese Unterscheidung ist den Schülerinnen und Schülern aus ihrem Alltag heraus zugänglich. Sie wird hier zur Qualifizierung von Tätigkeiten, nicht zur Qualifizierung von Menschen aufgegriffen. Auch der Ausspruch, etwas sei unter jemandes Würde, gehört in diesen Kontext und kann innerhalb der dritten Aufgabe zur Frage, ob man Pflichten gegenüber sich selbst habe, angesprochen werden.

Bemerkungen zur schriftlichen Lernzielkontrolle

Ethik ist ein eigenständiges Unterrichtsfach mit fachwissenschaftlichen Bezugsdisziplinen (Philosophie, Psychologie, Sozial- und Kulturwissenschaften). Inhalte, Methoden und Kompetenzen des Fachs sind ausweisbar und evaluierbar. Meinungen, Haltungen, Einstellungen und Wissen sind Gegenstände des Fachs, die didaktisch operationalisiert werden. Eine Überprüfung von Kompetenzen im Umgang mit sachlichen Konkretisierungen dieser Gegenstände ist im Fach Ethik gegeben wie in jedem anderen Fach. Nicht der performative Gehalt einer Meinung ist Gegenstand der Bewertung, sondern der Umgang mit einer Meinung, ihre Begründung und ihre Reflexion. Die Scheu, die ethische Urteilskraft von Schülerinnen und Schülern zu bewerten, ist unberechtigt, insofern ethische

Kompetenzen operationalisierbar sind. Die Überprüfung von Kompetenzen darf nicht verwechselt werden mit der Bewertung von Personen. Diese hat im Ethikunterricht keinen Platz. Ebenso wie sich ethische Urteile nur auf Handlungen und nicht auf Personen als solche beziehen, bezieht sich auch die Evaluation von ethischen Kompetenzen nur auf die Kompetenzen und nicht auf die Personen, die über diese Kompetenzen verfügen bzw. nicht verfügen. Ethisches Orientierungswissen ist erlernbar. Ob sich die Schülerinnen und Schüler das gelernte Orientierungswissen zu eigen machen und in ihre Identität übernehmen, ist nicht überprüfbar und soll auch nicht überprüft werden. Leistungsüberprüfungen können sowohl Fakten- wie auch Orientierungswissen zum Gegenstand haben. Die vorgeschlagenen Leistungsüberprüfungen sehen eine Überprüfung von beidem vor. In jedem Fall handelt es sich um überprüfbares, argumentativ dargelegtes Wissen.

Die Lernzielkontrolle legt den Fokus auf den Zusammenhang von Würde und Gerechtigkeit.

Für die Gewichtung der Teilaufgaben werden die Koeffizienten wie folgt empfohlen:

Aufgabe 1: Faktor 1
Aufgabe 2: Faktor 1
Aufgabe 3: Faktor 2
Aufgabe 4: Faktor 2

Name   Klasse   Datum

Würde und Gerechtigkeit

Die Möhre

von Peter Härtling

Das ist eine Geschichte, die wirklich passiert ist. […]

Der Junge, von dem ich euch erzähle, hieß Otto. Heute hat er selber Kinder und denkt manchmal daran, dass es gut ist, dass seine Kinder gar nicht wissen, wie Krieg ist. Aber diese Geschichte hat er ihnen auch erzählt, denn es ist seine Geschichte.

Otto war mit seinen Geschwistern und seiner Mutter auf der Flucht. Er kam in einen kleinen Ort, wo sie lange suchen mussten, bis sie ein Zimmer fanden, in dem sie wohnen konnten. Da wohnten sie zu fünft fast ein Jahr. In dem Zimmer gab es keine Betten. So breiteten sie Decken auf dem Boden aus und legten sich darauf, und da sie oft sehr müde waren, schliefen sie sehr gut.

[…]

Als Otto einmal zwei Tage lang Hunger gehabt hatte, gab ihm seine Mutter einen Schnürsenkel, auf dem er kauen konnte. Das half zwar nicht gegen den Hunger, aber Otto dachte sich aus, was der Schnürsenkel alles sein könnte: ein Stück Fleisch, Brot, Nudeln, was ihm eben einfiel.

In dem Dorf gab es Leute, die nicht hungerten, weil sie Gärten hatten, in denen Gemüse wuchs, oder weil sie Vorräte in ihren Kellern hatten. Bei denen bettelten die Kinder, aber sie bekamen selten etwas; denn für diese Leute waren es fremde Kinder, die von irgendwo hierher gekommen waren. Der Besitzer des großen Hauses, in dem Otto wohnte, hatte einen solchen Garten. Das Haus stand auf einem Felsvorsprung, war hoch gebaut, und unterhalb des Felsens, in den ein Treppchen geschlagen war, lag an einem Bach, umgeben von einem hohen Stacheldrahtzaun, der Garten. In ihm wuchsen Radieschen, Kohlrabi, Spinat, Salat und eine große Menge Möhren.

An einem Abend, als die russischen Soldaten im Hof des Hauses ein Fest feierten, sangen, tranken und tanzten, verließ Otto das Zimmer, schlich sich über den Hof zu dem Treppchen am Felsen, stieg langsam, immer wieder um sich blickend, ob niemand in der Nähe sei, in den Garten. Schon von oben roch er das frische Grün der Karotten. Der Hunger krampfte seinen Bauch zusammen. Er duckte sich, und als er im Garten unten war, legte er sich auf die Erde, zog sich mit den Armen langsam vor bis zu den Möhren. Eine riss er aus der Erde. Es ging leicht. Sie war groß und wunderschön rot. Die Spucke floss ihm im Mund zusammen. In dem Augenblick, als er sie putzen wollte, packte ihn eine Hand im Nacken, die andere schlug mit furchtbarer Gewalt auf ihn ein. Es war der Hausbesitzer, der ihn anscheinend schon lange verfolgt hatte. Immer wieder schlug ihn der Mann. Am Ende drückte er sein Gesicht in die Erde und schrie: Friss das!

Otto merkte gar nicht, dass er weinte. Er stand auf. Alles tat ihm weh. Er stand vor dem Mann. Der Mann sagte: Gib die Möhre her! – Otto hielt sie fest.

Der Mann sagte noch einmal: Gib die Möhre her! Otto schüttelte den Kopf. Da riss ihm der Mann die Möhre aus der Hand und sagte: Ich möchte dich hier nicht noch einmal sehen. An diesem Abend kam Otto spät und von Schmutz überzogen in das Zimmer zurück. Seine Mutter schimpfte ihn aus. Er sagte nicht, was geschehen war. Er fragte sich nur immerfort, warum ihm der Mann nicht wenigstens die Möhre gegeben hatte, denn der Mann musste wissen, welchen Hunger er hatte.

Das fragt er sich bis heute. Sicher war es Diebstahl. Sicher war es nicht richtig. Aber was hätte Otto tun sollen?

(Peter Härtling: Die Möhre. In: ders.: Geschichten für Kinder. © 1988 Verlag Beltz & Gelberg in der Verlagsgruppe Beltz, Weinheim & Basel)

Aufgaben

1 Wäge ab und begründe schriftlich: Geht es in der Geschichte eher um „Gerechtigkeit" oder eher um „Würde"?

2 Führt eine Dilemma-Diskussion durch: „Durfte Otto die Karotte nehmen?"

Henning Mankell über die Armut

„Als Erstes müssen wir einsehen, dass es auf dem afrikanischen Kontinent eigentlich nur ein einziges Problem gibt. Und das ist eben die Armut. Ich kenne kein anderes Problem, das nicht direkt mit der Armut zusammen-hinge, sei es der Analphabetismus, die Aids-Epidemie, die mangelnde Gesundheitsversorgung, die Kinder völlig unnötig an Malaria sterben lässt, oder die Arbeitslosigkeit; das alles hat direkt oder indirekt mit der Armut
5 zu tun. Zum Zweiten müssen wir lernen, besser auf die Menschen zu hören, denen wir helfen wollen. Bei den Europäern hat es lange eine Art Arroganz* der Unwissenheit gegeben. Wir sind mit Lösungen nach Afrika gekommen, anstatt Fragen zu stellen, oder, besser noch, statt Hilfestellung zu geben bei der Formulierung von Fragen danach, wie die großen Armutsprobleme gelöst werden können. Wir reden, aber wir haben die Fähigkeit verloren zuzuhören. Drittens müssen wir einsehen, dass der Hintergrund dieser Armut in hohem Maße durch
10 die koloniale Vorgeschichte bedingt ist. Unsere Verantwortung dafür, dass so viele Länder in Afrika verarmt sind, ist groß.“

_____
*   Arroganz: Hochmut, auch: Überheblichkeit, Selbstüberschätzung

(Aus Hildegard Buder-Monath, Jens Monath: Mein Herz schlägt in Afrika. Eine Reise mit Henning Mankell. Wien (Zsolnay) 2009, S. 53)

Aufgaben

1 Erkläre, welche Probleme in Afrika durch die Armut begründet sind und beschreibe die Gründe dafür.

_____

_____

_____

_____

_____

_____

2 Stelle eigene Überlegungen zu den folgenden Fragen an und halte sie schriftlich in deinem Heft fest.

a) Inwiefern verletzt Armut die Würde des Menschen?
Tipps: Beginne mit der Überlegung: „Die Armut verhindert, dass Menschen …“.
Beziehe die Probleme mit ein, die Mankell unter „Erstens“ nennt.

b) Henning Mankell fordert, dass wir Fragen stellen und zuhören.
Inwiefern ist das besser, als mit fertigen Lösungen in die armen Länder Afrikas zu gehen?

3 Erläutere, warum der Comic „Im Spielwarenladen“ eine menschenverachtende Haltung ausdrückt.

„Und hier aus dem Angebot unsere Dritte-Welt-Puppe, die „Hunger" sagen kann.“

Qualität versus Banalität

„Es ist besser, ein unzufriedener Mensch zu sein als ein zufriedenes Schwein; besser ein unzufriedener Sokrates als ein zufriedener Narr."

(Zitat aus: John Stuart Mill: Der Utilitarismus. Durchges. Ausgabe.
Reclam Verlag, Stuttgart 1985, S. 17f.)

Aufgaben

1 Stimmt das? Überprüfe Mills Behauptung an deinen eigenen Erfahrungen.

_____

_____

_____

2 „Das ist unter meiner Würde!"
   a) Gib Beispiele für diesen Ausspruch.

_____

_____

_____

   b) Stelle Überlegungen an, inwiefern der Satz zum Zitat von Mill passen könnte.

_____

_____

_____

3 Karla kann sehr gut Klarinette spielen. Sie ist richtig begabt. Sie hat aber auch das Talent zur Sängerin und könnte sich bei DSDS bewerben. Beides kann sie nicht machen, dazu hat sie keine Zeit. Welches Talent solle sie deiner Meinung nach weiterentwickeln? Rate ihr.

Teste dich selbst

1 Erkläre die folgenden Ausdrücke:
   a) Würde

   _____

   _____

   _____

   b) relative Armut

   _____

   _____

   _____

   c) Bildungsgüter

   _____

   _____

   _____

2 Erkläre, inwiefern die Methode „Sokratisches Gespräch" zum Thema „Würde" passt.

   _____

   _____

   _____

   _____

   _____

   _____

3 1 *„Kein Geld! – Ich kann nicht mit ins Kino kommen. – Es macht wirklich keinen Spaß, immer am Rand der Gesellschaft zu stehen."*
   2 *„Das könnte ich einfach nicht, Menschen fotografieren, die im Elend, in tiefster Armut leben."*
   3 *„Andi hat immer so voll eklige Klamotten an, als ob die aus der Altkleidersammlung kommen."*

   a) Nenne ein Stichwort, dem man die Äußerungen jeweils zuordnen kann.

   _____

   b) Nimm Stellung zu den Äußerungen und schreibe dazu in dein Arbeitsheft.

4

Der britische Designer und Autor Kevin McCloud mahnt die Regierung, sich nicht so sehr auf den Bau von umweltfreundlichen Öko-Wohnungen und „Green Buildings" zu konzentrieren, sondern eher Ideen zu entwickeln, wie Menschen glücklicher leben könnten.

a) Beschreibe die Szene, die das Foto abbildet.

_____

_____

_____

_____

b) Nimm Stellung zu Kevin McClouds Forderung und beziehe das Foto in deine Überlegungen mit ein.

_____

_____

_____

_____

_____

_____

Lernzielkontrolle: Erwartungshorizont

1 Erkläre die folgenden Ausdrücke:

a) Würde:

Wert, den der Mensch als Mensch hat; innerer Wert eines Menschen; drückt aus, dass der Mensch keinen anderen Zweck als sich selbst hat, dass der Mensch kein Mittel zu einem Zweck darstellt; Personen haben Würde.

b) relative Armut:

In relativer Armut leben Menschen, die über weniger als 50 % des durchschnittlichen Einkommens der Bevölkerung eines Landes verfügen, in dem sie leben; das durchschnittliche Einkommen ist der Vergleichsmaßstab (Äquivalenzeinkommen).

c) Bildungsgüter:

Schulbücher, Lexika, Computer, Bücher, Zeitschriften, Museums-, Theater-, Kinobesuche, Musikinstrumente, Mitgliedschaften in Sportvereinen.

2 Erkläre, inwiefern die Methode „Sokratisches Gespräch" zum Thema „Würde" passt.

In einem sokratischen Gespräch respektieren sich alle Teilnehmer und Teilnehmerinnen. Niemand wird wegen seiner Meinung verachtet, auch wenn man die Meinung nicht teilt. Jeder achtet den anderen als „Zweck an sich", niemand verletzt das Selbstwertgefühl des anderen. Insofern passt das Sokratische Gespräch zum Thema „Würde".

3 1 *„Kein Geld! – Ich kann nicht mit ins Kino kommen. – Es macht wirklich keinen Spaß, immer am Rand der Gesellschaft zu stehen."*

2 *„Das könnte ich einfach nicht, Menschen fotografieren, die im Elend, in tiefster Armut leben."*

3 *„Andi hat immer so voll eklige Klamotten an, als ob die aus der Altkleidersammlung kommen."*

a) Nenne ein Stichwort, dem man die Äußerungen jeweils zuordnen kann.

1 (Relative) Armut

2 Würde

3 (Relative) Armut

b) Nimm Stellung zu den Äußerungen.

A Man könnte sagen, dass niemand ein Recht auf einen Kinobesuch hat. Wenn man arm ist, kann man eben nicht ins Kino gehen. Andererseits fühlt sich Andi am Rand der Gesellschaft. Er kann nicht mitmachen, nicht teilhaben an dem, was für andere Jugendliche ganz selbstverständlich ist. Man kann also auch sagen, dass er sich zu Recht ausgeschlossen fühlt, auch wenn seine Freunde, die ihn auffordern, mit ins Kino zu kommen, dafür nicht verantwortlich sind. Insofern hat Andi eine Art „Recht" auf einen Kinobesuch. Es ist entwürdigend für ihn, sich am Rand der Gesellschaft zu fühlen.

B Lea glaubt, dass sie die Würde der Menschen verletzt, wenn sie ihr Elend fotografiert. Das kann man verstehen. Aber man kann sich auch Situationen vorstellen, in denen das Fotografieren solcher Szenen nicht entwürdigend ist, z. B. wenn man mit den Menschen spricht und ihnen verständlich macht, dass man ihre Würde nicht verletzten, sondern auf ihre Situation aufmerksam machen und Ungerechtigkeit benennen will.

C Paul kann sich nicht vorstellen, dass Andi gar keine andere Wahl hat, weil seine Familie arm ist und seine Eltern ihm keine neuen Kleidungsstücke kaufen können. Die Kleidung sagt aber nichts über den Menschen aus. Mit der Äußerung beleidigt Paul Andi und verletzt damit seine Würde.

Name

Klasse   Datum

LZK 6
Wege · Werte ·
Wirklichkeiten 7/8

Kap. 3.2

4

Der britische Designer und Autor Kevin McCloud mahnt die Regierung, sich nicht so sehr auf den Bau von umweltfreundlichen Öko-Wohnungen und „Green Buildings" zu konzentrieren, sondern eher Ideen zu entwickeln, wie Menschen glücklicher leben könnten.

a) Beschreibe die Szene, die das Foto abbildet.

Das Foto zeigt Jugendliche, die in einem Slum leben, beim Zähneputzen. Man sieht, dass sie in Armut leben. Sie putzen sich die Zähne auf der Straße, die Wohnungen haben keine Türen, sondern sind mit Stoffstücken zugehängt. Es ist schmutzig.

b) Nimm Stellung zu Kevin McClouds Forderung und beziehe das Foto in deine Überlegungen mit ein.

Kevin McCloud ist der Meinung, dass man sich nicht so sehr um Ökohäuser und Umweltprobleme kümmern sollte, wenn so viele Menschen unglücklich in Armut leben. Vielmehr sollte überhaupt erst einmal dafür gesorgt werden, dass alle Menschen in anständigen Wohnungen oder Häusern leben können. Diese Meinung kann man nachvollziehen. Aber zeigt das Foto Jugendliche, die unglücklich sind? Das können wir nicht wirklich wissen. Doch McCloud geht davon aus. Bei seiner Forderung vergisst er vielleicht auch, dass Menschen, die in besseren Verhältnissen leben, wie zum Beispiel in England oder bei uns in Deutschland, das Recht haben, umweltfreundliche Wohnungen zu bauen, auch wenn es Menschen in anderen Teilen der Welt schlechter geht und sie nicht einmal in richtigen Wohnungen leben können.

4 Mensch, Natur und Technik

1 Natur und Technik

Fachbezogene Kompetenzen

Die Schülerinnen und Schüler
- erarbeiten umweltethisch relevante begriffliche Unterscheidungen und wenden sie an
- analysieren Implikationen des instrumentellen Umgangs mit der Natur
- prüfen wissenschaftspropädeutisch begründete Positionen und wenden sie an
- nehmen auf dieser Grundlage eigene Positionen ein
- nehmen kritisch Stellung zu Problemen der Naturnutzung
- stellen eigene Überlegungen zu einem aufgeklärten Naturverständnis an

Unterrichtsaspekte

- sich über die Natur wundern
- Unterscheidung Natur – Nicht-Natur
- Verantwortung: Das Machbare und seine Grenzen
- Motive und Reichweite des Naturschutzes
- Umweltethische Unterscheidungen und Ansätze
- Konzept der Nachhaltigkeit (Beispiel „Fair Trade")
- Probleme des Verbleibs von Müll
- Lernen von der Natur (Bionik)

Methoden

Schwerpunktmethode
- Denkmodelle und Theorien unterscheiden und benennen

Weitere Methoden
- Tabellen und Diagramme anlegen
- Essay schreiben
- Fiktives Interview
- Mindmap
- Schreibmeditation
- Dilemma-Diskussion
- Sokratisches Gespräch
- Placemat

2 Homo faber

Fachbezogene Kompetenzen

Die Schülerinnen und Schüler
- erarbeiten Aspekte des Herstellens (Poiesis)
- analysieren die Dialektik der technischen Vernunft im Blick auf ihre Implikationen und Konsequenzen
- setzen sich mit dem kooperativen Charakter des Handwerks auseinander
- erörtern die Selbstbeschreibung des Phänotyps Homo faber
- setzen sich mit technischer Intelligenz am Beispiel von Robotern auseinander
- nehmen Stellung zum Problem der Machbarkeit im Bereich der Technik
- beziehen den Umgang mit Tieren in die Erörterung von Technik und Technologie ein

Unterrichtsaspekte

- die Welt der Dinge als spezifisch menschliche Welt
- das Naturverhältnis des Homo faber
- Handwerkskunst
- Mensch-Maschine-Verhältnis
- Experiment und Gedankenexperiment
- nachhaltiges Wohnen
- Umgang mit Tieren (Züchtung und Schlachtung)
- Mega-Citys

Methoden

Schwerpunktmethode
- Gedankenexperimente

Weitere Methoden
- Sokratisches Gespräch
- Schreibgespräch
- Schreibmeditation
- Essay schreiben
- Inszenierung
- Plakat entwerfen
- Placemat

4

1 Natur und Technik

Didaktische Erläuterungen

Thema des Kapitels ist das Naturverhältnis des Menschen unter Bedingungen seiner Kultürlichkeit. Das Kapitel will einen Zugang zur Verhältnismäßigkeit von Natur und Kultur bzw. Technik erschließen und keinen Gegensatz suggerieren. Die Natur ist ohne den Technik herstellenden Menschen keine ‚Natur‘, insofern nur der Mensch über einen Begriff des Ganzen der Natur, dessen Teil er ist, verfügt. Auf diesen Zusammenhang ist die didaktische Operationalisierung des Kapitels angelegt. Die Unterkapitel folgen einer Progression vom Staunen über die Natur über den Gedanken der Verantwortung für die Natur bis zum Lernen von der Natur. Die Startseite (S. 102) thematisiert das Staunen über die Natur und das „Wunderbare" (Aristoteles) in ihr; spricht mit der Thales Anekdote das Verhältnis von Wissenschaft bzw. Forscherdrang einerseits und Alltag andererseits an. Die Schülerinnen und Schüler werden aufgefordert, sich eigene „wunderbare" Erfahrungen mit und in der Natur zu vergegenwärtigen und sich mit dem Begriff des Wunderbaren auseinanderzusetzen. Die Schwerpunktmethode „Denkmodelle und Theorien unterscheiden und benennen" hat wissenschaftspropädeutischen Charakter und möchte zu einem reflektierten Umgang mit Theorien und Theoriebildungen, zum Verständnis von Theorien als solchen hinführen. Dass das Verständnis der Natur über ein Verständnis des Naturbegriffs führt, wird mit der aristotelischen Unterscheidung zwischen dem, was von Natur, ohne Zutun des Menschen, aus sich heraus einer eigenen Produktivität folgend *(physei)*, und dem, was gesetzt, vom Menschen gemacht ist *(thesei)*, erarbeitet.

Diese Unterscheidung ist ebenso grundlegend wie brisant, denn das kultürliche Wesen Mensch ist als Lebewesen zugleich Natur. Seine Kultürlichkeit bzw. „Künstlichkeit" (von ‚Kunst‘ im Sinne von ‚techne‘ bzw. ‚ars‘) ist seine Natur. Die Verantwortung des Menschen für die Natur ist insofern als Verantwortung für sich selbst zu verstehen. Technik ist nicht gegen die Natur gerichtet, sondern ein naturanaloges technisches, d. h. hervorgebrachtes, hergestelltes Produkt des Menschen.

Insofern ist der Begriff der Kultürlichkeit des Menschen, ohne explizit eingeführt zu werden, geeignet, einen didaktischen Zugang zu erschließen, der sowohl die Unterscheidung Mensch – Natur als auch ihren Zusammenhang verständlich machen kann. Natur ist ihrem Begriff nach alles, was nicht von Menschen gemacht ist (Kultur). Vieles, was uns heute jedoch als Natur gilt, ist eigentlich Kultur: Landschaften, Feld- und Ackerbau, Gärten, Parks.

Die Kultürlichkeit der natürlichen Umgebung des Menschen ist der Ausgangspunkt für dieses Kapitel. Natur wird nicht in Opposition zu Kultur gesehen. Die „reine", „unberührte" Natur kommt eigentlich nur als ein Gedankenexperiment vor. Die Schülerinnen und Schüler haben in der Regel keine Erfahrung im Umgang mit Natur in diesem Sinne.

Das Kapitel will vermeiden, die Schülerinnen und Schüler in die Situation zu bringen, eine „gute", weil unberührte Natur von einer in der Tendenz „schlechteren", weil bearbeiteten Kultur-Natur des Menschen abzugrenzen. Sein Anliegen besteht vielmehr darin, Unterscheidungen zu erarbeiten, auf deren Grundlage ein Wissen um die Kultürlichkeit der menschlichen Umwelt und um die Motive der Gestaltung und der Eingriffe in die Natur deutlich werden.

Dem wissenschaftspropädeutischen Anliegen entspricht auch, das Verhältnis von Natur und Wissenschaft ideologiefrei zu präsentieren. Statt dieses Verhältnis primär konflikthaft zu verstehen, geht es vielmehr um Wissenschaft als Medium und Instrument des Naturverstehens. Dass Wissenschaft Ambivalenzen beinhaltet, kann am Material erarbeitet werden. Die Natur weckt die theoretische Neugierde des Menschen. Damit sind unvermeidlich auch Risiken verbunden. Das Kapitel will zwar auf die Risiken menschlicher Neugierde, Forschens und Entdeckens aufmerksam machen, aber es zielt nicht auf eine wissenschaftsskeptische Haltung bei den Schülerinnen und Schülern. Im Gegenteil will es wissenschaftliche Neugier wecken und fördern.

Natur verstehen

Mit dem Text aus Aristoteles' Physik-Vorlesung wird die Unterscheidung zwischen Dingen, die „von Natur aus" und Dingen, die „nicht von Natur aus" bestehen, eingeführt. Der entscheidende Unterschied, dass nämlich Dinge, die von Natur aus bestehen, von sich aus einen Anfang haben, Entwicklungen durchlaufen, wachsen, vergehen, Eigenschaften verändern, führt hin zum Verständnis von Lebewesen, die von selbst anfangen, bestrebt sind, ihr Leben zu erhalten, werden, wachsen und vergehen. Die Ursache der Dinge, die von Natur aus sind, liegt nicht in der Hand des Menschen; er ist der Schöpfer der Dinge, die nicht von Natur aus bestehen, die „gesetzt", ‚thesei‘, sind. Aristoteles' Text enthält implizit den Gedanken des Respekts vor Dingen, die von Natur aus sind; sie fangen von selbst an, leben durch sich selbst.

Francis Bacons berühmter Text aus der Utopie „Neu-Atlantis" (Nova Atlantis) bringt den Aspekt der instrumentellen Nutzung der Natur zum Wohl des Menschen. Er ist geeignet, die Ambiguität oder die Dialektik der Naturbeherrschung zum Thema zu machen. Es wird deutlich, dass der instrumentelle Umgang der Insulaner mit ihrer natürlichen Umwelt vom Programm Bacons her gedacht

(„Wissen ist Macht") dem Wohlergehen der Menschen dient. Dass sich diese Instrumentalität bzw. dass sich instrumentelle Vernunft (Adorno/Horkheimer) auch gegen das Wohl der Menschen richten kann, spricht der Text nicht aus, liegt aber auf der Hand und kann erarbeitet werden.

In dieser Linie liegt schließlich der Denkraum, der eine Beschäftigung mit der gewissermaßen selbst naturwüchsig gewordenen instrumentellen Beherrschung der Natur anregen will: Die Machbarkeit menschlicher Verfügung über die Natur bedarf der Reflexion der Zwecke des Machbaren. Die Zitate von Edward Teller und Werner Heisenberg sind geeignet, eine altersangemessene Auseinandersetzung mit der Dialektik der Naturbeherrschung anzuregen, ohne eine ideologische Einseitigkeit vorzugeben. Die Macht, die vom Wissen nach Bacon ausgeht, bedarf der aufgeklärten, der vernünftigen Reflexion der Zwecke, dem das Verfügungswissen über die Natur dienen könnte.

Warum Naturschutz?

Die Frage ergibt sich didaktisch gesehen aus der Konsequenz des ersten Unterkapitels, indem sie den Gedanken des Naturschutzes aufwirft, den eine vernünftige, nachhaltige instrumentelle Nutzung der Natur mit sich bringt. Das Unterkapitel stellt Institutionen des Naturschutzes hinsichtlich ihrer Reichweite dar. Die didaktische Absicht ist darin zu sehen, dass die Schüler und Schülerinnen, indem sie Bereiche bzw. Dimensionen des Naturschutzes herausarbeiten, ein Verständnis der grundlegenden umweltethischen Unterscheidungen vorbereiten. Das Naturverstehen und der Naturschutz werden an dieser Stelle unterfüttert mit einem begrifflichen Instrumentarium, das den Schülerinnen und Schülern kognitive Mittel an die Hand gibt, sich mit verschiedenen Ansätzen des Naturschutzes auseinanderzusetzen und zu lernen, welche Unterschiede es macht, sich anthropozentrische, pathozentrische, biozentrische oder holistische Standpunkte zu eigen zu machen. Dies liegt in der didaktischen Absicht des Unterkapitels: Es kommt auf die Reflexion möglicher Standpunkte, auf die Begründung des eigenen Standpunktes an, nicht auf die Verpflichtung, eine Natur zu schützen, deren Begriff undifferenziert bleibt.

Schwerpunktmethode „Denkmodelle und Theorien unterscheiden und benennen"

Ein letzter Schritt der Auseinandersetzung ist mit wissenschaftspropädeutischen Absichten verbunden: Ein eigener Standpunkt – trete ich für Naturschutz ein, weil es dem Mensch zugute kommt (Anthropozentrismus), um unnötiges Leiden von Lebewesen zu vermeiden (Pathozentrismus), aus Ehrfurcht vor dem Leben (Biozentrismus) oder weil die Natur als Ganzes, für sich genommen einen den Menschen verpflichtenden Wert hat (umweltethischer Holismus) – kann eingenommen, vertreten und benannt werden. Die eingeführte Methode, die nach vorheriger Übung (SB S. 107, Aufgabe 5) angewendet werden soll, zielt auf die Kompetenz, Standpunkte einnehmen und vertreten zu können, weil man sie benennen und ausweisen kann. Insofern ist mit der Einführung der Methode auch Wissenschaftspropädeutik in dem Sinne verbunden, dass den Schülerinnen und Schülern ein unverkrampfter Umgang mit „Ismen" erschlossen werden kann. „Ismen" als Bezeichnungen von Theorien und Einstellungen brauchen nicht einzuschüchtern und in der Folge Abwehr zu provozieren, sondern können regelrecht konstruiert und damit selbstbewusst verwendet werden, wo es darum geht, persönliche Standpunkte und wissenschaftliche Positionen deutlich zu machen.

Ehrfurcht vor dem Leben vertieft mit Albert Schweitzer die biozentrische Position im Spektrum der Umweltethik. Sie entspricht einerseits dem empathischen Naturverstehen, andererseits dem Niveau kognitiver Operationen dieser Altersstufe; setzt also beim Vorwissen und bei Haltungen ein, die die Schülerinnen und Schüler bereits besitzen. Schweitzer ist im Besonderen geeignet, die Rolle der Gefühle im Verhältnis zur Natur zu thematisieren. In seiner paradigmatischen Klarheit ist Schweitzers Biozentrismus noch immer uneingeholt. Die Auseinandersetzung lässt aber auch Raum für kritische Blicke und eigene Positionierungen, insofern durch die Anwendung der Schwerpunktmethode Alternativen sichtbar werden. Dass Schweitzer selbst keinen naiven, d. h. verkappt anthropozentrischen Biozentrismus meinte, insofern er sich der moralischen Neutralität der Natur selbst bewusst war, kann der Denkraum erschließen. Er wirft die Frage nach dem Sinn der Natur auf, die im Kern eine Auseinandersetzung der Perspektive ist: Von wo aus betrachtet hat oder produziert die Natur Sinn? Gibt es eine nicht-religiöse Perspektive?

Nachhaltigkeit steht für eine im Kern anthropozentrische Umweltethik, insofern das Konzept auf die nachhaltige Nutzung der Natur für ein nachhaltiges Wohlergehen des Menschen zielt. Das Unterkapitel führt den Begriff der Nachhaltigkeit ausdrücklich ein. Die Schülerinnen und Schüler wenden den Gedanken dann auf das Konzept des fairen Handels und auf das Thema Müll an. Dass Nachhaltigkeit bis ins Alltagsleben der Schülerinnen und Schüler hineinreicht, kann an der Dilemma-Geschichte deutlich werden, in der es um nachhaltig produzierte Kleidung geht.

Bionik – Lernen von der Natur geht zum Ausgangsgedanken des Kapitels zurück, der Nutzung der Natur zum Wohle des Menschen. Die Nachhaltigkeit der Nutzung natürlicher Ressourcen bzw. genauer die Nachhaltigkeit des Wissens, sich die Natur nutzbar zu machen, liegt hier allerdings in der Erkenntnis, der Einsicht in den Bauplan der Natur. Von der Natur lernen bedeutet, sie im Einzelnen zu verstehen; die Prinzipien, auf denen

4

Beginn, Werden und Vergehen, um die Unterscheidung bei Aristoteles aufzunehmen, beruhen.

Rückblick und Weiterdenken vertiefen zum einen den Standpunkt der anthropozentrischen Umweltethik durch ein Expertengespräch; zum anderen geht es um das Weiterdenken einer Frage, die schon bei Schweitzer (sinnvolle, sinnlose Natur) angeschnitten, aber nicht ausdrücklich gestellt wurde: Ist es, und wenn ja, wie ist es überhaupt möglich, Natur zu verstehen? Heisenberg gibt eine kantisch bzw. evolutionstheoretisch inspirierte Antwort: Als Teil der Natur verfügen wir über einen Verstand (Gehirn), der so beschaffen ist, dass er die Natur, der er angehört, verstehen kann. Menschlicher Verstand, menschliches Denken und Natur „passen" zusammen.

Ansätze in der Umweltethik:

• *Anthropozentrische Umweltethik*
Ihr kommt es auf die Erhaltung der Umwelt für den Menschen an. Vom klassischen Anthropozentrismus, der die Ausbeutung, Beherrschung und Unterwerfung der Natur begründet, unterscheidet sich ein moderner, wohlverstandener Anthropozentrismus im Sinne einer Position der Ausgewogenheit von Verträglichkeit und Zuträglichkeit (vgl. H. Lenk) menschlichen Handels in und auf die Natur hin. Der wohlverstandene oder rationale Anthropozentrismus setzt voraus, dass die Betrachtung und Behandlung der Natur immer nur aus der Perspektive des Menschen möglich ist. Selbst die Erhaltung der Natur kann nicht als Erhaltung um ihrer selbst willen begründet werden, sondern bleibt immer an das Naturverhältnis des Menschen, seinen Begriff von ihr und sein Interesse an ihr gebunden. Die Rechte der Natur sind genau genommen Rechte des Menschen in Bezug auf die Natur. Es sind dies Rechte, die zwischen Menschen bestehen bzw. die die Verhältnisse der Einzelnen zum Staat und seinen Aufgaben regeln.

• *Pathozentristische Umweltethik*
Ihr kommt es auf das Wohlergehen und die Schmerzvermeidung bei Lebewesen an. Sie erfährt ihre Begründung aus der Leidensfähigkeit von Menschen und Tieren aufgrund ihrer Empfindungsfähigkeit. Daraus gibt sich das Verbot, Tiere zu quälen, oft auch das Verbot von Tierexperimenten bzw. das Gebot, keine Tiere zu töten und ein Plädoyer für vegetarische Ernährung. Grundlage des Pathozentrismus ist der Utilitarismus, dessen Grundsatz lautet, Glück zu vermehren und Leid zu vermindern. Eine grundlegende Unterscheidung hinsichtlich der moralischen Berücksichtigung zwischen Tieren und Menschen ist aus utilitaristischer Sicht schwer möglich.

• *Biozentrische Umweltethik*
Ihr geht es um den Erhalt des Lebens (bios) um seiner selbst willen. Albert Schweitzers Forderung nach einer „Ehrfurcht vor dem Leben" ist hier exemplarisch zu nennen. Nach dem Biozentrismus ergeben sich Pflichten des Menschen gegenüber der Natur als Inbegriff alles Lebendigen. Sie ist gleichgestellter Partner des Menschen. Alles, was lebt, hat ein Recht auf Leben; dieses Recht steht nicht zur Disposition. Ersichtlich stehen damit das Töten von Tieren sowie Experimente mit Tieren auf dem moralischen Prüfstand.

• *Holistische Umweltethik*
Sie geht einen Schritt weiter als die biozentristische Ethik, indem sie die Erhaltung der Natur als Gesamtheit fordert und damit die unbelebte Natur einschließt. Danach hat auch ein Gletscher, eine Landschaft, ein Ozean ein Recht auf Existenz und Erhaltung. Die unbelebte Natur ist nicht nur Ressource, sondern hat einen Wert an sich, behauptet der holistische Umweltethiker. Jeder Eingriff in die Kreisläufe der Natur, der sich als zerstörerisch herausstellen könnte, wäre nach dieser Auffassung ethisch verboten. Diese „Tiefenökologie" (Arne Naess) hat weltanschaulich durchaus Bedeutung, ist aber ethisch nicht plausibel begründbar, weil ein Maßstab einer vernünftigen, naturgemäßen Behandlung der Natur nicht unabhängig vom Menschen möglich ist bzw. ein Wissen über die Natur voraussetzt, das vielleicht grundsätzlich nicht menschenmöglich ist.

Literatur zum Kapitel:

Birnbacher, Dieter: Bioethik zwischen Natur und Interesse. Frankfurt/M. 2006: Suhrkamp.

Birnbacher, Dieter: Natürlichkeit. Berlin 2006: de Gruyter.

Birnbacher, D. (Hrsg.): Ökologie und Ethik. (1980) bibliographisch erg. Ausgabe. Stuttgart 2001: Reclam.

Böhme, Gernot: Ethik leiblicher Existenz. Über unseren moralischen Umgang mit unserer eigenen Natur. Frankfurt/M. 2008: Suhrkamp.

Habermas, Jürgen: Die Zukunft der menschlichen Natur. Frankfurt/M. 2008: Suhrkamp.

Janich, P./Gutmann, M./Prieß, K.: Biodiversität. Wissenschaftliche Grundlagen und gesellschaftliche Relevanz. Berlin Heidelberg 2002: Springer.

Krebs, A. (Hrsg.): Naturethik der gegenwärtigen tier- und ökoethischen Diskussion. Frankfurt/M. 2006: Suhrkamp.

Lenk, Hans: Umweltverträglichkeit und Menschenzuträglichkeit. Karlsruhe 2009: Universitätsverlag.

Michelsen, G. (Hg.): Handbuch Nachhaltigkeitskommunikation. Grundlagen und Praxis. 2. aktualisierte und überarb. Aufl.. München 2007: oekom Verlag.

Wolf, Ursula: Haben wir moralische Verpflichtungen gegen Tiere? In: Krebs, A. (Hrsg.): Naturethik der gegenwärtigen tier- und ökoethischen Diskussion. Frankfurt/M. 2006: Suhrkamp, S. 47–75.

Erläuterungen und Lösungen der Aufgaben

⇒ *SB S. 100/101*

Die Doppeleinstiegsseite legt eine Klammer um die Kapitel 1 und 2, aktiviert Vorverständnisse und Intuitionen im Blick auf das Thema und regt in einem ersten Schritt propädeutische Überlegungen zu den Grenzen der Nutzung der Natur durch den Menschen an. Natur, im Sinne des „nicht vom Menschen gemachte" *(physis)* tritt im Bild als grüner Urwald dem von Menschen Gemachten *(thesei)* entgegen. Die gestalterischen Mittel – realistische fotografische Abbildung und scherenschnittartige Collage-Elemente aus Papier – bilden einen Kontrast, der geeignet ist, die Schülerinnen und Schüler zum Nachdenken über das Naturverhältnis des Menschen anzuleiten. Am unteren Bildrand sind Menschen abgebildet, die im Wald eine Brücke passieren. Das Motiv deutet an, dass es sich bei Natur und Kultur nicht um unversöhnliche Gegensätze, sondern um einen verstehbaren Zusammenhang handelt, eine verbindende, begehbare Brücke. Die Größenverhältnisse veranschaulichen die Kleinheit des Menschen, zugleich aber auch die Souveränität, mit der der Mensch sich in der Natur bewegt, die er für sich zugänglich macht durch Handwerk, Technik und Wissenschaft. Die Doppelseite hat unter didaktischen Gesichtspunkten erschließende Funktion. Sie soll möglichst viele Aspekte des Themas und mögliche Zugänge ansprechen. Die Ambivalenz des Umgangs mit dem Feuer wird durch Schiller angedeutet, die Frage, ob die Kreativität des Menschen Grenzen hat, wirft das Zitat auf S. 101 auf. Der schmale Grad zwischen Naturliebe und Naturbeherrschung bzw. Ausbeutung der Natur kann an dieser Stelle durch eigene Texte und Bilder der Schülerinnen und Schüler in einem ersten Schritt erarbeitet werden.

⇒ *SB S. 102*

Das Zitat von Aristoteles und das Bilderrätsel sollen einen ersten Zugang zum Thema Natur und Technik ermöglichen. Darüber hinaus beziehen sie sich aufeinander, indem das Wunderbare der Natur, die Wunder, die die Natur hervorbringt, in den Vordergrund gestellt werden. Das Bilderrätsel fasst den Begriff des Wunderbaren wortwörtlich als „sich über etwas wundern" auf und lässt die Schülerinnen und Schüler einen neuen Blickwinkel auf gewöhnliche Erscheinungen einnehmen.

1. Die Auflösung (Haifischhaut) findet sich auf S. 233.
2. Individuelle Vorschläge und Bilder.
3. Mögliche Definitionen: Ein Wunder löst Verwunderung und Erstaunen bei mir aus./Wunderbares ist etwas, worüber man sich noch wundern kann bzw. darf./ Ein Wunder ist etwas Übernatürliches./Ein Wunder ist etwas, woran man nicht geglaubt hat, bis man es mit eigenen Augen bezeugen konnte./Etwas Wunderbares ist etwas, von dessen Existenz man noch nichts wusste./Ein Wunder ist etwas Außergewöhnliches etc.

4. Oft findet sich direkt vor unserer Nase etwas, das wunderbar sein kann, aber wir sind nicht in der Lage, es als solches zu erkennen. Weil wir keinen Blick mehr für die Dinge in unserer unmittelbaren Nähe haben, sondern nach „Höherem" streben – wie wortwörtlich Thales in der Geschichte –, bleibt uns Wunderbares in unserem Alltag verborgen. Dass die Natur Wunderbares für uns bereit hält, wir es aber nicht sehen können, zeigt das Beispiel mit der Haifischhaut. Alles Natürliche kann wunderbar sein, wenn man es aus einem anderen Blickwinkel heraus betrachtet.
5. Individuelle Lösungen, aber wahrscheinlich werden die Schülerinnen und Schüler der Frau in ihrer Reaktion zustimmen, da die Aussage der Dienstmagd auf deren Erfahrungswelt zutrifft.

⇒ *SB S. 103*

Dieses Teilkapitel erschließt anhand von zwei Texten der Philosophen Aristoteles und Bacon wichtige Begriffe zum Naturverständnis („von Natur aus" und „nicht von Natur aus") sowie zu deren Nutzung. Vor- und Nachteile werden erörtert und die Schülerinnen und Schüler erhalten Gelegenheit, ihr eigenes Verhältnis zur Natur zu reflektieren.

1. „Nicht von Natur aus" sind Dinge, die industriell erzeugt werden, Nutzungsgegenstände und Dinge des täglichen Bedarfs. Sie werden aus Rohstoffen erst geschaffen und unterliegen keinen Veränderungen. „Von Natur aus" hingegen sind Dinge und vor allem Lebewesen, die die Eigenschaft haben, sich zu verändern, Prozesse zu durchlaufen. Das ist bei Dingen, die „nicht von Natur aus" sind, nicht der Fall, sie werden für einen bestimmten Zweck geschaffen und haben von vornherein festgelegte Eigenschaften. Verlieren sie diese, können sie ausgetauscht werden, d. h. sie sind reproduzierbar und nicht individuell.
2. Individuelle Lösungen: Beispiele können sein, ein Auto, das kaputt ist, wird durch ein neues Auto ausgetauscht. Hingegen ein Mensch oder auch ein Tier lassen sich nicht nach ihrem Ableben ersetzen.
3. Aus Aristoteles' Verständnis kann man ableiten, dass alles, was „von Natur aus" existiert, gleichberechtigt ist. Tiere, Pflanzen und unsere Umwelt haben dieselbe Daseinsberechtigung wie wir Menschen. Sie verdienen daher, mit Respekt behandelt zu werden und sind nicht dem Menschen untertan. Natur soll geehrt und dementsprechend sinnvoll genutzt werden.

⇒ *SB S. 105*

4. Die Bensalemer benutzen große Seen, um Fische und sogar Vögel in ausreichender Menge zu züchten./Die Bensalemer legen Teiche an, um süßes Wasser aus salzigem zu filtern./Die Bensalemer machen Versuche mit

4

Pfropfungen, um Wald- und Obstbäume zu veredeln./ Die Bensalmer halten Säugetiere und Vögel aller Art, um mittels Versuchen an diesen auch Einblicke in den menschlichen Körper zu erlangen./Die Bensalemer experimentieren an diesen Tieren mit Giften, Gegengiften und Heilmitteln, um den menschlichen Körper besser schützen zu können./Die Bensalemer haben Instrumente erfunden, um sehr weit entfernte Dinge wie Himmelskörper besser sehen zu können./Die Bensalemer besitzen kunstvolle Sehrohre, um auch ganz kleine Dinge genau zu beobachten./Die Bensalemer versuchen in ihrer Mechanikerwerkstatt raschere Antriebe zu erzeugen./Sie probieren Triebwerke leichter und zweckmäßiger zu gestalten./Die Bensalemer ahmen den Vogelflug nach, um auch durch die Luft fliegen zu können./Außerdem imitieren die Bensalemer die Bewegungen der Lebewesen in Abbildungen.

5.

Vorteil	Zweck	Nachteil/ Gefahr
Nahrung für die Menschen	Fischzucht	Überzüchtung, Ungleichgewicht der Tierarten
Trinkwasser	Süßwassergewinnung	Kostet viel Zeit, Gefahr einer Keimbelastung
Veredelung von Pflanzenarten und somit höhere Ernteerträge	Pfropfungen	Isolation von bestimmten Arten, Aussterben alter Arten
Wissenschaftliche Erkenntnisse gewinnen	Tierhaltung zu Versuchszwecken (Reaktion auf Gifte, um den Körper zu schützen)	Ethik gegenüber anderen Lebewesen; Tierversuche; Tierquälerei
Horizont erweitern, mehr Wissen erlangen	Fernrohr/Mikroskop	Detailwissen birgt die Gefahr, das Ganze aus dem Blickwinkel zu verlieren
Verbesserung von Erfindungen	Ingenieurwesen	Fortschreitende Entfremdung von der Natur
Neue Perspektiven, neues Verkehrsmittel	Fliegen	Umweltverschmutzung

Vorteil	Zweck	Nachteil/ Gefahr
Wissen über Lebewesen; Grundlagen für den Bau intelligenter Maschinen (Roboter)	Bewegungsnachahmung	Roboter könnten Menschen dort verdrängen, wo lebendige Menschen gebraucht werden; Pflege und Fürsorge für andere

6. a) Die Bensalemer gehen mit der Natur um wie mit einer Schatztruhe./Die Bensalemer gehen mit der Natur um wie mit einem Korb, aus dem man sich bedienen kann./Die Bensalemer gehen mit der Natur um wie mit einer Selbstbedienungstheke./Die Bensalemer gehen mit der Natur um wie mit einem Prototypen, der noch verbessert werden kann und muss./Die Bensalemer gehen mit der Natur um wie mit einem Versuchsobjekt, das erforscht und unterworfen werden muss./Die Bensalemer gehen mit der Natur um wie mit einem Patienten, an dem man sein eigenes Wissen erproben kann./etc.

b) Individuelle Lösungen.

Denkraum

A Individuelle Essays: Die Lehrerin bzw. der Lehrer sollte auf S. 76, wo das Schreiben von Essays vorgestellt wird, noch einmal verweisen bzw. diese philosophische Methode wiederholen.

B Individuelle fiktive Interviews: In den Interviews sollte deutlich werden, dass „Wissen gleich Macht" bedeutet, dass man Verantwortung für sein Handeln übernehmen muss. Nur, weil man etwas tun kann, ist es vielleicht nicht immer gut, es auch zu tun. Dies gilt vor allem, wenn Wissen in die falschen Hände gerät, was an Tellers Wasserstoffbombe illustriert werden kann. Das fiktive Interview könnte bzw. sollte sich zu einer Art Streitgespräch entwickeln, an dessen Ende die Schülerinnen und Schüler bestenfalls Stellung nehmen bzw. Argumente für beide Parteien erarbeiten.

➡ *KV 18: „Naturerlebnisse gestern und heute"*

➡ *SB S. 106–108*

Das Thema Naturschutz und der verwandte Begriff der Nachhaltigkeit sind und bleiben von Bedeutung. In diesem Teilkapitel wird darüber hinaus die Frage aufgeworfen, wie weit Naturschutz gehen soll. Da Naturschutz meist mit philosophischen Positionen einhergeht, wird hier die philosophische Methode, Denkmodelle und Theorien zu benennen, vorgestellt und eingeübt. Zu den hier aufgeführten Organisationen: Der Titel UNESCO Weltkulturerbe und Weltnaturerbe wird an Stätten verliehen, die sich wegen ihrer Einzigartigkeit und ihrer Authentizität besonders auszeichnen. Der NATIONALPARK BAYERISCHER WALD ist ein Nationalpark im Hinteren Bayerischen Wald nahe der Grenze zu Tschechien und wurde 1970 mit einer Größe von über 24.000 Hektar als erster Nationalpark Deutschlands gegründet.

Der Begriff NATURSCHUTZGEBIET ist eine Schutzkategorie des regionalen Naturschutzes nach dem Bundesnaturschutzgesetz und fand erstmals 1920 Erwähnung. Als erstes Naturschutzgebiet bezeichnete man das Neandertal bei Düsseldorf. Heute gibt es ca. 8.500 Naturschutzgebiete in Deutschland.

NABU steht für Naturschutzbund Deutschland und ist ein eingetragener Verein, der 1899 gegründet wurde und heute fast eine halbe Million Mitglieder und Förderer hat, die in etwa 2.000 lokalen Gruppen organisiert sind.

Der DEUTSCHE TIERSCHUTZBUND ist ebenfalls ein eingetragener Verein, der 1881 als Dachorganisation der Tierschutzvereine und Tierheime gegründet wurde. Mit mehr als 730 angeschlossenen Tierschutzvereinen und über 500 Tierheimen vertritt er über 800.000 Tierschützer.

1. Die Natur sollte geschützt werden, damit wir gesund leben können./Die Natur sollte geschützt werden, damit wir auch zukünftigen Generationen ein Leben mit der Natur ermöglichen können./Die Natur sollte geschützt werden, damit wir weiterhin Freude an ihr und mit ihr haben./Die Natur sollte geschützt werden, weil wir das Lebensrecht von Tieren und Pflanzen achten müssen./Die Natur sollte geschützt werden, damit wir uns in ihr erholen können./Die Natur sollte geschützt werden, damit wir ihre Schönheit weiterhin genießen können./Die Natur sollte geschützt werden, damit wir nicht Ressourcen vergeuden./Die Natur sollte geschützt werden, damit wir nicht unseren Lebensraum aufs Spiel setzen./Die Natur sollte geschützt werden, damit wir noch die Möglichkeit haben, unerforschte Tier- und Pflanzenarten besser kennenzulernen./Die Natur sollte geschützt werden, weil wir von ihr lernen können./Die Natur sollte geschützt werden, weil sie auf unseren Schutz angewiesen ist./etc.

2.

Überzeugung	Konsequenz/erfordert Schutz/keinen Schutz
A Alles in der Natur hat ein Recht, ohne Eingriff durch den Menschen zu existieren.	Schutz der ganzen Natur (keine Eingriffe, keine intensive Nutzung der Natur erlaubt)
B Alles, was in der Natur vorhanden ist, darf durch den Menschen genutzt werden.	Kein Schutz der Natur

Überzeugung	Konsequenz/erfordert Schutz/keinen Schutz
C Der Mensch darf sich die Natur untertan machen.	Kein Schutz der Natur, hingegen unkontrollierte Ausbeutung der Natur
D Tiere haben Empfindungen, deshalb darf man sie nicht töten oder quälen.	Schutz der Natur, Ehrfurcht vor dem tierischen Leben
E Jedes Lebewesen in der Natur hat ein Recht zu leben.	Schutz der Natur, Ehrfurcht vor dem Leben, auch wenn es nicht perfekt ist (Bsp. Behinderungen; noch umfassender als unter D)
F Jeder Mensch hat das Recht auf ein menschenwürdiges, gesundes Leben.	Schutz der Natur im Sinne der Natur des Menschen (ist auch per Gesetzt so geregelt)
G Damit der Mensch gut leben kann, braucht er eine intakte Natur.	Schutz der Natur zur Sicherung des eigenen Lebensraums und der eigenen Lebensqualität

3. Kreisdiagramm von innen nach außen: **A** (Recht der Natur insgesamt, ohne Eingriff durch den Menschen zu bestehen), **E** (Recht auf Leben kommt allen Lebewesen zu; Tiere und Pflanzen), **F** (Recht des Menschen auf menschenwürdige Existenz), **D** (Empfindungsfähigkeit von Tieren verbietet es, Tiere zu töten oder zu quälen), **G** (Natur als Lebensraum für den Menschen), **C** (der Mensch darf nach Gutdünken und willkürlich mit der Natur verfahren; ist nicht zur Nachhaltigkeit verpflichtet), **B** (Natur darf uneingeschränkt durch den Menschen genutzt werden; kann die Verpflichtung zu einer nachhaltigen Nutzung einschließen.) Anmerkung: Es ist auch möglich, **C** ganz außen und danach **B** zu platzieren. – **B** und **C** geben zwei „Richtungen" an: von der Nutzbarkeit der Natur aus gedacht in Fall **B** und von der die Natur nutzenden Tätigkeit des Menschen aus gedacht in Fall **C**; die beiden Richtungen lassen sich nicht ohne Weiteres auf unterschiedliche Niveaus bringen.

4. Leidensfähigkeit der Tiere – **A, D, E**; Wert der Natur als Ganzes – **A, E, G**; Lebensrecht der Lebewesen – **A, D, E, F**; menschliche Interessen – **C, G**.

5. Leidensfähigkeit der Tiere = Pathozentrismus; Wert der Natur als Ganzes = Holismus; Lebensrecht der Lebewesen = Biozentrismus; menschliche Interessen = Anthropozentrismus.

6. Für den Holismus steht die Natur als Ganzes im Mittelpunkt. Das heißt, dass sie vor dem Eingreifen durch Menschen geschützt werden muss, da sowohl die belebte als auch die unbelebte Natur ihre Existenzberechtigung hat./Für den Biozentrismus steht das Recht aller

4

Lebewesen auf Leben im Mittelpunkt. Das bedeutet, dass jedes Lebewesen das Recht hat, nach seiner Fasson leben zu dürfen./Für den Anthropozentrismus steht der Mensch im Mittelpunkt aller Interessen, sodass er das Maß aller Dinge ist.

7. Individuelle Tendenzen und Begründungen.

8. Individuelle Auswahl und Beschreibungen.

➡ *KV 19 „Unser Anliegen: Naturschutz"*

➡ *SB S. 109*

Anhand der drei Beispiele wird deutlich, dass es nicht primär darauf ankommt, das „richtige" Wort im Sinne einer „Ismen"-Bildung zu finden (wie in Beispiel 3 „Helferismus"), sondern darum, sich im Umgang mit der philosophischen Methode zu üben und auszutauschen. Ein weiterer Aspekt der Übung ist, sich intensiv mit der Beschreibung und Charakterisierung eines anderen Menschen auseinander zu setzten und ein Feedback zu bekommen, welche „Ismen" einem selbst zugeschrieben werden.

➡ *SB S. 110*

1. a) Zertrete keine Insekten./Zerstöre kein Leben, und sei es noch so klein./Hilf jedem, der deine Hilfe benötigt./Sei für die Menschen um dich herum da./Füge keinem Leben Schaden zu./Respektiere und achte alles Leben./etc.

   b) Individuelle Piktogramme. Hinweis: Ein Piktogramm stellt ein einzelnes Symbol dar, das eine Information durch eine vereinfachte grafische Darstellung vermittelt, z. B. eine durchgestrichene Zigarette beim Rauchen-Verboten-Schild.

2. Albert Schweitzer meint mit der Aussage, dass alles Leben heilig sei, dass das Leben unantastbar ist und dass es keine Kategorien nach „wertvollem" und „weniger wertvollem" Leben gibt. Das zeigt sich auch in seiner Aussage, dass nicht danach gefragt werden soll, ob „ein Leben als wertvoll Anteilnahme verdient" (Z. 10). Es geht um das Leben an sich, nicht darum, ob es bedeutsam und „nützlich" ist. Das heißt, dass das Leben eines Insekts genauso viel „wert" ist wie das Leben eines Menschen.

3. Ehrfurcht vor dem Leben + „-ismus", das Leben (= bios) als solches steht bei Schweitzer im Zentrum: Bio+Zentrum → Biozentrismus

4. a) Individuelle Schreibmeditationen – Ergebnis sollte sein, dass das Foto Schweitzers in der Tat Ehrfurcht vor dem Leben ausdrückt, da sich Schweitzer mit dem Vogel (Pelikan) wortwörtlich auf gleicher Ebene befindet. Die beiden sitzen einträglich nebeneinander. Der Vogel zeigt keinerlei Scheu vor dem Menschen, der Mensch hat sich ihm voll Interesse, aber nicht dominierend zugewandt. Er respektiert sein Dasein als Vogel, lässt ihn seiner Natur gemäß sein,

zwingt ihm nichts auf. Beide machen einen durch und durch entspannten Eindruck.

   b) Individuelle Schreibmeditationen – Gefühle, die genannt werden, können sich auch auf den Text beziehen, z. B. „helfen" (Z. 8) → Mitleid empfinden, fürsorglich sein; „Anteilnahme am Leiden" (Z. 16 f.) → empathisch, Empathie empfinden; „Lust" (Z. 18) → Freude, Lebenslust, Glück; „Sehnsucht" (Z. 18) → Streben nach mehr; „Liebe" (Z. 19); etc.

Denkraum

Individuelle Essays: In der Einleitung sollte das Dilemma, dass die Natur selbst keine Ehrfurcht vor dem Leben kennt, deutlich gemacht werden. Im Hauptteil gilt es, Argumente für die Befürwortung bzw. Widerlegung des Zitats zu erarbeiten, sprachlich auszuformulieren und miteinander zu verknüpfen. Darüber hinaus muss auf die Frage, was aus dem Gedanken folgt, und ob die Natur Begriffe wie „sinnvoll" und „sinnlos" kennt, erklärbar geantwortet werden. Für den Schlussteil wird ein knappes Fazit verlangt und eine persönliche Stellungnahme zu der Frage, ob die Natur zu sich selbst eine Haltung haben kann.

➡ *SB S. 111*

1. Nachhaltigkeit im eigentlichen Wortsinn bedeutet, dass etwas nach einer bestimmten Zeit auch noch hält bzw. anhält, also die Zeit überdauern kann. In der ersten Definition kommt der Nachhaltigkeitsgedanke nicht wirklich zum Ausdruck, vielmehr klingt diese Definition nach Einschränkung. Die jetzige und die zukünftige Generation wird voneinander separiert betrachtet, die Auswirkung, die das Handeln der jetzigen Generation auf die zukünftige hat, kommt nicht zum Ausdruck. Bei der zweiten Definition wird die Eigenschaft des Überdauerns, die Erhaltung und Regenerierung als wesentlich herausgearbeitet.

2. Mehrwegflaschen benutzen → Die Flaschen können wiederverwendet werden, sodass kein Müll anfällt und keine Ressourcen verschwendet werden. Sie überdauern durch Mehrfachnutzung./Müll trennen → Durch Mülltrennung und Recycling können Rohstoffe wiederverwendet werden, sodass sie weiter in Gebrauch bleiben, anstelle auf einer Mülldeponie verbrannt und dem Zyklus der Verwendung entzogen zu werden./Benzin sparen → Benzin ist ein fossiler Brennstoff, der nicht erneuerbar ist, daher gilt es, in erneuerbare Energien zu investieren und ganz konkret Benzin zu sparen, indem man sich zu Fuß, mit dem Fahrrad oder mit öffentlichen Verkehrsmitteln fortbewegt./Altpapier verwenden → Altpapier zum Schreiben schützt die (Regen-)Wälder vor weiterer Abholzung, da es nicht nur einmal, sondern mehrfach benutzt werden kann, z. B. als Schreibpapier, aus dem Zeitungspapier oder Toilettenpapier wird./etc.

4

→ *SB S. 112*

3. Ein Hinweis vorweg: Die Ökologie betrifft den Umweltschutz, die Ökonomie die Wirtschaft.

ÖKOLOGIE: *„Liste verbotener Substanzen"*: Indem bestimmte Chemikalien verboten werden, gelangen sie beim Anbau nicht ins Grundwasser und werden nicht der Lebensmittelkette, dem menschlichen Organismus zugeführt. Viele Substanzen sind auch gar nicht in ihrer Wirkung ausreichend untersucht, sodass ein möglicher Schaden ausgeschlossen werden kann, andere sind krebserregend und besonders für Kinder sehr schädlich./*„Umweltschonender Anbau"*: Ein umweltschonender Anbau verbindet Nachhaltigkeit und Wirtschaften im Einklang mit der Natur. Meist sind die Erträge allerdings geringer, sodass die Welternährung wieder zum Thema wird, die mit dem Erreichen des Siebenmilliardsten Erdenbürgers eine Herausforderung darstellt./*„Förderung des Bio-Anbaus"*: Durch Förderung des Bio-Anbaus werden gesündere Erzeugnisse generiert, die zu einer allgemein besseren Lebensführung beitragen können. Die Verwendung weniger Chemikalien ermöglicht Ackerbau im Einklang mit der Natur und auch das Kultivieren von weniger ertragreichen Sorten. Durch entsprechende Bezuschussungen könnten Bio-Produkte auch für Schichten, die weniger Geld für Lebensmittel investieren können, erschwinglich werden./*„Verbot gentechnisch veränderter Organismen"*: Gentechnisch veränderte Organismen stellen eine Gefahr für das Ökosystem dar, da sie in dessen sensibles Gleichgewicht durch bestimmte Resistenzen etc. eingreifen. Deren Wirken auf den menschlichen Organismus ist zudem nicht langfristig erforscht und demnach sind die späteren Auswirkungen unklar. Ein zusätzliches Problem bedeutet die Tatsache, dass Gene von z. B. Erdnüssen sich plötzlich in Karotten wiederfinden lassen. Ein Vorteil hinsichtlich der Welternährung kann darin bestehen, dass diese Pflanzen aufgrund ihrer Schädlingsresistenz sehr ertragreich sind./ *„Bioaufschlag"*: Der Bioaufschlag bewirkt, dass der Preis der einzelnen Lebensmittel wieder steigt. Es wird zum Nachdenken über die eigene Lebensführung angeregt und die Bauern erfahren über den Verkauf ihrer Waren eine Entschädigung, da sie durch den Bio-Anbau weniger Ertrag einstreichen können. Problematisch bleibt, dass sich die ärmeren Schichten Bioprodukte in der Regel nicht leisten können.

ÖKONOMIE: *„Beratung"*: Die Bauern als Erzeuger und die Konsumenten als Verbraucher erhalten Aufklärung. Die Erzeuger, wie sie am besten wirtschaftlich auf ihre Bedürfnisse und ihre Situation bezogen arbeiten können, die Konsumenten, wen sie mit dem Kauf welcher Produkte fördern bzw. schädigen./*„Stabile Mindestpreise"*: Stabile Mindestpreise sind für Kleinbauern wichtig, um ihre Existenzgrundlage zu sichern und nicht in die Elendsspirale zu geraten./*„Fairtrade-Prämie"*: Als Fairtrade-Prämien werden manchmal So-

zialleistungen wie Urlaub, medizinische Versorgung, Altersvorsorge etc., also alles im Westen übliche Standards, ermöglicht./*„Langfristige Handelsbeziehungen"*: Diese sind für eine langfristige Abwicklungsplanung und eine Verhandlungsbasis zwischen Erzeugern und Abnehmern notwendig./*„Vorfinanzierung"*: siehe Beispiel im SB.

SOZIALES: *„Arbeitsbedingungen"*: Fairtrade garantiert, dass Produkte ohne Kinder- und Zwangsarbeit hergestellt werden./*„Gemeinschaftsprojekte"*: Der Kauf von Fairtrade-Produkten unterstützt Wirtschaftsmodelle in ärmeren Ländern, die sozial schwächere Menschen vor Ort davor bewahrt, in ihrer Not auf unmenschliche Produktionsmechanismen (wie z. B. Kinderarbeit) zurückzugreifen./*„Versammlungsfreiheit"*: Die Versammlungsfreiheit ist ein Grundrecht, das in Deutschland nach Artikel 8 des Grundgesetzes, nach Artikel 12 der Europäischen Grundrechtecharta und Artikel 11 der Europäischen Menschenrechtskonvention das spontane Zusammenkommen friedlicher Gruppen garantiert./*„Diskriminierungsverbot"*: Das Diskriminierungsverbot als Teil der Grundrechte untersagt, Menschen aufgrund bestimmter Merkmale (Religionszugehörigkeit, Geschlecht, ethnische Herkunft, Rasse, Weltanschauung etc.) ungleich zu behandeln./*„Keine illegale Kinderarbeit"*: Laut Schätzungen der UNICEF arbeiten über 190 Millionen Kinder zwischen fünf und 14 Jahren, insbesondere in Asien und Afrika. Mit der Abschaffung von Kinderarbeit soll den Kindern ein menschenwürdiges Leben und die Chance auf Bildung zuteil werden.

4. TEEKAMPAGNE: Die Teekampagne betreibt ausschließlich fairen Handel mit der Teesorte Darjeeling, hat sich also auf diese Produktsorte der Genussmittel spezialisiert.

FAIRTRADE: Fairtrade-Produkte sind in Bioläden, aber auch Supermärkten, Kaufhäusern, Drogerien etc. erhältlich. Sie beschränken sich auf Lebensmittel, handeln aber auch Schnittblumen.

GEPA – The Fair Trade Company: Dieser Importeur fair gehandelter Produkte aus südlichen Ländern der Welt hat sich auf Lebensmittel und Handwerksprodukte spezialisiert.

GLOBAL ORGANIC TEXTILE STANDARD: Hinter diesem Textilsiegel verbirgt sich ein Zertifizierungsverfahren in der Herstellung von Ökomode, d. h. die Textilien garantieren einen kontrollierbaren, sozialen und ökologischen Standard.

5. Individuelle Dilemma-Diskussionen.

Denkraum

Individuelle Poster: die Schülerinnen und Schüler sollten sich auch im Internet zu den Kriterien für nachhaltiges Reisen informieren, dazu gehören z. B. der Klimaschutz und die soziale Gerechtigkeit. Oberstes Ziel ist ein Tourismus, der ökologisch und ökonomisch tragbar sowie

4

ethisch und sozial gerecht ist, das schließt auch die Wahl umweltschonender Transportmittel mit ein (manche Flugreisen werden gar nicht angeboten). Auch bei der Unterkunft gilt es, auf ökologische Belange zu achten, z. B. die abfallarme Beschaffungspolitik, der umweltgerechte Einsatz von Reinigungs- und Waschmitteln, Energieeinsparung und die Nutzung erneuerbarer Energien etc.

➡ *SB S. 113*

6. Der Müll auf dem Foto ist Müll, wie ihn nur eine Industrienation, also die westlichen Länder, hervorbringt. Es sind auffallend viele Bälle zu sehen, die vermutlich durch Spiele dort landen. Der Tiber fließt durch Italien, u. a. durch die Millionenstadt Rom, wo zu wenig Mülltrennung und Recycling betrieben werden. Dementsprechend fehlt das Bewusstsein dafür, z. B. kaputte Bälle zuhause zu entsorgen.

7. Einige Maßnahmen können sein: Aufstellen von genügend Mülleimern für Recycling, Wiederverwertung, Mülltrennung, Spenden von ausrangierten Produkten an Bedürftige, etc.

8. Geschätzte 100 Millionen Tonnen Müll in den Weltmeeren ergeben in der Umrechnung auf Golfs VI bei einem Gewicht von ca. 1500 kg (= 1,5 t) rund 67 Millionen Autos.

9. a) Es ist anzunehmen, dass aufgrund der technischen Produktion und der Weiterentwicklung der Produkte der Müll und dessen Abbauzeit eher unverhältnismäßig zunehmen.

   b) Es wäre notwendig, die Produktion von Plastikmüll sofort einzustellen, was absolut unrealistisch ist, und selbst dann würde es noch mehr als sechs Generationen dauern, bis die Erde frei von Müll wäre.

10. Individuelle sokratische Gespräche.

➡ *SB S. 114*

1. Mögliche Beispiele: Saugnäpfe (Kraken, Käfer), Propeller (Flügelfrucht des Ahorns), Schwimmflosse (Schwimmhäute bei Fröschen und Wasservögeln), Echolot (Wahrnehmung bei Delphinen und Fledermäusen), Spritzen (Giftstachel von Insekten), Lüftungssysteme (Termitenbau), etc.

2. Individuelle Beurteilungen, die die These, dass Lernen von der Natur für die Technik ein nachhaltiges Prinzip darstellt, untermauern können. Aber auch hier erfährt die Technik ihre Grenzen (Bsp. Klonen).

➡ *SB S. 115*
Rückblick

1. – 4. Individuelle Podiumsdiskussionen, bei der auch noch einmal die Begriffe von S. 107 und Albert Schweitzers Ethik der Ehrfurcht vor dem Leben fallen sollten.

➡ *KV 20 „Wohlstandsmüll in Afrika"*

Weiterdenken

5. Individuelle Diskussion, bei der auf die Ansätze von S. 102 (Startseite) zurückgegriffen wird, um die Frage, ob der Mensch in der Lage ist, die Natur überhaupt zu verstehen, zu beantworten. In Ergänzung dazu steht das letzte Teilkapitel über die Bionik, bei der deutlich wird, wie viel der Mensch von der Natur noch immer lernen kann. Daran knüpft das Heisenberg-Zitat mit der Fragestellung an, ob die Natur sich dem Menschen erschließt. Dazu dürfte sich genügend Diskussionspotenzial entfalten.

Didaktische Erläuterungen und Lösungen zu den Zusatzmaterialien/Kopiervorlagen (KV) und zur Lernzielkontrolle (LZK)

KV 18, Niveau 1
zu: Natur verstehen: Physikvorlesung/Neu Atlantis
➡ *SB S. 103–105*

Mittels dieser Kopiervorlage haben die Schülerinnen und Schüler die Gelegenheit, zu reflektieren, was Natur bzw. Naturerlebnisse für sie bedeuten. Hier geht es um einen Erfahrungsaustausch und auch die Erweiterung des eigenen Horizonts, ähnlich wie im „Bilderrätsel" auf S. 102 im SB. Darüber hinaus sollen die Schülerinnen und Schüler auch begreifen, dass „Natur" nicht für alle Menschen zu jeder Zeit dasselbe bedeutet. Ähnlich wie bereits im SB 5/6 über die Themen Schule und Familie gestern und heute diskutiert wurde, lädt auch diese Mindmap zu einem Vergleich ein.

1. Natur erweckt Faszination: Vulkanausbruch; Skylines, wie z. B. Alpenpanorama; Blick von einem Gipfel; Unwetter mit ungeahnten Kräften, wie z. B. golfballgroße Hagelkörner/Natur erweckt Neugierde: unbekannte oder wenig bekannte Tierarten; ein Waldweg, von dem man nicht weiß, wohin er führt/Natur bietet Erholung: Strand, Wandern, Trampen, ein Ausflug in einen Park, Picknick im Freien/Natur vermittelt Wissen: Fertigkeiten von Tieren, wie z. B. der Netzbau einer Spinne; der „Hausbau" von Wespen; sozialer Umgang untereinander, z. B. Kinderstube bei Ratten, die außerdem soziale Rollen und Aufgaben verteilen; das Frühwarnsystem von Erdmännchen/Natur löst unterschiedliche Gefühle aus: Geburt eines Jungtieres; Sonnenauf- oder untergang; Tiere, die miteinander spielen oder kämpfen; riesengroße Bäume, die schon seit Jahrhunderten

auf unserem Planeten wachsen und einen auch überleben werden; der Anblick einer Waldrodung/Natur kann trösten: die wiedererweckte Natur im Frühjahr; ein Tier, das sich einem Menschen voll Vertrauen annähert/Natur fordert heraus: der Wunsch, einen Gipfel zu bezwingen; die Lust, in einem eiskalten Bergsee zu schwimmen; das Abenteuer, eine Nacht im Wald zu verbringen/Natur kann uns beschämen: Pflanzen, die eine Ruine überwuchern und somit ihren Raum zurückerobern; Tiere, die im Abfall nach Nahrung suchen; der Anblick von wilden Tieren, die apathisch hinter Gittern sitzen/Natur kann heilsam sein: individuelle Lösungen, womöglich kleine Glücksmomente/Natur inspiriert: auch hier individuelle Lösungen wie z. B. eine besondere Aussicht etc.

2. Individuelle Lösungen.

3. Kern der Überlegungen sollte sein, dass wir uns zunehmend von der Natur entfremden und Begegnungen mit der „unberührten" Natur für die heutige Generation häufig einen Hauch von Abenteuer versprühen, wohingegen die Menschen früher mit der Natur in stärkerer Abhängigkeit, aber auch in größerem Einvernehmen lebten. Sie haben sich in gewisser Weise angepasst und Naturzyklen beobachtet, aus denen ihr Wissen resultierte. So sind u. a. auch Vorhersagen und Bauernregeln entstanden.

KV 19, Niveau 1
zu: Warum Naturschutz? ⇒ SB S. 106 f.

Hier wird eine weitere Organisation vorgestellt, die sich dem Naturschutz verschrieben hat, der WWF (World Wide Fund for Nature) mit dem Slogan „for a living planet".

1. Naturschutz, Schutz von Pflanzen und Tieren, Erhalt von Lebensräumen sowie Tier- und Pflanzenarten (Bewahrung biologischer Vielfalt), Umdenken der Menschen bewirken (Natur für Überleben der Menschheit notwendig), der WWF als „Anwalt der Natur", Schutzgebiete ausweisen, Nachhaltigkeit bzw. nachhaltige (naturverträgliche) Nutzung von Naturgütern, Verringerung der Umweltverschmutzung, Kampf gegen Klimawandel, Einsatz für lebendige Meere und Bewahrung von Flüssen und Feuchtgebieten, weltweites Engagement.

2. Da die Natur sich nicht selbst schützen und gegen die Menschen verteidigen kann, engagiert sich der WWF als „Anwalt". Ein Anwalt vertritt immer jemanden gegenüber jemand anderen. Hier vertritt der WWF als Anwalt der Natur die Interessen derselben gegenüber der Menschheit.

3. Individuelle Lösungen, die sich auch auf Teilgebiete des WWF stützen können.

KV 20, Niveau 2
zu: Der Plastik-Planet ⇒ SB S. 113

1. Auf dem Foto ist ein junger, farbiger Mann zu sehen, der Elektroersatzteile (eventuell Tastaturen) auf beiden Händen trägt. Er steht in der Mitte des Bildes, trägt eine zerschlissene Hose und kein Oberteil. Auf der linken Bildseite neben ihm türmen sich kaputte Computerbildschirme, hinter ihm liegt weiterer Elektroschrott. Das Ganze ist Teil einer Mülldeponie. Im Bildhintergrund sind zwei weitere junge Farbige zu sehen, die Müll auf einen Leiterwagen lagern. Der Ausdruck des jungen Mannes im Vordergrund wirkt traurig, resigniert und verloren. Iindividuelle Interpretationen.

2. Der Fotograf spielt mit den Erwartungshaltungen der Betrachter. Die Mülldeponie ist zu erkennen, der Wohlstandsmüll (vor allem Computer) und die Lumpensammler.

3. Gemeint sind Produkte wie Handys, Computer und Unterhaltungselektronik.

4. In Handys und Flachbildschirmen stecken wertvolle Rohstoffe wie die Metalle Tantal oder Indium, deren Reserven nur noch wenige Jahre reichen werden. Elektroschrott kann sich als wahre Goldmine entpuppen. Handys beinhalten rund 60 verschiedene Rohstoffe. Allein in Deutschland fallen jährlich etwa 600.000 Tonnen Elektroschrott an – ca. 7,5 Kilo pro Kopf. Wichtige Rohstoffe sind dabei Kobalt, Palladium, aber auch Gold, Silber und Kupfer. In einer Computer-Leitplatte stecken ca. 250 Gramm Gold, in LED-Leuchten, Mikrochips und Photovoltaik kommt Gallium vor – die Rückgewinnung der Rohstoffe ist ein wichtiger Schritt zu einem nachhaltigen Umgang mit Materialien, die auf der Erde nur begrenzt vorkommen. Damit verbunden ist natürlich auch ein wirtschaftlicher Faktor: die Preispolitik.

Bemerkungen zur schriftlichen Lernzielkontrolle

Die Vorschläge für Aufgaben der LZK erfassen zentrale Aspekte des im Kapitel behandelten Themas und decken den Anforderungsbereich I–III ab. Es sollte individuell abgeschätzt werden, wieviele der Aufgaben in dem jeweils vorgegebenen Zeitrahmen von den Schülerinnen und Schülern realistisch zu leisten sind. Kürzungen oder eine Auswahl sind selbstverständlich möglich.

Neben Begriffserläuterungen bzw. -nennungen (AFB I: Aufgabe 1 und 3) werden die Schüler und Schülerinnen durch prägnante Zitate oder Fallbeispiele zur Anwendung ihres erworbenen Wissens angehalten (AFB II: Aufgabe 2, 4, 5 und 6).

Naturerlebnisse gestern und heute – Eine Mindmap erstellen

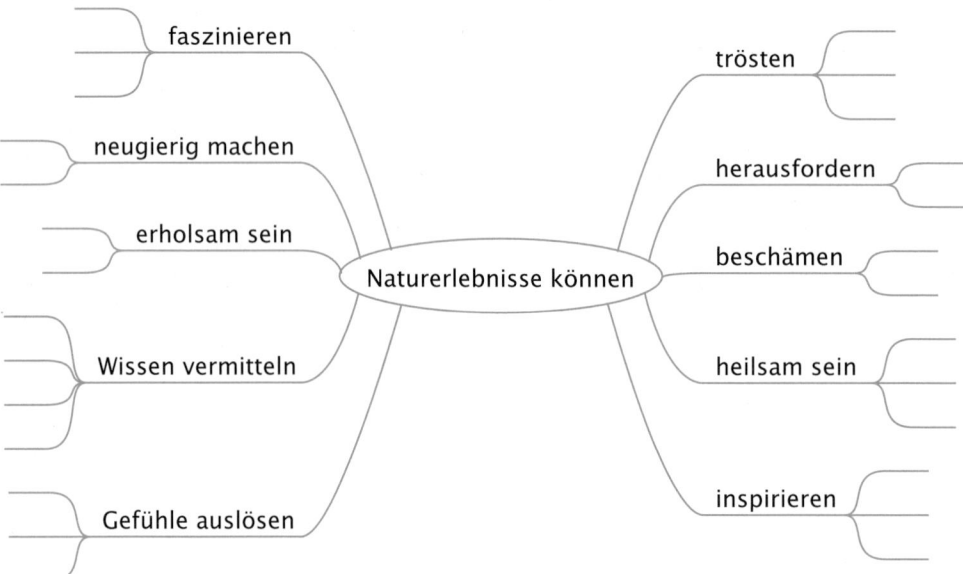

Aufgaben

1 Betrachte die Mindmap, ergänze sie um weitere Eigenschaften und finde Beispiele.

2 Tauscht euch in Gruppen über eure Ergebnisse aus und vervollständigt eure Aufzeichnungen.

3 Überlegt in Partnerarbeit, ob bzw. inwiefern sich eure Ergebnisse auf die Generation eurer Großeltern oder gar Urgroßeltern übertragen lassen. Ihr könnt auch ein fiktives Interview führen.

Ohne Natur kein Leben

Unser Anliegen: Naturschutz

Natur braucht Schutz – ob in Wäldern, Flüssen oder Meeren: Überall auf der Welt schrumpft die biologische Vielfalt. Allein seit 1970 haben wir rund ein Drittel unserer natürlichen Lebensgrundlagen – Lebensräume genauso wie Tier- und Pflanzenarten – für immer verloren.

Gleichzeitig nimmt der Druck auf die Natur durch unseren steigenden Konsum immer mehr zu, so der Living Planet Report des WWF. Wenn jeder Mensch so viele natürliche Ressourcen verbrauchen und so viel Kohlendioxid produzieren würde wie US-Amerikaner oder Deutsche, bräuchten wir zwei weitere Planeten. Deshalb ist Naturschutz so dringend.

Der WWF: Anwalt der Natur

Naturschutz geht uns alle an. Die Bewahrung intakter Lebensräume und die Erhaltung wildlebender Tier- und Pflanzenarten sind eine unabdingbare Notwendigkeit für das Überleben der Menschheit.

Der WWF engagiert sich seit über 45 Jahren weltweit für die Bewahrung der biologischen Vielfalt. Die private, unabhängige Naturschutz-Organisation ist in mehr als 100 Ländern aktiv und wird von rund fünf Millionen Förderern unterstützt.

Wichtigste Instrumente der WWF-Naturschutzarbeit sind die Ausweisung von Schutzgebieten und die nachhaltige, also naturverträgliche Nutzung unserer Naturgüter.

Darüber hinaus engagiert sich der WWF für eine Verringerung der Umweltverschmutzung und eines verschwenderischen Konsums auf Kosten der Natur.

Weltweit setzt sich der WWF Deutschland in 21 internationalen Projektregionen für den Naturschutz ein. Schwerpunkte sind dabei der Erhalt der letzten großen Waldgebiete der Erde – sowohl in den Tropen als auch in gemäßigten Regionen –, der Kampf gegen den Klimawandel, der Einsatz für lebendige Meere sowie die Bewahrung von Flüssen und Feuchtgebieten weltweit.

Der WWF Deutschland ist außerdem mit Projekten und Programmen in Deutschland aktiv.

(„Unser Anliegen: Naturschutz": http://www.wwf.de/themen/naturschutz/© WWF Deutschland, Berlin Juni 2012)

Aufgaben

1 Notiere stichpunktartig und mit eigenen Worten die Ziele des WWF.

_____

_____

_____

_____

2 Interpretiere die Selbst-Charakterisierung „Anwalt der Natur".

_____

_____

_____

_____

3 Würdest du den WWF unterstützen? Begründe deine Wahl. Schreibe in dein Heft.

Wohlstandsmüll in Afrika – Bildbetrachtung

Dieses Bild stammt von der Mülldeponie Agbogbloshie Market in Accra, der Hauptstadt von Ghana.
Dort landen solche Produkte der digitalen Produktion, deren Haltbarkeit auf wenige Jahre begrenzt wird.
Lumpensammler versuchen Rohstoffe aus den Müllbergen zu retten.

Aufgaben

1 Wende die Methode der Bildbetrachtung an.

2 Führe nun einen Text-Bild-Vergleich durch.

3 Was für Produkte sind in dem Text gemeint? Stelle Vermutungen an.

4 Weißt du, welche Rohstoffe besonders wertvoll sind? Sammelt in Gruppen und überprüft eure Angaben
mittels einer Internetrecherche.

Teste dich selbst

A Natur und Naturwissenschaft

1 Erläutere mit eigenen Worten, was Aristoteles mit den Begriffen „von Natur aus" und „nicht von Natur aus" meint.

_____

_____

_____

_____

2 „Früher war die Naturwissenschaft ein Mittel zur Abwendung von Naturkatastrophen. Heute zur Anwendung." Erläutere das Zitat von Jeannine Luczak.

_____

_____

_____

_____

_____

_____

B Naturschutz

3 Nenne die entsprechenden Fremdwörter bzw. „Ismen", die folgende Haltungen beschreiben:
a) Leidensfähigkeit der Tiere:

_____

b) Wert der Natur als Ganzes:

_____

c) Lebensrecht der Lebewesen:

_____

d) Menschliche Interessen:

_____

C Positionen

4 Du hast die philosophische Methode „Denkmodelle und Theorien unterscheiden und benennen"
kennengelernt. Was ist für die nachfolgenden drei Jugendlichen typisch? Finde die passenden „Ismen":

a) Jan legt großen Wert darauf, immer die neuesten und angesagtesten Klamotten zu tragen. Außerdem
hat er einen iPod und möchte, sobald er den Führerschein hat, ein teures Auto fahren.

_____

b) Lena hat Träume, Vorstellungen und glaubt an das Gute im Menschen. Sie setzt sich für eine bessere und
gerechtere Welt ein.

_____

c) Max glaubt an das Schlechte. Er geht immer vom Schlechtesten aus, dann kann er nicht so leicht
enttäuscht werden.

_____

D Schutz des Lebens

5 „Wir leben in einem gefährlichen Zeitalter. Der Mensch beherrscht die Natur, bevor er gelernt hat, sich
selbst zu beherrschen." Interpretiere das Zitat von Albert Schweitzer.

_____

_____

_____

_____

_____

E Nachhaltigkeit

6 Weltläden hießen früher noch „Dritte-Welt-Läden". Sie verkaufen nicht nur fair gehandelte Waren, sondern
informieren auch über die Bedingungen ihrer Produktion, die Besonderheiten des Herkunftslandes und die
Menschen, die sie erzeugen. Das Mehreinkommen aus dem Fairen Handel investieren die Handelspartner
in Sozialprojekte, Bildungsprogramme etc. Was z. B. unterstützt bzw. verbesserst du, wenn du in einem
Weltladen Produkte des täglichen Bedarfs, wie z. B. Tee und Zucker, kaufst?

_____

_____

_____

_____

_____

_____

Lernzielkontrolle: Erwartungshorizont

1 Erläutere mit eigenen Worten, was Aristoteles mit den Begriffen „von Natur aus" und „nicht von Natur aus" meint.

Mit „von Natur aus" sind Dinge und vor allem Lebewesen, die die Eigenschaft haben, sich zu verändern, gemeint. Das ist bei Dingen, die „nicht von Natur aus" sind, nicht der Fall. Diese werden für einen bestimmten Zweck geschaffen und haben von vornherein festgelegte Eigenschaften. Verlieren sie diese, kann man sie entsorgen und ersetzen.

2 „Früher war die Naturwissenschaft ein Mittel zur Abwendung von Naturkatastrophen. Heute zur Anwendung." Erläutere das Zitat von Jeannine Luczak.

Dieses Zitat kann man als eine Ergänzung bzw. ein Weiterdenken des Zitats „Wenn etwas machbar ist, dann sollten wir es auch machen" von Edward Teller verstehen. Früher konnte man mit den Naturwissenschaften große Katastrophen eindämmen bzw. abwenden, insbesondere durch die Fortschritte in der Medizin. Heute ist der Mensch fähig, Dinge herzustellen, die der Menschheit großen Schaden zufügen können, wie z. B. die Wasserstoffbombe, auf die sich Teller bezieht. Auch die Umwelt ist negativ durch technische Neuerungen wie z. B. durch so alltägliche Entwicklungen wie die Flugindustrie (Kerosin) betroffen.

3 Nenne die entsprechenden Fremdwörter bzw. „Ismen", die folgende Haltungen beschreiben
a) Leidensfähigkeit der Tiere: *Pathozentrismus*
b) Wert der Natur als Ganzes: *Holismus*
c) Lebensrecht der Lebewesen: *Biozentrismus*
d) Menschliche Interessen: *Anthropozentrismus*

4 Du hast die philosophische Methode „Denkmodelle und Theorien unterscheiden und benennen" kennengelernt. Was ist für die nachfolgenden drei Jugendlichen typisch? Finde die passenden „Ismen":
a) Jan legt großen Wert darauf, immer die neuesten und angesagtesten Klamotten zu tragen. Außerdem hat er einen iPod und möchte, sobald er den Führerschein hat, ein teures Auto fahren.
Jan ist der materielle Besitz wichtig, daher charakterisiert sich seine Haltung durch den Materialismus.

b) Lena hat Träume, Vorstellungen und glaubt an das Gute im Menschen. Sie setzt sich für eine bessere und gerechtere Welt ein.
Lena hat Ideale, daher charakterisiert sich ihre Haltung durch den Idealismus oder Optimismus.

c) Max glaubt an das Schlechte. Er geht immer vom Schlechtesten aus, dann kann er nicht so leicht enttäuscht werden.
Max hält alles für unheilschwanger, daher charakterisiert sich seine Haltung durch den Pessimismus.

5 „Wir leben in einem gefährlichen Zeitalter. Der Mensch beherrscht die Natur, bevor er gelernt hat, sich selbst zu beherrschen." Interpretiere das Zitat von Albert Schweitzer.

Albert Schweitzer hat die Ethik der Ehrfurcht vor dem Leben geprägt. Diese besagt, dass jedes Leben lebenswert ist und daher Achtung und Respekt verdient. Der Stärkere sollte den Schwächeren schützen. Die Natur ist manipulierbar durch den Menschen, also muss man ihr mit Ehrfurcht begegnen. Ohne die Natur kann der Mensch nicht existieren, was er oftmals ignoriert. Vielmehr nutzt er die Natur egoistisch aus, „beherrscht" sie und hat folglich noch nicht gelernt, sich „zu beherrschen".

6 Weltläden hießen früher noch „Dritte-Welt-Läden". Sie verkaufen nicht nur fair gehandelte Waren, sondern informieren auch über die Bedingungen ihrer Produktion, die Besonderheiten des Herkunftslandes und die Menschen, die sie erzeugen. Das Mehreinkommen aus dem Fairen Handel investieren die Handelspartner in Sozialprojekte, Bildungsprogramme etc. Was z. B. unterstützt bzw. verbesserst du, wenn du in einem Weltladen Produkte des täglichen Bedarfs, wie z. B. Tee und Zucker, kaufst?

Durch den Kauf in einem Weltladen wird der faire Handel, Fairtrade, unterstützt. Hier profitieren die Kleinbauern in Entwicklungsländern wie Asien, Afrika und Lateinamerika, da sie durch die direkten Handelswege mit den Kooperationspartnern der Weltläden fair entlohnt werden. Außerdem wird darauf geachtet, dass sie unter menschenwürdigen Arbeitsbedingungen produzieren und keine Kinder arbeiten lassen. Die Menschen können über den garantierten Absatz sich und ihre Familien ernähren und finden so einen Weg aus der Verschuldung und Arbeitslosigkeit. Somit geraten sie nicht in Versuchung, durch den Anbau von z. B. illegalen Drogen ihr Geschäft zu machen.

2 Homo faber

Didaktische Erläuterungen

Nimmt sich das erste Kapitel des Themas „Mensch, Natur und Technik" schwerpunktmäßig des Naturverhältnisses des Menschen, seines Umgangs mit der Natur, der Nutzung der Natur an, so richtet das zweite Kapitel „Homo faber" den Fokus auf den Menschen als herstellendes, produzierendes und damit auf ein in die Natur nachhaltig eingreifendes Lebewesen: „der Mensch als Handwerker". Anders als alle anderen Tiere stellt der Mensch planvoll Dinge her, entwickelt, gebraucht und verbessert Werkzeuge zur Fertigung anderer Dinge. Mit Hilfe von Techniken (griech. *techne:* Herstellungswissen) kultiviert und verändert der Mensch die Natur zu einer „zweiten", kültürlichen Natur. Homo faber verändert Natur zu seiner Welt; die Veränderungen lassen sich gegenständlich fassen als hergestelltes Ding, Zeug, Werk, zusammengefasst als Artefakt (lat. *ars* entspricht griech. *techne*). Homo faber ist der Prototyp des Menschen in technisierten Gesellschaften, aber die anthropologische Bestimmung geht bereits auf den Prometheus-Mythos zurück, der die Ambivalenz der Technik bzw. von Technologien deutlich macht. Aristoteles unterschied zwischen Wissenstypen und entsprechenden Lebensformen des Menschen: das Herstellungswissen *(techne),* die *póiesis* hat ihren Ort zwischen der Reproduktion des Lebens durch Arbeit einerseits und Handlungswissen (*phronesis,* Klugheit), das zum Leben in der Gemeinschaft *(polis),* der Praxis gehört, andererseits. Die letzte Stufe des Wissens wird im betrachtenden Leben *(vita contemplativa)* etwa durch Wissenschaft und Philosophie erreicht.

In die Philosophische Anthropologie wurde der Begriff durch Max Scheler und Henri Bergson in den Jahren zwischen den Weltkriegen eingeführt, um in eine Auseinandersetzung mit dem technischen Dasein des Menschen unter Bedingungen der individuellen Selbstbestimmung einzutreten. Auch Plessner verfolgt den Gedanken, dass der Mensch erst durch eine gegenständliche Widerstandserfahrung an der Welt zu einer eigenen Wirklichkeit kommt. Welt und Natur sind Gegenstände im Sinne des Gegen-Stehens menschlicher Existenz und Selbsterfahrung. Diese Erfahrung lässt den Menschen zum individuellen Gestalter seiner Welt, zum Schöpfer seiner Ding-Welt werden. Helmuth Plessner spricht von der „natürlichen Künstlichkeit" des Menschen. Die Manipulation und Gestaltung der menschlichen Umwelt durch systematisch hergestellte und verbesserte Werkzeuge ist eine sehr frühe und spezifische Leistung, die ihrerseits auf spezifischen kognitiven Lernstrategien des Menschen beruht (vgl. Tomasello).

Die Einstiegsseite führt in die Welt des Zeugs, der Dinge und ihres Schöpfers, Homo faber ein. Die Schülerinnen und Schüler bedenken Produkte als solche, dann aber auch ihre Wichtigkeit und Wünschbarkeit. Das Kapitel will die Selbstverständlichkeit der dinghaft gestalteten Welt des Herstellens hinterfragen: Sie beruht auf einer spezifischen Leistung, die sich nicht von selbst versteht.

Schwerpunktmethode „Gedankenexperiment"

Das Gedankenexperiment wird als Methode eingeführt, um den Schülerinnen und Schülern propädeutisch ein Verständnis davon zu vermitteln, dass Denken, Gedanken entwickeln, Gedanken fassen, planvolle, man könnte sagen, Vorgänge sind, zu denen Disziplin erforderlich ist. Gedankenexperimente sind auch Veranstaltungen zur Ordnung der Gedanken, ihrer Prüfung und Abwägung. Nicht alle wissenschaftlichen, insbesondere philosophischen Fragen können experimentell im empirisch-naturwissenschaftlichen Sinne geklärt werden. Strenge, methodisch geleitete gedankliche Durchdringung von Fragen und Problemen kann jedoch, analog den empirischen Experimenten, zu Beweisen bzw. zu Klärungen führen. Die Strenge des Denkens ist nicht nur in den Naturwissenschaften relevant, sondern auch in der Ethik. Dies zu verdeutlichen, liegt in der didaktischen Absicht der Methode „Gedankenexperimente".

Gedankenexperimente im strengen Sinn sind Experimente. Um ein Experiment wirklich, d. h. empirisch durchführen zu können, muss sich in oder mit Gedanken analog zu empirischen Experimenten ein Beweis führen lassen oder eine Klärung von Prämissen und Hypothesen herbeigeführt werden können. Diese Art von Gedankenexperimenten geht also über die schlichte Frage „Was wäre wenn …" oder die Aufforderung „Stelle dir vor, dass …" hinaus. Sie sind nicht willkürlich und subjektiv, sondern methodisch klar geleitet und allgemein.

Das Herstellen

In die Thematik führt ein Text in deutlicher Anlehnung an Hannah Arendts Kapitel über das Herstellen in „Vita activa" ein. Der Text versammelt die wesentlichen Aspekte des Herstellens und also der Welt des Homo faber: Dinglichkeit der menschlichen Welt, Beständigkeit der Welt über das Leben des Einzelnen hinaus, Nutzung der Natur und Bergung von Material, Naturzerstörung, Notwendigkeit des Herstellens. Besonders interessant ist Arendts These, die Welt der hergestellten Dinge sei die „eigentlich menschliche Heimat". Das Foto von Arendt stammt nicht aus der Zeit von „Vita activa", sondern zeigt sie als junge Frau; das erleichtert den Zugang für die Schülerinnen und Schüler zu einem möglichen Vorbild. Besonders eindrücklich wird die menschliche Schaffenskraft, das Werk der Hände, wenn man das Bild aus einer industriellen Gießerei betrachtet. Erz und Metall zu schmelzen, dazu

4

bedarf es buchstäblich gigantischer Fähigkeiten, die Anerkennung verdienen. Es wäre auch denkbar, zu diesem Aspekt einen Film über einen Hochofenbetrieb aus dem vergangenen Jahrhundert zu zeigen (z. B. die Völklinger Hütte), um den Schülerinnen und Schülern das Werk von Homo faber vor Augen zu führen, dessen Tun auch nur vor dem Hintergrund eines Wissens um seine Leistung kritisiert werden kann. Ein Denkraum nimmt die These von der Dingwelt als „Heimat" des Menschen auf, führt behutsam in eine kritische Betrachtung der instrumentellen Vernunft ein („Der Zweck heiligt die Mittel"), lässt aber auch den Träumen des Homo faber Raum. Die Abbildungen stammen aus einem Jugendbuch über Daidalos und Ikarus.

Der zweite Text zum Thema Herstellen bzw. Handwerk ist ein Interview mit einem Barockgeigenbauer, das den Schülerinnen und Schülern einen Einblick in die Welt eines Handwerkers ermöglicht und auch ein Verständnis, ein Gefühl für Material und einen Sinn für die Vorteile von handwerklicher Kooperation anregen kann. Zum letzten Aspekt ist zusätzlich ein Denkraum angelegt.

Homo faber in der Literatur

Dass Homo faber einen prominenten Platz nicht nur in der Anthropologie und der Kultur- und Techniktheorie einnimmt, sondern auch in der Literatur, bisweilen sogar im Lektürekanon an Schulen, können die Schülerinnen und Schüler an einem Auszug aus Max Frischs Homo faber erfahren. Die Passage ist unter didaktischen Gesichtspunkten des Fachs Ethik ausgewählt. Nicht die Literatur als solche, literaturwissenschaftliche Zugänge und Methoden stehen im Vordergrund, sondern die Befindlichkeit, das In-der-Welt-Sein eines selbsterklärten Homo faber. Der Erzähler präsentiert sich als Homo faber, indem er eine für die Schüler und Schülerinnen interessante und überraschende Abgrenzung vornimmt: Seine technische Rationalität, sein naturwissenschaftlich-erklärender Zugang zur Welt sehen das Erleben als sinnstiftenden Weltbezug nicht vor. Die Fantasie des Homo faber ist nicht die des erlebenden, sondern des werkenden Menschen. Auch dieser Text bietet Gelegenheit, sich mit der Zwiespältigkeit oder der Dialektik der technischen Rationalität auseinanderzusetzen.

Maschinen statt Menschen

Ein ethisch relevantes, den Erfahrungsbereich der Schülerinnen und Schüler berührendes Beispiel dafür, wie weit die Technik in das „Bezugsgewebe menschlicher Angelegenheiten" (Hannah Arendt), in die soziale Praxis des Menschen hineinreicht, geben die insbesondere in Japan entwickelten und eingesetzten Pflege-Roboter. Sie sind auch ein Beispiel dafür, dass die Bewertung von Artefakten meistens nicht eindeutig ausfallen kann. Weil das Thema Roboter auch mit der Frage nach dem Bewusstsein, nach Gefühlen im Verhältnis zum Materiellen verbunden ist, bietet es sich an, es zur Hinführung auf die

Schwerpunktmethode „Gedankenexperiment" zu nutzen. Die Entwicklung eines Gedankenexperiments, das angestoßen wird, ist sehr anspruchsvoll, weshalb eine Übung mit einem vorgegebenen Gedankenexperiment angeboten wird, das auf Leibniz zurückgeht. Eigentlich handelt es sich nicht wirklich um ein Gedankenexperiment, sondern um ein Gleichnis. Was es aber deutlich macht, ist die Erklärungslücke im Verständnis des Zusammenhangs von Geist bzw. Erleben einerseits und Gehirn als materialem Substrat andererseits. Wo Bewusstsein, wo Erleben im Gehirn entsteht, können die „Wissenschaftler" nicht wirklich empirisch erfassen und dingfest machen.

Zum Verständnis der Methode „Gedankenexperiment" ist es nötig zu klären, was ein Experiment grundsätzlich ist. Dies leistet ein Infokasten. Die Methode „Gedankenexperiment" selbst wird dann am Beispiel der Neufassung des Fallgesetzes durch Galileo Galilei gegen die aristotelische Theorie eingeführt. Der Methodenkasten ist so angelegt, dass die Schülerinnen und Schüler Galileis experimentellen Gedanken, der ihn zu einer neuen Lösung der Frage nach der Fallgeschwindigkeit bringt, selbst finden können, ohne die Lösung von vornherein klar vor Augen zu haben. Dazu müssen sie das Buch erst auf den Kopf stellen.

Wohnen

Ein menschliches Grundbedürfnis bringt einen speziellen und weithin als existenziell betrachteten Aspekt des Herstellens bzw. der Technik zur Sprache: die menschliche Wohnung. Der Text beschäftigt sich mit dem Verhältnis von Wohnen und Umwelt, das auch die Frage der Mobilität (umweltfreundliche Fahrzeuge) berührt. Hier sind ebenso die persönlichen Präferenzen der Schüler und Schülerinnen angesprochen, wenn nach den Prioritäten für zukünftiges Wohnen gefragt wird. Die Aufgabe, ein Gedankenexperiment zu entwickeln, trifft seine engere Bedeutung und Funktion nicht eindeutig. In diesem Fall regt es mehr zu utopischem Denken an.

Das utopische Moment berührt auch die metaphorische Bedeutung des Wohnens, die mit Italo Calvinos unsichtbarer Stadt Ottavia angesprochen ist. Die Stadt, die Calvino imaginiert bzw. Marco Polo imaginieren lässt, ist offen für eine persönliche Deutung der Schülerinnen und Schüler, für eine Frage dergestalt etwa: Wie ist die Stadt beschaffen, die meinem Wesen oder dem Wesen der Beziehungen, die ich pflege, gemäß ist? Die Auseinandersetzung mit dem Text bietet Raum für persönliche, an das individuelle Selbstverständnis zurückgebundene Spekulationen.

Wie gehen wir mit Tieren um?

Dass Homo fabers Welt die Welt der Dinge und des Zeugs ist, droht vergessen zu lassen, dass auch der Umgang mit Tieren und das Verhältnis zu Tieren (Domestikation, Haltung, Züchtung, Nutzung, Schlachtung, Verzehr) technische Aspekte aufweist. Es handelt sich hier um ein sensibles Thema, denn Menschen sind mitfühlende Lebewesen, die Tiere zu ihren Zwecken wie Dinge nutzen und behandeln. Das Kapitel bringt, mit aller gebotenen Behutsamkeit, Züchtung und Schlachtung zur Sprache. Das preisgekrönte Foto von Tommaso Ausili wurde auf seine Eignung unter entwicklungspsychologischen Gesichtspunkten sorgfältig geprüft. Es schockiert, aber es schneidet das Denken und die Gefühle nicht ab; es ermöglicht Empathie, ohne in Verstörung zu geraten. Es zeigt ein Stück der Welt, wie sie ist und wie nicht nur wir Menschen, sondern wie sie, den Gedanken legt das Foto zumindest nahe, auch Tiere „sehen". Die letzte Aufgabe gibt, zwar nachträglich, Gelegenheit zur Reflexion über die Vermeidbarkeit und Unvermeidlichkeit des Schrecklichen in der Erfahrung, mit der wir manchmal konfrontiert werden.

Rückblick und Weiterdenken

Der Rückblick nimmt den Gedanken auf, dass der Mensch Natur ist und die Natur gleichzeitig zum Gegenstand, sich gegenüberstehend hat. Das Zitat von E. O. Wilson regt zum resümierenden Nachdenken über diesen Umstand an. „Weiterdenken" greift den Aspekt des Wohnens im Thema „Megacitys" auf. Manila ist eine reale Stadt, in der Bildfolge ihrer Bevölkerungsentwicklung erscheint sie wie eine der unsichtbaren Städte Calvinos, unwirklich, vielleicht auch unwirtlich: Wie könnte es sein, in einer solchen Stadt zu leben?

Literatur zum Kapitel:

Arendt, Hannah: Vita activa oder Vom tätigen Leben. Stuttgart 1960 (engl. 1958): Kohlhammer.

Cohnitz, Daniel: Gedankenexperimente in der Philosophie. Paderborn 2006: Mentis Verlag.

Donald, Merlin: Der Triumph des Bewusstseins. Die Evolution des menschlichen Geistes. Stuttgart 2008 (im engl. Original: A Mind So Rare: The Evolution of Human Consciousness): Klett-Cotta.

Engels, Helmut: „Nehmen wir an …". Das Gedankenexperiment in didaktischer Absicht. Weinheim/Basel 2004: Beltz.

Handbuch Anthropologie. Der Mensch zwischen Natur, Kultur und Technik, hrsg. von Eike Bohlken und Christian Thies. Stuttgart 2009: Metzler.

Karafyllis, Nicole C.: Artikel „Homo faber/Technik". In: Handbuch Anthropologie. Der Mensch zwischen Natur, Kultur und Technik, hrsg. von Eike Bohlken und Christian Thies. Stuttgart 2009: Metzler, S. 349–344.

Kühne, Ulrich: Die Methode des Gedankenexperiments. Frankfurt/M 2005: Suhrkamp.

Nordmann, Alfred: Technikphilosophie zur Einführung. Hamburg 2008: Junius Verlag.

Povinelli, Daniel J.: Folk Physics for Apes: The Chimpanzee's Theory of How the World Works. Oxford University Press 2000.

Tomasello, Michael: Die kulturelle Entwicklung des menschlichen Denkens. Frankfurt/M. 2002: Suhrkamp.

Erläuterungen und Lösungen der Aufgaben

⇒ SB S. 116

Dieses Kapitel widmet sich dem Homo faber, dem produzierenden Menschen, indem die Alltäglichkeit des Menschseins, das mit der Herstellung von Dingen verbunden ist, neu entdeckt und reflektiert wird. Daher bietet die Einstiegsseite mit der „Neuentdeckung" von Alltagsgegenständen einen ersten Zugang zum Thema, indem die Schülerinnen und Schüler auf ihren Erfahrungshorizont zurückgreifen können.

1. – 3. Individuelle Lösungen.

⇒ SB S. 117/118

1. Mögliche Nennungen können sein: Werkzeuge wie Hammer, Meißel, Säge etc., Möbelstücke wie Tisch, Stuhl etc., Töpferwaren, Statuen etc.

2. Individuelle Stellungnahmen. Im Rahmen dieser wird der Begriff der „Heimat" zu erörtern sein, der auf eine Beziehung zwischen Menschen und Raum verweist, also zumeist im allgemeinen Sprachgebrauch auf einen Ort angewendet wird. Des Weiteren prägt „Heimat" die eigene Identität und Weltauffassung, sodass sich dieses Verständnis auf den Text übertragen lässt: Vom Menschen produzierte Dinge geben ihm seinen Rahmen für die menschliche Heimat. Darin schwingt auch schon mit, dass sich der Mensch von der Natur, der unberührten Natur, entfremdet hat, um sich heimisch zu fühlen.

3. a) Wie im Text erläutert wird, kann der Mensch nur schaffen und produzieren, indem er sich aus der Natur bedient. Er schafft sich eine neue Welt von Menschenhand, ist in diesem Sinne der „Schöpfer der Welt", nämlich der, die er selbst hergestellt hat. Dies kann aber nur auf Kosten der Natur, die dabei zerstört, dominiert, verändert wird, geschehen.

   b) Individuelle Stellungnahmen.

4. Individuelle sokratische Gespräche.

5. Auch heute stellt der Mensch noch Dinge mit seinen Händen her, wenngleich er sich vielfältiger Hilfsmittel bedient oder dabei bedienen kann. Die Rückbesinnung aufs Handwerk hat heutzutage häufig etwas Nostalgisches. Es gibt Dinge, die eins zu eins durch Technik ersetzt, aber es gibt auch noch solche, die nur durch des

4

Menschen Hand vollzogen werden können, z. B. wenn er töpfert, wenn er Schmuck gestaltet etc.

6. Individuelle Schreibgespräche. Siehe auch Anmerkungen zu Aufgabe 2.

7. Individuelle Interpretation möglicher Textstellen, z. B.: Z. 15 f.: „Das Material, aus dem der Mensch Dinge herstellt, muss er zuerst einmal gewinnen und es der natürlichen Umwelt entreißen."

8. Der Mensch ist kreativ, er schafft seine Welt mit seinen Händen, er dringt in die Natur ein und birgt ihre Schätze, wie auf dem Bild zu sehen ist, um daraus etwas Neues herzustellen.

Denkraum

A – C Individuelle Lösungen.

⇒ *SB S. 120/121*

9. Z. 1–13: Berufswahl; Z. 14–30: Beruf des Geigenbauers; Z. 31–45: Materialauswahl für den Geigenbau; Z. 46–63: Berufsgeheimnisse; Z. 64–75: Werkzeuge für den Geigenbau.

10. Herrn Ritschard fasziniert an seinem Beruf, dass er von der Idee bis zur Vollendung wortwörtlich alles selbst in der Hand hat und dass ein Instrument, das gerade mal aus 350 Gramm Holz besteht, eine so volle und prächtige „Stimme" entwickeln kann.

11. a) Er bringt das Holz durch Betasten, Beklopfen etc. dazu, zu ihm zu „sprechen" und somit seine Eigenschaften preiszugeben. Für diese Fähigkeit gibt es noch keine Technik, die sie ersetzt oder gar besser kann.
    b) Individuelle Erfahrungsberichte.

12. Individuelle Lösungen.

⇒ *KV 21: „Erfindungen und ihre Folgen – Dädalos"*

Denkraum

Individuelle Diskussionen, Plakate, Präsentationen etc.

⇒ *SB S. 122/123*

1. Individuelle Stellungnahmen. In Bezug auf den Text bedeutet dies auch, auf seine rhetorischen Fragen einzugehen, z. B. Z. 10: „Wozu soll ich mich fürchten?", Z. 11: „Wozu sollte ich sie mir einbilden?", Z. 14: „Wozu weibisch werden?", Z. 22 f.: „Wozu hysterisch sein?", Z. 27. „[…] wieso ein Erlebnis?", Z. 34: „Ende der Welt, wieso?"

2. Als natürliche Tatsache: Felsen – Erhebungen aus Stein, entstanden durch die Verschiebung von Kontinentalplatten oder Ablagerungen oder Ergebnis vulkanischer Tätigkeit; Sand – unverfestigtes Sedimentgestein (Ablagerungsgestein); Agave – Pflanzengattung aus der Familie der Spargelgewächse, werden auch Jahrhundertpflanzen genannt, weil sie Jahrzehnte brauchen, um eine Blüte auszubilden; Mensch auf der Erde – ein Lebewesen unter vielen, unterscheidet sich vom Tier, es gibt viele philosophische Definitionen, was der Mensch sei; Gebirge – Relief auf der Erdoberfläche, das sich von einer Ebene abhebt; Wüste – vegetationsloses oder -armes Gebiet, Gründe dafür sind fehlende Wärme, Wassermangel oder Überweidung (meist durch den Menschen verursacht); Flugzeug – menschliches Erzeugnis, benötigt Auftrieb, um Fliegen zu können; Horizont – Grenzlinie zwischen sichtbarer Erde und dem Himmel. Als Erlebnis: individuelle Lösungen.

3. Individuelle Erfahrungsberichte.

4. a) Der Erzähler, der sich selbst als abgeklärt und die Dinge „entzaubert" sieht, meint damit, dass man die Dinge als Tatsache betrachten soll und nicht emotional.
    b) Individuelle Stellungnahmen.

⇒ *SB S. 123/124*

1. – 2. Hinweis zum Begriff des „Bewusstseins": Unter Bewusstsein wird reduziert gesprochen das Dasein von mentalen Vorgängen beschrieben. In der Philosophie beschäftigte sich vor allem Thomas Nagel in dem Aufsatz „What is it like to be a bat?" mit dem Rätsel des Bewusstseins. Die Rätselhaftigkeit des Bewusstseins lässt sich daran festmachen, dass Bewusstseinszustände einen Erlebnisgehalt haben und nicht klar ist, wie das Gehirn dieses Erleben produziert (Qualiaproblem). Man spricht in diesem Zusammenhang von einer „Erklärungslücke". Der andere Aspekt ist, dass nicht klar ist, wie das Gehirn Gedanken erzeugt (Intentionalitätsproblem).

3. Individuelle Lösungen.

⇒ *SB S. 126/127*

1. Individuelle Lösungen.

2. Die Zukunftsvorstellungen haben sich dahin gehend geändert, dass sie realistischer und an die Herausforderungen der Zukunft angepasst sind. Ausgehend von der aktuellen Situation, in der Klimawandel, Schwinden fossiler Ressourcen etc. Thema sind, wird überlegt, wie die Menschen mit der Natur leben können anstatt sie auszubeuten und sich selbst durch Bauwerke zu beweisen. Nicht mehr Superlative sind gefragt, sondern „grüne" Lösungen, die den Menschen im Vordergrund sehen.

3. Mögliche Nennungen von „sehr wichtig" zu „weniger wichtig": Energie sparen oder sogar erzeugen, Umweltschutz, mit Ressourcen verantwortungsvoll umgehen, Natur erleben etc. bis hin zu repräsentativ wohnen etc.

4. Individuelle Lösungen.

⇒ *SB S. 128*

5. Mögliche Interpretation des letzten Satzes: Dieses Netz definiert die Stadt, gibt ihr Halt und fügt alles zusammen. Da es nur „ein Bestimmtes" tragen kann, suggeriert es auch eine Sicherheit, da alles, was nicht zur Stadt gehört, nicht getragen werden kann. Dies garantiert Kontinuität und Zuversicht.

6. Individuelle Lösungen.

7. Individuelle Urteile und Begründungen.

8. Individuelle Gedankenexperimente.

➡ *KV 22: „Wohnen in der Zukunft"*

1. Individuelle Stellungnahmen, die zwischen Begriffen wie „Art/Spezies" und „Rasse" differenzieren müssen.

2. Individuelle Inszenierungen, bei der Aspekte wie Realität, Schonungslosigkeit, Konfrontation, Leben, Tod, Moral, Humanität etc. eine Rolle spielen können. Provokativ auch, dass Ausili die lebenden Schafe im Vordergrund die toten, gehäuteten Artgenossen betrachten lässt.

3. Individuelle Empfehlungen, die für eine größere Aufklärung, stärkere Konfrontation, gesteigertes Bewusstsein etc. plädieren können. Aktuell gibt es ein Projekt von Dennis Buchmann („Schwein 1"), bei dem für einen reflektierteren Fleischkonsum geworben werden soll. Mehr dazu unter: http://www.spiegel.de/spiegel/kulturspiegel/d-83184544.html.

4. Individuelle Lösungen.

➡ *SB S. 129*
Rückblick und Weiterdenken

1. – 4. Individuelle Lösungen.

Didaktische Erläuterungen und Lösungen zu den Zusatzmaterialien/Kopiervorlagen (KV) und zur Lernzielkontrolle (LZK)

KV 21, Niveau 2
zu: So viel Zeug! Wer hat das gemacht?/Das Herstellen/Interview mit einem Geigenbauer ➡ *SB S. 116 – 121*

Der Dädalos-Mythos ist manchen Schülerinnen und Schülern möglicherweise bereits bekannt. Anhand dieses Mythos' ließen sich auch noch Grundkenntnisse zur philosophischen Methode „Mythisches Erzählen" aus dem SB 5/6 wiederholen.

1. Dädalos ist sehr gern kreativ tätig und freut sich über alle Aufträge, die sein Können herausfordern. Er hinterfragt nicht die Folgen seiner Erfindungen, ihm ist wichtig, dass er etwas Neues entwickelt. Dädalos hat Freude am Erfinden. In der Textpassage stecken auch vielfältige Ansätze für ethische Diskussionen, z. B. Auftragsempfänger für technische Leistungen, Liebe zur Arbeit, Arbeit als Sinn des Lebens, Anerkennung etc.

2. Mögliche Aspekte können sein: Technische Erfindungen verselbstständigen sich und entgleiten dem Menschen: z. B. Energiegewinnung durch Atomkraft/Resistenz der Menschen gegenüber Antibiotika aufgrund von Tierfütterung bei Massentierhaltung/Abhängigkeit von der Technisierung der Welt/etc.

KV 22, Niveau 1
zu: Wohnen – Ein menschliches Grundbedürfnis
➡ *SB S. 126 ff.*

Anhand dieser Kopiervorlage lässt sich auch die Methode der Bildbetrachtung und –beschreibung üben. Dies ist nicht explizit Gegenstand der Aufgaben. Nachfolgend finden sich weitere Informationen zu dem Bild, die den Schülerinnen und Schülern zum Weiterdenken mitgeteilt werden können. Einen „Denkraum" stellt die dritte Aufgabenstellung dar.

1. Diese Häuser heißen tatsächlich „Leuchtturmhäuser".

2. Die Planer haben Häuser konzipiert, die auf Säulen über dem Wasser balancieren, weil sie als Ergebnis einer Studie die Konsequenzen aus dem prognostizierten Klimawandel und dem damit einhergehenden Anstieg des Meeresspiegels berücksichtigt haben.

3. Individuelle Entwürfe und Präsentationen.

Bemerkungen zur schriftlichen Lernzielkontrolle

Die Vorschläge für Aufgaben der LZK erfassen zentrale Aspekte des im Kapitel behandelten Themas und decken die Anforderungsbereiche I–III ab. Es sollte individuell abgeschätzt werden, wieviele der Aufgaben in dem jeweils vorgegebenen Zeitrahmen von den Schülerinnen und Schülern realistisch zu leisten sind. Kürzungen oder eine Auswahl sind selbstverständlich möglich.

Neben Begriffserläuterungen (AFB I: Aufgabe 1 und 2) werden die Schüler und Schülerinnen zur Anwendung ihres erworbenen Wissens angehalten (AFB II: Aufgabe 3, 4 und 6). Die Aufgabe 5 erfordert eine Stellungnahme der Schüler und Schülerinnen zu einer Zukunftsvision, die sie auf dem Hintergrund des erarbeiteten Paradigmas des „Homo faber" begründet formulieren sollen (AFB III).

Erfindungen und ihre Folgen

Dädalos

Die allmächtigen Götter verlangte es nicht nach Gehorsam, sondern nach einer subtileren Huldigung: Sie sahen es lieber, dass ihre Absichten zum Streben des Menschen wurden und ihre Launen zu seinem Gesetz. Besonders Athene wollte auf diese Weise verehrt werden. Die grauäugige Göttin der Weisheit, deren Symbol die Eule war, lehrte die Menschen die Künste, die sie kennen mussten, nicht durch rüden Befehl, sondern indem sie
5　die hellsten Köpfe zu glühendem Eifer anfachte, einem Zustand, in dem sie die geheimen Gesetze der Natur erkannten und Erfindungen und Entdeckungen machten.
Nun war in jenen Tagen ihr Liebling unter den Sterblichen ein Athener namens Dädalos. In der weißen Stadt der Göttin lebte er von allen Menschen geehrt, und Schätze über Schätze strömten aus seiner Werkstatt – das Rad, der Pflug, der Webstuhl. Doch schließlich ging, wie es bei vielen Menschen der Fall ist, sein Stolz mit
10　seinem Verstand durch; und er verfiel in finsteren Neid auf seinen Neffen Talos, einen höchst begabten Jüngling, den er in seine Werkstatt genommen hatte und der einmal, so sagten alle, in seine Fußstapfen treten würde. [...]
Er brachte ihn auf das Dach des Marmorgebäudes; und da trat Dädalos, als der Junge die Arme zum Himmel reckte, leise hinter ihn und stieß zu. Der Jüngling stürzte den Tempel, den Hügel hinunter, auf die Felsen zu.
15　Doch Athene, die die ersten Worte seines Gebetes gehört hatte, fing ihn noch in der Luft auf und verwandelte ihn in ein Rebhuhn, das mit den Flügeln trommelnd davonflog. Dann entzog sie Dädalos ihre Gunst.
Die Kunde vom Tod des Jünglings verbreitete sich blitzschnell in der Stadt. Man konnte Dädalos nichts beweisen, doch er wurde zum Ziel düsterer Verdächtigungen, die er als Beleidigung auffasste, denn da man ihm nichts nachweisen konnte, fühlte er sich zu Unrecht angeklagt.
20　„Undankbare Schufte!", rief er. „Ich verlasse diese Stadt. Ich werde woanders hingehen und verständnisvollere Nachbarn finden [...]."
[Er] machte sich auf den Weg nach Kreta. Als er dort angekommen war, ging er geradewegs zum Palast des König Minos, der damals der mächtigste König der ganzen Welt war [...]. Der entzückte Minos ernannte Dädalos unverzüglich zum Hofhandwerker, zum Schmied mit besonderen Aufgaben, richtete ihm eine
25　Werkstatt ein und wies ihm die geeignetsten jungen Burschen als Lehrlinge zu. [...]
Nun hatte Minos immer schon Stiere gemocht, besonders weiße. Er wusste nicht, dass diese Vorliebe Vererbung war, dass seiner Mutter Europa von Zeus der Hof gemacht worden war, der zu diesem Zweck die Gestalt eines weißen Stieres angenommen hatte. Der König wusste nur, dass er weiße Stiere mochte. [...] Schließlich wurde ihm einer gebracht, der herrlichste Stier, den er je zu Gesicht bekommen hatte. [...] In dem
30　Augenblick, als die Königin den Stier sah, spürte sie, wie eine große Welle der Leidenschaft sie fast erstickte. Sie verliebte sich heftig und ungeheuerlich in den Stier. Sie kam zu Dädalos und erzählte ihm davon. [...] Dädalos konnte der schönen Königin nichts abschlagen; im Übrigen hatte sie an seine Eitelkeit gerührt. Er musste sich als klug erweisen, ihr den unmöglichen Wunsch zu erfüllen. Er überlegte und überlegte und machte sich schließlich an die Arbeit. Er schuf eine hölzerne Kuh mit bernsteinfarbenen Augen, mit Hörnern
35　und Hufen aus echtem Elfenbein und polsterte sie sorgfältig mit der geschmeidigsten Kuhhaut. [...]
Am nächsten Morgen kam Pasiphaë [die Königin] in die Werkstatt. Sie gab Dädalos einen großen Lederbeutel voller Gold und sagte: „Hüte dich, lieber Freund. Dies ist ein tödliches Geheimnis."
Sowohl Pasiphaë als auch Dädalos konnten Geheimnisse bewahren; doch dieses eine musste nach einiger Zeit herauskommen, denn die Königin gebar ein Kind, das beträchtliche Aufmerksamkeit erregte, weil es halb Stier
40　war. Die Leute nannten den Jungen spöttisch Minotauros, das heißt Stier des Minos.
Selbst in seinem ärgsten Zorn war Minos ein sorgfältiger Planer. Er beschloss, seine Schande zu verstecken, denn er wusste, dass die Welt vergisst, was sie nicht sieht. Er ließ Dädalos einen verworrenen Irrgarten auf dem Grund und Boden des Palastes anlegen, [...].
Hier hinein sperrte König Minos Pasiphaë und den Minotauros – und auch Dädalos. Minos wollte ganz
45　sichergehen, dass der alte Handwerker das Geheimnis des Labyrinthes niemals preisgeben könne, also lebte nun Dädalos hier. Seine Werkstatt befand sich im Labyrinth, aber seine Arbeit ging ihm nicht gut von der Hand. [...]
Sein einziger Trost war sein Sohn Ikaros, der sich aus freien Stücken entschlossen hatte, bei ihm zu leben, weil er seinen Vater so sehr liebte und bewunderte. Und dieser Ikaros sagte eines Tages zu ihm: „Vater, ich bin diesen
50　Irrgarten allmählich leid. Lass uns diesen Ort verlassen und zu Orten gehen, die ich noch nie gesehen habe."

„Ach, mein lieber Junge", erwiderte Dädalos, „das ist nicht möglich. Es ist uns verboten, das Labyrinth zu verlassen."

„Du kennst doch den Weg nach draußen, oder? Schließlich hast du das Ding doch gebaut."

„Ja, gewiss. Ich kenne den Weg nach draußen. Aber ich wage es nicht, ihn zu benutzen. Minos würde uns auf
55 der Stelle töten lassen. […]

„O doch, wir können" entgegnete Ikaros. „Ich sage dir wie. Mach uns einfach ein Paar Flügel." […]

„Ich mache mich sofort an die Arbeit", rief Dädalos. […]

Schließlich hatte er eines Tages zwei prächtige Flügelpaare mit richtigen Federn fertiggestellt, die er von den Federumhängen gepflückt hatte, die die kretischen Tänzer benutzten. Sie waren riesig, breiter als Adlerflügel.
60 Ein Paar passte er Ikaros an und befestigte die Schwingen an den kräftigen Schultern des Jünglings mit Wachs. Dann legte er sein eigenes Flügelpaar an.

„Leb wohl, Kreta!", rief Ikaros voller Freude.

„Hör mir gut zu, mein Junge", sagte Dädalos. „Bleib dicht hinter mir und komm nicht vom Weg ab. Flieg nicht zu tief, sonst wird die Gischt deine Flügel durchnässen, aber auch nicht zu hoch, sonst wird die Sonne sie
65 schmelzen. Nicht zu hoch und nicht zu tief, sondern dicht hinter mir, in der mittleren Luftschicht." […]

In diesem Moment sah Ikaros neben sich einen weißen Schwan mit weitgespreizten Schwingen aufsteigen, der wie ein großer Pfeil geradewegs auf die Sonne zuschoss und einen langen klagenden Schrei ausstieß. […]

Also breitete Ikaros freudig und kraftvoll – das Blut pulsierte in seinen Adern – die selbst gemachten Flügel aus und stieg hinter dem Schwan in die Luft empor. Höher, höher, höher flog er. […]
70 Er spürte, wie seine Schultern ganz feucht wurden.

„Ja", dachte er. „Das ist eine Arbeit, bei der man ins Schwitzen gerät."

Doch die Feuchtigkeit war nicht das, wofür er sie hielt; es war Wachs – schmelzendes Wachs. […] Der Himmel kippte. Sein Atem wurde ihm aus der Brust gerissen. Die diamantenharte See raste auf ihn zu.

„Nein", schrie er. „Nein … nein…"
75 Dädalos, der auf der Luftsäule, die ihn trug, eingedöst war, spürte, wie der Schrei gleich einem Pfeil sein Herz aufriss. Er öffnete die Augen und sah den weißen Körper seines Sohnes in die Tiefe stürzen. Er fiel ins Meer und verschwand.

(Aus: Bernhard Evslin: Götter, Helden, Ungeheuer. Die Welt der griechischen Mythen. Aus dem Amerikanischen von Isabell Lorenz. © 1997 Sanssouci Verlag im Carl Hanser Verlag München)

Aufgaben

1 „Sie [die Königin] verliebte sich heftig und ungeheuerlich in den Stier. Sie kam zu Dädalos und erzählte ihm davon. […] Dädalos konnte der schönen Königin nichts abschlagen; im Übrigen hatte sie an seine Eitelkeit gerührt. Er musste sich als klug erweisen, ihr den unmöglichen Wunsch zu erfüllen. Er überlegte und überlegte und machte sich schließlich an die Arbeit. Er schuf eine hölzerne Kuh mit bernsteinfarbenen Augen, mit Hörnern und Hufen aus echtem Elfenbein und polsterte sie sorgfältig mit der geschmeidigsten Kuhhaut. […]" (Zeile 30–35)

Du hast Dädalos bisher als Homo faber kennengelernt. Ergänze mithilfe des Textauszuges seine Charakterisierung. Schreibe in dein Heft oder deine Mappe.

2 „Er ließ Dädalos einen verworrenen Irrgarten auf dem Grund und Boden des Palastes anlegen, […]. Hier hinein sperrte König Minos Pasiphaë und den Minotauros – und auch Dädalos. Minos wollte ganz sichergehen, dass der alte Handwerker das Geheimnis des Labyrinthes niemals preisgeben könne, also lebte nun Dädalos hier. Seine Werkstatt befand sich im Labyrinth, aber seine Arbeit ging ihm nicht gut von der Hand. […]." (Zeile 42–46)

„Ja", dachte er. „Das ist eine Arbeit, bei der man ins Schwitzen gerät." Doch die Feuchtigkeit war nicht das, wofür er sie hielt; es war Wachs – schmelzendes Wachs. […] „Nein", schrie er. „Nein … nein…" Dädalos, der auf der Luftsäule, die ihn trug, eingedöst war, spürte, wie der Schrei gleich einem Pfeil sein Herz aufriss. Er öffnete die Augen und sah den weißen Körper seines Sohnes in die Tiefe stürzen. Er fiel ins Meer und verschwand. (Zeile 71–77)

Lies die beiden Auszüge und stelle Zusammenhänge zwischen dem Mythos und unseren gegenwärtigen Problemen im Umgang mit Technik dar. Notiere in dein Heft oder deine Mappe.

Wohnen in der Zukunft

Das Bild zeigt Visionen der Planer der Internationale Bauausstellung (IBA) von 2009.

Aufgaben

1 Betrachte das Bild und formuliere einen Titel für diese futuristischen Häuser.

_____

2 Was könnte die Architekten zu diesem Baustil bewogen haben? Stelle Vermutungen an und begründe diese.

_____

_____

_____

_____

_____

_____

_____

3 Gestalte selbst (Zeichnung oder Collage) einen begründeten Entwurf zum Thema „Wohnen in der Zukunft" und präsentiere ihn.

Teste dich selbst

1 Erkläre den Begriff „Homo faber". Was ist ein „Homo faber"?

_____

_____

_____

2 Hannah Arendt beschrieb in ihrem Werk „Vita activa oder Vom tätigen Leben" das Animal laborans (das arbeitende Tier) als Gegenüber des Homo faber. Das Animal laborans zeichnet sich dadurch aus, dass sich sein Dasein auf das Arbeiten zur Existenzsicherung reduziert. Wodurch zeichnet sich nach dieser Definition der Homo faber aus?

_____

_____

_____

_____

_____

3 Es gibt Berufe, in denen das menschliche Gespür für Materialien nicht durch technische Hilfsmittel ersetzt werden kann. Du hast bereits den Beruf des Geigenbauers kennengelernt. Nenne noch einen weiteren handwerklichen Beruf und begründe, warum du überzeugt bist, dass man für ihn ein gewisses Gespür benötigt, das nicht durch Technik ersetzt werden kann.

_____

_____

_____

4 Die Hauptperson in Max Frischs Roman „Homo faber" heißt Walter Faber und ist durch und durch Rationalist, der sich von der Natur entfremdet hat: „Ich glaube nicht an Fügung und Schicksal, als Techniker bin ich gewohnt, mit den Formeln der Wahrscheinlichkeit zu rechnen." Erläutere, was mit den „Formeln der Wahrscheinlichkeit" gemeint ist und welche Bedeutung sie für Faber haben.

_____

_____

_____

_____

Name   Klasse   Datum

5 „Forscher, Futuristen und Science-Fiction-Autoren beschwören die Chancen der bemannten Raumfahrt. Einst werden Astronauten sogar den Mars betreten, prophezeien sie. Alles Träumerei, dafür gibt es längst kein Geld mehr. Die Zukunft im All gehört Maschinen, nicht Menschen." (Aus: http://www.spiegel.de/wissenschaft/weltall/0,1518,664637,00.html) Nimm Stellung zu dieser These.

_____

_____

_____

_____

_____

_____

_____

6 Der Grundsatz des Tierschutzgesetztes lautet: „Zweck dieses Gesetzes ist es, aus der Verantwortung des Menschen für das Tier als Mitgeschöpf dessen Leben und Wohlbefinden zu schützen. Niemand darf einem Tier ohne vernünftigen Grund Schmerzen, Leiden oder Schäden zufügen." Erörtere, inwiefern dieser Grundsatz bei der Massentierhaltung eingehalten wird. Gehe bei deiner Ausführung auch darauf ein, was ein „vernünftiger Grund" ist.

_____

_____

_____

_____

_____

_____

_____

_____

_____

_____

_____

_____

_____

Lernzielkontrolle: Erwartungshorizont

1 Erkläre den Begriff „Homo faber". Was ist ein „Homo faber"?
Als Homo faber wird der herstellende, der schaffende Mensch bezeichnet. Er unterscheidet sich in seiner Eigenschaft, Dinge selbst herstellen zu können, von anderen Lebewesen.

2 Hannah Arendt beschrieb in ihrem Werk „Vita activa oder Vom tätigen Leben" das Animal laborans (das arbeitende Tier) als Gegenüber des Homo faber. Das Animal laborans zeichnet sich dadurch aus, dass sich sein Dasein auf das Arbeiten zur Existenzsicherung reduziert. Wodurch zeichnet sich nach dieser Definition der Homo faber aus?
Der Homo faber stellt nicht nur her, um seine Existenz zu sichern, sondern leistet sich den „Luxus", auch Dinge um ihrer selbst Willen herzustellen, d. h. er wertet seine Werke als für sich stehend auf. Dies ist die Voraussetzung dafür, dass Kulturgüter entstehen können wie z. B. Musikinstrumente, Skulpturen, Romane etc.

3 Es gibt Berufe, in denen das menschliche Gespür für Materialien nicht durch technische Hilfsmittel ersetzt werden kann. Du hast bereits den Beruf des Geigenbauers kennengelernt. Nenne noch einen weiteren handwerklichen Beruf und begründe, warum du überzeugt bist, dass man für ihn ein gewisses Gespür benötigt, das nicht durch Technik ersetzt werden kann.
Individuelle Lösungen, z. B. Beruf des Steinmetzes, der auch mit einem Rohstoff, nämlich dem Naturstein, arbeitet und Steine auswählen muss, die seinen Anforderungen genügen. Darüber hinaus verlangt das Arbeiten selbst viel Fingerspitzengefühl in der Beurteilung, wie der Stein bearbeitet werden kann etc.

4 Die Hauptperson in Max Frischs Roman „Homo faber" heißt Walter Faber und ist durch und durch Rationalist, der sich von der Natur entfremdet hat: „Ich glaube nicht an Fügung und Schicksal, als Techniker bin ich gewohnt, mit den Formeln der Wahrscheinlichkeit zu rechnen." Interpretiere, was mit den „Formeln der Wahrscheinlichkeit" gemeint ist und welche Bedeutung sie für Faber haben.
Die „Formeln der Wahrscheinlichkeit" sind naturwissenschaftliche Formeln, mit denen sich die Natur beschreiben und somit in gewisser Weise auch beherrschen lässt. Faber weiß Naturerscheinungen zu beschreiben und mit Formeln zu erklären, sodass die Natur für ihn entzaubert ist. Sein Verhältnis zur Natur ist von der Ratio geprägt.

5 „Forscher, Futuristen und Science-Fiction-Autoren beschwören die Chancen der bemannten Raumfahrt. Einst werden Astronauten sogar den Mars betreten, prophezeien sie. Alles Träumerei, dafür gibt es längst kein Geld mehr. Die Zukunft im All gehört Maschinen, nicht Menschen." (Aus: http://www.spiegel.de/ wissenschaft/weltall/0,1518,664637,00.html) Nimm Stellung zu dieser These.
Individuelle Stellungnahmen. Anmerkung: Im SB wurde ein Gedankenexperiment zu Pflege-Robotern durchgeführt. Bei diesem Zitat steht aber nicht der humanitäre, sondern der finanzielle Aspekt im Vordergrund.

6 Der Grundsatz des Tierschutzgesetztes lautet: „Zweck dieses Gesetzes ist es, aus der Verantwortung des Menschen für das Tier als Mitgeschöpf dessen Leben und Wohlbefinden zu schützen. Niemand darf einem Tier ohne vernünftigen Grund Schmerzen, Leiden oder Schäden zufügen." Erörtere, inwiefern dieser Grundsatz bei der Massentierhaltung eingehalten wird. Gehe bei deiner Ausführung auch darauf ein, was ein „vernünftiger Grund" ist.
Individuelle Erörterungen, die je nach der Einschätzung jedes Einzelnen voneinander abweichen können. Grundsätzlich sollte aber Konsens bestehen, dass bei der Massentierhaltung das Tier nicht als Mitgeschöpf, sondern als Ware betrachtet wird. Die Gesetzgebung hinkt der Realität hinterher.

5 Wahrheit und Wirklichkeit

1 Wahrheit und Wahrscheinlichkeit

Fachbezogene Kompetenzen

Die Schülerinnen und Schüler
- erklären den Begriff Wahrheit als Übereinstimmung von Wort und Welt
- bennen Kriterien für die Beurteilung von Aussagen als wahr
- erläutern die Perspektivität der Wahrnehmung von Wirklichkeit
- erklären die Bedeutung von Erfahrung und Gewohnheit für die Wahrnehmung der Wirklichkeit
- reflektieren die Notwendigkeit der Verständigung über Wirklichkeitswahrnehmung und Wahrheit für das menschliche Zusammenleben
- lernen die Methode der Induktion und der Deduktion kennen und wenden sie an

Unterrichtsaspekte

- Was ist Wahrheit?
- Wahrnehmung und Erfahrung von Wirklichkeit
- Nachdenken über Vergangenheit und Zukunft
- Perspektivität
- Geteilte Wirklichkeit

Methoden

Schwerpunktmethode
- Induktion und Deduktion

Weitere Methoden
- Szenario
- sokratisches Gespräch
- Diskussion
- Recherche
- Bilder beschreiben

2 Medienwelten

Fachbezogene Kompetenzen

Die Schülerinnen und Schüler
- vergleichen traditionelle und moderne Formen medialer Präsentationen
- analysieren unterschiedliche Möglichkeiten der Kommunikation im Internet
- untersuchen Konflikte und Konfliktlösungsstrategien
- erläutern spezifische Möglichkeiten moderner Informationstechnik
- erörtern moralische und ethische Aspekte des Umgangs mit modernen Medien

Unterrichtsaspekte

- Kommunikation in Sozialen Netzwerken
- Freundschaft im Internet
- Cybermobbing
- Moralische Implikationen und Regeln
- Mediale Möglichkeiten und Zukunftsperspektiven
- Beurteilung unterschiedlicher „positiver" und „negativer" Phänomene im Internet

Methoden

Schwerpunktmethode
- Infragestellen

Weitere Methoden
- ethische Interpretation von Bildern
- Argumentationsanalyse eines Textes
- szenisches Spiel
- sokratisches Gespräch
- Entwurf eines Zukunftsszenarios

1 Wahrheit und Wahrscheinlichkeit

5

Didaktische Erläuterungen

In diesem Kapitel begegnen die Schülerinnen und Schüler zentralen Aspekten der eigenen Lebenswelt: Im Zuge der für die Altersstufe bedeutsamen Phase der Identitätsentwicklung verändern sich die Perspektiven der Wahrnehmung, persönliche Sichtweisen und Weltbilder. Bis dato als unanzweifelbar begriffene Wahrheiten werden zunehmend in Frage gestellt und gleichzeitig nach Orientierung, Gewissheit und Sicherheit gesucht. Insbesondere durch die wachsende globale Vernetzung von Lebenswelten und Lebenswirklichkeiten im Zeitalter moderner Medien und technologischen Fortschritts begegnen die Schülerinnen und Schüler einer Vielfalt an Meinungen, Weltanschauungen und Kulturen und sind gefordert, sich mit divergierenden Vorstellungen von Wahrheit und Wirklichkeit auseinanderzusetzen.

Vor diesem Hintergrund soll das Kapitel Schülerinnen und Schüler in die Lage versetzen, einerseits eigene Wirklichkeits- und Wahrheitsauffassungen zu hinterfragen und andererseits alternative Wirklichkeits- und Wahrheitsauffassungen zu reflektieren, aber auch zu respektieren. So wird eine wichtige Voraussetzung dafür geschaffen, ethisch bewusst zu urteilen und zu handeln. Das Erkennen der Subjektivität der Wirklichkeitswahrnehmung, der Relativität von Wahrheit, der Begrenztheit und Perspektivität von Erkenntnis und Erkenntnismöglichkeiten, wird dabei begleitet von der Verdeutlichung der Tatsache, dass wir uns – trotz aller Unterschiede – über ‚Wahrheit(en)‘ und ‚Wirklichkeit(en)‘ verständigen können und müssen, um uns ‚in der Welt‘ zurechtfinden und gemeinsam leben zu können.

Neben den benannten inhaltlichen Aspekten stehen methodisch die Verfahren der Induktion und Deduktion im Fokus des Kapitels – zwei Verfahren also, die uns nicht nur ermöglichen, aus Erfahrungen Schlüsse zu ziehen und Aussagen über die Wirklichkeit zu formulieren, sondern darüber hinaus unsere Aussagen über die Wirklichkeit überprüfbar machen. Beide Verfahren können im Rahmen der Entwicklung der Fähigkeit zu formalen Denkoperationen in der Jahrgangsstufe 7/8 nachvollzogen und nicht nur praktisch, sondern auch gedanklich systematisch angewendet werden. Der didaktischen Progression folgend, greift das Kapitel auf bereits bekannte Begriffe und erworbene Erkenntnisse der Jahrgangsstufe 6 im Bereich ‚Wahrheit‘ und ‚Wahrnehmung‘ zurück und wendet sie in weiterführenden Kontexten an.

Wahrheit

Im Sinne der didaktischen Rekonstruktion wird im Rahmen des Kapitels auf eine inhaltliche Auseinandersetzung mit unterschiedlichen Wahrheitstheorien verzichtet. Die Anlage des Kapitels orientiert sich dennoch am aktuellen Stand der Forschung und greift bei der Präsentation eines möglichen Verständnisses von Wahrheit auf Adäquations- und Korrespondenztheorien der Wahrheit zurück. Wahrheit wird demzufolge im Kapitel als ‚Übereinstimmung von Wort und Welt‘ eingeführt und verdeutlicht, dass nicht ‚die Welt an sich‘ wahr oder falsch sein kann, sondern lediglich Aussagen über sie.

Wahrscheinlichkeit

In Anlehnung an David Hume wird unter Wahrscheinlichkeit der Grad der Gewissheit verstanden, den Aussagen und Urteile über die Wirklichkeit besitzen (vgl. D. Hume 2007, S. 80–83). Dem Entwicklungsstand der Schülerinnen und Schüler entsprechend, besitzen diese in der Jahrgangsstufe 7/8 die Fähigkeit, abstrakte Begriffe wie ‚Wahrscheinlichkeit‘ zu verstehen.

Schwerpunktmethode „Induktion und Deduktion"

Die methodisch im Mittelpunkt des Kapitels stehenden Verfahren der Induktion und Deduktion eröffnen einerseits die Möglichkeit wissenschaftspropädeutischen Arbeitens im Allgemeinen, andererseits werden die Schülerinnen und Schüler ganz konkret in die Lage versetzt, die Gewissheit von Aussagen zu hinterfragen (vgl. dazu auch Methode: *Infragestellen* in 5.2), durch die vorgestellten methodischen Verfahren zu überprüfen und sich klar zu werden, wie Erkenntnisprozesse vollzogen werden. Ein bewusster Umgang mit Aussagen über die Wirklichkeit – und der Beurteilung solcher Aussagen als ‚wahr‘ oder ‚falsch‘ – wird dabei ebenso gefördert wie der Umgang mit methodischen Verfahren zur Gewinnung von Erkenntnis.

Insgesamt betrachtet wird den Schülerinnen und Schülern nicht zuletzt durch den methodischen Fokus des Kapitels verdeutlicht, dass die häufig unreflektierte und ethisch durchaus fragwürdige Annahme, unanzweifelbares Wissen zu besitzen, *hinterfragbar* ist, dass wir aber andererseits, durch die Anwendung bestimmter Methoden, durchaus Aussagen über die Wirklichkeit treffen können, die einen hohen Grad an Gewissheit aufweisen. Ausgehend von den Ausführungen David Humes (vgl. dazu LM S. 140) wird im Kapitel zunächst das Verfahren der Induktion thematisiert, das sowohl die Gewinnung als auch die Begründung von allgemeinen Aussagen, die auf Einzelfällen aufbauen, ermöglicht: Den Schülerinnen und Schülern ist das Verfahren der Induktion intuitiv vertraut, denn, um es in Rückgriff auf Hume zu formulieren, es gehört zur menschlichen Natur, allgemeine Schlussfolgerungen aus besonderen Annahmen zu ziehen (vgl. Hume 2007). Gleichwohl ist dieses Vorgehen den Schülerinnen und Schülern ebenso wenig *bewusst* – im Sinne einer reflektierten Anwendung des Verfahrens – wie die Tatsache, dass durch Induktion begründete Aussagen keinen Anspruch auf absolute Gültigkeit erheben können. Denn die im Rahmen der Induktion erforderlichen Beobachtungen sind endlich, d. h., es können niemals alle möglichen Fälle in Vergangenheit, Gegenwart und Zukunft beobachtet werden, um eine Widerlegung der aus den beobachteten Einzelfällen geschlossenen allgemeinen Aussagen vollständig ausschließen zu können. Damit ist das bereits von Hume selbst angesprochene Induktionsproblem der Anwendung des Verfahrens inhärent. Aufgrund unserer sich wiederholenden Erfahrungen (Gewohnheit) gehen wir davon aus, dass die durch Induktion gewonnenen allgemeinen Aussagen/Gesetze auch zukünftig gelten. Sicher sein können wir uns dieser Annahme aber nicht. Ohne die Schülerinnen und Schüler zu verunsichern, macht das Kapitel ihnen diese Problematik bewusst, verdeutlicht aber zugleich, dass uns gerade das Verfahren der Induktion Orientierung in der uns umgebenden Wirklichkeit ermöglicht und der Grad der Gewissheit steigt, je öfter durch Induktion gewonnene Aussagen durch Erfahrung bestätigt werden. Implizit wird im Kapitel so auch der u. a. von Rudolf Carnap vertretene Induktivismus thematisiert.

Das insbesondere von Karl Popper für die Erfahrungswissenschaft präferierte Verfahren der Deduktion wird der Induktion im Kapitel direkt gegenübergestellt; so können die Unterschiede für die Schülerinnen und Schüler unmittelbar nachvollzogen werden: Im Gegensatz zur Induktion leitet die Deduktion aus allgemeinen Aussagen Einzelfälle ab, d. h. dabei gelangt man vom Allgemeinen zum Besonderen. Neben der Erläuterung, Anwendung und Reflexion des Verfahrens der Deduktion verweist das Kapitel im Abschnitt ‚Weiterdenken‘ explizit auf die Problematik der unmöglichen Beweisbarkeit (Verifikation) von All-Aussagen und die Möglichkeit der Widerlegbarkeit (Falsifikation) durch einen einzigen, nicht der allgemeinen Aussage entsprechenden Einzelfall. Auf eine Beschäftigung mit Existenzaussagen und der Unmöglichkeit ihrer Falsifikation wird aus Gründen der didaktischen Rekonstruktion verzichtet.

Gewissheit

Verdeutlicht werden soll den Schülerinnen und Schülern im Rahmen des Kapitels, dass Aussagen über die

Wirklichkeit ganz unterschiedliche Grade der Gewissheit aufweisen, die nicht zuletzt davon abhängen, wie wir die getroffenen Aussagen begründen und welche Kriterien benannt werden, um die Unverfälschbarkeit der Aussage zu belegen. Zudem wird thematisiert, dass unterschiedliche Arten der Gewissheit, verstanden als das überzeugte/begründete Führwahrhalten, existieren. So wird üblicherweise z. B. zwischen objektiver Gewissheit, im Sinne ‚unanzweifelbaren‘ (und objektiv beweisbaren) Führwahrhaltens im Sinne von *Wissen* und der subjektiven Gewissheit, z. B. des *Glaubens/Überzeugtseins*, unterschieden. Die Beschäftigung mit der Tatsache, dass Gewissheit keineswegs absolute Gültigkeit bedeutet und damit hinterfragt/infragegestellt werden kann und muss, erscheint aus ethischer Perspektive in hohem Maße bedeutsam, führt doch nicht zuletzt gerade die Inanspruchnahme, absolute Gewissheit zu besitzen, u. a. immer wieder zu zwischenmenschlichen und gesamtgesellschaftlichen Konflikten.

Wirklichkeit

Unter „Wirklichkeit“ kann die uns umgebende, auf uns wirkende Welt verstanden werden, in die wir eingebettet sind, zu der wir aber zugleich urteilend Stellung nehmen können. Wirklichkeit ist das, was auf uns wirkt, Wirkungen hat.

Literatur

Ginsburg, H.P./Opper, S.: Piagets Theorie der geistigen Entwicklung. Stuttgart 1988: Klett-Cotta.

Gerhard Ernst: Einführung in die Erkenntnistheorie. Darmstadt 2007: WBG.

Hume, David: Eine Untersuchung über den menschlichen Verstand (übersetzt von R. Richter/Kommentar v. L. Wiesing). Frankfurt 2007: Suhrkamp.

Klein, Stefan: Alles Zufall. Hamburg 2008: Rowohlt.

Künne, Wolfgang: Wahrheit. In: Ekkehard Martens/Herbert Schnädelbach (Hrsg.): Philosophie. Ein Grundkurs. Band 1. Hamburg 2003: Rowohlt.

Popper, Karl R.: Logik der Forschung. Hrsg. von Herbert Kreuth. Tübingen 2005: Mohr Siebeck.

Russell, Bertrand: Probleme der Philosophie. Aus dem Engl. übersetzt von Eberhard Bubser. Frankfurt/Main 1967: Suhrkamp.

Erläuterungen und Lösungen der Aufgaben

⇒ SB S. 130/131

Die bildliche Darstellung (David Hume bzw. ein Zeitgenosse am PC, verbunden mit sozialen Netzwerken) und die präsentierten Aussagen verknüpfen die beiden Kapitel

des Blickpunktes und verweisen auf erste mögliche Fragen im Zusammenhang mit dem Thema ‚Wahrheit und Wirklichkeit‘. Die Zitate von McLuhan und Pessoa können als Einstieg für beide Kapitel genutzt werden, um das mögliche Vorwissen der Schülerinnen und Schüler, Haltungen und Einschätzungen erfassen zu können. Insbesondere die Verbindung der offensichtlich einer anderen Zeit entstammenden Person und moderner Medien (Soziale Netzwerke) kann zudem als Anlass dienen, bereits zum Einstieg des Kapitels zu diskutieren, warum Fragen um Wahrheit und Wirklichkeit die Menschen über verschiedene historische Epochen hinweg beschäftigen und ob sich diese im Laufe der Zeit verändert haben.

⇒ SB S. 132

Die Einstiegsseite führt unmittelbar in das Thema ein, indem sie von den subjektiven Einschätzungen der Schülerinnen und Schüler ausgehend die Frage nach der Wahrheit bzw. Falschheit von Aussagen und ihrer Überprüfbarkeit thematisiert.

1. Individuelle Lösungen; zu erwarten ist, dass z. B. die Aussagen 12 und 13 durchgängig als ‚falsch‘ eingestuft werden und 2 und 10 als ‚wahr‘.
2. Individuelle Antworten.
3. Genannt werden könnten z. B. Begründungen wie: „Weil man es nicht beweisen kann“ (z. B. Aussage 6); „Weil manche Menschen glauben, dass es stimmt und andere nicht“ (z. B. Aussage 7).

⇒ SB S. 133

Der Infokasten präsentiert eine mögliche Theorie der Wahrheit, die Wahrheit als ‚Übereinstimmung von Wort und Welt‘ begreift. Darüber hinaus wird an einem Beispiel anschaulich erläutert, was die dargestellte Auffassung von Wahrheit inhaltlich bedeutet und wie wir zu ‚wahren Aussagen‘ gelangen. Zudem wird die Bedeutung der Angabe von Kriterien für die Einordnung einer Aussage als ‚wahr‘ oder ‚falsch‘ thematisiert und ein Rückbezug zur Einstiegsseite hergestellt, auf die erneut im Rahmen des Tipps verwiesen werden kann.

1. Individuelle Lösungen; mögliche Beispiele nach dem Muster: „Ich sage: Vor mir steht ein Teller Spaghetti. Die Aussage ist dann wahr, wenn tatsächlich ein Teller Spaghetti vor mir steht.“
2. Mögliche Kriterien: **a.** Die morgendliche Vorhersage überprüfen, indem man z. B. nachsieht, ob es regnet. **b.** Peter befragen. **c.** In einem Englischwörterbuch nachschlagen. **d.** Den Inhalt der Aussage dessen überprüfen, der der Lüge bezichtigt wird. **e.** In einem Biologiebuch nachsehen, einen Biologen befragen etc.
Thematisiert werden kann bei Aufgabe 2 zudem, dass wahre Aussagen sich nicht nur auf Dinge beziehen, die wir unmittelbar durch unsere Sinne wahrnehmen können.

⇒ SB S. 134

Die Schülerinnen und Schüler setzen sich in diesem Kapitel, ausgehend von ihren Vorkenntnissen aus der Jahrgangsstufe 6, mit der Wahrnehmung von Wirklichkeit auseinander und erkennen, dass für die Wahrnehmung

der Wirklichkeit nicht die Sinne allein Voraussetzung sind, sondern auch der menschliche Verstand.

1. Tasten, Riechen, Schmecken, Hören, Sehen; ergänzbar durch Gleichgewichtssinn, Temperatursinn, Sinn für Wahrnehmung der Außenwelt.
2. Durch die Sinne ‚erfahren‘ wir die Wirklichkeit, machen sie für uns ‚er-fassbar‘
3. Sinne als Voraussetzung für die ‚Erfahrbarkeit‘/Wahrnehmung der uns umgebenden Wirklichkeit, aber auch beim Fehlen bestimmter Sinne ist Wahrnehmung möglich (Bsp. Blindheit etc.).
4. Anregung der Vorstellungskraft, Kreativität durch Sinneswahrnehmung.
5. Satz: Die Buchstabenreihenfolge in einem Wort ist egal. (Hier können weitere Lesebeispiele nach Graham Rawlinson selbst entworfen werden. Bedingung für die Lesbarkeit ist, dass der erste und letzte Buchstabe des Wortes korrekt sind.) Bild: zwei Dreiecke.
6. Mögliche Erklärung: Durch ‚das Denken‘/unseren Verstand sind wir in der Lage, Dinge wahrzunehmen, die wir durch unsere Sinne nicht wahrnehmen/erfassen können.
7. Der Verlust der Sinne führt nicht ins Leere, weil wir außerdem unseren Verstand besitzen. Problematisiert werden kann hier, ob beim Verlust aller Sinne die Wahrnehmung von Wirklichkeit immer noch möglich wäre.

⇒ SB S. 135

Im Mittelpunkt steht hier die Beschäftigung mit den Annahmen David Humes. Als einem der Hauptvertreter des Empirismus war es u. a. sein Ziel, zu erklären, wie aus Erfahrung Erkenntnis entsteht. Dabei galt seine Feststellung, dass sowohl das Prinzip der Kausalität als auch das Verfahren der Induktion allein auf Gewohnheit beruhen, als zentral. Auf die Thematisierung des in diesem Zusammenhang bedeutsamen Induktionsproblems wird aus Gründen der didaktischen Rekonstruktion im Kapitel verzichtet. Thematisch werden die Schülerinnen und Schüler durch die Textauszüge Humes mit der Frage konfrontiert, wie wir überhaupt zu Aussagen über die Wirklichkeit gelangen und welche Rolle unsere Erfahrung und die Gewohnheit für Aussagen über die Wirklichkeit spielen. Verdeutlicht wird darüber hinaus, dass unsere Erfahrung es uns ermöglicht, Schlüsse zu ziehen und Aussagen zu treffen, die wir als ‚wahr‘ bezeichnen, dass es sich dabei aber nicht um ‚Wahrheiten‘ handelt, die für alle Zeit unwiderlegbar und gültig sind. Um zu vermeiden, dass diese Erkenntnis zu einer unproduktiven Verunsicherung der Schülerinnen und Schüler führt, wird im Kapitel gleichzeitig thematisiert, dass unsere Erfahrungen uns aber durchaus Aussagen über die Wirklichkeit ermöglichen, die einen hohen Grad an Bewusstheit besitzen und uns damit Sicherheit und Orientierung, auch für die Zukunft, bieten. In diesem Sinne spielt ebenfalls die im Kapitel angesprochene Intuition eine bedeutsame Rolle. Methodisch werden im Kapitel, im Anschluss an die Ausführungen Humes, Induktion und Deduktion eingeführt.

Die Arbeit mit Originaltexten (bzw. deren Übersetzungen) stellt durchaus eine Herausforderung dar, die aber anhand der begleitenden Fragen in der Jahrgangsstufe 7/8 geleistet werden kann und die Bereitschaft der Schülerinnen und Schüler fördert, mit philosophischen Originaltexten zu arbeiten.

1. Erfahrung liefert sichere Informationen über die Ereignisse und Zeitabschnitte, die wir selbst ‚erlebt' haben; Erfahrung ermöglicht uns Aussagen über die Zukunft: Je öfter wir bestimmte Phänomene beobachten (‚erfahren'), z. B. das Zusammentreffen von Wurf und Fall, Regen und Nässe etc., desto eher gehen wir davon aus, dass sie auch in Zukunft auftreten: Die Gewohnheit, bestimmte Erfahrungen immer wieder zu machen, bewegt uns dazu, in der Zukunft zu erwarten, dass das ‚Gewohnte' wieder eintritt.

2. Wenn es regnet, wird die Erde nass; weitere Antworten individuell, z. B.: Wenn die Sonne scheint, wird es wärmer etc.

3. Individuelle Anschauungen.

➡ *SB S. 137*

4. a) Das dargestellte Mädchen (Illustration Induktion) sieht einen einzigen Schwan und zieht den Schluss: „Aha, Schwäne sind weiß". Das entspricht entweder: (A) dem 1. und 2. Schritt des Verfahrens der Induktion: 1. Beobachtung – weißer Schwan 2. Formulierung Hypothese: „Schwäne sind weiß" oder (B): Das Mädchen hat vorher schon Schwäne gesehen; nachdem es seine Hypothese formuliert hat, bestätigt die erneute Beobachtung eines weißen Schwans seine Annahme und formuliert es das allgemeine Gesetz: Schwäne sind weiß.

Der Mann mit dem Schubkarren (Illustration Deduktion) könnte die Erfahrung gemacht haben, dass Dinge, die man loslässt, fallen – er kennt also das allgemeine Gesetz: „Dinge, die man loslässt, fallen" und schließt daraus, dass es auch in der dargestellten Situation, dem dargestellten Einzelfall eintritt.

b) Vgl. **a**: Hier müsste angemerkt werden, dass die Illustrationen beide nur Ausschnitte/Einzelschritte der Verfahren thematisieren.

5. Die Aussagen konfrontieren die Schülerinnen und Schüler implizit mit der Frage nach der Falsifizierbarkeit und Verifizierbarkeit von Aussagen über die Wirklichkeit. Die Aussage „Alle Schwäne sind weiß" (Allaussage) kann nicht durch Erfahrung bestätigt werden, da man niemals *alle* Schwäne, die es gab, gibt und geben wird, sehen und überprüfen kann, und daher auch nicht weiß, ob die Aussage wahr oder falsch ist (= Endlichkeit der Erfahrung vs. Unendlichkeit des Objektbereiches). Es kann lediglich durch Erfahrung widerlegt werden, dass alle Schwäne weiß sind, sobald ein schwarzer Schwan beobachtet wird. Die Aussage

„Schwäne sind weiß" erhebt dagegen keinen Anspruch auf ausschließliche Gültigkeit. Sie impliziert lediglich, dass die bis dato gesehenen Schwäne weiß waren und man deshalb davon ausgeht, dass Schwäne weiß sind.

6. a) Individuelle Lösungen; möglich: 1. Ich gehe früh ins Bett und stelle am nächsten Morgen fest, dass ich ausgeruht bin. 2. Ich formuliere die Hypothese: Wenn ich früh ins Bett gehe, bin ich am Morgen ausgeruht. 3. Ich gehe mehrmals früh ins Bett und stelle fest, dass ich ausgeruhter bin. 4. Ich gelange aufgrund meiner Erfahrung zu dem Schluss, dass ich ausgeruhter bin, wenn ich früher ins Bett gehe.

b) 1. Ich formuliere die Aussage: „Wenn ich meinen Kakaobecher fortwährend mit Wasser fülle, läuft er irgendwann über." 2. Ich fülle meinen Kakaobecher fortwährend mit Wasser und beobachte, dass er überläuft. 3. Ich gelange zu dem Schluss, dass die getroffene Aussage wahr ist.

c) Individuelle Aussagen.

d) Individuelle Beispiele.

7. Individuelle Darstellungen.

➡ *SB S. 138*

8. Individuelle Lösungen; möglich z. B. Aberglaube; Wunsch als ‚Vater des Gedankens' etc.

9. Individuelle Lösungen; möglich: Aussagen sind dann wahr, wenn sie tatsächlich eintreten; Problematisierung der Wahrscheinlichkeit des Eintritt vs. Zufall etc.

10. Individuelle Lösungen; möglich: Gefühl der Sicherheit; Trost; aber auch Zuflucht etc.

➡ *SB S. 139*

Das dritte Unterkapitel nimmt die Unterschiedlichkeit der Wahrnehmung von Wirklichkeit(en) in den Fokus. Ausgehend von der Beschäftigung mit der Wahrnehmung der Wirklichkeit durch verschiedene Tiere (Fledermaus und Biene) wird zunächst gezeigt, dass die unterschiedliche biologische Ausstattung von Lebewesen Folgen für die Wahrnehmung der sie umgebenden Wirklichkeit hat. Problematisiert wird in diesem Zusammenhang die Frage, inwieweit wir die Wahrnehmung anderer Lebewesen überhaupt teilen können. Vor der Folie der differenten biologischen Ausstattung von Tier und Mensch leitet das Kapitel zur Frage der Perspektivität menschlicher Wahrnehmung über und zeigt, dass das Einnehmen alternativer ‚Standpunkte' und Sichtweisen die Wahrnehmung von Wirklichkeit – und damit auch der Aussagen über die Wirklichkeit – verändert.

1. Individuelle Beispiele.

2. Individuelle Lösungen; zu erwarten ist, dass sich die Grade unterscheiden, je nachdem, wie gut die Freunde sich zu kennen glauben, dass man aber grundsätzlich davon ausgeht, dass man sich in den Freund hineinversetzen kann.

3. Fledermaus: völlig andere Ausstattung mit Sinnesorganen als der Mensch.

4. Ausbildung von Sinnen/Wahrnehmungsfähigkeiten als Folge der Anforderungen der Natur/Evolution.

5. Fledermaus: differente Wahrnehmung der Wirklichkeit; (theoretisch) differente Aussagen über die Wirklichkeit – ‚andere Wahrheitsauffassung‘.

➡ *KV 23 „Andere Wahrnehmungswelten – Wenn Geräusche farbig und Zahlen zickig sind"*

➡ *SB S. 140*

6. a) Fledermaus: Echolotung; Biene: ausgeprägtes Farbensehen, Farbabstufungen.

b) Z. B. Hund: Geruchssinn; Katze: Sehen im Dunkeln.

7. Z. B. unterschiedliche Wahrnehmung der Welt durch unterschiedliche Fähigkeiten der Wahrnehmung.

8. Individuelle Lösungen; deutlich: Kind – Betonung der Beine und Kopf; Kleidung unwichtig; Fotograf; Mensch wie er im Alltag ‚tatsächlich ist‘; Maler: Körperlichkeit, Kleidung und Gesicht unwichtig.

9. Individuelle Lösungen; u. U. Verweis darauf, dass man das schwer erfassen kann, da es auf die subjektive Perspektive ankommt.

10. Mögliche Antworten: Ansicht Stadt von oben; Blumen aus der Froschperspektive/Insektenperspektive; Bild aus der Perspektive eines kleinen Kindes oder Tieres; Wald aus der Froschperspektive.

11. Perspektive/Standpunkt bestimmt, was und wie wahrgenommen wird und damit auch, was über die Wirklichkeit ausgesagt wird.

12 a) Perspektive verändert sich, Menschen werden als Ganzes fotografiert bzw. auf ‚Augenhöhe‘.

b) Individuelle Lösungen; z. B. Eltern erschienen früher groß; Grund: eigene Körpergröße; mit dem Wachstum: Änderung der Wahrnehmung der Größe der Eltern; auch möglich, z. B. Geschmacksurteile verändern sich, weil sich der Geschmackssinn, z. B. durch Ausprobieren, verändert etc.

➡ *SB S. 141*

A. Wahrnehmung der Wirklichkeit nur in Ausschnitten.

B. Individuelle Beispiele.

C. Möglich: Verweis auf „Bild im Bild", Verwischung von Grenzen zwischen ‚Bild‘ und Wirklichkeit etc.

➡ *KV 24 „Wie wirklich ist die Wirklichkeit?"*

Das letzte Teilkapitel greift abschließend die Frage auf, weshalb es notwendig ist, sich über das, was Wirklichkeit ist, zu verständigen. Die Perspektivität individueller Wahrnehmung der Wirklichkeit – und damit letztendlich auch der Beurteilung dessen, was als wahr begriffen wird – macht unter der Bedingung des Lebens der Menschen in Gemeinschaft(en) die Verständigung über das, was wir wahrnehmen, was wir als wirklich begreifen und als wahr bezeichnen, notwendig. Ohne dabei auf die Rolle der Kommunikation und die Bedeutung von Sprache

einzugehen, kann anhand des Abschlusskapitels – über die präsentierten Fragen hinaus – z. B. problematisiert werden, weshalb es zwischen unterschiedlichen Kulturen zu Konflikten kommen kann. Dabei sollte unbedingt darauf verwiesen werden, dass die Verständigung über das, was wir als Wirklichkeit begreifen, nicht bedeutet, dass es keine unterschiedlichen Wirklichkeiten geben kann und darf. Betont werden sollte vielmehr, dass es darüber hinaus aber eine ‚geteilte Wirklichkeit‘ geben muss, da sonst jeder Mensch ausschließlich in einer ‚eigenen Wirklichkeit‘ lebt, die das Zusammenleben unmöglich macht. Voraussetzung für eine geteilte Wirklichkeit ist die grundsätzlich ähnliche/identische biologische Ausstattung des Menschen – bei aller individuellen und kulturellen Unterschiedlichkeit. Eventuell kann hier auch – je nach Lerngruppe – auf die Bedeutung von Sprache für die Verständigung verwiesen werden.

1. Veränderung des Blickwinkels/der Perspektive beim Individuum führt zu unterschiedlicher Wahrnehmung eines Gegenstandes (Ursache z. B. veränderter Lichteinfall); unterschiedliche Menschen nehmen unterschiedliche Perspektiven ein, Folge: unterschiedliche Wahrnehmung des Gegenstandes.

2. Ausstattung mit Sinnen grundsätzlich bei Menschen gleich, trotz unterschiedlicher ‚Ausprägung‘; Folge: ähnliche/vergleichbare Wahrnehmung, Austausch über Wahrgenommenes möglich

3. Individuelle Lösungen; möglich: Verweis auf Probleme bei ‚ungeteilter Wirklichkeit‘; Verständigung erlaubt uns sicherzustellen, dass wir uns in ‚einer Wirklichkeit‘ bewegen, trotz im Detail unterschiedlicher Wahrnehmung; wenn wir uns nicht verständigen würden, könnten wir nicht zusammenleben etc.

➡ *SB S. 142*

1. Gewohnheit hilft uns, uns in der Welt zu orientieren, wir müssen nicht alles immer wieder neu ausprobieren, wir können auf unsere Erfahrung zurückgreifen.

2. Aussage ist solange wahr, wie man kein Huhn findet, das rechnen kann. Um die Aussage zu überprüfen, müsste man in einem Experiment testen, ob Hühner rechnen können oder nicht.

3. Bedeutung: Sich darüber zu verständigen, was wir sehen, riechen, schmecken, wie wir das, was uns umgibt, wahrnehmen, um sicherzustellen, dass wir uns z. B. über identische Dinge unterhalten. Mit Tieren können wir die Wirklichkeit nur dort teilen, wo wir sie ähnlich wahrnehmen (eventuell Hinweis auf Bedeutung von Sprache).

4. Individuelle Meinungen.

5. Individuelle Meinungen; z. B. Begrüßung durch Händeschütteln in Japan unüblich, gleichbedeutend mit Begrüßung durch Kuss in Europa; Händeschütteln auch in den USA unüblich – nur beim ersten Kennenlernen und formellen Anlässen

6. Individuelle Lösungen.

7. Individuelle Lösungen; möglicher Hinweis auf unterschiedliche Wahrnehmung des Löwen, in den wir uns nicht hineinversetzen können.

8. Man kann niemals ALLE Schwäne beobachten, um die Aussage zu überprüfen (Unendlichkeit des Objektbereiches); Induktion – Beobachtung mehrerer Einzelfälle, niemals aller möglichen Fälle.

9. Individuelle Meinungen.

Didaktische Erläuterungen und Lösungen zu den Zusatzmaterialien/Kopiervorlagen (KV) und zur Lernzielkontrolle (LZK)

KV 23, Niveau 2
zu: Wahrnehmung von Wirklichkeit(en) ➡ SB S. 140
Der vorliegende Bericht über Synästhetiker konfrontiert die Schülerinnen und Schüler mit einem im Allgemeinen unbekannten Phänomen: der Verknüpfung von einem Sinnesreiz mit unterschiedlichen Wahrnehmungen. Einerseits beschreibt der Textauszug die Wirkung dieses Phänomens und andererseits beleuchtet er die Frage des persönlichen und gesellschaftlichen Umgangs damit. Die Schülerinnen und Schüler werden dafür sensibilisiert, die Unterschiedlichkeit der Wirklichkeitswahrnehmung durch Menschen anzuerkennen und der gesellschaftlichen Ausgrenzung von ‚der Norm‘ abweichender Wahrnehmungen entgegen zu wirken. Der Text kann darüber hinaus als Redeanlass dienen für eventuell vorhandene, eigene Besonderheiten der Wahrnehmung und den Umgang damit, z. B. fehlendes räumliches Sehen, Rot-Grün-Sehschwäche oder Rot-Grün-Blindheit (Dyschromatopsie) etc. Bei Aufgabe 3a und 3b sollte beachtet werden, dass hier eine Wahrnehmungssituation ‚künstlich‘ hergestellt/beeinflusst wird, die nicht mit der Wahrnehmung eines Synästhetikers gleichzusetzen ist. Die Übung eignet sich, um die Schülerinnen und Schüler für die Besonderheit des Phänomens an sich, im Sinne der Verknüpfung eines Sinnesreizes mit verschiedenen Wahrnehmungen, zu sensibilisieren – sei es durch das ‚Funktionieren‘ oder eben das Scheitern des ‚Nachempfindens‘ der Wahrnehmung eines Synästhetikers.

1. Farbige Wahrnehmung von z. B. Tönen und Zahlen; zwei unterschiedliche Sinneswahrnehmungen verknüpft.

2. a) Wissen um die Besonderheit der eigenen Wahrnehmung; Angst vor Unverständnis, da diese Art der Wahrnehmung u. U. nicht nachvollzogen werden kann.
   b) Toleranz, Akzeptanz, Versuch des Nachempfindens

3. a) Individuelle Lösungen; mögliches Scheitern thematisieren: Warum fällt es schwer (ungewohnt, Voraussetzungen fehlen etc.), die Übung zu machen?
   b) Individuelle Lösungen.

KV 24, Niveau 2
zu: Alles eine Wirklichkeit?! ➡ SB S. 141
Die Erzählung thematisiert die Perspektivität subjektiver Wahrnehmung von Wirklichkeit und die daraus resultie-

renden Herausforderungen bezüglich der Vermittlung subjektiver Wahrnehmung von Wirklichkeit (bei unterschiedlicher Wahrnehmungsausstattung!).

1. Strichländer – eindimensional; Flachländer – zweidimensional; Raumländer – dreidimensional; Verdeutlichung der Wahrnehmung anhand von praktischen Beispielen zur Veranschaulichung möglich.

2. Der König von Strichland verlässt sich ausschließlich auf seine eigene Wahrnehmung der Welt und hält nur sie für wahr, den Erklärungen des Flachländers schenkt er keinen Glauben, weil er sich eine zweidimensionale Wirklichkeit nicht vorstellen kann (und will).

3. Der Bewohner von Raumland hält seine Wahrnehmung der Wirklichkeit für absolut – er kann und möchte sich nicht vorstellen, dass es eine andere Wirklichkeit gibt.

4. Es gibt keine ‚richtige Wirklichkeit‘, da aufgrund der subjektiven Wahrnehmung jeder Bewohner des jeweiligen Landes ‚seine Wirklichkeit‘ für die richtige hält. Eine Ausnahme stellt der Flachländer nach der Begegnung mit dem Raumländer dar, da er sich vorstellen kann, dass es eine andere, weitere Wirklichkeit gibt. Möglich ist auch, dass die Schülerinnen und Schüler die Wirklichkeit des Raumländers als die ‚richtige‘ identifizieren, weil sie der eigenen Wirklichkeitswahrnehmung am nächsten kommt.

5. Die Wahrnehmung von Wirklichkeit ist subjektiv; wir sind in der Wahrnehmung der Wirklichkeit beschränkt; die Verständigung über die Wahrnehmung der Wirklichkeit bzw. die Wirklichkeit ‚an sich‘ ist schwierig, wenn wir nicht fähig/bereit sind, unsere Einschätzung zu überdenken.

Bemerkungen zur schriftlichen Lernzielkontrolle
Die vorliegende Lernzielkontrolle greift thematische und methodische Inhalte des Kapitels auf, wobei die Fragen verschiedene Anforderungsbereiche abdecken. Sie erlauben sowohl, Gelerntes zu reproduzieren (z. B. Aufgabe 1), als auch reflektiert anzuwenden (z. B. Aufgaben 4 und 5) und eigene Urteile zu formulieren (z. B. Aufgabe 7).

Name   Klasse   Datum

Andere Wahrnehmungswelten

Wenn Geräusche farbig und Zahlen zickig sind

Christine Söffing sieht Musik in bunten Bildern. „Der Kontrabass ist eine grüne Grundfläche. Die Geigen sind hellgrüne Striche, die hochkant auf der Grundfläche stehen", sagt sie. Die 46-Jährige aus Neu-Ulm hat das, was sie komponieren will, als komplettes Bild in ihrem Kopf und gibt dem Orchester danach die Noten vor. Die Künstlerin ist keine Spinnerin. Sie gehört zu den rund fünf Prozent der Menschen mit einer besonderen Gabe. Sie gehört zu einer Gruppe von Menschen, die man als Synästhetiker bezeichnet: Sie sehen Zahlen, Stimmen oder Töne farbig. Söffing, Vizepräsidentin der Deutschen Synästhesie-Gesellschaft, kann Farben hören. Für sie hat jeder Ton, jede Stimme, eine bestimmte Farbe […]. Bei Synästhetikern sind zwei unterschiedliche Sinneswahrnehmungen miteinander verknüpft. So können Betroffene zu einem Sinnesreiz zwei oder mehrere Wahrnehmungen haben. Geräusche werden beispielsweise nicht nur gehört, sondern auch in Formen und Farben gesehen. Christine Söffings Schwester hat bunte Buchstaben. „Wenn sie Texte schreibt, kann sie anhand der Textfarbe erkennen, welche Wörter noch dazu passen", sagt die Neu-Ulmerin. Ihre Eltern dagegen sind Gefühls-Synästhetiker. Für sie sind Zahlen und Buchstaben mit einer bestimmten Eigenschaft verbunden. „Für meine Mutter ist die Vier total zickig", sagt Christine Söffing. […] Auch die Gedächtnisleistung der Betroffenen soll nach Angaben der Deutschen Synästhesie-Gesellschaft überdurchschnittlich gut sein. Allerdings bringt das auch Probleme mit sich. „In der Schule lassen sich eine grüne Drei und eine rote Fünf beim Rechnen schwer zusammenfügen", sagt Christine Söffing. Viele Kinder haben deshalb Schwierigkeiten zu rechnen. Sie sind häufig auch eher unsportlich und z. B. keine guten Fußballer, aber gute Künstler. Ein Teil der Betroffenen leidet unter der ständigen Fülle von Eindrücken […]. Sie fühlen sich überfordert. Viele haben auch heute noch Angst, als verrückt zu gelten, wenn sie anderen von ihren Wahrnehmungen berichten.

(Artikel „Wenn Geräusche farbig und Zahlen zickig sind" AP/dapd/fu http://www.welt.de/wissenschaft/article12153787/Wenn-Geraeusche-farbig-und-Zahlen-zickig-sind.html (bearbeitet) (16.1.2011))

Aufgaben

1 Beschreibe, wie Synästhetiker die Wirklichkeit wahrnehmen.

_____

_____

_____

2 a) Erkläre, weshalb manche Synästhetiker Angst haben, als verrückt zu gelten, wenn sie über ihre Wahrnehmungen berichten.

_____

_____

_____

_____

_____

Name

Klasse   Datum

KV 23
Wege · Werte ·
Wirklichkeiten 7/8
Kap. 5.1

b) Überlegt in Partnerarbeit, wie man ihnen die Angst nehmen könnte.

3 a) Schließe deine Augen und stell dir vor, du könntest Zahlen sehen und durch deinen Geruchssinn wahrnehmen. Trage deine Wahrnehmungen in die Tabelle ein.

	Wie siehst du die Zahl?	Wie riecht sie?
1		
2		
3		
4		
5		
6		

b) Präsentiert eure Ergebnisse und beschreibt, wie sich eure Wahrnehmung durch die Verknüpfung von zwei Sinneswahrnehmungen verändert hat.

Wie wirklich ist die Wirklichkeit?

Paul Watzlawick über „Flachland" von Edwin A. Abbot

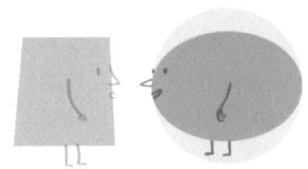

Flachland ist die Erzählung eines Bewohners einer zweidimensionalen Welt; also einer Wirklichkeit, die nur Länge und Breite, aber keine Höhe kennt; einer Welt, die flach wie ein Bogen Papier und von Linien, Dreiecken, Quadraten, Kreisen usw. bevölkert ist. Diese können sich frei auf, oder besser gesagt, in dieser Oberfläche bewegen, doch sind sie wie Schatten unfähig, sich über sie zu erheben oder unter sie abzusinken. Es braucht nicht betont zu werden, dass sie sich dieser Beschränkung unbewusst sind, denn die Idee einer dritten Dimension, der Höhe, ist für sie unvorstellbar. Der Erzähler dieser Geschichte, hat ein für ihn völlig überwältigendes Erlebnis, dem ein sonderbarer Traum vorausgeht. In seinem Traume findet er sich plötzlich in einer eindimensionalen Welt, deren Bewohner entweder Striche oder Punkte sind, die sich in alle auf ein und derselben Linie vor- oder rückwärts bewegen. Diesen Strich nennen sie ihre Welt, und für die Bewohner von Strichland ist die Idee, sich auch nach rechts oder links, statt nur nach vorne oder rückwärts zu bewegen, vollkommen unvorstellbar. Vergeblich versucht unser Träumer also, dem längsten Strich in Strichland (ihrem Monarchen) die Wirklichkeit von Flachland verständlich zu machen. Der König hält ihn für unglaubwürdig und glaubt ihm kein Wort. Angesichts der Weigerung des Königs verliert der Flachländer in seinem Traum schließlich die Geduld. […]
Plötzlich aber hört er eine Stimme. […] Es ist die Stimme eines sonderbaren Besuchers, der aus Raumland gekommen zu sein behauptet – einer unvorstellbaren Welt, in der die Dinge drei Dimensionen haben. Und ähnlich, wie der Bewohner selbst sich in seinem Traume bemüht hatte, dem König von Flachland zu berichten, versucht nun der Besucher, ihm die Augen dafür zu öffnen, wie eine dreidimensionale Wirklichkeit beschaffen und wie beschränkt Flachland im Vergleich zu ihr ist. Und genauso, wie er selbst sich dem König von Strichland als Linie von Linien vorstellte, definiert sich der Besucher als Kreis von Kreisen, der in seinem

Heimatland eine Kugel genannt wird. Dies aber kann der Flachlandbewohner natürlich nicht fassen, denn er sieht seinen Besucher als Kreis – allerdings als einen Kreis mit sehr befremdlichen, unerklärlichen Eigenschaften: Er wächst und nimmt wieder ab, schrumpft gelegentlich zu einem Punkt oder verschwindet völlig. Mit großer Geduld erklärt ihm die Kugel, dass an all dem nichts Merkwürdiges ist: Sie ist eine unendliche Zahl von Kreisen, deren Durchmesser von einem Punkt bis zu dreizehn Zoll steigt und die aufeinander gelegt sind. Wenn sie sich also durch die zweidimensionale Wirklichkeit von Flachland bewegt, ist sie für einen Flachländer zunächst unsichtbar, erscheint dann als Punkt, sobald sie die Fläche von Flachland berührt, wird dann zu einem Kreis mit stetig wachsendem Durchmesser, bis ihr Durchmesser wieder abzunehmen beginnt und sie schließlich ganz verschwindet. Dies erkläre auch die überraschende Tatsache, dass die Kugel das Haus des Flachländers trotz verschlossener Türen betreten konnte. Die Kugel betrat es natürlich von oben, doch die Idee „von oben" ist dem Denken des Flachländers so fremd, dass er sie nicht fassen kann und sich daher weigert, sie zu glauben. Schließlich sieht die Kugel keinen anderen Weg, als den Flachländer mit nach Raumland zu nehmen […].
Von diesem mystischen Augenblicke an nehmen die Ereignisse einen unerwarteten Verlauf. Völlig begeistert

durch das überwältigende Erlebnis des Eintretens in eine völlig neue Wirklichkeit, möchte der Flachländer nun die Geheimnisse immer höherer Welten erforschen, der Reiche von vier, fünf und sechs Dimensionen. Doch die Kugel will nichts von diesem Unsinn wissen: „Ein solches Land gibt es nicht. Die bloße Idee ist völlig undenkbar." Da der Flachländer aber nicht aufhören will, darauf zu bestehen, schleudert ihn die erzürnte Kugel schließlich in die Enge von Flachland zurück. […]

(Paul Watzlawick: Wie wirklich ist die Wirklichkeit? Zu „Flachland" von E. A. Abbot. München (Piper) 2005, S. 214–219)

Aufgaben

1 Beschreibe, wie Flachländer, Strichländer und Raumländer jeweils die Wirklichkeit wahrnehmen.

2 Begründe, weshalb der König von Strichland den Erklärungen des Flachländers keinen Glauben schenkt.

3 Erkläre, wieso der Bewohner von Raumland nichts davon hält, nach weiteren Dimensionen zu forschen.

4 Diskutiert, welche Wirklichkeit die richtige ist – die der Strichländer, die der Flachländer oder die der Raumländer? Begründet eure Einschätzung.

5 Erörtert gemeinsam, welche Folgerungen sich aus der Geschichte für die Einschätzung unserer Wahrnehmung der Wirklichkeit ergeben.

Name   Klasse   Datum

Teste dich selbst

1 Erkläre, was man unter einem Kriterium versteht.

2 Erläutere an einem Beispiel, was es bedeutet, wenn man sagt: „Wahrheit ist die Übereinstimmung von Wort und Welt".

3 Führe den Satz fort: „Unsere Sinne sind das Beste, was wir haben, aber ...."

4 Jörg möchte seinem kleinen Bruder Holger erklären, wie er die Methode der Induktion anwendet. Formuliere, was er Holger sagen könnte: „Also, zuerst einmal ...."

5 Holger glaubt verstanden zu haben, wie die Methode der Induktion funktioniert. Nachdem er eine Ente quaken gehört hat, stellt er fest: „Alle Enten quaken."
Hat Holger Recht mit seiner Aussage oder nicht? Begründe deine Antwort.

6 „Wie ist es, eine Fledermaus zu sein?" Begründe, ob man die Frage beantworten kann oder nicht.

7 „Die Wahrnehmung der Wirklichkeit und unsere Einschätzung, was wahr ist und was nicht – das ist alles Ansichtssache". Nimm begründet zu dieser Aussage Stellung.

Lernzielkontrolle: Erwartungshorizont

1 Erkläre, was man unter einem KRITERIUM versteht.
Ein Kritkerium ist ein Prüfstein dafür, ob etwas wahr oder falsch ist.

2 Erläutere an einem Beispiel, was es bedeutet, wenn man sagt: „Wahrheit ist die Übereinstimmung von Wort und Welt".
Bsp. Ich sage, vor mir steht ein Hund. Diese Aussage ist wahr, wenn wirklich ein Hund vor mir steht.

3 Führe den Satz fort: „Unsere Sinne sind das Beste, was wir haben, aber ...."
Nicht nur durch unsere Sinne gelangen wir zu Aussagen über die Wirklichkeit, sondern auch durch unseren Verstand.

4 Jörg möchte seinem kleinen Bruder Holger erklären, wie er die Methode der Induktion anwendet. Formuliere, was er Holger sagen könnte: „Also, zuerst einmal ...."
... beobachte ich z. B., dass der Boden nass wird, wenn ich ein Glas Wasser ausschütte. Dann formuliere ich die Vermutung, dass der Boden nass wird, wenn ich Flüssigkeit ausschütte. Als Nächstes schütte ich verschiedene Flüssigkeiten aus und beobachte, dass der Boden nass wird. Dann kann ich aufgrund meiner Erfahrung die allgemeine Aussage formulieren: Wenn ich Flüssigkeiten auf den Boden schütte, wird er nass. "

5 Holger glaubt verstanden zu haben, wie die Methode der Induktion funktioniert. Freudig ruft er, nachdem er gehört hat, dass Enten quaken: „Alle Enten quaken."
Hat Holger Recht mit seiner Aussage oder nicht? Begründe deine Antwort.
Er hat nicht Recht, da er nicht beurteilen kann, ob tatsächlich ALLE Enten quaken, also auch die, die es zukünftig geben wird. Richtig wäre es, zu formulieren: „Enten quaken. "

6 „Wie ist es, eine Fledermaus zu sein?" Begründe, ob man die Frage beantworten kann oder nicht.
Man kann die Frage nicht beantworten, da wir uns nicht wie eine Fledermaus fühlen können, weil wir eben keine sind. Wir haben andere Sinnesorgane, nehmen die Welt anders wahr etc.

7 „Die Wahrnehmung der Wirklichkeit und unsere Einschätzung, was wahr ist und was nicht – das ist alles Ansichtssache".
Nimm begründet zu dieser Aussage Stellung.
Die Aussage stimmt zum Teil, weil jeder die Wirklichkeit subjektiv wahrnimmt – aus seiner Perspektive. Trotzdem sind wir Menschen in den Möglichkeiten der Wahrnehmung von Wirklichkeit grundsätzlich ähnlich und deshalb teilen wir ‚gleiche' Wahrnehmungen, können uns darüber verständigen, was wir wahrnehmen und was wir als wahr beurteilen. Und deshalb ist eben nicht „alles eine Ansichtssache."

5

2 Medienwelten

Didaktische Erläuterungen

Das Internet ist für fast alle Jugendlichen nicht nur leicht verfügbar, es wird auch intensiv genutzt. Repräsentative Studien zeigen: Zwei Drittel der 12 bis 19-Jährigen sind täglich „online", jeder Vierte ist an mehreren Tagen der Woche im Internet. Hinsichtlich der Nutzungshäufigkeit gibt es zwischen Mädchen und Jungen nur minimale Unterschiede. Mit zunehmendem Alter steigt die Zahl der täglichen Nutzer deutlich an, so sind etwa 40 Prozent der 13-Jährigen, aber etwa 80 Prozent der volljährigen Jugendlichen täglich im Internet.

Das vorliegende Kapitel stellt das Kommunikationsverhalten der Jugendlichen dieser Altersgruppe in den Mittelpunkt. Das hat zunächst einen sachlichen Grund: Laut JIM-Studie 2011 dient etwa die Hälfte der Zeit, in der Jugendliche das Internet nutzen, der Kommunikation: „Soziale Netzwerke" wie „Facebook", ICQ oder „schülerVZ", Communitys, Chatrooms, E-Mails, Messenger usw. stellen das alltägliche Kommunikationsnetz dar, in dem die Anbahnung und der Bestand freundschaftlicher Kontakte und Bekanntschaften gepflegt werden. Deutlich geringer sind im Vergleich dazu die Zeitanteile für Unterhaltung und Informationssuche. Das bedeutet für die Lebenspraxis der Jugendlichen, dass neben den traditionellen Formen des kommunikativen Austauschs in der Schule, im Freundeskreis und in der Freizeit die „Online-Kommunikation" mit ihren technisch bedingten Eigenheiten eine bedeutende Rolle spielt.

Somit ist für Jugendliche gegenwärtig die wichtigste Funktion des Internets eine täglich verfügbare Kommunikationsplattform, mit der ein persönliches „Profil" und freundschaftliche Beziehungen online erstellt werden. Dafür bieten sich vielfältige Gestaltungsmöglichkeiten an, beispielsweise mit dem Einstellen oder „Uploaden" von Texten, Bildern, kurzen Filmsequenzen oder Links. Auch die Möglichkeiten, in so genannten Chatrooms sich direkt auszutauschen, werden intensiv genutzt. Die Anbieter diverser Seiten erleichtern die schnelle Reaktion und interaktive Kommunikation mit „Buttons" wie „mag ich!", sodass mit einem einzigen Mausklick ein kommunikativer Beitrag generiert werden kann.

Bei den 12–13-Jährigen sind diese Kommunikationsformen noch nicht so stark ausgeprägt, aber bereits vier Fünftel der über 14-Jährigen nutzen intensiv die Möglichkeiten der Online-Communitys. Die Schülerinnen und Schüler der Klassenstufen 7 und 8 befinden sich also in einer Lebensphase mit einer dynamischen Entwicklung in Richtung zunehmender Online-Bekanntschaften.

Eine Begleiterscheinung dieser neuen Kommunikationsmöglichkeiten sind verschiedene Formen negativer Verhaltensweisen: Jugendliche werden durch Gleichaltrige gekränkt, bloßgestellt und auch zunehmend gemobbt. Diese Phänomene sind quasi ständige Begleiter im Netz, deshalb sind auch Reaktionen auf diversen Seiten für Jugendliche zu beobachten, etwa bestimmte Verhaltensregeln für „Chats" mit eigenen Sanktionsandrohungen.

Das folgende Kapitel geht davon aus, dass die Jugendlichen altersspezifisch kompetent und erfahren im Umgang mit dem Internet sind oder bald sein möchten – sie werden direkt als „Experten" (Einstiegsseite, S. 143) angesprochen. Ein besonderer thematischer Schwerpunkt liegt in der Kommunikationsstruktur in Sozialen Netzwerken und den damit verknüpften moralischen sowie ethischen Implikationen. Das didaktische Ziel ist eine ethisch orientierte Nachdenklichkeit und Reflexionsfähigkeit bezüglich der eigenen Verhaltensweisen. Mit den differenzierten und multiperspektivischen Aufgabenstellungen und Impulsen wird dieses Ziel gefördert. Die Schülerinnen und Schüler wenden dazu ihre bereits erworbenen Kompetenzen bezüglich einer ethischen Orientierung auf den Bereich des Internets an. Sie prüfen unter den spezifischen Bedingungen der medialen Kommunikationsprozesse, ob und inwiefern ihre bisher erworbenen Kenntnisse und Kompetenzen hier zu Lösungsansätzen führen können. Für diesen nicht einfachen Transfer ermöglichen die diversen Arbeitsaufträge eine sukzessive Vertiefung und entsprechende Konkretisierungen. Im zweiten Teil werden computergestützte Möglichkeiten vorgestellt, schwierige Situationen oder Herausforderungen zu bewältigen. Diese Optionen leiten zu der abschließenden Beurteilung „Gut oder böse?" und zum „Weiterdenken" am Schluss über.

Soziale Netzwerke

Die Jugendlichen der Schuljahrgänge 7 und 8 beginnen, Kontakte und Freundschaften auch im Internet zu suchen und zu pflegen. Sie lernen quasi in einem virtuellen Raum andere Jugendliche kennen, mit denen sie auch über sehr große Distanzen – beispielsweise mit Urlaubsbekanntschaften oder Partnern eines Schulaustauschs – relativ zwanglos kommunizieren können. Das Internet ist zudem ein Medium für die Informationsbeschaffung, für Spiele und auch für den Konsum. Von den Sozialen Netzwerken werden in diesem Kapitel explizit ICQ, Facebook und schülerVZ genannt. Die Auswahl der Texte und die Arbeitsaufträge gewährleisten eine altersangemessene Reflexion der Kommunikationsmöglichkeiten und der eigenen Verhaltensweisen. Konsequent wird dabei der „pädagogische Zeigefinger" vermieden, um die intendierte Entfaltung und Vertiefung der Urteilskompetenz zu ermöglichen.

Freundschaften und Cybermobbing im Netz

Die Schülerinnen und Schüler können ihre persönlichen Erfahrungen und die in Kapitel 2.1 und 2.2 erworbenen Kenntnisse zum Themenkomplex „Freundschaft" einbringen bzw. noch einmal aufgreifen. Sie erörtern und reflektieren die besonderen Rahmenbedingungen für zwischenmenschliche Kontakte in Sozialen Netzwerken. Die speziell für diese Altersgruppe ausgewählten Texte und die Arbeitsaufträge ermöglichen vertiefte Differenzierungen der Begriffe „Freundschaft" und „Web-Beziehungen".

Mit dem Abschnitt „Cybermobbing" wird ein besonders problematisches und leider dauerhaft aktuelles Phänomen vorgestellt. Von „Mobbing" sollte nur dann gesprochen werden, wenn Kinder oder Jugendliche über einen längeren Zeitraum geärgert, ausgegrenzt oder sogar erniedrigt werden. In der Regel ist das Opfer solcher Aggressionen allein gegenüber mehreren Tätern. „Cybermobbing" nutzt die Möglichkeiten der modernen Kommunikationstechnik, beispielsweise werden Beleidigungen und Drohungen per SMS versandt oder in Sozialen Netzwerken werden diskriminierende Bilder und Texte „gepostet". In diesem Kapitel geht es nicht um besonders drastische Beispiele, sondern um eine Sensibilisierung der Jugendlichen für Anfänge des „Cybermobbing" und praxisnahe Beispiele, wie solchen Entwicklungen begegnet werden kann.

Mediale Möglichkeiten

In diesem Abschnitt werden besondere technische Möglichkeiten vorgestellt, mit denen Menschen mit körperlichen Einschränkungen diese kompensieren können, oder die besondere Optionen für den privaten und beruflichen Alltag anbieten. Die Jugendlichen antizipieren dazu so weit wie möglich die dargestellten Situationen. Sie versuchen sich in die Rolle bzw. Lebenssituation anderer Menschen zu versetzen, um deren besonderen Umgang mit modernen medialen Möglichkeiten zu erfassen, nachzuvollziehen und auch ansatzweise zu beurteilen. Es wird deutlich, dass internetfähige Peripheriegeräte wirkungsvolle Helfer im Berufsalltag sein können (vgl. „Blind – und trotzdem Lehrer", S. 152); andererseits können die technischen Optionen auch zu einem eher bedenklichen Zustand permanenter Kontrolle werden (vgl. „Chip im Arm", S. 153).

Moralische Beurteilung

Mit der Frage „Gut oder böse?" eröffnet der Schlussteil des Kapitels in geradezu klassischer Diktion eine ethisch orientierte Problemreflexion. Sowohl die Interviews (vgl. S. 154) wie auch der Abschnitt „Weiterdenken" (vgl. S. 155) nennen eine Reihe umstrittener Folgen, aber auch positive Aspekte: Verflachung, Oberflächlichkeit, Verdummung einerseits, dynamische Wissensvermittlung und Wissenserweiterung andererseits. Es bietet sich an, mit Rückgriff auf Kapitel 3 und auf die Vorkenntnisse der Jugendlichen, eine Diskussion hinsichtlich der moralisch relevanten Implikationen zu führen: Verantwortung und Freiheit im Umgang mit dem Internet und der Technologie, Selbst- und Fremdwahrnehmung im Internet, Art und Relevanz der moralischen Regeln, die gelten sollten oder müssten. Konkret könnten die Goldene Regel, der Begriff der „Verantwortung" und die „Würde des Menschen" thematisiert werden. Hier wird ein konkreter Bezug zu „Sich selber schützen" (vgl. S. 98) hergestellt.

Methode „Infragestellen"

Die Förderung der ethischen Urteilsfähigkeit ist ein Hauptziel des Unterrichts im Fach Ethik. Dazu ist eine systematische Einübung des Hinterfragens vermeintlicher Selbstverständlichkeiten eine unverzichtbare Kernkompetenz. Im Abschnitt „Infragestellen" wird ein vierstufiges Modell vorgestellt. Die einzelnen Stufen werden näher erläutert und mit Beispielen illustriert. Die Jugendlichen können und sollen mit (1) einer sorgfältig formulierten Frage, (2) einer genauen Betrachtung und Analyse des jeweiligen Gegenstandes, (3) einem neuen, klaren Ausgangspunkt für weitere Untersuchungen sowie (4) einer daraus folgenden neuen Sichtweise Klärungen für die Ausgangsfragestellung erarbeiten. Fachdidaktisch ist der Bezug zum sokratischen Gespräch deutlich, auch im Sinne des „Weiterfragens" (C.F. v. Weizsäcker) wird hier eine zielorientierte, schrittweise Klärung vermittelt.

Hinweis: Die schriftliche Lernzielkontrolle sollte erst nach Behandlung des gesamten Kapitels erfolgen.

Literatur zum Kapitel

Burkhardt, Sara u. a.: Online_Offline. Aufwachsen in virtuellen Welten. Seelze 2011: Friedrich.

Ebersbach, Anja/Glaser, Markus/Heigl, Richard: Social Web. 2. Aufl. Konstanz 2011: UVK.

Faerman, Juan: Faceboom: Wie das soziale Netzwerk Facebook unser Leben verändert. München 2010: Südwest.

Kuphal, Anna: Soziale Netzwerke und ihre Vor- und Nachteile/Speziell: Cybermobbing. München 2011: Grin.

Medienpädagogischer Forschungsverbund Südwest (Hg.): JIM 2011 (Jugend, Information, (Multi-) Media). Stuttgart 2011.

Wolff, Thomas: Was Schüler im Internet tun … und Lehrer darüber wissen sollten. Weinheim 2011: Beltz.

5

Erläuterungen und Lösungen der Aufgaben

➡ SB S. 143

Die Schülerinnen und Schüler betrachten das Bild „Face-look I" von M. Quiel und beschreiben ihre Eindrücke. Hier lassen sich ggf. auch fächerübergreifend Kenntnisse aus dem Kunstunterricht einsetzen bezüglich Kompetenz der Bildbeschreibung und -analyse.

1. Individuelle Lösungsansätze, die auf unterschiedliche Elemente des Bildes (Figurenkonstellation, Raumaufteilung, Stimmung, Atmosphäre, Perspektive, Farbgebung usw.) eingehen können.

2. Es bieten sich zwei Untersuchungsperspektiven an:
   – Quasi vorausschauend: Die Erwartungen an das Kapitel werden in einen Bezug zu den Eindrücken des Bildes gesetzt.
   – Quasi retrospektivisch: Während der Bearbeitung des Kapitels werden mögliche Bezüge konkretisiert.

3. Individuelle Lösungen: Die Schülerinnen und Schüler formulieren schriftlich ihre Fragen, hier bietet es sich an, diese nicht nur im Heft zu notieren, sondern in Partnerarbeit Mini-Plakate (DIN A3 Querformat) zu erstellen, auf denen die Fragen gesammelt werden. So kann während des weiteren Unterrichts ggf. konkret auf bestimmte Fragen Bezug genommen werden.

Im nachfolgenden Textblock werden die Jugendlichen explizit als „Experten" angesprochen, es schließt sich ein erster Hinweis auf die Methode des Infragestellens an. Damit ist ein bewusst offener, Neugierde und Erwartungen weckender Einstieg gewählt, der die individuellen Voraussetzungen der Jugendlichen adäquat berücksichtigt.

➡ SB S. 144

1. Die Erläuterungen der Beispiele sollen die Vorkenntnisse konkret erfassen.
   – Begriffe: chatten = plaudern, sich unterhalten; posten = etwas ins Netz stellen; Profil = persönliche Vorstellung auf einer Internetseite; Facebook = die z.Z. weltweit am stärksten vertretene Online-Community; ICQ = Instant Messenger für die Online-Kommunikation (Homophon für „I seek you" – Ich suche dich); Level = Spielebenen in PC-Spielen, mit aufsteigenden Schwierigkeitsgraden.
   – Kürzel/Emoticons: beispielsweise :-s = „ich weiß ja nicht"/Zweifel; ;-) = Augenzwinkern und lächeln; :-/ = Missmut, Enttäuschung. Im Internet finden sich diverse umfangreiche Übersichten.
   – Handlungsweisen: Leila gibt zu viele Informationen preis und riskiert missbräuchliche Nutzung; Patrick lädt ein problematisches Bild bei Facebook hoch, für dessen Veröffentlichung er eigentlich die Zustimmung Jems benötigt.

2. Möglichkeiten der Internet-Kommunikation:
   a) z. B.: E-Mail, Blog, Social Networks, Mailinglisten, Internet-Telefonie einschließlich „Skype".
   b) Dabei werden unterschiedliche Arten der Kommunikation realisiert: Austausch von Texten und Bildern von einem Absender an einen oder mehrere Empfänger (E-Mail); Blog: öffentliche Kommentare auf themenspezifischen Seiten oder Seiten von bestimmten Anbietern, z. B. von Zeitschriften, Organisationen usw.; Soziale Netzwerke: öffentliche Präsentation einer selbst gestalteten Informationssammlung über sich selbst, in der Regel mit Möglichkeiten der Nutzungseinschränkung durch andere; Mailinglisten: Nach Anmeldung für eine Mailinglist erhalten Teilnehmer quasi „Rundmeldungen an alle Teilnehmer", z. B. über besondere Angebote oder Informationen; Internet-Telefonie: In der Regel kostenlose (VoIP zu VoIP) oder relativ preiswerte Möglichkeit, mit „Voice over IP" (VoIP) über das Internet zu telefonieren; „Skype": Nach diesem Anbieter wird die Kommunikationsform „skypen" genannt: Beide Gesprächsteilnehmer sitzen am Computer und sprechen direkt miteinander, wenn zusätzlich Web-Kameras eingeschaltet sind, können sich die Gesprächspartner gleichzeitig sehen.

3. Die persönlichen Erfahrungen und Nutzungsgewohnheiten werden sehr unterschiedlich sein. Es bietet sich an, ausgehend von Aufgabe 1 weitere Risiken, Probleme, Vorzüge und Wünsche konkret zu erörtern. Der Zeitaufwand für die Internet-Kommunikation sollte in jedem Fall berücksichtigt werden.

4. Individuelle Lösungen. Schwerpunkt: eine begründete Stellungnahme, d. h. eine argumentative Reaktion auf Pias Äußerung.
   Im Rahmen einer Begründung können die Ergebnisse der Aufgaben weiter vertieft werden, z. B. mit der Frage, wie viel Zeit für wirkliche Begegnungen im Alltag bleibt und wie viel Zeit für „Online"-Begegnungen investiert wird.

Denkraum: Hier bietet es sich an, einen Wochenplan zu erstellen, der „Entwicklungslinien", „Krisenpunkte" und „Lösungsversuche" thematisiert.

➡ SB S. 145

1. Die Aufgabe berührt einen für Jugendliche besonders sensiblen Punkt: Die Verknüpfung des sehr privaten, intimen Bereichs „Freundschaft" (vgl. Kap. 2.1 im Band 5/6 und den entsprechenden Abschnitt im Lehrerband 5/6, S. 40 ff.) mit dem „öffentlichen Raum" des Internets kann aus Sicht der Jugendlichen problematisch sein.

Mit den „Meinungen und Argumenten" werden noch einmal die Vorkenntnisse und die eigenen Erfahrungen thematisiert.

Der Text „Freundschaft 2.0" bietet im Anschluss eine Reihe von Argumenten aus der Perspektive der Forschung bzw. der Erwachsenen, mit denen sich die Schülerinnen und Schüler auseinandersetzen sollen.

➡ *SB S. 146*

2a/2b. Die Tabelle könnte so aussehen:

Horst Heidbrink: Freundschaft ist immer eine zweiseitige, langfristige Beziehung.	Im Internet ist diese Freundschaft eigentlich nicht möglich. Positiv zu betrachten ist aber der zwanglose Kontakt, der quasi permanent möglich ist. Ähnlichkeiten und Interessen werden leichter erkannt.
Heiko Ernst: Die Freundschaft erlebt heute eine dramatische Verflachung.	Intimität ist im Web nicht möglich. Man kann nicht mehr als 50 „Freunde" haben.
Sascha Lobo: Freundschaft im Netz ist möglich.	Vorteile: Ein ortsunabhängiger, intensiver Kontakt ist möglich, das Kennenlernen ist erleichtert, es gibt keinen Darstellungsdruck wie in der Disco. 3 Stufen: Online-Freunde – guter Kontakt, aber eventuell persönlich nicht bekannt; „Friends" – etwa so ähnlich wie Bekannte im echten Leben; „Kontakte" – sehr lose, indirekte Beziehungen.

3. Die Erläuterungen werden vom individuellen Verständnis geprägt sein. Mögliche Aspekte: Im Vergleich zum „echten Leben" sind Freundschaften im Internet tatsächlich flacher, weil man sich nicht so „wirklich" treffen kann zum persönlichen Austausch – es bleibt immer die Distanz „zwischen den Computern". Gegenargument: Im Netz können auch sehr zurückhaltende Jugendliche Freundschaften entwickeln, die im „echten Leben" kaum möglich wären. Es gibt z. B. Online-Foren für Menschen mit Erkrankungen oder mit „Handicaps", in denen die gegenseitige Hilfe und Unterstützung im Mittelpunkt steht.

In einer Disco ist es zu laut und zu hektisch, um überhaupt jemanden kennenzulernen. Zum langsamen und intensiven Meinungsaustausch ist das Internet besser geeignet.

4. a) S. Tabelle.

b) Sascha Lobos Unterscheidung enthält implizit das Kriterium einer „tiefen" Freundschaft. Die Schülerinnen und Schüler setzen sich hier mit seiner Kategorisierung auseinander, wichtig ist dabei vor allem eine Begründung der persönlichen Einschätzung.

5. Im Rückblick sollen nun noch einmal die ersten Eindrücke und Überlegungen reflektiert werden. Im Unterrichtsgespräch könnte eine Ergebnissicherung erfolgen, die tabellarisch gegenübergestellt, was „vorher" und „nachher" zum Thema Freundschaft 2.0 für wesentlich erachtet wurde bzw. wird.

Denkraum: Individuelle „Mitteilungen an Aristoteles". Es bietet sich ein Rückgriff auf Aristoteles' „Über die Freundschaft" in Band 5/6 (S. 38) an.

➡ *KV 25 „Freundschaften im Internet – Goodbye facebook"*

➡ *SB S. 147*

6. Mit Distanz zu den Formulierungen des Textes soll der Kern des „Alltags" deutlich werden: Franziska hat sich am Morgen in der Schule in einen Streit eingemischt und wird nun am Nachmittag in „schülerVZ" öffentlich übel beleidigt, ohne sich wehren zu können, weil der Verfasser mit einem kleinen technischen Kniff genau dies verhindert hat.

7. Die Übersicht könnte z. B. anhand der Kategorien Ursachen, Verlauf, Auswirkungen folgende Gemeinsamkeiten und Unterschiede enthalten:

Ursachen und Verlauf: Streitigkeiten entstehen aus Meinungsverschiedenheiten mit steigender Aggression bei gleichzeitigem Unwillen zu einer gütlichen Einigung. Auf dem Schulhof werden sie begleitet von Körpersprache, Mimik, Lautstärke beim Sprechen, Aufmerksamkeit durch andere Jugendliche, im Internet entfallen diese Aspekte der „echten" Kommunikation.

Auswirkungen: Im Internet können zahllose Unbekannte Zeuge der Auseinandersetzung werden, es sind andere, spezifische Aggressionsformen möglich, z. B. technische Änderungen wie das „Aussperren".

8. Individuelle Diskussionsbeiträge

➡ *SB S. 149*

9. Die Infoplakate sollten neben den Informationen aus dem Text und aus dem Internet vor allem die Intentionen der jeweiligen Kleingruppe zum Ausdruck bringen: Farben, Buchstabengrößen, Textformen, Anordnung der Elemente usw. Bei der Vorstellung der Ergebnisse sollten diese Gestaltungsmittel erläutert und begrün-

5

det werden: Wie wirken sich Gestaltungsmittel auf den Inhalt aus? Fächerübergreifendes Arbeiten (Kunstunterricht) möglich.

10. Je nach Verständnis sind hier Zustimmung (wegen der Öffentlichkeit und der Verhinderung einer Entgegnung) oder Ablehnung (keine Anonymität der Jungen) denkbar.

11. Individuelle Einschätzungen der Jugendlichen

➡ *SB S. 150*

1. Nach McLuhan verändern Medien die Umwelt durch die Ausdehnung menschlicher Fähigkeiten – und damit wandelt sich letztlich auch der Mensch.

2. Mögliche Beispiele: Ausweitung des Erlebnisraumes durch Kontakte in alle Welt, „die Welt als Dorf" ermöglicht Teilhabe an fast allem (theoretisch!), Kommunikation über Erdteilgrenzen hinweg in Echtzeit bedeutet eine völlig neue Lebenserfahrung.

3. Individuelle Einschätzungen der Jugendlichen.

➡ *KV 26 „Kaufen mit einem Klick – Internetshopping und seine Fallen"*

➡ *SB S. 151*

4. Die Jugendlichen klären ggf. die Begriffe wie „faken" (=fälschen) oder „spame nicht!" (= stelle keinen „Müll", also belanglosen Unsinn, in die Beiträge).

5. Regel 1 soll zu mehr Ehrlichkeit und authentischer Kommunikation beitragen; Regel 5 soll garantieren, dass jeder Teilnehmer auch nur eine „Adresse" hat.

6. Mögliche Zuordnungen: (a) Sprache und Schreibweisen: Regel 6, Regel 7; (b) Umgang mit anderen Teilnehmern: Regel 2, Regel 4, Regel 7; (c) Inhalte der Beiträge: Regel 8, Regel 9; (d) Identität: Regel 1, Regel 5.

7. Individuelle Lösungen.

8. a) Tuna postet merkwürdig depressiv wirkende Äußerungen – jedenfalls aus Timos Sicht, Sabine sieht dies dagegen sehr gelassen und denkt, dass Tuna nur Aufmerksamkeit will.

   b) Timo könnte darüber nachdenken, ob er in irgendeiner Weise mit Tuna darüber sprechen sollte, da er sich Sorgen macht, Tuna könnte sich etwas antun.

   c) Individuelle Lösungen.

9. a) Es bietet sich an, drei Schüler-Paare nacheinander die Szene vorspielen zu lassen, um die Unterschiede in den Einschätzungen erfahrbar zu gestalten.

   b) Eine schrittweise Anwendung der Methode vertieft die Reflexion, daher bietet sich die Erarbeitung in Einzel-, Partner- oder Kleingruppenarbeit an, weniger im Klassenverband.

10. (Vgl. S. 93 im SB, dort wird die Methode vorgestellt.) Um erfolgreich ein sokratisches Gespräch zu führen, können auch ein „Spielleiter" und mindestens zwei „Beobachter" bestimmt werden, damit der Gesprächsverlauf gezielt reflexiv begleitet wird – nicht nur von den Teilnehmern. Eventuell sind nach etwa 15 Minu-

ten kurze Unterbrechungen sinnvoll, um folgende Fragen zu klären: Welche Thesen und Meinungen sind mit welchen Begründungen bisher vorgebracht worden? Wo zeigen sich gemeinsame Auffassungen? Sind wir bei der Sache geblieben? Konnten sich alle beteiligen?

➡ *SB S. 152*

Der Text „Blind – und trotzdem Lehrer" bietet zum einen die Möglichkeit, die Empathiefähigkeit der Schülerinnen und Schüler zu fördern, und zwar nicht etwa auf einer Ebene des bloßen Mitleids, sondern eher im Sinne einer verfeinerten Wahrnehmung einer besonderen Lebenssituation. Zum anderen demonstriert die Reportage eindrucksvoll, dass die modernen Kommunikations- und Interaktionsmöglichkeiten rund um das Internet sowie die peripheren Geräte faszinierende Chancen bieten.

1. Individuelle Lösungen sind wahrscheinlich, weil die Fantasie angeregt wird, auch über die häusliche Situation des Blinden oder über andere alltägliche Tätigkeiten nachzudenken – Einkaufen, Treffen mit Freunden, Verabredungen, Nutzung öffentlicher Verkehrsmittel usw.

2. Die Geschichte könnte ggf. als Illustration zum Text von McLuhan gelesen werden – dann wären die technischen Möglichkeiten Martin Parks quasi eine Erweiterung seiner Sinnesleistungen und Optionen im Alltag.

3. Individuelle Lösungen.

➡ *SB S. 153*

Der Text „Chip im Arm" bietet den Kontrast zur Reportage über Martin Park. Hier geht es eher um eine Vision des vollständig mit der computerisierten Welt vernetzten Menschen.

Zusatzinformation: „All das […] stinkt nach dem Großen Bruder" (Z. 31 f.) ist eine direkte Anspielung auf George Orwells düsteren Zukunftsroman „1984" aus dem Jahre 1948, in dem eine totalitäre Diktatur mit dem „Großen Bruder" eine perfide und perfekte Überwachungsmaschinerie betreibt, die jegliches individuelle Leben verhindern soll. „Big Brother is watching you!" ist zum geflügelten Wort dieser Überwachungsperfektion geworden, die selbst den Sprachgebrauch der Menschen penibel kontrolliert.

4. Die Beschreibungen können im Detail unterschiedlich sein, der Hauptaspekt ist jedoch, dass in Herrn Bechtels Alltag vieles automatisch über computergesteuerte Systeme abläuft: Die Dusche springt an, die Kaffeemaschine arbeitet selbsttätig, im Bürogebäude wird Herr Bechtel individuell von einem Computersystem begrüßt und mit ersten speziell für ihn wichtigen Informationen und Arbeitsaufträgen versorgt. Sein persönlicher Rechner am Arbeitsplatz wird automatisch hochgefahren, wenn Herr Bechtel den Scanner am Eingang passiert.

5. Im Sinne einer solchen düsteren Vision können die Jugendlichen sich einen Tag in ihrem künftigen Leben

vorstellen. Allerdings lässt der Text eventuell auch eine positive Deutung zu, etwa im Sinne einer maximalen Entlastung des Einzelnen von alltäglichen Verrichtungen.

6. Für die Diskussion bietet es sich daher an, sowohl negative als auch mögliche positive Aspekte sorgfältig mit der Methode des Infragestellens zu prüfen. Die konkreten Argumente werden stark vom Vorverständnis und den bisherigen Arbeitsergebnissen im Kapitel geprägt sein.

⇒ *SB S. 154*

Der Text „Gut oder böse?" erweitert die Diskussionsperspektive auf das Internet ganz allgemein, ohne auf konkrete Beispiele einzugehen, und problematisiert mit den beiden konträren Positionen von Nicholas Carr und Daniel Hillis einige grundsätzliche Problemstellungen.

1. Carrs Thesen: (1) Das Internet macht dumm. (2) Es verändert in erster Linie unsere Lesekultur: vom tiefen Verständnis hin zur oberflächlichen Rezeption. (3) An die Stelle des isolierten, intensiv nachdenkenden Intellektuellen tritt in Zukunft der oberflächliche, ständig vernetzte Typ des kommunizierenden Intellektuellen. (4) Unser Denken verflacht durch das Internet nachhaltig.
Carrs Argumente: (1) Anders als das Fernsehen transportiert das Internet in erster Linie Texte, wir gewöhnen uns oberflächliches Lesen an. (2) Der ständige Austausch im Internet ist eine wesentliche Ursache dafür, dass wir Texte nur noch überfliegen. (3) Neurologische Studien belegen, dass sich die Art des Denkens durch die Einwirkungen des Internets nachhaltig verändern.

2. Individuelle Lösungen.

3. Die Schülerinnen und Schüler denken quasi Carrs Position weiter und stellen einen Bezug zu ihrem eigenen Internetkonsum her. Mögliche Aspekte: Carrs Thesen lassen sich auch auf die Rezeption von Bildern, Fotos, Videosequenzen übertragen, weil allein die ständig wiederholbare Betrachtung ggf. zu einer oberflächlichen Rezeption führt. Gegenargument: Nachweislich (vgl. JIM-Studie 2011) spielt das traditionelle Lesen von Büchern eine wesentliche Rolle für Kinder und Jugendliche, die von Carr genannten Auswirkungen sind also ggf. zu relativieren.

4. Daniel Hillis widerspricht Nicholas Carr grundsätzlich. Seine Thesen: (1) „Sinnlose Zeitverschwendung" hat es seit der Höhlenmalerei schon immer gegeben. (2) Im Internet findet man sehr viele anspruchsvolle Ideen. (3) Carr hat einen altmodischen Bildungsbegriff, in dem das Lesen von Büchern entscheidend ist. Im Internet kann man mehr lernen als mit Büchern. (4) Die Art des Lernens und Wissens hat sich in den letzten Jahren stark verändert. (5) Die Herausforderungen einer komplexer gewordenen Welt lassen sich nur mit Hilfe der Informationen aus dem Internet meistern.

5. Zwei Diskussionsformen werden vorgeschlagen: In einer Rollen-Diskussion können Jugendliche quasi die Positionen von Carr und Hillis übernehmen und im Rahmen eines gespielten Streitgesprächs ausgestalten, beispielsweise mit der Aufforderung: „Sie überzeugen mich nicht. Erläutern Sie doch wenigstens ein paar weitere Beispiele, die für unsere Zuhörer relevant sind." Eine Pro-Kontra-Diskussion im Kurs könnte mit Wandplakaten (DIN-A3-Format) weitere Aspekte festhalten und eine Übersicht bezüglich der wesentlichen Argumente ermöglichen.

6. Mit einem individuellen Fazit nehmen die Schülerinnen und Schüler jeweils Stellung. Eventuell sind Strukturierungsvorschläge sinnvoll: Welche Argumente haben mich am meisten überzeugt? Welche kaum oder wenig? Gibt es Aspekte, die von Carr oder Hillis übersehen wurden? Sind die Aussagen gleichermaßen gültig für Erwachsene, die als Kinder ohne Computer aufgewachsen sind, oder muss man deutlich zwischen ihnen und „User"-Gruppen unterscheiden?

⇒ *SB S. 155*

Der **Rückblick** fordert zu einer individuellen Reflexion auf. Die „Chancen und Risiken", die mit der Nutzung von Sozialen Netzwerken assoziiert werden, dürften von den Erfahrungen der Schülerinnen und Schüler und ihrer Freunde geprägt sein. Hier können ggf. auch die in den letzten Jahren vermehrt auftretenden kritischen Berichte, in denen Empfehlungen, welche Informationen, Bilder und Links besser nicht gepostet werden, um die eigene Privatsphäre zu schützen, eine Rolle spielen. Für diese Altersgruppe ist das Hochladen vermeintlich lustiger „Partybilder" besonders relevant.

1.–3. Individuelle Lösungen.

Im Unterricht sollten die Ergebnisse unbedingt ausgetauscht und ggf. fixiert werden. Mögliche Ansätze: „Wie gestalte ich meinen Facebook-Auftritt so, dass er sicher ist?" – „Wo finde ich Hilfe im Netz?" usw.

Weiterdenken

Mit dem Text „Kamera im Kopf" wird ein radikales Beispiel vorgestellt, das zu einer Stellungnahme im Sinne des Weiterdenkens geradezu provoziert.

4. Professor Bilal hat sich eine Kamera am Hinterkopf implantieren lassen, die ein Jahr lang automatisch in bestimmten Zeitabständen Bilder macht. Diese Bilder stellt er online der Internet-Community zur Verfügung. Seine Absicht: Die Gefahr einer „vollkommenen Belanglosigkeit" von Internetbildern zu demonstrieren, die von Millionen Usern aus ihrem Privatleben permanent ins Netz gestellt werden.

5. Mit einer normalen Kamera und einem normalen Akt des Fotografierens wären intentionale Bilder entstanden, also hinsichtlich Motiv, Bildausschnitt und Perspektive ausgewählte Abbildungen. Der „Zufallscharakter" und damit die Beliebigkeit wären so nicht möglich.

6. Individuelle Stellungnahme.

5

Didaktische Erläuterungen und Lösungen zu den Zusatzmaterialien/Kopiervorlagen (KV) und zur Lernzielkontrolle (LZK)

KV 25, Niveau 2
zu: Freundschaft 2.0 ➡ SB S. 146

Dominique Lamberts Blog-Beitrag erläutert und begründet ausführlich, warum der Verfasser nicht mehr bei Facebook sein will. Offensichtlich ist es die Perspektive eines Erwachsenen, da der Fernseher schon „vor Jahren" abgeschafft wurde. Auch wenn es nicht aus Sicht eines Jugendlichen ist, so lassen die geschilderten Phänomene dennoch eine starke Antizipation hinsichtlich der eigenen Situation zu – letztlich sind die dargestellten Probleme für alle Nutzer gleich. Im Kern geht es darum, dass Lambert befürchtet, die eigene Identität als Freund bzw. Mensch in sozialen Bindungen zu verlieren, weil die virtuellen Kontakte das wirkliche Leben ausschließen – so jedenfalls die These.

Der Text beginnt mit der für Jugendliche vermutlich erstaunlichen, wenn nicht sogar provokanten Information, dass der Verfasser schon seit Jahren keinen Fernseher mehr habe und er „aus ähnlichen Gründen" nun auch Facebook verlassen will. Die weiteren Details erschließen sich bei der Lösung der Aufgaben:

1. Ebenso wie das Fernsehen hat Facebook zu einer subtilen Sucht geführt. These: „Der Einfluss auf mich und mein Leben wurde zu groß, ich hatte das Gefühl, mich nicht wehren zu können." Furcht vor maximaler Passivität. Persönlichkeitsveränderungen durch Facebook: Voyeurismus, starke Abhängigkeit, Projektionen statt Individualität, äußerst oberflächliche Facebook-"Freundschaften", Mangel an Qualität in den wirklichen Freundschaftsbeziehungen. Facebook verleitet zur Preisgabe vieler privater Daten.

2. Hier sind individuelle Einschätzungen wahrscheinlich.
   Mögliche Beispiele: Jugendliche können ggf. zwischen realer und virtueller Freundschaft gut unterscheiden, ggf. sind einige der virtuellen Freunde auch tatsächliche Freunde, ggf. kann ein Nutzer mit mehr Selbstdisziplin einen zu intensiven Konsum vermeiden usw.

3. Individuelle Einschätzungen. Beispiel: Fernsehen und Internet sind nur sehr bedingt vergleichbar, weil das Internet interaktiv ist („Web 2.0"), das Fernsehen aber weitgehend zur Passivität zwingt.

4. Hier muss ggf. die Lehrkraft Hilfestellung gewähren. Die Mensch-Zweck-Formel des kategorischen Imperativs sollte vorgestellt und erläutert werden. Der Begriff „Zweck" darf hier nicht mit „Zweck an sich selbst" verwechselt werden (s. SB S. 90).
   Die Beurteilung kann auch mit Blick auf Kant unterschiedlich ausfallen, weil Kant fordert, den Menschen nicht bloß als Mittel, sondern immer auch als Zweck an sich selbst zu betrachten. Aus der Sicht der Jugendlichen kann der Nutzer von Facebook durchaus als „Person" gesehen werden, wenn sein interaktives Handeln weitgehend selbstbestimmt ist. Genau hier liegt aber auch das Problem: Facebook lässt ggf. nur bedingt selbstbestimmtes Verhalten zu.

5. Individuelle Lösungen.

KV 26, Niveau 2
zu: Vom „face to face" zum „Interface" – Moral im Internet ➡ SB S. 150

Neben der Kommunikation in Sozialen Netzwerken ist das Shopping im Internet für Jugendliche von besonderer Bedeutung. Dies gilt vor allem für die diversen altersspezifischen Angebote wie Klingeltöne, Handytarife, Hausaufgabenhilfen oder Referate. Der Text von E. Salzmann informiert in erster Linie betont sachlich über die unterschiedlichen Aspekte, die fiktiven Beispiele führen zu einer besonderen Transparenz der Hintergründe. Der Hinweis auf die Informationsseite der Verbraucherzentrale NRW ist auch ein konkretes Informationsangebot. Die Beispiele „Kevin" und der „Kuschelfaktor" für Mädchen bieten gute Identifikationsmöglichkeiten, aus der Perspektive der Betroffenen das Phänomen Internetshopping zu reflektieren.

Diese Intentionen werden auch mit den Aufgaben konkret artikuliert. Die klassischen Anforderungsbereiche AFB I (Reproduktion, Reorganisation), AFB II (Transfer) und AFB III (Beurteilung, eigene Stellungnahme) sind berücksichtigt.

1. Die Fallen sind beispielsweise die Lockangebote, bei denen erst im weiteren Verlauf des Spiels erhebliche Zusatzkosten entstehen. Dazu zählt auch der Trick, quasi über die Kinder den Eltern Rechnungen zu stellen. Auch die undurchsichtige Gestaltung der Seiten im Netz, auf denen die AGBs kaum zu erkennen sind, gehören dazu.

2. Wenn es gelingt, das Interesse der Kinder oder Nutzer zu wecken, ist der Betrug besonders einfach, weil die kostenpflichtigen Teile der Spiele oder Seiten „angeklickt" werden, um keine Frustrationen während des Spiels zu erleben.

3. Individuelle Lösungen.

4. Verschiedene Ideen bieten sich an, etwa das Verbot bestimmter Praktiken mit jugendlichen Nutzern, Verpflichtung zu klarer Deklarierung möglicher Kosten, offener Austausch in Sozialen Netzwerken über Missbrauchsfälle, Informationen von staatlichen bzw. seriösen Anbietern (z. B. Verbraucherschutzverbände).

5. Individuelle Gestaltung

Bemerkungen zur schriftlichen Lernzielkontrolle

Die Konzeption der Aufgabenstellung für eine Lernzielkontrolle zum vorliegenden Kapitel bezieht sich sowohl auf die thematischen Aspekte der einzelnen Abschnitte als auch auf den Methodenkasten. Die drei Anforderungsbereiche der EPA Ethik werden berücksichtigt. Während die erste Aufgabe auf die Reproduktion erworbenen Wissens (hier in Form von Begriffserklärungen) abzielt, wird von den Schülerinnen und Schülern bei der Bearbeitung der zweiten Aufgabe die Anwendung der „Goldenen Regel" verlangt. Zu den Einzelheiten vgl. die differenzierten Angaben im Erwartungshorizont.

Die dritte Aufgabe verlangt zunächst einen strukturierten Überblick hinsichtlich der Vorzüge und Risiken einer Mitgliedschaft bei Facebook. Im Rahmen einer Transferleistung sollen im zweiten Teil eigenständige und konkrete Verhaltensvorschläge und Vorsichtsmaßnahmen formuliert werden. Damit ist auch der Anforderungsbereich III berührt.

In Aufgabe 4 sollen die vier Schritte des „Infragestellens" konkret erarbeitet werden. Dies ist für Schülerinnen und Schüler, die diese Methode noch nicht kennen, eine relativ anspruchsvolle Aufgabe.

Es muss überprüft werden, ob für die jeweilige Lerngruppe im Rahmen einer Leistungsüberprüfung der zeitliche Rahmen ausreicht, um alle vier Aufgaben zu lösen. Kürzungen oder eine Auswahl sind selbstverständlich möglich.

Name   Klasse   Datum

Freundschaften im Internet

Goodbye facebook

von Dominique Lambert

Schon längere Zeit hatte ich mit dem Gedanken gespielt, mich von Facebook zu verabschieden – aus ähnlichen Gründen, weshalb ich mich vor Jahren von meinem Fernseher getrennt hatte – ich beobachtete mich dabei, Zeit zu verschwenden, in eine Welt abzudriften, die mich davon abhält, mein Leben zu leben, aber dennoch einen Bezug zu diesem herstellt, um eben diese Tatsache zu verschleiern. Wie eine subtile Sucht hatte es sich damals als Selbstverständlichkeit getarnt, den Fernseher anzuschalten, beim Essen, abends, oder wenn man einfach nur (wie passend die Formulierung) abschalten möchte. [...]
Ich habe gern ferngesehen, mehrere Stunden täglich verbrachte ich vor der Kiste. (Der Durchschnittsdeutsche verbringt täglich etwa 4 Stunden vor dem Fernseher). [...]
Das alles musste ein Ende haben, der Einfluss auf mich und mein Leben wurde zu groß, ich hatte das Gefühl, mich nicht wehren zu können. Der Fernseher war allgegenwärtig, eben weil er einen so großen Part unserer Wirklichkeit erfüllte, auch nachdem er abgeschaltet war – er war einfach nicht totzukriegen.
Genauso verhält es sich für mich mit Facebook. Es gehört zum absoluten Standard, einen Account zu besitzen, genauso, wie es heute undenkbar ist, ohne Handy durch die Welt zu rasen. Jetzt ist man nicht nur immer und überall erreichbar, man stellt überdies eine Art Alter Ego online, welches dem Nutzer die Möglichkeit bietet, frei nach dem Schlüsselloch-Prinzip „Sehen, aber nicht gesehen werden", dem eigenen Voyeurismus zu frönen. Nicht gesehen werden deshalb, weil ein Facebook-Account ein Abbild von mir ist, eine Projektion dessen, wie ich mich gerne sehen würde, wie ich will, dass andere mich sehen: Intelligente Leute posten Links aus der ZEIT, gutaussehende Menschen haben entsprechende Fotos online, Soziopathen über 300 Freunde – schon mal gefragt, warum sich das so verhält?
Das Erstaunliche daran ist, dass das, was wir beobachten, letztlich keine Personen sind, sondern Projektionen. Als ob eine Nutzer-Community eine Alternative erschafft, in der virtuelle Personen, genannt Profile, miteinander interagieren können. Wir verlieren den Bezug zu echter Zwischenmenschlichkeit, da durch die enge Vernetzung alles und jeder stets in greifbarer Näher scheint – aber in Wirklichkeit nicht ist. Menschen werden verfügbar. Freundschaften werden nicht geschlossen, sondern geadded. Eine Facebook-Freundschaft sagt ebenso wenig über die Qualität einer zwischenmenschlichen Beziehung aus, wie die Ankündigung einer politischen Reform über deren Durchsetzung. Ich habe Leute als Facebook-Freunde in meiner Liste stehen, die ich niemals anrufen würde, mit denen ich mich niemals treffen würde, die ich vielleicht noch nicht einmal grüßen würde, wenn sie mir auf offener Straße begegneten. Virtuelle Freunde sind nicht vielmehr als ein Statussymbol. Je mehr Freunde ich habe, je vernetzter ich bin, desto mehr verliere ich den Überblick über mein „soziales" Umfeld. Freundschaft lebt von Qualität und gemeinsamen Erfahrungen, nicht von Quantität. Doch man bekommt den Hals eben nicht voll.
Die Zeiten, in denen Facebook lediglich als Kommunikationsplattform genutzt wurde, um Termine abzusprechen oder ein Wiedersehen mit einem ausländischen Freund auszumachen, sind endgültig vorbei. [...] der Datenschutz ist ein Thema, welches wie wenig andere zeigt, wie stark wir durch gezielte Manipulation mit zweierlei Maß messen: Wir geben unsere Telefonnummer nicht heraus, da wir unbedingt vermeiden möchten, nervige Anrufe von Marktforschungsinstituten und Versicherungsvertretern zu bekommen, haben aber anscheinend wenig Probleme damit, unsere personalen Daten, unsere Arbeitsstelle, unsere Bilder, unsere Stadt, unsere Freunde und unsere diversen Vorlieben über den „Gefällt mir!"-Button zu veräußern und prinzipiell jedem Menschen auf der Welt über den Share-Button verfügbar zu machen – Freundschaft oder Freundes-freundschaft vorausgesetzt. [...]
Ich kann nicht abschätzen, wie sich die Plattform weiter entwickelt, aber ich muss ehrlich zugeben, dass mir genau das Angst macht. Ich will einfach nicht verfügbar sein, für keinen. Menschen sollten nicht als Zweck behandelt werden, sondern als Subjekt. Das wissen wir seit Kant. Ich denke nicht, dass ich etwas verliere, [...] und sage: Adieu Facebook, es war schön mit uns, aber nun müssen wir getrennte Wege gehen.

(Dominique Lambert: „Goodbye facebook". Leserartikel in: Zeit online, http://community.zeit.de/user/lambizzel/2011/03/11/goodbye-facebook)

Aufgaben

1 Fasse die wesentlichen Schritte des Gedankenganges Lamberts in eigenen Worten zusammen.

_____

_____

_____

_____

_____

2 Dominique Lambert will nicht mehr bei Facebook sein. Welche Argumente sind aus deiner Sicht überzeugend, welche eher weniger? Begründe deine Auffassung und vergleiche deine Ergebnisse mit denen deiner Mitschüler.

_____

_____

_____

_____

3 Ist der Vergleich zwischen dem Fernsehen und Facebook aus deiner Sicht treffend? Begründe deine Meinung.

_____

_____

_____

_____

4 Nimm Stellung zu der Frage, ob die Mitglieder von Facebook als „Zweck" behandelt werden (s. SB Kap. 3.2, S. 90).

_____

_____

_____

_____

5 Verfasse einen Leserbrief an die ZEIT, in dem du eine kritische Stellungnahme zu Lamberts Text formulierst.

Kaufen mit einem Klick – Internetshopping und seine Fallen

von Elke Salzmann

Einkaufen im Internet ist einfach. Viele Kinder und Jugendliche nutzen diese Form des Handels, um an die Waren und Dienstleistungen zu kommen, die sie auch in Läden am liebsten kaufen. Allerdings sollten sie auf einige gut getarnte Hinterhalte achten, um nicht „abgezockt" zu werden.

Kinder und Jugendliche verfügen über ganz erhebliche finanzielle Ressourcen. Taschengeld, Geldgeschenke, Nebenjobs versetzen sie in die Lage, sich den einen oder anderen Wunsch zu erfüllen. Im Jahr 2010 gaben Teenager im Alter zwischen 13 und 19 Jahren in Deutschland rund 17 Milliarden Euros aus. […] Dabei sind sie nicht nur in der analogen Welt der Kaufhäuser und Shopping Malls, sondern ebenso im Internet als Konsumenten für Waren und Dienstleistungen unterwegs. […]

Geld gegen Ware, dieses Kaufverhalten ist eingeübt und von den Eltern abgeschaut. Doch wo sich das Internet als Marktplatz von den bekannten Mustern der realen Welt unterscheidet, fangen die Probleme an. Jungen Verbrauchern fehlt mehr noch als Erwachsenen die nötige Skepsis gegenüber unlauteren Angeboten, vermeintlichen Gratisangeboten oder Gewinnversprechen. Neue Geschäftsmodelle etablieren sich im Internet, in denen nicht mehr mit Geld, sondern mit den eigenen persönlichen Daten „gezahlt" wird, z. B. bei der Nutzung der Plattformen sozialer Netzwerke. Kostenlose Spiele sind so konstruiert, dass sie nur Spaß machen, wenn dann doch teures Spielzubehör gekauft wird. So im Falle des 14-jährigen Kevin aus Dormagen. Er hatte im „kostenlosen" Fantasy-Spiel *Metin2* mit den sogenannten „Drachenmünzen" u. a. einen „Tapferkeitsumhang" und eine „dritte Hand" gekauft, wichtige Utensilien im Kampf gegen das Böse. Für das Spielgeld muss man allerdings richtige Euros bezahlen, und zwar per SMS oder Anruf über eine 0900-Nummer. 50 Drachenmünzen gibt's über diese Wege beispielsweise für 4,99 €, 154,75 € will der Betreiber von Metin2 jetzt von Kevins Eltern kassieren.

Kevin ist kein Einzelfall; Millionen Mitspieler, überwiegend Kinder und Jugendliche, werden permanent zum Kauf von magischen Schwertern oder von gesundem Tierfutter animiert. Speziell für Mädchen gibt es Online-Spiele mit „Kuschelfaktor", da werden dann Pferde oder andere Tiere gepflegt und großgezogen, wie z. B. bei *Wauies*, einem Spiel mit Hundewelpen. Wer sich nicht ständig um seinen Schützling kümmert, dem droht der süße Liebling gar zu sterben.

„Über Kosten erfahren Spieler vor dem Spiel meist nur etwas, wenn sie sich durch das Kleingedruckte arbeiten. […] es gibt minderjährige Spieler, die haben bereits vierstellige Rechnungen durch solche „Gratis-Spiele" verursacht. Wenn sich Eltern gegen die Forderungen zur Wehr setzen, ist das ein Kampf mit ungewissem Ausgang", schreibt die Verbraucherzentrale NRW auf ihrer Website für Jugendliche www.check4you.de.

Kein Wunder, dass laut JIM-Studie von 2010 auch die Jugendlichen selber „Abzocke und Betrug" als die größte Gefahr im Internet sehen. […] Die Angst ist nicht unberechtigt. Die Möglichkeiten, einen naiven, gutgläubigen Menschen in eine Falle zu locken, sind vielfältig. Insbesondere die Abo- und Vertragsfallen haben in jüngster Zeit viele Opfer gefunden. Der Trick geht so: Über eine Internetseite mit vordergründigen „Gratis-Angeboten", wie SMS, Klingeltönen, Hausaufgabenhilfen, Rezepten etc., wird der Verbraucher aufgefordert, sich auf der Internetseite zu registrieren und seine persönlichen Daten einzugeben. Diese Daten nutzen unseriöse Anbieter dann, um Rechnungen für vermeintlich abgeschlossene Verträge zu verschicken.

(Elke Salzmann: Kaufen mit einem Klick. Internetshopping und seine Fallen. In: Sara Burkhardt u. a.: Online_Offline. Aufwachsen in virtuellen Welten. Seelze (Friedrich Verlag) 2011, S. 92)

Aufgaben

1 Beschreibe mit eigenen Worten, worin die „Fallen" beim Internetshopping bestehen.

_____

_____

_____

_____

_____

_____

● _____

_____

2 Erläutere, warum es für unseriöse Anbieter relativ einfach ist, Kunden zu betrügen.

_____

_____

_____

_____

_____

_____

_____

● _____

_____

3 Hast du schon selbst Erfahrungen mit betrügerischen Angeboten gemacht? Kennst du andere Jugendliche, die solche Erfahrungen gemacht haben? Stelle eine Übersicht mit verschiedenen Beispielen in deinem Arbeitsheft zusammen.

4 Wie kann man sich am besten schützen? Diskutiere mit deinen Mitschülerinnen und Mitschülern darüber und formuliert eure Vorschläge.

5 Stelle dir vor, dass an deiner Schule ein „Aktionstag Internet" stattfindet. Gestalte ein Plakat, mit dem jugendliche Besucher vor den „Fallen" im Internet gewarnt und darüber aufgeklärt werden sollen.

Teste dich selbst

1 Erkläre die Bedeutung der folgenden Begriffe, ergänze deine Angaben mit jeweils einem Beispiel:
(1) Soziale Netzwerke

_____

_____

_____

(2) Virtueller Schulhof

_____

_____

_____

(3) Cybermobbing

_____

_____

_____

2 Du kennst die sogenannte „Goldene Regel" in zwei Formulierungen:
(1) „Was du nicht willst, dass man dir tu', das füg' auch keinem anderen zu"
(2) „Was du willst, dass man dir tu', das füge zunächst anderen zu!"

a) Erläutere den Unterschied zwischen den beiden Formulierungen.

_____

_____

_____

_____

_____

_____

_____

b) Stelle dir vor, in einem Chatroom oder Weblog steht nur eine Regel für die Nutzer:

„Für alle Beiträge gilt: Die „Goldene Regel" darf nicht verletzt werden!
Wer dagegen verstößt, wird einmal verwarnt, beim zweiten Mal folgt ein Bann!"
Erörtere, ob und inwiefern diese Regel sinnvoll sein kann. Begründe deine Auffassung. Schreibe dazu in dein Heft.

3 Ein guter Freund oder eine gute Freundin von dir möchte gern Mitglied bei Facebook werden.
  a) Schreibe in die Tabelle die Vorzüge und die Risiken auf, die damit verbunden sind.

Vorzüge	Risiken

  b) Formuliere Verhaltensvorschläge und Vorsichtsmaßnahmen, die bei einer Mitgliedschaft zu beachten sind.

_____

_____

_____

_____

_____

4 Stelle dir vor, jemand möchte einen „Chip im Arm" für Schüler entwickeln.
  a) Beschreibe mindestens drei technische Optionen, die dieser Chip aus deiner Sicht bieten sollte.

_____

_____

_____

  b) Wende auf dieses Beispiel die vier Schritte der Methode des Infragestellens an.

_____

_____

_____

_____

Lernzielkontrolle: Erwartungshorizont

1 Erkläre die Bedeutung der folgenden Begriffe, ergänze deine Angaben mit jeweils einem Beispiel:

(1) Soziale Netzwerke:

Webseiten, deren wichtigste Funktion das Herstellen sozialer Kontakte und die Kommunikation zwischen Benutzern ist.
Beispiele: Facebook, schülerVZ

(2) Virtueller Schulhof:

Ein Forum im Internet, in dem die Schülerinnen und Schüler miteinander kommunizieren. Prinzipiell können hier fast alle fast alles lesen oder sehen.
Beispiel: Wenn Jugendliche für ihre Klasse, für ihren Jahrgang oder die ganze Schule einen solchen „Schulhof" im Internet bereitstellen.

(3) Cybermobbing:

Das Beleidigen, Bloßstellen, Kränken, Verunglimpfen oder „Dissen" von einzelnen Jugendlichen durch andere, in der Regel steht das Opfer allein gegenüber einer Gruppe.
Beispiel: Beleidigungen, heimlich aufgenommene Bilder oder Videosequenzen, die das Opfer als lächerlich oder schwach erscheinen lassen.

2 Du kennst die sogenannte „Goldene Regel" in zwei Formulierungen:

(1) „Was du nicht willst, dass man dir tu', das füg' auch keinem anderen zu!"

(2) „Was du willst, dass man dir tu', das füge zunächst anderen zu!"

a) Erläutere den Unterschied zwischen den beiden Formulierungen

Die erste Formulierung schließt mit dem „nicht" Verhaltensweisen aus, die man selbst nicht erleben möchte bzw. unter denen man selbst nicht leiden möchte. Im Mittelpunkt steht das Interesse und die Empfindsamkeit des Einzelnen („du"), d. h. der handelnde Mensch nimmt sich selbst zum Maßstab richtigen Handelns.
Die zweite Formulierung ist „positiv" formuliert und fordert, dass ich von mir selbst gewünschte Verhaltensweisen zunächst anderen quasi vormache, dass ich also Vorbild bin.

b) Stelle dir vor, in einem Chatroom oder Weblog steht nur eine Regel für die Nutzer:

„Für alle Beiträge gilt: Die „Goldene Regel" darf nicht verletzt werden!
Wer dagegen verstößt, wird einmal verwarnt, beim zweiten Mal folgt ein Bann!"
Erörtere, ob und inwiefern diese Regel sinnvoll sein kann. Begründe deine Auffassung.

Das Problem dieser fiktiven Regelung liegt darin, dass jeder handelnde Nutzer seine eigenen Maßstäbe als verbindlich ansieht (s. Lösung zu a). Insofern dürfte es strittig sein, wo beispielsweise ein „Spaß" aufhört und eher eine Kränkung festzustellen ist.
Die Aufgabe bietet aber auch individuelle Lösungsmöglichkeiten an.

3 Ein guter Freund oder eine gute Freundin von dir möchte gern Mitglied bei Facebook werden.

a) Schreibe in einer Tabelle die Vorzüge und die Risiken auf, die damit verbunden sind

Vorzüge (Beispiele)	Risiken (Beispiele)
– *da sehr viele Jugendliche bei Facebook sind: gute Kontaktmöglichkeiten* – *quasi ständige Möglichkeit, online Freunde und Bekannte „zu treffen"* – *das eigene Profil kann nach eigenen Vorstellungen gestaltet werden, sehr individuelle Möglichkeiten sind dabei leicht zu realisieren* – *Urlaubsbekanntschaften oder Freundschaften mit anderen Jugendlichen können weltweit bequem gepflegt werden*	– *sehr schnell entsteht ein großes Bedürfnis nach intensiver Beschäftigung im Netzwerk: Zeitverlust, Konzentration auf diese Art „Freundschaft"* – *sorgfältige Vorsichtsmaßnahmen sind notwendig, um den Missbrauch der Daten des eigenen Accounts zu vermeiden* – *die Kontakte können sehr zahlreich und unübersichtlich werden.* – *kleine Bedienungsfehler können große negative Folgen haben („Facebook-Partys")*

b) Formuliere Verhaltensvorschläge und Vorsichtsmaßnahmen, die bei einer Mitgliedschaft zu beachten sind.

Hier sind individuelle Lösungen denkbar. Mögliche Beispiele:
- *Achte sorgfältig darauf, dass du nur angemessene Bilder, Texte, Songs usw. postest.*
- *Niemals Bilder von Partys veröffentlichen, auf denen andere Jugendliche beim intensiven Alkoholkonsum, beim Rauchen oder in unvollständiger Bekleidung zu sehen sind.*
- *Aufmerksam auch andere Profile beachten, missbräuchliche Nutzungen den Administratoren melden (z. B. rassistische, sexistische oder rechts- bzw. linksradikale Inhalte).*
- *Die AGBs lesen und verstehen, auch wenn es Mühe macht.*

4 Stelle dir vor, jemand möchte einen „Chip im Arm" für Schüler entwickeln.
   a) Beschreibe mindestens drei technische Optionen, die dieser Chip aus deiner Sicht bieten sollte.
   Hier können die Jugendlichen eigene Präferenzen nennen. Mögliche Beispiele:
   - *ein „freundlicher Terminkalender", der programmierbar ist und für Klassenarbeiten, Partys, Nachmittagstermine usw. eingesetzt werden kann.*
   - *Überwachungsfunktionen für Nahrungsaufnahme, Getränke, Medikamente usw.*
   - *Überwachungsfunktion im Sport, Erschöpfungsvermeidung, Pausensteuerung usw.*

   b) Wende auf dieses Beispiel die vier Schritte der Methode des Infragestellens an.
   - *Formulieren einer Frage: Was fasziniert, was irritiert an der Möglichkeit eines solchen Chips?*
   - *Genaue Betrachtung der Einzelheiten: individuelle Unterschiede sind wahrscheinlich, je nach Ablehnung oder Befürwortung des Chips. Negativ: Abhängigkeit vom Chip, Gefahr der Fremdbestimmung durch die Technik; positiv: weitreichende Hilfe und Unterstützung, Vermeidung von Fehlverhalten*
   - *Klarer Ausgangspunkt: Entscheidung über die eigene Position, z. B. Ablehnung oder bedingte Zustimmung*
   - *Neue Sichtweise finden: ggf. kritische Reflexion der eigenen Position, ggf. auch Bestärkung des ersten Eindrucks, z. B. völlige Ablehnung oder Zustimmung zu den technischen Optionen.*

6 Religionen und Weltanschauungen

1 Begegnungen mit Religionen

Fachbezogene Kompetenzen

Die Schülerinnen und Schüler
- vergleichen heilige Gebäude der drei monotheistischen Religionen
- erläutern Entstehung und Bedeutung der Thora für jüdische Gläubige
- stellen ausgewählte Aspekte der Biografie und Lehre Jesu dar
- beurteilen die Relevanz der Botschaft Jesu für die heutige Zeit
- erläutern die Bedeutung Mohammeds als Religionsstifter des Islam
- diskutieren exemplarische, aus religiösen Vorschriften erwachsende Dilemmata im Alltag

Unterrichtsaspekte

- Jerusalem – heilige Stadt der drei monotheistischen Religionen
- die Thora als Heilige Schrift des Judentums
- Jesus Christus – historische Person und zentrale Figur des Neuen Testaments
- die Botschaft Jesu: Auszüge aus der Bergpredigt und das Gleichnis vom verlorenen Sohn
- Grundzüge der Biografie Mohammeds
- religiöse Vorschriften im Alltag (Ernährung, Bekleidung)

Methoden

Schwerpunktmethode
- Dilemma-Diskussion

Weitere Methoden
- schematische Darstellungen und Diagramme deuten
- eine fiktive Reise dokumentieren
- historische Ereignisse recherchieren
- einen Text aspektorientiert erschließen
- ein Gleichnis deuten
- ein Bild interpretieren
- einen Kommentar schreiben

2 Religionen verstehen

Fachbezogene Kompetenzen

Die Schülerinnen und Schüler
- benennen Berührungspunkte zwischen Religionen
- analysieren die Implikation des Heiligen für Religion
- prüfen die Dimension des Heiligen und des Profanen
- vergleichen auf der Grundlage erarbeiteter Parameter Religionen miteinander
- analysieren das hinduistische Kastensystem
- erörtern die Gefahr, die von Glaubensgemeinschaften ausgeht
- nehmen kritisch Stellung zum Begriff Sekte

Unterrichtsaspekte

- das Heilige als Kern der Religiosität
- die Relation zwischen Religion und dem Heiligen reflektieren
- Heiliges von Profanem unterscheiden
- Glaubensansätze von Religionen im Vergleich
- die Grundlagen des Hinduismus
- das Kastensystem des Hinduismus
- der Buddhismus in der Abgrenzung zum Hinduismus
- Glaubensgemeinschaften und Sekten am Beispiel Scientology

Methoden

Schwerpunktmethode
- Meditation

Weitere Methoden
- Bildverstehen
- Text-Bild-Vergleich
- Tabellen und Diagramme anlegen
- Plakate gestalten
- Perspektivwechsel
- Fiktives Interview

6

1 Begegnungen mit Religionen

Didaktische Erläuterungen

Mit dem Begriff ‚Religionen' werden im Kapitel 6 die klassischen, alten, Kultur prägenden Glaubensrichtungen bezeichnet, die gegenwärtig weltweit bekannt sind und als ‚Weltreligionen' oder sog. ‚große Religionen' noch praktiziert werden. Neben einem beträchtlichen Alter, der weiten Verbreitung, der relativ großen Anzahl von Anhängern ist das wesentliche Merkmal dieser Religionen, dass sie über Jahrhunderte (und Jahrtausende) Kultur und Kulturen geprägt haben.

Die drei monotheistischen Religionen – die älteste Glaubensrichtung unter ihnen ist das Judentum, aus ihm hervorgehend das Christentum und mit beiden verwandt der Islam – sind Gegenstand von Kap. 6.1.

Der Grundgedanke des didaktischen Zugangs: Sinn erschließende Aspekte der Religionen darzustellen bzw. kulturelle Manifestationen, denen auch Menschen ohne Glauben begegnen, zu kennen und zu verstehen. In diesem Falle sind das die Stadt Jerusalem, die für alle drei monotheistischen Glaubensrichtungen von Bedeutung ist; und die Texte, die die drei Religionen hervorgebracht haben und seit Jahrhunderten von den Gläubigen gelesen, interpretiert und bewahrt werden.

Die erforderliche didaktische Reduktion des immensen Traditionsstoffes dieser alten Texte geschieht unter dem Fokus auf ihre ethische Bedeutung (Goldene Regel). Das Unterkapitel Begegnung von Religion im Alltag nimmt Beispiele aus tradierten religiösen Speise- und Bekleidungsordnungen auf und ermöglicht mit Hilfe der Methode Dilemma-Diskussion die subjektive Auseinandersetzung.

Schülerinnen und Schüler der 7./8. Jahrgangsstufe haben in der Regel Aspekte der monotheistischen Religionen auch im Unterricht bereits kennengelernt. Ebenso erleben sie Religionen in ihrem unmittelbaren Umfeld – durch Kontakt zu gläubigen MitschülerInnen, durch Feste und Feiertage, u. U. durch eigene religiöse Lebensformen. Dieses Kapitel versucht, aufbauend auf dem sachlichem Vorwissen und den persönlichen Erfahrungen der Lernenden Bezüge und Berührungspunkte zwischen den drei großen Religionen deutlich zu machen. Gleichzeitig wird im Sinne einer betrachtenden, nicht konfessionell eingebundenen Perspektive auf Religionen die ethische Dimension religiöser Lebensgestaltung – auch mit Blick auf mögliche Konflikte – beleuchtet.

Der methodische Schwerpunkt des Kapitels ist die **Dilemma-Diskussion**. Bereits im SB 5/6 in ihrem Ablauf eingeführt (s. dort Kapitel 2.1), wird diese fachspezifische Methode nun gefestigt und progressiv weitergeführt: Die Herausforderung an die Lernenden besteht jetzt darin, ein Dilemma, vor dem eine andere Person steht, zu analysieren und eine begründete Handlungsentscheidung zu treffen. Dies erfordert einen Perspektivwechsel, der die konfligierenden Werte aus Sicht einer anderen Person erfasst und gegeneinander abwägt. Die Einbettung dieser Methode in den thematischen Rahmen der Begegnung mit Religionen erscheint dabei in besonderer Weise geeignet, um diesen Perspektivwechsel anzuregen und dadurch die Sensibilität der Lernenden für religiös begründete Konflikte etwa ihrer Mitschülerinnen und Mitschüler besser nachvollziehen und möglicherweise Entscheidungshilfen geben zu können.

Literatur zum Kapitel

BOBZIN, Hartmut: Mohammed. München 2000: C. H. Beck Verlag.

BOBZIN, Hartmut: Der Koran. Eine Einführung. München 2001: C. H. Beck Verlag.

CANCIK, Hubert/GLADIGOW, Burkhard u. a. (Hrsg.): Handbuch der religionswissenschaftlichen Grundbegriffe, 6 Bände. Stuttgart u. a. 1988 ff.: Kohlhammer.

CLARKE, Peter B. (Hrsg.): Atlas der Weltreligionen. Entstehung, Entwicklung, Glaubensinhalte. München 1994: Frederking & Thaler Verlag.

DIE GESCHICHTE DES JUDENTUMS: Geo Epoche, Nr. 20, 11/2005. Hamburg: Gruner + Jahr.

HALM, Heinz: Der Islam. Geschichte und Gegenwart. München 2007: C. H. Beck Verlag.

HUTTER, Manfred: Die Weltreligionen. München 2005: C. H. Beck Verlag. (sehr gute Einführung in die wesentlichen Inhalte und mit kurzen Darstellungen der jeweiligen Kultur prägenden Wirkungsgeschichte)

JERUSALEM, Geburtsstadt des Glaubens: Der Spiegel/ Reihe Geschichte, Nr. 3/2009. Hamburg: Spiegel-Verlag.

KLÖCKER, Michael u. a. (Hrsg.): Handbuch der Religionen, Kirchen und andere Glaubensgemeinschaften in Deutschland/deutschsprachigen Raum. Landsberg 2006: Wissenschaftliche Buchgesellschaft. (sehr gute lexikalische Darstellung sämtlicher Einzelthemen)

MAIER, Johann: Das Judentum. Göttingen 2007: UTB. (dazu gibt es einen Reader bei UTB!)

ORTAG, Peter: Jüdische Kultur und Geschichte. Ein Überblick. Bonn 2004: Bundeszentrale für politische Bildung.

SCHREINER, Peter u. a. (Hrsg): Handbuch interreligiöses Lernen. Gütersloh 2005: Gütersloher Verlagshaus.

TWORUSCHKA, Udo (Hrsg.): Heilige Schriften. Eine Einführung. Frankfurt 2008: Verlag der Weltreligionen.

VON JESUS ZU MUHAMMAD. Die Ausbreitung des arabisch-islamischen Reiches. Welt und Umwelt der Bibel. Heft 35, 1/2005. Stuttgart: Kath. Bibelwerk e. V.

WALTHER, Wiebke: Die Frau im Islam, 2. überarb. u. neugestalt. Aufl., Leipzig 1997: Edition Leipzig.

www.bpb.de (Bundeszentrale für Politische Bildung: sehr gute und preiswerte Literatur und Unterrichtsmaterialien zu Islam und Judentum)

www.weltethos.de

www.schule.judentum.de

www.religionswissenschaft.de

www.wdr.de/themen/kultur/religion/weltreligionen/

www.wub.de (Zeitschrift „Welt und Umwelt der Bibel")

www.fwu.de (qualitätvolle Filme mit gutem und hilfreichem didaktischem Begleitmaterial)

Kinder- und Jugendliteratur

BEN JELLOUN, Tahar: Papa, was ist der Islam. Gespräch mit meinen Kindern. Berlin 2002.

HALTER, Marek: Alles beginnt mit Abraham. Das Judentum mit einfachen Worten erzählt. München 2002: Reihe Hanser.

STASZEWSKI, Noemi u. a.: Mona und der alte Mann. Das Kinderbuch zum Judentum. Düsseldorf 2008: Patmos.

TWORUSCHKA, Monika und Udo: Die Weltreligionen – Kindern erklärt. Wie andere leben – was andere glauben. Gütersloh 1999.

Erläuterungen und Lösungen der Aufgaben

⇒ *SB S. 158*

Zum Grundgedanken und zur Methode dieses Kapitels kann den Schülerinnen und Schülern eingangs die Themenstruktur verdeutlicht werden, um Klarheit zu schaffen, was genau erforscht werden soll (die heiligen Texte, bedeutungsvolle Personen, Anfänge, ethische Weisungen). Die Begegnung „religiöser Lebensformen im Alltag" wird exemplarisch an zwei Beispielen (Speisegebote; Kopftuch der Musliminnen) umgesetzt. Das Unterkapitel fokussiert insgesamt weniger auf die Theologie der Religionen als Erlösungs- oder Offenbarungsreligionen als vielmehr auf Beispiele ethischer Lebenspraxis, die in diesem Zusammenhang naturgemäß religiös begründet werden. Diese religiöse Begründung – durch die sog. heiligen, kanonisierten Texte – führt dann mitten in das Dilemma heutiger Rezeption. Die Anwendung der Methode Dilemma-Diskussion durch die Lernenden veranschaulicht diesen Sachverhalt und provoziert zur selbstständigen Auseinandersetzung und Stellungnahme.

Das Kapitel führt mit einer grafischen Darstellung der Verbreitung der wichtigsten Religionen auf einer Weltkarte mit Legende ein. Schematisch umgesetzt ist die Anzahl der Anhänger der Weltreligionen oder sog. großen Religionen.

1. a) Die weltweite Verbreitung und Anzahl der Anhänger einer Religion im Verhältnis zueinander (Tortendiagramm) wird dargestellt. Die Karte gibt zusätzlich eine Differenzierung von Christentum und Islam. Eine Erweiterung der Aufgabenstellung ist möglich: die selbstständige Recherche unbekannter Begriffe (z. B. Orthodoxie, Schiiten, Sunniten).

b) Drei Sachverhalte werden deutlich: Die Darstellung bildet die Anzahl der Gläubigen in Einheiten zu 10-Mio.-Einwohnern ab. Die Farben differenzieren nach Religion und unterschiedlichen Ausprägungen (Glaubensrichtungen). Das Tortendiagramm stellt die Zahlenverhältnisse in Relation zueinander dar.

Individuelle Beurteilungen, die auf die Verknüpfung von Inhalt und Gestaltungsart rekurrieren können, sind möglich.

2. Individuelle Ergebnisse.

3. Individuelle Erfahrungen fließen in das Ergebnis mit ein; erfasst werden sollte das Prinzip der Generalisierung und Vereinfachung einer Darstellung auf Kosten der differenzierten Wahrnehmung, die z. B. auf S. 173 veranschaulicht ist.

4. Individuelle Ergebnisse; die gedanklichen Anregungen der Eingangsseite (S. 156 f.) und evtl. Schlussfolgerungen aus der Kenntnis der weltweiten Verbreitung könnten u. a. in dieser Definition zur Sprache kommen.

⇒ *SB S. 159–161*

Jerusalem geht auf die Gründung einer Stadtsiedlung auf dem mittelpalästinensischen Gebirgsrücken um 1800 v. Chr. zurück; der Name ist vorbiblisch; um die Wende vom 2. zum 1. Jahrtausend von König David erobert, wird Jerusalem zur Königsstadt; bis zur spannungsreichen politischen Situation der Stadt heute spannt sich ein weiter Bogen historischer Ereignisse und Veränderungen. ‚Heilige Stadt' war und ist Jerusalem nicht immer in einem für alle drei monotheistischen Religionen in gleicher resp. vergleichbarer Weise.

1. Individuelle Lösungen.

2. a) Die Karte stellt die Teilung der Stadt in vier resp. fünf (mit Tempelberg) Bezirke farbig dar. Anhand der Luftaufnahme können die Schülerinnen und Schüler versuchen, diese religiösen Bezirke zu lokalisieren. Man kann unterschiedliche Bauwerke, auch Häuser (rote Dächer im muslimischen Viertel) erkennen. Diese Befunde deuten auf ein enges Beieinander von Gläubigen unterschiedlicher Religionen.

b) Hinweise auf religiöses Leben geben die unterschiedlichen heiligen Stätten bzw. Gotteshäuser, die auf der Luftaufnahme zu erkennen sind. Die Ler-

6

nenden können hier ganz gezielt auf Suche gehen und die entdeckten Gebäude möglichst differenziert beschreiben.

3. Zum Abgleich beider Darstellungen sei bedacht, dass die Karte gegenüber der Luftaufnahme leicht nach rechts gedreht ist. Eine sinnvolle Orientierungshilfe bietet die Al-Aksa-Moschee, die in der Karte bezeichnet ist und von deren Rückseite die äußere Mauer um das jüdische Viertel herum beginnt. Ausarbeitung einer Route: individuelle Lösungen.

4. Individuelle Lösungen.

5. a) <u>Felsendom:</u> Standort markiert durch Legende der Menschenschöpfung durch Allah und Sohnes-Opfer durch Ibrahim; kunstvolles Gebäude, reichhaltig verziert, als Oktagon angelegt; für Muslime kein Gebetsort, sondern Heiligtum. <u>Grabeskirche:</u> Standort markiert durch Kreuzigung und Grablegung Jesu Christi; mehrfach überbaut, heute in Grundanlage christliches Kirchengebäude; Heiligtum. <u>Klagemauer:</u> Standort markiert durch salomonischen Tempel, höchstes Heiligtum der Juden; heute nur noch Fragment des ursprünglichen, mehrfach zerstörten Tempelbaus (Westteil des Plateaus des zweiten Tempels); für Juden Symbol für den ewigen Bund Gottes mit dem Volk Israel.

   b) Die Bedeutung der Stadt Jerusalem für die drei Religionen liegt in der Verknüpfung mit Glaubensinhalten der Heiligen Schriften bzw. religiösen Heiligtümern.

Insgesamt kann als Zugang zum Verständnis der drei monotheistischen Religionen (sowie zu den Aufgaben 1–5, S. 159, 161) Jerusalem unter dem Aspekt der gemeinsamen Wurzeln sowie seiner gemeinsamen Geschichte angesehen werden, in der es friedliche Koexistenzen als auch kriegerische Auseinandersetzungen gab.

Am Beispiel der Entstehung der drei erwähnten Orte kann verdeutlicht werden, dass der Ursprung und die Herausbildung der drei monotheistischen Religionen letztlich historischen und kulturellen Prozessen unterlagen, die nicht immer den Frieden reflektieren, den sie eigentlich verkünden wollen. Auch das wohl menschliche Bedürfnis nach solchen Orten, die aus der Profanität und Alltäglichkeit herausgehoben sind, kann hervorgehoben werden.

Denkraum

Die Geste Barack Obamas bezeugt tiefen Respekt, Religiosität sowie Anerkennung des Anderen.

➡ *SB S. 162-164*

1. Dargestellt sind von links nach rechts:

   a) Eine typisch kostbar verzierte aufgeschlagene Doppelseite eines Korans, auf der die arabischen Schriftzeichen erkennbar sind; die kleine Perlenkette (erinnert an den katholisch-religiösen Gebrauchsgegenstand Rosenkranz) hat sowohl die Bedeutung eines Handschmeichlers als auch die eines Hilfsmittels zur Konzentration beim Gebet.

   b) In der Mitte ist eine typische Thora-Rolle dargestellt; sie liegt auf der Samthülle, in der sie nach Gebrauch wieder eingebunden wird. Die Rolle stellt die Vorform des Buches dar. Diese alte Tradition wird im Judentum für die Thora (Weisung, die sog. fünf Bücher Mose) beibehalten. Es bedeutet einen heiligen Akt, eine Thora zu schreiben. Ausgediente, nicht mehr lesbare Thorarollen werden nicht einfach entsorgt, sondern würdevoll bestattet.

   c) Zu sehen ist hier eine Seite der christlichen Bibel; es handelt sich um eine wertvolle mittelalterliche illuminierte Handschrift; erkennbar sind lateinische Schriftzeichen.

2. Individuelle Lösungen.

Die Thora ist in althebräischer Sprache bzw. in hebräischen Schriftzeichen (in Israel spricht man heute neuhebräisch), der Koran in arabischer Sprache verfasst; sie gilt allen Muslimen als heilige Sprache; das Alte Testament der Bibel (entspricht der jüdischen Bibel) ist in Alt-Hebräisch (s. o.), das Neue Testament in Alt-Griechisch geschrieben; die Septuaginta ist das Alte Testament in griechischer Sprache, die Vulgata die gesamte Bibel in lateinischer Sprache.

3. Individuelle Lösungen.

4. Zitelmann stellt zwei grundlegende Textverständnisse bzw. Lesarten heiliger Texte – hier der Thora – in seinem Text einander gegenüber: Das historisch-kritische Textverständnis sieht den Text als einen, der zu einer bestimmten Zeit und in einer bestimmten Situation entstand, dort eine spezifische Bedeutung hatte und als Ergebnis einer langen Entwicklungsgeschichte verstanden wird (u. a. Veränderungen durch redaktionelle Bearbeitungen, Fehler der Kopisten, spätere Hinzufügungen). Das mythisch-wörtliche Textverständnis impliziert eine Art übernatürliche Textentstehung, die durch Gott selbst verursacht und intendiert ist. Gläubige Muslime stellen sich vor, dass der Erzengel Gabriel Mohammed den Text des Korans diktierte; nach ihrer Vorstellung gibt es im Himmel den Originalkoran. Streng gläubige Christen gehen davon aus, dass der Heilige Geist die Bibel einem Autor (meistens wird der Name des biblischen Buches, z. B. Moses oder Lukas, als Autor verstanden, was nach historisch-kritischer Methode nicht bewiesen ist) diktiert hat. Für die Juden hat JHWE selbst die Thora seinem Volk gegeben (dazu gibt es in der Bibel im Buch Exodus eine Erzählung; siehe Bild von Chagall auf S. 164 im SB). Die historisch-kritische Lesart geht davon aus, dass jüdische Gelehrte die Thoratexte zur Zeit des Exils in Babylon schrieben.

5. Die jüdische Oberschicht, die nach Babylon deportiert worden war, kehrte mit den gesammelten Texten sowie mit den Erfahrungen von Untergang und Bedrohung in ihr zerstörtes Stammland (zerstörtes Tempel-Heilig-

tum) zurück. Das einzig verbliebene ‚Heilige', in dem Gott zu begegnen war, stellten für sie die Texte (erinnernde Erzählungen) dar.

6. **a)** und **b)** Diese Aufgabe vertieft die vorangehende durch die bildliche Darstellungsweise der Entstehung der Thora durch JHWH selbst. Im Gemälde von Chagall ist das jüdische Verbot, Gott bildlich darzustellen, umgesetzt. Die Farben weiß und gelb verweisen in Chagalls Symbol-Repertoire auf Heiligkeit. Sein Bild erzählt die Überlieferung aus dem Buch Exodus (2. Buch Mose), die davon berichtet, dass Gott persönlich auf dem Berg Sinai Moses die Thora aushändigte, während das Volk der Israeliter – auf dem Weg von Ägypten nach Kanaan – warten musste. Nur Moses kann in dieser Erzählung vor Gott, den er nicht sehen kann, treten. Er gilt deshalb als Prophet Gottes im Judentum. Der biblische Text erzählt nichts von den abgerundeten Steintafeln. Diese Darstellungsweise gehört in die ikonografische Tradition. Die Interpretation des Chagall-Bildes hat nichts mit der Auffassung der Bibelentstehung aus heutiger moderner Sicht zu tun, die die heiligen Schriften als langwährenden Prozess versteht. Verschiedene Autoren und demzufolge auch verschiedene Aussagen legen davon Kenntnis ab.

7. Für gläubige Juden hat die Thora folgende Bedeutung: In ihr offenbart Gott seinen Willen, sie hat göttlichen Ursprung. Die Thora ist der heilige Text im Judentum. Durch ihn stehen die Gläubigen mit Gott in Verbindung. Es gibt gläubige Juden, die die tradierte-erzählerische Auffassung vertreten, dass der Text wortwörtlich Gottes Wort darstellt und solche, die ein historisch-kritisches Verständnis haben. Auch für die letztgenannten ist es ein heiliges Buch, sie sehen das Sakrale in der Dynamik des Lese- und Verstehensprozesses.

➡ *SB S. 166*

Der zitierte Text erwähnt Jesus als einen „Prediger". Damit ist gemeint, dass Jesus ein jüdischer Lehrer (Rabbi) war und als solcher von seinen Zeitgenossen anerkannt, so weit das aus den Überlieferungen des Neuen Testaments hervorgeht. Dass er einen Schülerkreis (Jünger und Jüngerinnen) um sich scharte, mit denen er umherwanderte, war keine Besonderheit. Auch die über ihn erzählte Wundertätigkeit ist keine Seltenheit jener Zeit und Kultur, in der es viele solcher Lehrer gab. Der historisch-kritische Befund zu dem, was tatsächlich von Jesus gesichert überliefert ist, gilt als äußerst gering. Dass er tatsächlich lebte, scheint bewiesen. Aber selbst der Herkunftsort Nazareth oder das Geburtsjahr stellen keine historisch gesicherten Daten dar. Diejenigen, die von seiner Botschaft „begeistert" waren und nach ihr lebten (z. B. die vier Evangelisten) hinterließen Bekenntnistexte und keine historischen Berichte.

1. **a)** Der römische Geschichtsschreiber Tacitus erwähnt Jesus nur am Rande. Die vier Evangelien (eu ange-

lion = gute Botschaft) sind Glaubensbekenntnisse, keine historische Geschichtsschreibung. Im Text werden auch die Briefe des Paulus erwähnt, der als Zeitgenosse Jesu einen bedeutenden Teil der neutestamentlichen Schriften verfasste.

b) Die Quellen berichten nicht objektiv im Sinne einer Biografie über Jesus. Die Überlieferungen stellen Glaubensinhalte dar, was Jesus für seine Anhänger bedeutete. In der Theologie ist das der Bereich der Christologie – wer, glauben Christen, war Jesus ? Die sog. Gottes-Sohnschaft, Retter der Welt u. a. sind Glaubensaussagen.

KV 27 „Auf den Spuren Jesu: Archäologische Bibelforschung"

Denkraum

Die Aufgabe lässt sich auch auf Grundlage der Folgeseiten (166–169) bearbeiten. Die Texte der Schülerinnen und Schüler sollten etwas über die ganz andere Denk- und Handlungsweise Jesu aussagen (siehe Maria und Marta etc.), er hält sich z. B. oft an keine gesellschaftlich-kulturellen Konventionen (er kümmert sich um gesellschaftlich Ausgestoßene) und auch nicht an jüdische Vorschriften (er heilt am Sabbath, lehrt Frauen u. a.). Für ihn gilt der Grundsatz, der Mensch dient nicht den Gesetzen, sondern die Regeln und Gesetze sind dem Menschen anzupassen.

3. Jesus ist mit seinen Jüngern, d. h. Schülern unterwegs und besucht die beiden Frauen in ihrem Haus. Aus anderen Texten der Evangelien geht hervor, dass sie sich bereits kennen. Der Text stellt vor allem zwei religiöse Lebensformen dar: die vita activa und die vita contemplativa. Das Schlüsselwort dieser kleinen Erzählung ist der Begriff (gr. diakonaia) „dienen" – in der vorliegenden Übersetzung mit „sorgen" (Z. 4) wiedergegeben. Der Text besagt zum einen, dass es zwei Formen des Gottesdienstes resp. des Dienens gibt: die Sorge für Leib und Leben (des Nächsten) und das Hören oder Innehalten, um über Gott und die Welt nachzudenken (resp. das Studium der heiligen Texte, als Gottesdienst verstanden). Aus letzterem waren Frauen zur Zeit Jesu kollektiv ausgeschlossen, ohne dass sich daran andere gestört hätten. Keinem jüdischen Rabbi wäre es eingefallen, eine Frau in seinen Schülerkreis aufzunehmen. Ein weiterer Schlüssel zum Textverständnis ist die typisch beschriebene Lehrer-Schüler-Situation, wie es die gesamte antike Welt kennt und jeder Hörer oder Leser entsprechend versteht: dem Lehrer zu Füßen sitzen und zuhören, was der Meister zu sagen hat. Jesus weist Marta nicht zurück oder beschämt sie ob ihres sorgenreichen Dienens. Er stellt lediglich die den Frauen untersagte Bildung (auch das Kontemplative/Gelehrte) als Option für Frauen der für die Zeit typischen weiblichen Rollenzuteilung gegenüber. Der Text quali-

6

fiziert diese Schülerinnenschaft („beim Meister lernen") als den „besseren Teil" gegenüber dem konventionellen täglichen Sorgen.

4. Das, was Jesus hier tut (zwei Frauen besuchen; eine Frau unterrichten) ist absolut skandalös. Für seine jüdischen Zeitgenossen und Rabbi-Kollegen verstößt er gegen die herrschende Konvention bzw. tritt die Thora mit Füßen:
   – Jesus hat Freundinnen/er besucht Frauen (absolut nonkonformistisch).
   – Jesus unterrichtet eine Frau, d. h. er durchbricht auch damit eine gesellschaftliche Konvention.
   – Die Wahl Marias, zu lernen, soll hier durch nichts verhindert werden.
   – Es ist außerhalb des Vorstellbaren jener Zeit und Kultur, dass eine Frau ein aktives Schülerinnen-Verhältnis bei einem Rabbi eingeht.

5. Individuelle Lösungen.

6. Zur Beantwortung der Frage muss klar sein, was mit der „Auffassung" Jesu gemeint ist. Nach historisch-kritischem Bibelverständnis gilt es, den Sinn eines Textes zu übertragen, nicht das wortwörtliche Verständnis. Für den Bildungsprozess von Frauen bräuchte Jesus sich in den westlichen Gesellschaften wohl kaum einzusetzen. Aber er würde sich vermutlich heute ebenso um sozial Ausgegrenzte kümmern wie damals, und die rehabilitieren, die weder Stimme, Bildung, Nahrung noch Lobby haben.

➡ *SB S. 168*

Die Überlieferung, dass zentrale Aussagen Jesu auf einem Berg gemacht wurden, nimmt die antike Tradition der Bedeutung des Berges als Ort göttlicher Offenbarung auf. (Siehe auch die Übergabe der Zehn Gebote an Moses auf dem Berg Sinai/Horeb.) Das erwähnte Liebesgebot – bzw. das Doppelgebot der Liebe (…den anderen und dich selbst) – ist kein Spezifikum des Christentums. Es ist bereits in der Thora erwähnt und gehört somit ins Judentum (vgl. Antwort des Gelehrten in der Rahmenerzählung des Gleichnisses vom Barmherzigen Samariter). Die Erweiterung des Liebesgebotes durch Jesus besteht in der Anerkennung des „Feindes", der auch geliebt werden soll.

Im Gleichnis vom Barmherzigen Samariter universalisiert Jesus das Liebesgebot bzw. das Verständnis des Nächsten. Der Schriftgelehrte fragt ihn, wer denn der Nächste sei. Und als Antwort erzählt Jesus diese Parabel, mit welcher er die Fragestellung umkehrt. Nicht wer ist mein Nächster (wer ist es nicht?), sondern wem bin ich der Nächste? Und das kann jeder sein, der meiner Hilfe bedarf. Hier ist mit Liebe nicht ein positives Gefühl oder Sympathie gemeint, sondern die konkrete Tat, die in der Fähigkeit der Anerkennung jedes anderen Menschen besteht, der meiner Zuwendung, meiner Hilfe oder meiner Sorge bedarf. Seine zentrale Bedeutung hat das Gebot der Feindesliebe im Sinne der bewussten Unterbrechung der Gewaltdy-

namik bzw. der Beendigung des Prinzips der Vergeltung (Auge um Auge, Zahn und Zahn – Prinzip: wie du mir, so ich dir). Im Kontext des Neuen Testaments, der entsprechenden Evangelientexte also, geht hervor, dass zu solcher Liebe (zum Feind) nur der fähig ist, der Gottes Barmherzigkeit für sich selbst begriffen hat.

Der Text aus Mt 7,1-5 über das Richten nimmt in subtiler Weise heute verfügbares Wissens über die Dynamiken von Projektionen, Abwehrmechanismen und nicht herrschaftsfreier Kommunikation (auch Mobbing) vorweg. Ähnlich wie Jesus an anderer Stelle den Anklägern einer Frau sagt, „wer unter Euch ohne Sünde ist, der werfe den ersten Stein", so bezieht er sich auch hier auf die Wahrnehmung der eigenen Person resp. der Wahrnehmung des eigenen Verhaltens und nicht das des andern (den eigenen „Balken" im Auge, anstatt den Splitter im Auge des anderen). Demzufolge gilt die Goldene Regel als eine aktive Aufforderung, den anderen so zu behandeln, wie man sich wünscht selbst behandelt zu werden.

7. a) Jesus bezieht sich auf die Zehn Gebote, also auf die Thora, die ihm naturgemäß als Rabbi vertraut ist.

   b) Das bisher normativ geltende Gebot wird neu definiert mit einer gänzlich anderen Grundhaltung und Sichtweise gegenüber den Menschen, die einem Mühe bereiten oder sogar Gewalt antun.

Was die biblische Sprache hier mit dem „Feind" meint, muss heutigen Lesern erörtert werden. Dazu gehören sowohl diejenigen, die nicht zu meinem nahen sozialen Umfeld zählen als auch die, die mir nicht mit Wohlwollen oder sogar mit Gewalt (wer auf die Backe schlägt) jeglicher Art begegnen. Angesprochen ist ebenso der andere mit seinem Anderssein („der Stachel des Fremden"), das mich u. U. in Frage zu stellen scheint.

8. a) Wenn jemand mein Feind ist, soll ich …
   – ihm nicht wie ein Feind begegnen,
   – Gewalt nicht mit Gewalt beantworten,
   – ihm noch mehr geben, als er von mir verlangt,
   – für ihn beten,
   – ihn lieben.

   b) Individuelle Lösungen. Bedeutsam ist die Gewaltunterbrechung (der Gewaltverzicht) und die Veränderung des Vergeltungs-Prinzips, welches eine Art Wiederherstellung gerechter Verhältnisse leisten sollte.

9. a) und b) Individuelle Lösungen; der erläuterte Sinn, den anderen nicht zu verurteilen, sollte verstanden werden.

   c) Individuelle Lösungen.

10. Individuelle Lösungen – siehe Erklärung zum Aufforderungscharakter der Formulierung oben.

11. Hier geht es um den Fokus auf das, was Jesus gelehrt hat, im Sinne ethischer Normen oder Verhaltens- und Denkweisen. Natürlich hat die Anerkennung des anderen, der ein Mensch wie ich ist, eine Gültigkeit jenseits der klassischen christlich-theologischen Aussagen vom Reich Gottes, der Barmherzigkeit Gottes,

Sündenvergebung, Erlösung etc. Problematisch ist u. U. für Jugendliche der Impuls, etwas unvergolten stehen zu lassen bzw. darüber hinaus zu verstehen, warum man jemandem, der einem nicht wohlgesonnen ist, Gutes tun sollte.

⇒ *SB S. 169*

Für eine sachgerechte Erläuterung des Gleichnisses sei auf die Stuttgarter Erklärungsbibel hingewiesen, die ein rasches Gesamtverständnis ermöglicht.

Eigentlich könnte das Gleichnis mit dem Bericht, dass „sie begannen, ein fröhliches Fest zu feiern" (Z. 23 f.), enden. Die Pointe liegt im offenen Schlussteil der parabolischen Erzählung.

Die Perspektive des Älteren ist die der Leserinnen und Leser. Die zentrale humane Frage ist, ob der moralisch perfekte ältere Sohn mit dem Gescheiterten und Schuldiggewordenen (Verstoß gegen jüdische Speiseregeln, Verschleudern des Erbteils) mitfeiern und damit den Konkurrenzgedanken überwinden kann. Der Text lässt genau das offen.

Ein zentraler Begriff des Neuen Testaments bzw. des Christentums ist die ‚Umkehr' (Luther-Deutsch: Buße). Damit ist gemeint, dass jemand zur Einsicht in seine falsche Handlungs- oder Denkweise kommt und dann den Mut zur Konsequenz aufbringt, die sich in einer Verhaltensänderung (auch eines neuen Denkens) äußert.

12. Individuelle Lösungen.
13. a) Ob die Reue des jüngeren Sohnes echt ist, lässt sich am Text nicht eindeutig belegen. Die Lernenden könnten den Vorsatz des Sohnes (Z. 10–14), der auch nahezu wörtlich umgesetzt wird (Z. 15 ff.), als taktisch empfinden. Auf der anderen Seite nimmt der Jüngere für sich nach der Erfahrung schmerzhafter Entbehrungen und Ausgrenzung nicht mehr in Anspruch, als Sohn zurückzukehren, sondern will nur noch als Tagelöhner beim Vater arbeiten, um wenigstens grundversorgt zu sein.
    b) Individuelle Lösungen, die sowohl Entbehrungen als auch Reue als Motive für die Rückkehr des Sohnes formulieren können.
    c) Als „Sünde" könnten die Schülerinnen und Schüler nennen, dass für den jüngeren Sohn anfangs nur seine eigenen (vergänglichen) Bedürfnisse zählen und er weder an den Vater noch an den Hof oder seine Familie denkt.
14. a) Der Vater liebt beide Söhne bedingungslos, auch den aus Sicht des Älteren moralisch Gescheiterten. In der Person des Vaters soll ein Aspekt Gottes verdeutlicht werden, der die Menschen nicht nach dem Leistungsprinzip beurteilt. Die Aufhebung des Leistungsprinzips ist hier der zentrale Verstehensschlüssel, u. a. auch zur ‚Gerechtigkeit Gottes'.
    b) Der jüngere Sohn hat seinen Status, seine Rechte

und Pflichten als Sohn zunächst aufgegeben, dann schließlich wieder durch seine Rückkehr angenommen.
    c) Individuelle Lösungen.

15. Individuelle Lösungen. Aus Sicht des Älteren könnten die Lernenden hier durchaus Erfahrungen wiedergeben, die vom Neid oder von der Eifersucht erzählen, einem Leistungsverweigerer gegenüber benachteiligt zu werden. Das ist die konkrete Erfahrung des Älteren. Der Jüngere hat tiefe Einsicht, alles verwirkt zu haben, denn er will ja als Knecht und nicht mit den Rechten eines Sohnes bei seinem Vater wieder einziehen. Es muss auch damit gerechnet werden, dass viele SchülerInnen der Ansicht sind, die Heimkehr zum Vater sei falsch, da es das Scheitern des jüngeren Sohnes dokumentiert. D. h. im Kontext des Textes und seiner Symbole muss deutlich gemacht werden, dass hier ein Ideal-Vaterbild gezeichnet wird; das Gleichnis will zentral etwas über die Dimension göttlicher Liebe (griech. *agape*) und Barmherzigkeit zeigen.

Denkraum

Beide Texte setzen die üblichen Denkgewohnheiten außer Kraft und stellen Konventionen der damaligen Zeit infrage. Anstelle von Rache und Missgunst treten Liebe und Verständnis (neben dem zentralen Barmherzigkeitsgedanken entziehen sich auch andere Details unserer logischen Auffassung, wie etwa, dass ein alter Mann nie einem Kommenden entgegeneilen würde; die Samariter hatten nach Auffassung der Juden keinen richtigen Gottesglauben, man mied sie, etc.).

⇒ *SB S. 171*

Zu den dargestellten Bildern muss erwähnt werden, dass – ähnlich wie im Judentum – auch der Islam ein Bildverbot kennt. Lebende Wesen oder Allah dürfen nicht dargestellt werden. Dass es dennoch viele Abbildungen gibt, zeugt von der differenzierten Auslegungspraxis solcher Vorschriften.

1. Daten des Zeitstrahls: 570 Geburt Mohammeds in Mekka; ab 577 als Waise beim Onkel; 595 Heirat der Geschäftsfrau Chadidscha; Tod seiner Frau 620; 610 erste Visionen; 622 Hidschra/Flucht bzw. Auswanderung nach Medina; 622 Beginn der islamischen Zeitrechnung und Begründung der fünf Pflichten des Islam („Säulen"); 630 Rückeroberung Mekkas; 631 Wallfahrt von Medina nach Mekka; 632 Tod Mohammeds. Die im SB S. 170 dargestellte Karte kann in den Verstehensprozess mit einbezogen werden.
2. Die verwischte bzw. ungenaue umrisshafte Darstellung Mohammeds ist dem Bilderverbot geschuldet. Es sind individuelle Interpretationen möglich, die Kenntnisse über die Entstehung des Dekalogs (S. 164) sensibilisieren für die Auseinandersetzung mit dem dargestellten Sachverhalt.

6

3. a) und b) Zum Bild (S. 171): Nach muslimischem Verständnis sind sowohl Jesus als auch Mohammed Propheten Gottes, Mohammed ist der letzte Prophet, den Gott in diese Welt sandte. Die persische Darstellung aus dem 18. Jhd. vereint die beiden großen Männer, die eine zentrale Rolle im Entstehungskontext ihrer Religion spielen. Jeder reitet auf dem typischen Last- und Transporttier seines Kulturkreises. Aufmerksam gemacht werden sollte auf den Berg (Gottesoffenbarung) im Hintergrund und auf die gemeinsame Fortbewegungsrichtung von links nach rechts, die man auf das Zukünftige hin ausgerichtet deuten könnte. Beide Männer sind für die Gabe der jeweiligen Heiligen Schrift ihrer Religion bedeutungsvoll. Der kulturellen Konvention entsprechend sind die Häupter vor Sonne und Wüstenstaub geschützt und werden jeweils mit einem symbolischen Kreis (in der christlichen Ikonografie Nimben ähnlich) hervorgehoben resp. überhöht. Sie tragen dieselbe Kleidung, so wie sie insgesamt durch die Darstellung gleich gesetzt werden, allein das Reittier unterscheidet sie. Der Ältere reitet im Hintergrund, der Jüngere erscheint dem Betrachter im Vordergrund. Das Bild erzählt eine Legende, stellt also keine historische Tatsache dar. Mohammed wurde ca. 574 Jahre nach Jesus geboren.

KV 28 „Religiöse Kunst im Islam – die Kalligrafie"

➡ *SB S. 172f.*

4. Das Bild erzählt ebenfalls eine Legende, die Mohammed der jüdischen Tradition kundig qualifiziert. Im Bildvordergrund sind (von links) Mose, Erzengel Gabriel und Mohammed (ohne Gesicht) dargestellt. Mose ist die zentrale Figur der fünf Bücher Mose (Pentateuch), für Juden die Thora. Nach der Überlieferung führte der Prophet Mose als von Gott Gesandter die Israeliten aus der ägyptischen Gefangenschaft in das gelobte Land Kanaan. Den Erzengel Gabriel kennen alle drei monotheistischen Religionen. Neben Erzengel Michael ist er der einzige, der in der Bibel namentlich genannt wird. Im Koran wird er als Dschibril („Übermittler der göttlichen Weisheit") bezeichnet.

5. a) Deutlich wird durch diesen Text von Al-Tirmidhi, dass die Glaubensinhalte des Islam vergleichbar mit dem Christentum sowohl eine teilweise Auferstehung als auch ein Jüngstes Gericht bzw. eine Art Weltvollendung in einer Art paradiesischer Zeit kennen. Der Text reflektiert die Gemeinsamkeiten der drei monotheistischen Religionen sowie die Anerkennung der anderen Propheten durch den Islam. Mohammed wird als Liebling Allahs bezeichnet, da er am Tag der Auferstehung als Erster das Banner des Lobes in das Paradies hineintragen wird. Mohammed wird hier als Fürsprecher der Armen dargestellt, wodurch er sich von den anderen abhebt.

b) Nach Mohammeds eigenen Worten darf er am Tag des Jüngsten Gerichts das „Banner des Lobes" tragen, er darf Fürsprache einlegen bei Allah für die Armen und Bedürftigen bzw. für Sünder und als Erster die Tür zum Paradies öffnen und hindurchgehen.

6. Mohammed verdeutlicht damit seinen Anspruch auf die besondere Rolle, die er vor Allah und den Menschen spielt, weil er von Allah selbst diese Rolle zuerkannt bekommen hat.

7. Individuelle Lösungen. Auf jeden Fall werden die zentralen Aussagen zu den drei Personen, d. h. über die anderen beiden Religionen, anerkannt. Abraham als der Auserwählte; laut biblischer Erzählung redete Gott mit Moses am Sinai; Jesus ist der LOGOS, durch ihn wirkt Gottes Geist.

8. Individuelle Lösungen.

➡ *SB S. 173*

1. Das Tortendiagramm stellt die Religionsverhältnisse im Jahr 2009 in Deutschland dar. Interessant daran ist der fast gleich große Anteil der beiden christlichen Religionen und der Menschen ohne Konfession. Aktuelle Erhebungen lassen sich in den anschließenden Jahren recherchieren; anhand dieser kann die Entwicklung entsprechend verglichen und diskutiert werden.

2. Individuelle Lösungen.

3. Gläubige erwachsene Menschen leben entweder aus Gewohnheit nach diesen Speiseordnungen oder, falls sie diese reflektieren, sie entscheiden frei über ihre Einhaltung. Die Vorschrift soll als eine freiwillige Verpflichtung verstanden werden und nicht als Zwang. Bekannt ist das Tabu von Schweinefleisch im Islam und im Judentum. Ein Tabu von Alkohol für Kinder und Jugendliche existiert in allen Religionen und Weltanschauungen. Jüdische Ernährungsweise basiert auf dem Prinzip der Tauglichkeit (= koscheres Essen). Sowohl in der Ernährung als auch bei der Zubereitung werden die Nahrungsmittel Fleisch und Milch absolut getrennt behandelt bzw. verzehrt. Nach den herrschenden Speisevorschriften dürfen weder Juden noch Muslime Schweineschnitzel oder Würstchen verzehren, hingegen sind Gemüse, Salat und Fisch erlaubt.

Erklärung zu religiösen Speisevorschriften generell: Hier handelt es sich zum Teil um sehr alte Traditionen und Konventionen, die partiell religiös begründet werden. In allen Kulturkreisen gibt es – auch jenseits religiöser Bedeutungen – solche Tabus, Vorlieben oder Konventionen. Der Speiseplan der Europäer weist z. B. andere Tiere, Pflanzen oder Zubereitungsformen als der der Asiaten auf. Die Ernährung der Menschen war in der Vergangenheit viel mehr von Jahreszeiten, Ernteausfällen, von kaum vorhandenen Konservierungsmöglichkeiten, von üblichen Fastenzeiten oder von ökonomischen Verhältnissen bestimmt (der Verzehr von Fleisch war in früheren Zeiten nur an einem Tag der Woche üblich). Dass auf bestimmte Nahrung verzichtet werden muss oder soll, ist auch jenseits religiöser Praxis ein aktuelles Thema (z. B. Diskussionen über den Verzehr von Fleisch sowie die weltweiten Probleme, die der hohe Fleischkonsum mit sich bringt; Diskussion über denaturierte, gentechnisch hergestellte Nahrung oder sog. nährstoffarme Billignahrung u. v. m.). Bewusste Ernährung ist ein aktuelles Thema; im Zusammenhang mit religiösen Begründungen geht es vor allem um eine bewusste Lebensgestaltung. Menschen, die nach solchen Ordnungen leben, empfinden das weder als Zwang noch als Einschränkung. Es könnte hier z. B. die Diskussion um globale Auswirkungen von Ernährungsgewohnheiten von heute anschließen sowie deren Bedeutung jenseits religiöser Begründungen.

⇒ *SB S. 174f*

4. Fleisch und Milch weder bei der Zubereitung (getrenntes Geschirr) noch beim Essen vermischen; für das 21. Jhd.. bedeutet das viel Achtsamkeit und sehr viel Kenntnisse bei der Verarbeitung oder beim Kauf von Nahrungsprodukten. Recherchemöglichkeiten unter www.hagalil.de zum Thema koscheres Essen, koschere Rezepte etc.

5. Bestimmung der islamischen und jüdischen Speisevorschriften anhand der Rezepte.

6. Das Christentum kennt im Katholizismus etwa das (40-tägige) Fasten vor Ostern und das Fischessen am Freitag.

7. Hannah und Boris sind am Karfreitag bei Anneke zum Grillen eingeladen. Boris möchte offenbar nicht hingehen, da für ihn als gläubigen Christen (Katholiken) der Karfreitag ein Fastentag ist, ein Trauerfasten zum Gedenken an die Passion Christi (Verzicht auf Fleisch und Genussmittel). Zudem passt eine Feier nicht zum Traueranlass des Karfreitags.

8. Individuelle Lösungen.

9. Individuelle Lösungen. Es ist durchaus denkbar, dass Schülerinnen und Schüler religiöse (Speise-)Vorschriften als Einschränkung ihrer persönlichen Lebensgestaltung und Bedürfnisbefriedigung werten, aber auch die Bewusstheit positiv verstehen, mit der Gläubige, die sich an solche Vorgaben halten, ihr Leben gestalten.

KV 29 „Ein Interview vorbereiten und durchführen"

⇒ *SB S. 176*

10. Individuelle Lösungen.

11. a) Für die junge Muslima ist es ein Dilemma, weil sie zwischen zwei Handlungsmöglichkeiten entscheiden muss und beide für sie schwierig sind: 1. Sie bleibt im Schwimmbad, dann muss sie ihre gewohnte Badekleidung ablegen, was sie vermutlich nicht will; 2. Sie verlässt das Schwimmbad, folglich muss sie auf das Vergnügen mit ihrem kleinen

Kind verzichten; zudem unterwirft sie sich damit der Diskriminierung, der sie durch die Anordnung der Schwimmbad-Direktion ausgesetzt ist. Auch für die Direktion des Schwimmbades lässt sich ein Dilemma feststellen: 1. Man ignoriert den Protest der übrigen Badegäste und riskiert, dass diese das Schwimmbad nicht mehr nutzen (wirtschaftliche Einbußen); 2. Sie entspricht der Beschwerde und separiert die Muslima mit ihrem Sohn – und handelt sich damit u. U. schlechte Presse ein. Für diese Handlungsoption hatte sich die Direktion bereits entschieden.

b) Individuelle Lösungen.

12. Die Frauen beziehen sich auf das Verständnis der religiösen Vorschrift bzw. der Textauslegung (wörtliches Koranverständnis oder in heutige Situationen übertragbares Verständnis heiliger Texte). Deshalb begründen sowohl Kopftuchträgerinnen als auch Nichtträgerinnen ihre Entscheidung religiös, also mit dem Koran oder den Hadithen, den religiösen Aussprüchen Mohammeds, einem Nebentext des Korans.

13. Individuelle Lösungen. Zur Sprache kommt u. a. die Begegnung mit moderner Lebensführung oder mit abwertenden, diskriminierenden Aspekten aus der sozialen Umgebung. (Freiheit der Religionsausübung in Deutschland; Kopftuchverbot gilt in Deutschland lediglich für beamtete Lehrerinnen im Schuldienst.)

14. Individuelle Lösungen.

⇒ *SB S. 177*

Rückblick

1. Individuelle Ergebnisse.

2. Hier sollten Kenntnisse zur Bedeutung der Stadt Jerusalem für die drei Religionen zur Sprache kommen, die im Laufe des Kapitels erarbeitet wurden. Die Darstellung fokussiert Jerusalem ganz klar als Zentrum der (alten) Welt und erhebt damit auch indirekt den Anspruch, alle Kulturen der drei dargestellten Kontinente Europa, Asien und Afrika zu dominieren.

3. Individuelle Lösungen. Bedeutende Aspekte sind: Religionsfreiheit, Pluralitätsfähigkeit, Toleranz, Kenntnisse und Verständnis fremder Lebens- oder Glaubensformen, Kenntnis ethischer und friedensstiftender Aspekte der drei monotheistischen Religionen.

Weiterdenken

Die Goldene Regel wird hier hauptsächlich in positiver Formulierung präsentiert: Aspekte von Unterlassung, Vermeidung bzw. die Aufforderung zum aktiven Umsetzen kennzeichnen die verschiedenen Aussagen. Generell ist die Fähigkeit zum Perspektivwechsel kennzeichnend für die Goldene Regel.

Didaktische Erläuterungen und Lösungen zu den Zusatzmaterialien/Kopiervorlagen (KV) und zur Lernzielkontrolle (LZK)

KV 27, Niveau 1
zu: Nachforschungen über Jesus von Nazareth –
Die Person Jesu ➡ SB S. 166

Der schon im Schülerband angelegte historische Blick auf Jesus von Nazareth (vgl. dort S. 165) kann durch diese Kopiervorlage vertieft werden. Die Schülerinnen und Schüler lernen das Vorgehen archäologischer Bibelforschung am Beispiel von Kapernaum kennen. Auf der Grundlage der archäologischen Befunde wird die Bibel als historisches Dokument greifbar. Auch wenn der tatsächliche Aufenthaltsort Jesu in Kapernaum nicht sicher bestimmt werden kann, leistet die archäologische Bibelforschung einen wichtigen Beitrag zum Verständnis der Lebensbedingungen zur Zeit Jesu und damit auch eine Deutungshilfe seiner überlieferten Lehre.

Die Aufgaben zu dieser Kopiervorlage leiten zu text- und kartengestützter Erläuterung der Erforschung Kapernaums an, zu einer Visualisierung der dokumentierten Bauphasen einer dortigen Kirche sowie zu einer kritischen Reflexion über die Bedeutung der archäologischen Bibelforschung für das Verstehen der christlichen Religion.

KV 28, Niveau 2
zu: Mohammed – der Prophet ➡ SB S. 171

Diese Kopiervorlage bietet den Schülern und Schülerinnen einen weiteren differenzierten Blick auf das Thema Religion im Hinblick auf religiösen Ausdruck in der künstlerischen Gestaltung von Schrift (Kalligrafie). Bereits in der Antike galt Schönheit als ein Beweis für die Existenz Gottes. Die islamische Kultur knüpft mit der ästhetischen Gestaltung von Schrift an diese Tradition an: Gott ist Schönheit, das wird so auch im Islam verstanden. Neben der Schönheit ist es die Unendlichkeit und Unfassbarkeit Allahs, die in der Kalligrafie und auch in der Ornamentik ihren ästhetischen Ausdruck findet.

Die Lernenden werden durch die Aufgaben zu genauer Beschreibung und haptischem Nachvollzug im Schreibvorgang angeleitet. Die Anregung, einen der biblischen Namen (in unserer üblichen Schrift) selbst kalligrafisch zu gestalten, fordert die ästhetische Kreativität der Schülerinnen und Schüler heraus. Wenn jemand im Kurs des Arabischen mächtig ist oder das arabische Alphabet (als Arbeitsauftrag) recherchiert wird, könnten diese Namen auch in arabischer Schrift notiert werden.

KV 29, Niveau 2
zu: Religiöse Speisevorschriften ➡ SB S. 174

Diese Kopiervorlage lässt sich als konkrete Anleitung bzw. Hilfestellung für die Aufgabe 6 auf Seite 174 des Schülerbandes nutzen: Befragung von MitschülerInnen zu christlichen Speisevorschriften. Im Sinne der Übertragbarkeit der Methode geht die Kopiervorlage hier allgemeiner von religiösen Speisevorschriften aus. Die Lernenden können sich an der Schrittigkeit der Aufgaben orientieren: 1. Sammlung von interessanten Aspekten zum Thema (Mindmap), 2. Entwurf einer Struktur für das Interview (Reihenfolge der anzusprechenden Aspekte festlegen) und 3. konkrete Formulierung von Interview-Fragen (Hilfestellung durch tabellarische Gegenüberstellung von geeigneteren und weniger geeigneten Fragen).

Im Anschluss an das durchgeführte (und sinnvollerweise aufgezeichnete) Interview ist eine Reflexion mit den Schülerinnen und Schülern über den Aufbau des Interviews und die gewählten Fragestellungen sehr zu empfehlen. Die inhaltliche Auswertung (die Antworten der Befragten) könnte schriftlich festgehalten und für die unterrichtliche Weiterarbeit genutzt werden.

Bemerkungen zur schriftlichen Lernzielkontrolle

Die Aufgaben der Lernzielkontrolle decken die Anforderungsbereiche I bis III ab. Die Lernenden können ihr Wissen über zentrale Aspekte des Kapitels dokumentieren (Aufgabe 1, 2 und 3) sowie anhand von konkreten Beispielen in Anwendung bringen (Aufgabe 4).

Grundsätzlich ist es sinnvoll, die Lernenden darauf vorzubereiten, dass sie ihre Überlegungen zu den Aufgaben zusammenhängend darlegen und nicht in Stichworten formulieren. Der argumentative Anspruch des Faches wird besonders in Aufgabe 4 eingefordert.

Auf den Spuren Jesu: Archäologische Bibelforschung

Das Wort Archäologie lässt sich zurückführen auf das griechische *archaios* (alt) und *lógos* (Lehre), wörtlich bedeutet es also ‚Altertümerkunde'. Die Archäologie erforscht menschliches Leben in der Vergangenheit durch die Suche und wissenschaftliche Auswertung von Grabungsfunden wie Gebäude, Werkzeuge, Dinge des alltäglichen Lebens und Quellenforschung. Quellen sind zumeist Schriften aus unterschiedlichen Epochen der Menschheitsgeschichte.

Archäologische Bibelforscher versuchen, die in der Bibel beschriebenen Personen und Lebensumstände anhand archäologischer Funde zu erklären. Sie nutzen die Bibel als Quelle und deuten sie im Zusammenhang ihrer archäologischen Grabungsfunde. Damit lässt sich das, was die Bibel erzählt, in einen geschichtlichen Zusammenhang einordnen, der wissenschaftlich belegbar ist.

Für Bibel-Archäologen führt kein Weg an Kapernaum vorbei. Kein anderer Ort bietet einen besseren Einblick in das Leben zur Zeit des Jesus von Nazareth. Nach dem Matthäus-Evangelium war dieser zu Beginn seines öffentlichen Wirkens nach Kapernaum gezogen, wohnte dort jedoch nur sporadisch. Die ältesten Teile der Evangelien weisen darauf hin, dass Simon Petrus in jenem Dorf zu Hause war. Und immer wieder logierte Jesus in dessen Haus.

Kapernaum ist archäologisch gut untersucht; an

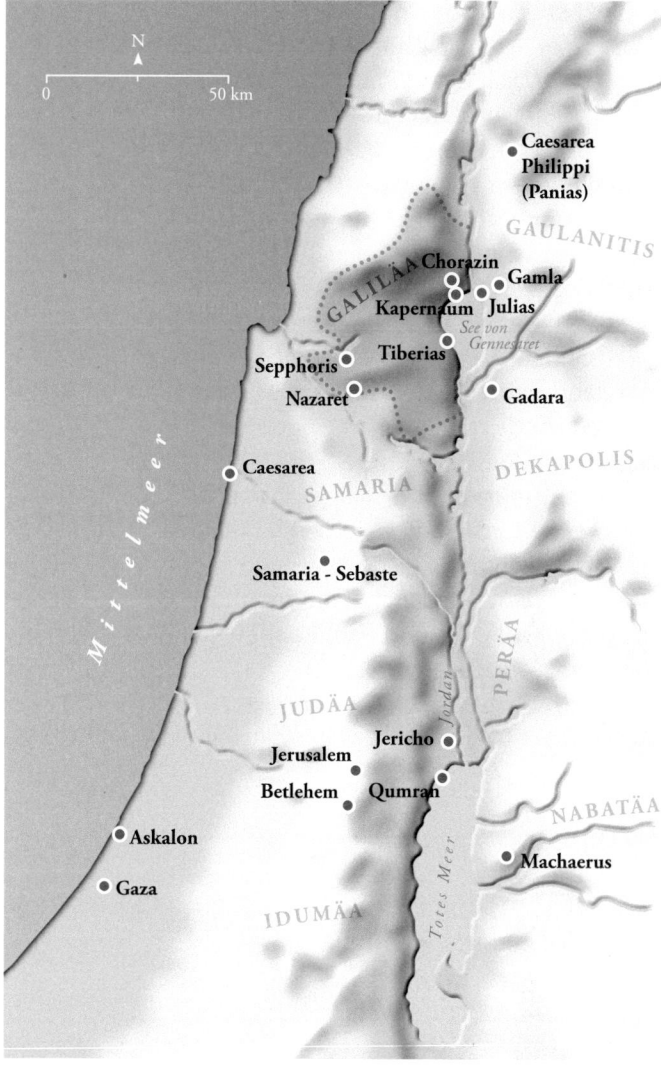

diesem Ort können wir nachvollziehen, wie der Alltag in einem antiken jüdischen Dorf verlief. Er lag abseits der großen Handelswege. Man lebte von der Landwirtschaft auf den steinigen Feldern und vom Fischfang auf dem See Genezareth. Die Häuser bestanden ebenso wie in Nazareth und in anderen jüdischen Dörfern Galiläas aus einfachem dunklem Basaltmauerwerk; den Baustoff lieferte die Umgebung. Auf leicht schiefen Wänden saß ein aus krummen Balken gezimmertes Dach, darauf eine Mischung aus Lehm und Reet oder Stroh. Wenn der Evangelist Markus von einem Gelähmten erzählte, den seine Freunde durch eine eigens herausgerissene Öffnung im Dach direkt zu Jesus herabließen, müssen wir uns ein solches Gebäude vorstellen. Ohne jegliche architektonische Raffinesse wurden die Häuser um zentrale Innenhöfe herum gebaut, die sich vermutlich mehrere Familien teilten. Von erfahrener Handwerkskunst oder gar städtebaulicher Architektur kann also keine Rede sein. Zwei Gebäude fielen jedoch zumindest im 5. Jahrhundert n.Chr. aus dem Rahmen: Eine eindrucksvolle Kirche und eine Synagoge, die einander gegenüberlagen, nur etwa dreißig Meter voneinander entfernt.

Für die Kirche konnten die Archäologen drei Baustufen nachweisen. Offenbar stand dort im 1. Jahrhundert ein einfaches Wohnhaus, das als einzige Besonderheit einen Raum aufwies, der mit 5,8 mal 6,45 Metern etwas größer war als die anderen. Seit dem 2. Jahrhundert wurden dessen Wände und der Fußboden mehrfach neu geputzt. Den Grund der Sorgfalt verraten Gebete in griechischer, syrischer, hebräischer und lateinischer Sprache, die als Graffiti in den Putz geritzt wurden. Sie belegen, dass dieser Raum einst eine religiöse Bedeutung hatte. Etwas Vergleichbares wurde bislang weder in Kapernaum noch im übrigen Galiläa entdeckt. Im 4. Jahrhundert schien ein stabiles Dach erforderlich, das durch einen eingezogenen Mauerbogen gestützt wurde. Schließlich wurde um diesen zentralen Raum eine oktogonale (achteckige) Kirche errichtet, deren Decke auf acht Säulen ruhte. Die Vermutung liegt nahe, dass dieses Haus schon in der Antike als Heimstatt des Petrus und damit als regelmäßige Unterkunft Jesu galt.

(In: Abenteuer Archäologie, Heft 5/2006: Die ersten Christen, S. 24 ff.)

Aufgaben

1 Erläutere, welche Bedeutung Kapernaum für die archäologische Bibelforschung hat. Nutze dafür den Text und die Karte.

_____

_____

_____

_____

_____

_____

2 a) Beschreibe anhand des Textes die Forschungsergebnisse der Bibelarchäologen zu der Kirche in Kapernaum. Schreibe in dein Heft oder deine Mappe.

b) Skizziere die drei Baustufen der Kirche auf ein Extrablatt und beschrifte deine Zeichnung sinnvoll.

3 Bibelarchäologen suchen nachprüfbare Spuren von historischen Gebäuden, Booten und anderen Dingen. Helfen diese Forschungsergebnisse dabei, eine Religion besser zu verstehen?
Nimm begründet in deinem Heft oder deiner Mappe Stellung zu dieser Frage.

Religiöse Kunst im Islam – die Kalligrafie

Im Islam gibt es eine Tradition, die eine bildliche Darstellung Allahs, Mohammeds und anderer Lebewesen im sakralen Bereich verbietet. Für die Ausschmückung heiliger Gebäude oder Bücher nutzen muslimische Künstler daher u. a. kunstvolle Schriftzeichen (*Kalligrafie*, Kunst des schönen Schreibens). Neben originalen Koranstellen werden auch fromme Sprüche als Inschriften für Moscheen genutzt. In der islamischen Kalligrafie entstanden viele verschiedene arabische Schreibstile.

Felsendom in Jerusalem: Detailansicht mit Ornamenten und Kalligrafien.

1 Vergleiche diese acht Verschriftlichungen des Namens „Allah" und beschreibe Unterschiede und Gemeinsamkeiten möglichst präzise.

_____

_____

_____

_____

_____

2 a) Wähle eine Form der Verschriftlichung aus und zeichne sie nach. Tipp: Am besten benutzt du dafür eine möglichst breite Schreibfeder mit Tinte oder einen Pinsel. Beachte: Das Arabische wird von rechts nach links geschrieben. Zeichne auf ein Extrablatt.

b) Gestalte die Buchstaben eines der folgenden Wörter auf eine ähnlich ausschmückende- kalligrafische Art: Gott – Mose – Jesus. Verwende ein Extrablatt.

3 Erläutere in deinem Heft oder deiner Mappe, was diese Kunst des schönen Schreibens für Gläubige zum Ausdruck bringen könnte.

Religiöse Speisevorschriften – Ein Interview vorbereiten und durchführen

Aufgaben

1 Um ein Interview durchzuführen, solltest du vorher genau überlegen, zu welchen Aspekten des Themas du deinen Interview-Partner befragen möchtest.
Vervollständige zunächst die folgende Mindmap zum Thema *Religiöse Speisevorschriften*. Du kannst auch selbstständig eine neue Mindmap anlegen.

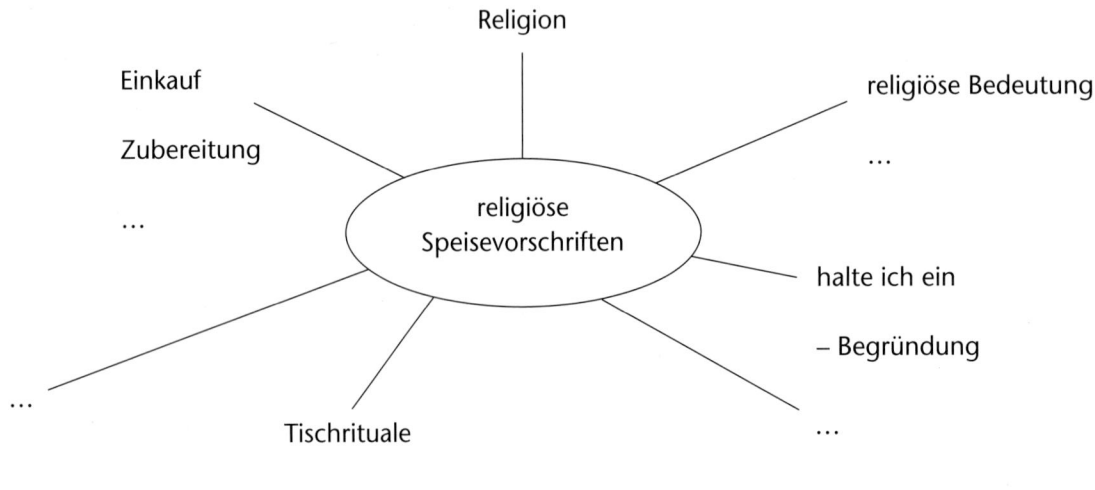

2 Erstelle nun eine sinnvolle Reihenfolge, in der du die verschiedenen Aspekte ansprechen möchtest. Dazu gibt es mehrere Möglichkeiten. Wichtig ist, dass du einen „roten Faden" durch dein Interview legst, damit dein Gesprächspartner dir gut folgen kann.
Nummeriere dazu deine Stichwörter in der Mindmap.

3 Formuliere nun auf ein Extrablatt konkrete Fragen, die du deinem Interview-Partner stellen kannst. Nutze die folgende Übersicht über günstige und weniger geeignete Fragen.

Geeignete Interview-Fragen	Ungeeignete Interview-Fragen
W-Fragen Fragen nach Stellungnahmen (*Was meinst du dazu? Wie beurteilst du das?*) Fragen nach Gründen (*Warum bist du dieser Meinung?*) Direkte Rückfragen auf Antworten (*Wie meinst du das?*)	Fragen, auf die man mit „Ja" oder „Nein" antworten kann Suggestivfragen (*Meinst du nicht auch, dass ...?*) Mehrere Fragen hintereinander

Teste dich selbst

1 Erläutere Beispiele für sichtbare „Spuren", die man von den drei monotheistischen Religionen in Jerusalem finden kann.

_____

_____

_____

_____

_____

2 Erläutere, warum die Thora als „Heilige Schrift" bezeichnet wird.

_____

_____

_____

3 Stelle dar, welche Bedeutung Mohammed für Muslime hat.

_____

_____

_____

_____

4 „Auge um Auge, Zahn um Zahn."
   a) Beschreibe eine Situation, die dieser Redewendung entspricht.

_____

_____

   b) Stelle begründet dar, was Jesus zu dieser Situation sagen würde.

_____

_____

_____

   c) Nimm ausgehend von diesem Beispiel Stellung zur Botschaft Jesu. Schreibe in dein Arbeitsheft.

Name · Klasse · Datum

Lernzielkontrolle: Erwartungshorizont

1 Erläutere Beispiele für sichtbare „Spuren", die man von den drei monotheistischen Religionen in Jerusalem finden kann.
- *Judentum: Tempelberg/Tempel bzw. die heute vorhandenen Reste der Tempelmauer die sog. Klagemauer; in Jerusalem stand im Altertum der Tempel, dieser war das zentrale Heiligtum der Juden (bevor die Thora zum zentralen Heiligtum wurde SB, S.162 f.).*
- *Christentum: Grabeskirche; Jesus wurde in Jerusalem am Ort der Grabeskirche getötet (gekreuzigt) und bestattet.*
- *Islam: Felsendom (Al Aksa Moschee); Jerusalem wurde von den Muslimen erobert, Felsendom und Al Aksa Moschee wurden auf dem jüdischen Tempelplatz erbaut.*

2 Erläutere, warum die Thora als „Heilige Schrift" bezeichnet wird.
- *weil sie für die Gläubigen etwas ganz Besonderes darstellt.*
- *weil sie vom Entstehen des Glaubens erzählt.*
- *weil sie als von Gott empfangen oder gegeben angesehen wird.*
- *weil sie ethische Gebote und Vorschriften für die Gläubigen enthält.*

3 Stelle dar, welche Bedeutung Mohammed für Muslime hat.
- *er ist Prophet, d.h. eine besondere Person, die in Verbindung mit Gott (Allah) steht und dessen Willen den Menschen verkündigt.*
- *auf ihn (auf seine Visionen) geht der Koran zurück.*
- *Mohammed hat der einzige Gott (Allah) den Glauben verkündigt.*
- *er hat die fünf Pflichten eingeführt.*
- *er ist der letzte Gesandte Gottes.*
- *der Legende nach ist er bedeutender als der Mose des Judentums und nach Jesus (der als Prophet im Islam gilt) wird er als der letzte gültige Prophet angesehen.*

4 „Auge um Auge, Zahn um Zahn."
a) Beschreibe eine Situation, die dieser Redewendung entspricht.
Individuelle Lösungen.

b) Stelle begründet dar, was Jesus zu dieser Situation sagen würde.
Die direkte Antwort Jesu lautet: „Wenn dich einer auf die rechte Wange schlägt, dann halte ihm auch die andere hin." (SB, S.167); Jesus lehnt die Vergeltung unrechten Handelns mit erneutem Unrecht ab, da sich für ihn das Liebesgebot auch auf feindlich Gesinnte bzw. Gegner bezieht; er fordert von den Gläubigen, im Sinne Gottes, alle Menschen gleich zu behandeln, d.h. ihnen Gutes zu tun.

c) Nimm ausgehend von diesem Beispiel Stellung zur Botschaft Jesu. Schreibe in dein Arbeitsheft.
Individuelle Lösungen; die Lernenden können hier durchaus kritisch auf die Umsetzbarkeit des Liebesgebots Jesu eingehen; konkrete Beispiele sind sinnvoll.

2 Religionen verstehen

Didaktische Erläuterungen

Dieses Kapitel beschäftigt sich mit Religionen und anderen Weltanschauungen. Gerade in einer Jahrgangsstufe, da Konfirmation und Firmung eine Rolle bei Freundinnen und Freunden spielen, ist die Frage des Glaubens, des Woran-glaubst-du? von Bedeutung. Daher wird ausgehend von bereits bekannten Religionen (Einstiegsseite) das Begriffspaar heilig und profan – der Kern dessen, was Religionen ausmacht – erarbeitet. Dabei ist die Herangehensweise eine ganz persönliche. Ziel ist es, zu begreifen, was Religionen gemeinsam haben und was sie voneinander unterscheidet. Dies wird im Verlauf des Kapitels insbesondere im Vergleich von monotheistischen und polytheistischen Religionen von Bedeutung sein. Zentral ist hierbei der Begriff der Toleranz. Stellvertretend für die Fülle an fernöstlichen Religionsgemeinschaften werden der Hinduismus und der Buddhismus vorgestellt. Daher überrascht es nicht, dass die philosophische Methode dieses Kapitels die Meditation ist, denn Meditation ist ein zentraler Inhalt in vielen Religionen. Der letzte Punkt des Kapitels beschäftigt sich anhand von Scientology mit dem Thema der Manipulierbarkeit durch Sekten.

Methoden

Zur Methode der Meditation bringen die Schülerinnen und Schüler möglicherweise Vorkenntnisse aus dem Bereich der Meditation fernöstlicher Religionen mit. Dass Meditation aber auch in der westlichen Welt Tradition hat und eine philosophische Methode ist, zeigt der Methodenkasten auf S. 180 des SB. Ausgehend von der Meditationshaltung Descartes' erhalten die Schülerinnen und Schüler eine achtstufige „Anleitung" zum Meditieren, die direkt anhand einer Bildmeditation und bei den weiteren Übungen auf S. 181 angewandt werden soll. Dass diese erste Meditationsübung möglicherweise bzw. wahrscheinlich erfolglos bleibt, sollte in jedem Fall thematisiert werden, daher der Hinweis auf das intensive Üben am Ende des Kastens, um bei den Schülerinnen und Schülern keine falschen Erwartungen zu wecken bzw. für eine weitere Meditationshaltung zu motivieren.

Literatur

Adkinson, Robert (Hrsg.): Heilige Symbole. Die Schlüssel zu den großen Mysterien der Welt. München 2009: Knesebeck Verlag. Dieser aufwändig gearbeitete Band stellt mehr als 350 heilige Symbole verschiedener Religionen und Kulturkreise vor, mit besonderer Hervorhebung von Christentum und Buddhismus. Zahlreiche hochwertige Bilder illustrieren eine Reise durch Völker und Kulturen.

Grümme, Bernhard: Menschen bilden? Eine religionspädagogische Anthropologie. Freiburg 2012: Herder. Diese grundlegende religionspädagogische Anthropologie des Christentums, die auf vielfältige Dimensionen des Menschseins eingeht, empfiehlt sich insbesondere für Ethik-Lehrer, die fundiertes Wissen über den Bereich der Religionspädagogik hinaus suchen.

Honnefelder, Ludger (Hrsg.).: Gott denken? Eine Spurensuche in Literatur und Religion. Freiburg 2012: Herder. Sammelsurium und Fundgrube zugleich – in einer Sammlung von Texten von den Anfängen der Menschheitsgeschichte bis in die Literatur der Moderne geht es nur um eines – Gott, das Heilige.

Küstenmacher, Werner Tiki/Mai, Klaus-Rüdiger (Hrsg.): Weltreligionen. Woran die Menschen glauben. München 2010: cbj Verlag. Ein umfassendes sachlich gehaltenes Nachschlagewerk der großen Weltreligionen für Schülerinnen und Schüler der Mittelstufe. Die Autoren liefern einen Überblick über die Entstehung und Glaubensinhalte der einzelnen Religionen, gehen dabei aber auch auf Gemeinsamkeiten und Besonderheiten ein.

Erläuterungen und Lösungen der Aufgaben

➡ SB S. 178

Der Einführungstext knüpft an das Vorwissen des ersten Teilkapitels (Judentum und Christentum) sowie an den Freundschaftsbegriff, der bereits im Band 5/6 erarbeitet wurde, an. Des Weiteren sollen die Jugendlichen für das Kernthema dieses Teilkapitels, unterschiedliche Religionen und der tolerante Umgang damit, sensibilisiert werden.

1. Die Freundschaft zwischen Moses und Gotthold war möglich, weil beide einander in Toleranz und Unvoreingenommenheit begegnet sind. Sie haben sich nicht um Konventionen gekümmert, sondern sich von ihren Elternhäusern gelöst. Zu jener Zeit stellte Religionsfreiheit noch keine Selbstverständlichkeit dar.

2. Mögliche Vermutungen können die unterschiedlichen Festtage, Glaubensinhalte etc. sein.

3. Individuelle Schilderungen.

➡ SB S. 179

Das Wort „heilig" wird im Sprachgebrauch häufig und

6

in den unterschiedlichsten Situationen gebraucht – über den religiösen Kontext hinaus. Hier wird anhand eines biblischen Textes zunächst das Heilige als integraler Bestandteil des Religiösen erarbeitet (siehe auch Infobox). Außerdem geht es um die Definition und die individuelle Einschätzung dessen, was „Religion" ist bzw. ausmacht.

1. Individuelle Lösungen.
2. Individuell. Erste Begegnung mit Meditation.
3. Individuelle Lösungen.

⇒ *KV 30 „Meditation – Analyse eines religiösen Textes"*

⇒ *SB S. 181*

Heiliges und Profanes

Die direkte Gegenüberstellung der heiligen und profanen Wirklichkeit – gleichgesetzt mit Glaube und Wissen – knüpft an die Infobox von S. 179 an und führt den Gedanken um dieses Begriffspaar, das in diesem Teilkapitel als roter Faden fungiert, fort.

1. Mögliche Antworten können – je nach Konfession – den Bereich heiliger Orte, aber auch konkrete Gegenstände (z. B. Monstranz im Katholizismus) beschreiben.
2. Heilig: unantastbar, geweiht etc.; profan: banal, von Menschen geschaffen etc.
3. Mögliche Antworten zum Gesichtsausdruck: wütend, zornig, einschüchternd etc.; zur Körperhaltung: aggressiv, gewaltbereit etc.

⇒ *SB S. 182*

4. Im Sinne eines Altars, wie er in Religionen gebräuchlich ist, kann man diesen nur als profan bezeichnen, da keine göttliche Figur angebetet wird; zieht man aber die Definitionen von S. 181 hinzu, so sollte eine Diskussion unter den Schülerinnen und Schülern zustande kommen, ob auch hier Attribute des Heiligen dargestellt sind.
5. In der Erklärung von glauben und wissen werden Begriffe wie „Verstand", „sichtbar", „erklärbar" bzw. „beweisbar" und deren Gegenparts fallen. Es kann auch hilfreich sein, die Begriffe nachzuschlagen und anhand der Definitionen zu erörtern.

Denkraum

Individuelle Lösungsansätze.

⇒ *SB S. 183*

Ausgehend vom Begriff des Heiligen, mit dem sich die Schülerinnen und Schüler bereits eingehend auseinandergesetzt haben, erfolgt eine emotionale und individuelle Beschäftigung mit dem Religionsbegriff in Text (Zitaten) und Bild, die im weiteren Verlauf durch Fakten ergänzt wird (Infobox und Grundlehren).

1. a) Zur Bildbeschreibung siehe auch S. 214 f., individuelle Empfindungen.
   b) Individuelle Lösungen.

c) Individuelle Lösungen.
2. Die Erklärungen lassen sich in dem Bild insofern wiederfinden, als die Juden ganz in weiß gekleidet sind und es sich nur um Erwachsene handelt. Hinsichtlich des Fastens und der Bußezeit können nur Vermutungen angestellt werden.

⇒ *SB S. 184*

3. a) Malinowski sieht die Aufgabe der Religion darin, dass der Mensch sich in seiner Herkunft verwurzelt sieht und seinem Dasein einen Sinn gibt./Für Mensching bedeutet Religion, dass sie im Begreifen des Heiligen gelebt werden muss.
   b) „Antwortendes Handeln" kann in Bezug auf Tod und Schicksal bedeuten, dass religiöse Menschen mit dem Tod anders umgehen, da sie ihn als von Gott gegeben hinnehmen und sich demnach in ihr Schicksal fügen. Dieses sehen sie als von Gott gelenkt an und leiden daher weniger darunter, da es ohnehin unabwendbar ist. Im „antwortenden Handeln" reagiert der Mensch auf die Dinge, die ihm widerfahren, mithilfe seines Glaubens.

⇒ *SB S. 187*

4. und 5.

Judentum: drei Säulen: Thora, Gottesdienst und Liebeswerke/JHWJ, Wirklichkeit, die den Menschen offenbart wurde/Ankunft des Messias und die daraus folgende Erlösung des Volkes Israel/Bund Gottes/Thora/individuelle Lösung/Bilderverbot; Jom Kippur; Sprichwort.

Christentum: im Leben und Sterben Jesu offenbart sich Gott/Wesen Gottes/durch den Tod Jesu am Kreuz/Dreifaltigkeit; Bund mit Gott/Bibel (Neues und Altes Testament/individuelle Lösung/Lukas 6,27; Sprichwort; rechtes Bild, Auferstehung.

Islam: Fünf Säulen des Islam: Glaubensbekenntnis; rituelles Gebet, Fasten im Ramadan, Almosen geben an Arme, Pilgerfahrt nach Mekka/Gott/umfassender Friede in der Hingabe an und Versöhnung mit Gott/Gott/individuelle Lösung/Koran/Schriftzeichen aus dem Koran.

Hinduismus: Kreislauf des Leidens mit Wiedergeburt/viele Götter mit den drei Hauptgottheiten Brahma, dem Schöpfer, Vishnu, dem Bewahrer und Shiva, dem Zerstörer und Überwinder der Gegensätze/durch strenge Rituale, Einsicht und liebevolle Hinwendung an Gott den Kreislauf des Leidens stufenweise durchbrechen: Befreiung aus dem Samsara/das Heilige durchwebt die Wirklichkeit/vier Veden, Bhagavad-Gita/individuelle Lösung/Wiedergeburt, Text aus der Bhagavad-Gita, Polytheismus.

Buddhismus: Vier Edle Wahrheiten und achtfacher Pfad/kein Gott bzw. Götter/mit dem Tod ins Nirwana/Wahrheitskörper des Buddha: Leere, offener Raum, furchtlose Grenzenlosigkeit/keine Schriften, sondern

Lehre als Erleuchtungserlebnis/individuelle Lösung/Wiedergeburt, achtfacher Pfad.

➡ **KV 30 „Meditation – Analyse eines religiösen Textes"**
➡ **KV 32 „Die ‚Zehn Gebote' im Buddhismus"**

➡ **SB S. 188**

1. Wie die Hindus in eine Kaste, so werden die Menschen in unserer Kultur in eine Schicht hineingeboren, die mal mehr, mal weniger Anerkennung genießt. Als unterste Schicht in unserem westlichen Kulturkreis kann man die Arbeitslosen oder sozial Schwachen ansehen, die zwar keine „Ausgestoßenen", aber von der Gesellschaft ausgeschlossen sind. Kinder aus dieser Schicht können sich keine teure Schulbildung leisten und haben folglich auch weniger Chancen im Berufsleben, d.h. es ist für sie sehr viel schwerer als für Kinder aus einkommensstarken Schichten, sozial aufzusteigen.
2. Individuelle sokratische Gespräche.
3. Individuelle Lösungsansätze.
4. Individuelle Meditationen nach der Buddha-Statue auf S. 186. Die Knöchel liegen dabei übereinander (Lotus-Sitz); wem das schwerfällt, kann auch die Füße nebeneinander ablegen oder sich auf eine zusammengerollte Matte setzten, sodass die Knie entlastet sind. Dabei dürfen die Hände im Schoß ruhen. Es ist auch möglich, die Handgelenke locker auf den Knien abzulegen.

➡ **KV 31 „Hinduismus – Die Legende um Ganesha und das Heilige"**

➡ **S. 189 Denkraum**

Individuelle Lösungsansätze. Hilfreich sind nicht nur die Informationen zu Sokrates auf S. 210, sondern auch zum Bildverstehen auf S. 214f. Die Schülerinnen und Schüler sollten vor allem die Körperhaltungen, Gestiken und Mimiken der Protagonisten auf dem Bild berücksichtigen.

➡ **SB S. 190**

5. Das Begreifen des Kastensystems ist für Schülerinnen und Schüler unseres Kulturkreises nicht ganz einfach, da wir ein selbstbestimmtes und eigenverantwortliches Leben führen dürfen. Zunächst einmal gilt es, den Widerspruch der freien Berufswahl mit der Realität, der Gebundenheit an die jeweilige Kaste zu vereinbaren. Ein junger Mensch, der sein Leben nach seinen Idealen und Vorstellungen gestalten will, sieht sich angesichts des Kastensystems als unfreier Mensch. Früher war es auch in unserer Kultur häufig der Fall, dass der Sohn den Beruf des Vaters erlernte und z.B. einen Familienbetrieb weiterführte; aber das ist nicht dasselbe wie in einer Kaste zu leben, die einem das eigene Schicksal und die eigene Zukunft unabänderlich vorzeichnet.
6. Hier ist ein Perspektivwechsel (siehe auch S. 223) nötig, der individuelle Lösungen erfordert. Aus Sicht der Schülerinnen und Schüler werden mit Sicherheit Begriffe wie beklemmend, bedrückend, aussichtslos etc. fallen, vielleicht werden aber auch Gedanken in die Richtung genannt, dass die Menschen im Kastensystem Sicherheit erlangen, da ihr Leben in festen und vorgezeichneten Bahnen verläuft, sodass sie dennoch glücklich sein können. Diese beiden Ansätze lohnt es zu verfolgen.

➡ **KV 32 „Die ‚Zehn Gebote' im Buddhismus"**

➡ **SB S. 191**

1. Individuelle Lösungen.
2. Buddha geht seinen Weg aus sich heraus./Der Buddhismus ist der Weg zwischen Luxus und Askese./Die Vier Edlen Wahrheiten.
3. „Recht" bedeutet hier so viel wie „aufrichtig", „richtig", „wahrhaftig", „ehrlich".
4. Die Darstellung des achtfachen Pfades als Rad spielt auf den Kreislauf des Lebens und das damit verbundene beständige Wandeln an. Außerdem ist bei einem Rad jede „Speiche" gleichermaßen wichtig, fehlt eine, läuft das Rad nicht rund. Das ist auch auf die Lebenshaltung eines Menschen, der nach dem achtfachen Pfad lebt, übertragbar.
5. Die acht Pfade sind in drei Kategorien unterteilt: Weisheit, Sittlichkeit und Vertiefung. Zur Weisheit gehört die rechte Anschauung bzw. Erkenntnis und die daraus folgende rechte Gesinnung bzw. Absicht. Dies setzt eine Selbstreflexion voraus, ein Nachdenken über sich selbst und der Bewertung der eigenen Lebenshaltung. Es geht hierbei um eine Geisteshaltung, die mit „Weisheit" bezeichnet wird. Zur Sittlichkeit zählen aufsteigend rechtes Reden, rechtes Handeln und der rechte Lebenserwerb. Das sind alles Verhaltensweisen, die in einer Interaktion mit der Umwelt stattfinden, also im Miteinander. Zur Vertiefung gehören das rechte Streben bzw. Üben, die rechte Achtsamkeit und das rechte Sichversenken. Dies sind alles Meditationspraktiken, die den Weg aus dem Samsara weisen. Die Überwindung ist folglich in der Staffelung der inneren Bereitschaft bzw. Einsicht (Weisheit), dem daraus resultierenden Handeln (Sittlichkeit) und der Vertiefung im Sinne einer Kontemplation bzw. Meditation zu erreichen.

➡ **SB S. 192/193**

Die folgenden Tagebucheinträge beruhen auf Tatsachenberichten, die die Autorin in einem Buch verarbeitet bzw. veröffentlicht hat.
1. Seminar – Die Seminare sind als „weltlich" getarnt und greifen Themen auf, die von allgemeinem Interesse sind. Dass diese von Scientologen geführt werden, ist nicht auf den ersten Blick zu erkennen./Treffen – Das Gefühl von Gemeinschaft wird durch den Besuch weiterer Seminare gefördert und etabliert./Freunde und Bekannte einladen – Auf diese Weise werden weitere Mitglieder geworben, die zunächst keine Manipulation vermuten,

da ja gute Freunde und Bekannte von den Treffen und Seminaren begeistert sind./Saint Hill – Dieses Landhaus befindet sich in East Grinstaed, Sussex, England. Dort lebte und versammelte L. Ron Hubbard seine Mitglieder./Kontrolle der Mitglieder, die den Ausstieg wagen – Mit Telefon- und Psychoterror, ja sogar Morddrohungen, verfolgen die Scientologen Mitglieder, die ihnen abtrünnig werden. Dies steht im krassen Gegensatz zur Aussage von Sabine Weber, der Vizepräsidentin von Scientology, die behauptet, jeder könne über sein Kommen und Gehen frei entscheiden.

2. Bei den Scientologen handelt es sich um eine Glaubensgemeinschaft um den Gründer L. Ron Hubbard, die nicht als Religion anerkannt ist. Die Gemeinschaft der Scientologen ist sehr streng organisiert und die Anhänger betreiben in der Tat massive Missionsarbeit. Die Scientologen existieren unabhängig von der Kirche, haben aber einzelne Elemente der Glaubenslehre übernommen.

3. **A** Für die Scientologen ist der Dreh- und Angelpunkt der Glaubenslehre Geld. Bereits das Zitat von L. Ron Hubbard, das auf Seite 192 zu lesen ist („Mach Geld, mach mehr Geld, mach, dass andere mehr Geld machen.") zeigt, welchen Stellenwert es in der Gemeinschaft der Scientologen hat. In der Karikatur wird es in Anlehnung an den christlichen Glauben auf einem Altar dargeboten, direkt unter dem christlichen Symbol des Kreuzes. Der Raum wird analog zur Kirche als „Gebetsraum" und das Geld als das „Allerheiligste" bezeichnet. Damit erhält es das Prädikat des Superlativs. Es sieht so aus, als ob der Mann rechts in der Zeichnung einem neu geworbenen oder einem potentiellen Mitglied die „Räumlichkeiten" zeigt. Die Frau hält unter dem Arm Schriften zur Dianetik. Diese gilt als „wissenschaftliches" Teilgebiet der Scientology, anhand dessen sich die Funktion und der Aufbau menschlichen Denkens demonstrieren und erklären lässt. Hubbard formulierte dementsprechend: „Das Ziel der Dianetik ist geistige Gesundheit. Nur von den Geisteskranken kann sie aufgehalten werden." Im Umkehrschluss besagt dies – frei interpretiert –, dass all diejenigen, die nicht hinter der Dianetik stehen und sie verinnerlicht haben, geisteskrank sind bzw. der Gesinnung der Scientology feindlich gegenüberstehen.

B In der rechten Karikatur ist die Methode der Scientologen, die Gehirnwäsche, wortwörtlich ins Bild umgesetzt. Die „Wäscherin" trägt ein verschmitztes, hinterhältiges Lächeln zur Schau und spricht von „Unterricht"; Unterricht gilt im Allgemeinen als etwas Objektives, Fundiertes, Wissenvermittelndes. Dass die Mitglieder hier allesamt als wortwörtlich „hohl" dargestellt werden, ist stark wertend, und nimmt damit in überspitzter Form die Strategien von Scientology aufs Korn: Die eigene Persönlichkeit darf keine Rolle spielen. Alle verfolgen das gleiche gemeinschaftliche Ziel und sehen einander zunehmend ähnlich. Darüber geben bereits die Tagebuchauszüge auf S. 192 Aufschluss.

➡ **KV 33 „Verführung im Glauben – Sekten und ihre Strahlkraft"**

Infobox

Die Infobox vermittelt einen kritischen Umgang mit dem Begriff „Sekte", der ursprünglich wertneutral zu verstehen war. Es wird aufgezeigt, woher der Begriff stammt und dass auch eine anerkannte Religion wie das Christentum – laut der Defintion – eigentlich als Sekte anzusehen war, da es sich als neue religiöse Gemeinschaft aus dem Judentum etabliert hatte. Wichtig ist der reflektierte Umgang mit Glaubensgemeinschaften, da sie alle ihre Berechtigung haben, sofern sie nicht die Grundrechte jedes Einzelnen verletzen.

➡ **S. 194 Rückblick**

1. Individuelle Lösungsansätze.
2. Individuelle Lösungsansätze.
3. *Achtfacher Pfad*: Der achtfache Pfad, auch achtgliedriger Pfad genannt, ist für die Buddhisten der Weg aus dem Samsara, dem Kreislauf des Leidens. Er gliedert sich in drei Untergruppen: Weisheit, Sittlichkeit und Vertiefung. Die acht Stationen bauen aufeinander auf: Über die Reflexion der eigenen Geisteshaltung wird das richtige Handeln in der Gemeinschaft und schließlich die Vertiefung seiner selbst ermöglicht; aus dieser Art Meditationshaltung heraus kann das Leiden überwunden werden./*Bilderverbot*: Das Bilderverbot ist ein religiöses Verbot, das untersagt, Gott, Götter bzw. das Heilige bildlich darzustellen. Dieses Verbot geht auf 2. Moses 20,4 „Du sollst dir kein Bildnis machen" zurück. Im Islam und im Judentum bestehen allgemeine Bilderverbote. Die katholische und lutherische Kirche lassen Darstellungen zu, die evangelische verlangt einen sparsamen Gebrauch, während die reformatorische Bilder ganz ablehnt. Nur in den drei monotheistischen Religionen gibt es ein völliges oder teilweises Bilderverbot, die polytheistischen kennen es nicht./*Buddha*: Buddha hieß mit richtigem Namen Siddharta Gautama und war Sohn eines Fürsten; „Buddha" ist sein Ehrentitel, denn er ist der Stifter des Buddhismus: Er fand Erleuchtung, gab die Lehre vom achtfachen Pfad an alle seine Schüler weiter und gründete einen Bettelorden, der seine schriftenlose Lehre verbreitete./*Feindesliebe*: Als Gebot der Nächstenliebe findet sich die Feindesliebe nicht nur in den christlichen Religionen („Liebet eure Feinde; tut denen Gutes, die euch hassen". Lukas 6,27), sondern auch bei Kant und im Sprichwort „Was du nicht willst, dass man dir tu, das füg auch keinem andern zu"./*Heiliges*: Das Heilige ist der Gegenbegriff zum Profanen und gehört einer nicht-weltlichen, kultischen Wirklichkeit an. Heiliges kann nicht mit dem

Verstand begründet und nachgewiesen werden, es entzieht sich dem wissenschaftlichen Beweis und gründet einzig und allein auf dem Glauben./*Jom Kippur* gilt als der heiligste Tag des jüdischen Jahres und wird Mitte September bzw. Mitte Oktober gefeiert (ähnlich wie das Osterfest, das höchste christliche Fest, wird es nicht an einem festen Datum wie etwa der Heilige Abend gefeiert). Es ist der letzte Tag von zehn Bußtagen, der „Tag der Umkehr". Den Erwachsenen wird strenges Fasten und eine weiße Kleidung vorgeschrieben und in ihren Gebeten wenden sie sich Gott neu zu, sodass eine „Versöhnung" bewirkt wird bzw. werden soll./*Meditation* ist eine Methode der geistigen Vertiefung, die nicht nur in allen Religionen bekannt ist; 1641 wurde sie auch vom französischen Philosophen René Descartes beschrieben. Er hat eine „Anleitung" zur Meditation entwickelt, die acht Schritte umfasst: Die rechte Zeit, die meditative Haltung, Konzentration, Nachsinnen, Wagen, Betrachtung (Kontemplation), Ruhe und die Rückkehr. Wichtig ist, dass man sich Zeit und Ruhe gönnt und nicht enttäuscht ist, wenn es nicht auf Anhieb klappt./*Monotheismus* beschreibt Religionsformen, die nur einen allumfassenden Gott kennen und anerkennen. Dazu gehören das Christentum, das Judentum und der Islam./*Nirvana* (Leere) bezeichnet einen buddhistischen Zustand, der den Austritt aus dem Samsara (Kreislauf des Leidens und der Wiedergeburten) im Sinne eines „Endes" meint./*Polytheismus* umfasst Religionen, die mehrere Götter und/oder Göttinnen anerkennen. In diesem Kapitel wurde die als zum Polytheismus zählende Religion, der Hinduismus, vorgestellt./*Profanes:* Das Profane ist der Gegenbegriff zum Heiligen und beschreibt all das, was weltlich, alltäglich und (mit dem Verstand) erklärbar ist./*Samsara:* Dieser Begriff aus dem Hinduismus und Buddhismus umfasst die Welt des Leidens, an die die Menschen durch das Prinzip der Wiedergeburten gebunden sind. Durch strenge Rituale, Einsicht und liebevolle Hingabe an das Göttliche ist es möglich, diesen Kreislauf zu durchbrechen (Hinduismus). Der Buddhismus lehrt als Weg aus dem Samsara den achtfachen Pfad./*Seraphim:* Die Seraphim sind sechsflügelige Engel, die das Heilige besingen. Die Bibel (Jesaja) beschreibt sie als Wesen, die mit jeweils zweien der Flügel ihr Gesicht und ihre Füße bedecken. Mit den anderen beiden fliegen sie. Seraphim bedeutet die hebräische Pluralform von Seraph. Es gibt auch gemalte Darstellungen in der Kunst./*Toleranz* bezeichnet allgemein das Anerkennen anderer Meinungen und auch Weltanschauungen. In Bezug auf Religionen und Glaubenslehren bedeutet es, dass jede Religion ihre Daseinsberechtigung hat und nicht von den Mitgliedern anderer Religionen torpediert werden darf. *Wiedergeburtslehre*: Sowohl der Hinduismus als auch der Buddhismus kennen die Auffassung von der Wiedergeburt. Diese bildet mit dem Glauben an einen ewigen Kreislauf (Samsara) und dem Gedanken an die unentrinnbare Vergeltung aller guten Taten (Karma) das Zentrum des Hinduismus. Aber auch ein weltlicher Philosoph wie Sokrates diskutierte mit seinen Schülern über Wiedergeburt.

Weiterdenken

4. Die Beschreibungen können unterschiedlich akzentuiert ausfallen. Wünschenswert wäre, dass die Figur dem Kopf/Gesicht nach als Löwe (oder Bär) erkannt wird. Die Darstellung vereint tierische und menschliche Merkmale, Die Mimik ist freundlich gesinnt. Der Löwenmensch wurde 1939 bei Ausgrabungen im Lonetal entdeckt. Die Figur misst fast 30 Zentimeter. Im Rahmen der Definitionsangebote von S. 181 könnte die Statuette dem Bereich des Heiligen mit den Attributen „kultisch", „abstoßend und anziehend zugleich" etc. zugeordnet werden.

5. Zu den Figuren: Perchtenfiguren entstammen dem alpenländischen, wahrscheinlich heidnischen Brauchtum, die vor allem im Dezember und Januar vorkommen. Sie haben eine Glocke/einen Glockenstab, mit dem sie die bösen Geister des Winters und zugleich den Winter vertreiben. Im Volksmund gelten sie als glücksbringendes Omen./Der altägyptische Gott Anubis wird häufig als Mensch mit einem Hunde- bzw. Schakalskopf dargestellt und ähnelt daher dem Löwenmenschen (der Schakal war für die Ägypter ein Tier der westlichen Wüste und damit mythologisch der Heimat der Toten zugeordnet). Anubis war Seelenführer in das Land der Toten und wohnte Todesriten bei, d. h. er überwachte die Einbalsamierung, empfing die Mumie im Grab und überführte die Seele des Toten.
Eine wichtige Unterscheidung der beiden Figuren ist die Zuordnung zum Bereich des Göttlichen bei Anubis (im Sinne von „relegere") und seiner Verehrung. Sein Gebundensein (im Sinne von „religari") an eine unsichtbare Welt, hier die Welt der Toten, weist auf eine Religion hin; ihn umgibt die Aura des Heiligen. Bei den Perchten trifft die Klassifizierung des Heiligen (es gibt keine Religion ohne das Heilige) nicht zu. Sie sind erklärbar und als Brauchtum als eine Art Kulturgut lebendig.

6. Individuelle Poster und Präsentationen.

6

Didaktische Erläuterungen und Lösungen zu den Zusatzmaterialien/Kopiervorlagen (KV) und zur Lernzielkontrolle (LZK)

KV 30, Niveau 2
zu: Meditation ➡ *SB S. 180 f., 187 f.*

Diese Kopiervorlage ermöglicht gleichzeitig eine Vertiefung der philosophischen Methode „Meditation" und des Hinduismus, indem Auszüge aus einer der heiligen Schriften erarbeitet werden.

1. Nach der Bhagavad-Gita ist die Kontemplation besonders wichtig. Zunächst gilt es, allen Ablenkungen und weltlichen Dingen (die sich im Wünschen äußern) zu entsagen und zur Ruhe zu kommen („andächtig sein", sich nicht „zum Feind" werden). Diese innere Ruhe kann dann auch auf die Seele („Seelenruhe") übergehen. Bereits der Zustand der Entsagung impliziert etwas Meditatives. Die meditative Haltung ist von Bedeutung und wird mit einer Art Fokussierung des Blicks und der Gedanken („Geist auf einen Punkt richtend") und einer angemessenen Sitzhaltung (siehe letzter Absatz) beschrieben.

2. Die Beschreibung der rechten Meditationshaltung ähnelt sehr der von Descartes, denn alle wesentlichen Elemente, die dort beschrieben werden, finden sich auch in der Meditationspraxis Descartes', wie z.B. die meditative Haltung, Kontemplation, Ruhe, Konzentration etc. Was sich stark unterscheidet, sind die sprachliche Ausführung und die Details bzw. die Akzentuierung. Dazu lässt sich aber aufgrund der Tatsache, dass es sich hier lediglich um einen Auszug handelt, nur spekulieren.

3. Gemeint ist im vierten Absatz, dass durch Ablenkungen (sei es durch Gedanken und/oder durch äußere Reize) das Selbst nicht zur Ruhe kommen kann. Ruhe gilt aber als Voraussetzung für eine gelungene Meditation. Tritt keine Zentrierung ein, steht man sich selbst im Weg, wird somit sein eigener „Feind". Diese Tatsache können die Schülerinnen und Schüler sicherlich bestätigen, da Ruhe in der Meditation viel Übung erfordert.

KV 31, Niveau 1
zu: Hinduismus – eine Religion mit vielen Göttern
➡ *SB S. 188 f.*

1. Das Heilige ist bei der Entstehung Ganeshas ein wesentlicher Gesichtspunkt, da er durch eine Göttin geschaffen wurde und das heilige Gangeswasser ihn zum Leben erweckt hat. Das Übergießen mit heiligem Wasser ähnelt dem Taufritual des Christentums mit geweihtem Wasser.

2. Der Ganges ist der heiligste Fluss der Hindus und zweitgrößter Fluss in Südasien. Das Bad im Ganges reinigt von Sünden. Auch hier ist eine Analogie zum Christentum möglich, da die Taufe die Erbsünde nivelliert. Wunsch vieler Hindus ist es, am Ganges zu sterben bzw. ihre Asche im Fluss verstreut zu wissen.

3. Gemeinsamkeiten/Parallelen zum Christentum wurden mit dem Taufritual bereits in Aufgabe 1 und 2 angedeutet: Mit der Taufe werden die Sünden vergeben und eine Eingliederung in die kirchliche Gemeinschaft ermöglicht. Bildlich gesprochen kann man auch sagen, dass ein „neues" Leben beginnt.

KV 32, Niveau 2
zu: Der Buddhismus – eine Religion ohne Gott
➡ *SB S. 186 f., 190 f.*

1. Die Zehn Gebote nach Martin Luthers Kleinem Katechismus: Bei der Zählung der Gebote gibt es im Judentum und in den christlichen Kirchen unterschiedliche Traditionen. Die hier wiedergegebene Fassung folgt der lutherischen und römisch-katholischen Tradition. Eine andere Zählung ergibt sich dort, wo das Bilderverbot – „Du sollst dir kein Bildnis machen" – als zweites Gebot aufgeführt wird, so in der anglikanischen, reformierten und orthodoxen Tradition. Dort werden dann „neuntes" und „zehntes" als ein Gebot verstanden.

Das erste Gebot Ich bin der Herr, dein Gott. Du sollst keine anderen Götter haben neben mir.

Das zweite Gebot Du sollst den Namen des Herrn, deines Gottes, nicht mißbrauchen.

Das dritte Gebot Du sollst den Feiertag heiligen.

Das vierte Gebot Du sollst deinen Vater und deine Mutter ehren.

Das fünfte Gebot Du sollst nicht töten.

Das sechste Gebot Du sollst nicht ehebrechen.

Das siebte Gebot Du sollst nicht stehlen.

Das achte Gebot Du sollst nicht falsch Zeugnis reden wider deinen Nächsten.

Das neunte Gebot Du sollst nicht begehren deines Nächsten Haus.

Das zehnte Gebot Du sollst nicht begehren deines Nächsten Weib, Knecht, Magd, Vieh noch alles, was dein Nächster hat.

2.

Gemeinsamkeiten	Unterschiede
Nicht töten (Buddhismus: 1./Christentum: 5.)	Unterschiedliche Rangfolge von Geboten, die in beiden Religionen vorkommen
Nicht stehlen (Buddhismus: 2., Christentum: 7.)	Die Gebote 5, 6, 7, 8, 9 und 10 im Buddhismus und 1, 2, 3, 4, 9 und 10 im Christentum finden kein Pendant in der jeweils anderen Religion.

Keuschheit/Ehe (Buddhismus: 3. Christentum 6.)	Die Gebote 1 und 2 im Christentum können nur für eine monotheistische Religion gelten, der Buddhismus ist eine Religion ohne Gott.
Nicht lügen (Buddhismus: 4., Christentum: 8.)	Das fünfte Gebot im Buddhismus gilt noch für alle, ab Gebot sechs sind diese ohnehin „nur" für Mönche und daher eher speziell.
	Die Zehn Gebote im Christentum richten sich an alle und machen keinen Unterschied zu Geistlichen.
…	…

KV 33, Niveau 1
zu: Verführung im Glauben ➡ *SB S. 192 f.*

1. Noahs Geschichte steht in der Bibel im Buch Genesis, Kapitel 6 bis 9. Noah wurde von Gott auserwählt und vorgewarnt, sodass er die Arche Noah bauen konnte, um sich mit seiner Familie und jeweils einem Paar aller Tierarten vor der Sintflut zu retten. Niemand wollte Noah glauben, dass die Sintflut über die Welt kommen würde, sodass der Vergleich hier passt, denn auch Lukas schenkt niemand Glauben. Dennoch arbeitet er weiter, indem er an den Haustüren missioniert und die Menschen zur Umkehr bewegen will.

2. Lukas ist in seiner Wochenplanung komplett fremdbestimmt, sodass ihm keine Zeit mehr zur freien Gestaltung bleibt. Er wird somit aus dem Alltag anderer Jugendlicher isoliert und ist gezwungen, seinen Dienst an der Gemeinschaft zu verrichten. Eine derartige Fremdbestimmtheit ist in dem Kapitel im SB unter dem Titel „Kein Ausweg aus der Kaste" auf S. 189 f. vorgestellt worden. Hier erfolgt die Festlegung allerdings durch die Geburt. Eine spätere Umkehr bzw. Abkehr wäre möglich, denn die Unfreiheit besteht im Glauben aber nicht im gesellschaftlichen Status.

Bemerkungen zur schriftlichen Lernzielkontrolle

Stehen in Kapitel 6.1 die monotheistischen Religionen im Mittelpunkt, so legen die Aufgaben dieser Lernzielkontrolle entsprechend dem Schwerpunkt in Kapitel 6.2 den Akzent auf Hinduismus, Buddhismus und Weltanschauungen. Neben der Reproduktion zum zentralen Begriff des „Heiligen" in Abgrenzung zum „Profanen" (Aufgabe 1) können die Schülerinnen und Schüler das Gelernte zu Hinduismus und Buddhismus in neuen Bezügen selbstständig erläutern bzw. anwenden (Aufgabe 2 bis 4). Die Aufgaben 5 und 6 regen zu einer kritischen Auseinandersetzung mit Anspruch und Problematik von Weltanschauungen an.

Grundsätzlich erscheint es sinnvoll, die Lernenden auf eine selbstständige schriftliche Darlegung zu vergleichbaren Aufgaben vorzubereiten, zumal das Niveau dieser Aufgabenstellung recht hoch ist. Besonders in Aufgabe 5 und 6 sollte eine gelungene argumentative Vorgehensweise bei der Bewertung der Schülerleistung positiv berücksichtigt werden.

Kürzungen oder Ergänzungen der Aufgaben sind je nach Leistungsstand und Fähigkeiten der Lerngruppe natürlich möglich.

Name

Klasse

Datum

KV 30

Wege · Werte · Wirklichkeiten 7/8

Kap. 6.2

Meditation – Analyse eines religiösen Textes

Auszug sechstes Kapitel der Bhagavad-Gita – über die Meditation:

yam samnyâsam iti prâhur yogam tam viddhi Pândava
na hy asamnyastasamkalpo yogî bhavati kashcana
Was man Entsagung nennt, das ist Meditation [...], denn wer den Wünschen nicht entsagt, der kann auch nicht andächtig sein.

ârurukshor muner yogam karma kâranam ucyate
yogârûdhasya tasyaiva shamah kâranam ucyate
Der Weise, der nach Meditation strebt, dem ist die Tat sein Element,
doch wer die Meditation hat, erreicht, erlangt Seelenruhe.

yadâ hi nendriyârtheshu na karmasv anusajjate
sarvasamkalpasamnyâsî yogârûdhas tadocyate
Wer an sinnlichen Dingen nicht noch an den Taten irgend hängt und allen Wünschen hat entsagt, der hat die Meditation erreicht.

[...] bandhur âtmâtmanas tasya yenâtmaivâtmanâ jitah
anâtmanas tu shatrutve vartetâtmaiva shatruvat
Dem ist das Selbst sein eigner Freund, der durch das Selbst das Selbst besiegt; doch kämpft es mit der Außenwelt, dann wird das Selbst sich selbst zum Feind.

[...] tatraikâgram manah krtvâ yatacittendriyakriyah
upavishyâsane yuñjyâd yogam âtmavishuddhaye
Den Geist auf einen Punkt richtend, zügelnd Denken, Sinne und Tun, sich setzend auf den Sitz über Meditation, zur Reinigung seiner selbst.

samam kâyashirogrîvam dhârayann acalam sthirah
samprekshya nâsikâgram svam dishash cânavalokayan
Gleichmäßig Körper, Nacken, Haupt unbewegt haltend, bleibe er fest, schauend auf seine Nasenspitze – nicht blicke er hier- und dorthin aus.

1 Fasse mit eigenen Worten zusammen, wie eine Meditationshaltung nach der Bhagavad-Gita, einer der heiligen Schriften im Hinduismus, aussehen soll. Schreibe dazu in dein Arbeitsheft.

2 Stellt eure Zusammenfassungen einander vor und vergleicht, inwiefern sich diese von der euch bekannten Meditationshaltung unterscheiden.

3 Diskutiert den vierten Absatz vor allem vor dem Hintergrund der Erfahrungen, die ihr bereits mit Meditation gesammelt habt.

Name   Klasse   Datum

Hinduismus – Die Legende um Ganesha und das Heilige

Der Hinduismus kennt viele Götter und Göttinnen. Bekannt ist vor allem der elefantenköpfige Ganesha. Er verkörpert Weisheit und Intelligenz und ist dafür zuständig, Hindernisse zu beseitigen. Eine Statue im Haus segnet dieses und soll Glück bringen.

Parvati, Shivas* Ehefrau, hat Ganesha in Abwesenheit Shivas geschaffen. Sie formte aus dem Lehm, mit dem sie ihren Körper eingerieben hatte, einen kleinen Buben, übergoss ihn mit Gangeswasser** und erweckte ihn so zum Leben. Sie nannte ihn Ganesha und setzte ihn als Wache vor ihr Haus. Als Shiva kam, versperrte Ganesha ihm den Weg. Shiva schlug ihm den Kopf ab und gelangte so ins Haus. Als Shiva bemerkte, dass er gerade Parvatis Sohn getötet hatte, befahl er seinen Dienern, den Kopf des ersten Lebewesens zu bringen, auf welches sie treffen würden. Dieses erste Lebewesen war ein Elefant, und dessen Kopf setzte Shiva auf Ganeshas Rumpf, um ihn ins Leben zurückzubringen.

(Aus: Axel Michaels: Der Hinduismus. Geschichte und Gegenwart. Verlag C.H. Beck, München 1998, S. 244)

* Shiva: einer der wichtigsten Götter
** Ganges: heiliger Fluss der Hindus

1 Erläutere, welche Bedeutung das Heilige in der Legende um Ganesha spielt.

_____

_____

_____

_____

2 Recherchiere im Internet die Bedeutung des Ganges in der hinduistischen Religion.

_____

_____

_____

3 Interpretiere anhand der Legende um Ganesha ein wesentliches Element des Christentums, die Taufe.

_____

_____

_____

_____

_____

Die „Zehn Gebote" im Buddhismus

Auch im Buddhismus gibt es „Zehn Gebote". Die ersten fünf sind für alle Buddhisten verpflichtend, die letzten fünf gelten nur für Mönche, die einem Orden beitreten wollen:

Kein Leben zerstören.
Keine Dinge nehmen, die nicht gegeben werden.
Enthaltung von unkeuschem Wandel.
Vermeidung von Lüge.
Verbot von Rausch durch den Genuss berauschender Getränke.
Verzicht auf alles Essen nach Mittag.
Abstinenz von Tanz, Gesang, Musik und Schauspielen.
Verzicht auf Körperschmuck durch Blumenkränze, Wohlgerüche, Schminke und Salben.
Nichtbenutzung hoher und üppiger Betten.
Kein Gold und Silber annehmen.

1   Recherchiere die Zehn Gebote im Christentum und notiere sie.

_____

_____

_____

_____

_____

_____

_____

_____

_____

_____

2   Erörtere Gemeinsamkeiten und Unterschiede zu den christlichen „Zehn Geboten". Führe die Tabelle in deinem Heft fort.

Gemeinsamkeinten	Unterschiede

Name   Klasse   Datum

Sekten und ihre Strahlkraft

Verführung im Glauben

Rumms! Die Tür ist zu. Nur einen Spaltbreit hatte der Mann seine Wohnungstür geöffnet, nachdem Lukas L.
bei ihm geklingelt hatte. Lukas klappt seine Mini-Bibel wieder zu und steigt die Stufen zum nächsten Stockwerk
hinauf. Seit vier Stunden läuft Lukas schon durch Hamburg, um Menschen vom Wort Jehovas zu überzeugen.
Bisher ohne Erfolg. „Darf ich Ihnen kurz zeigen, was die Bibel über unsere Zukunft sagt?", fragt er, wenn sich
endlich eine Tür öffnet. Dann schauen die Leute den Schüler mit den strohblonden Haaren verwundert an.
Meist steht Lukas jedoch verloren in Hausfluren und vor Klingelbrettern, die Türen bleiben verschlossen.
Lukas ist einer von 165.000 deutschen Zeugen Jehovas, einer Glaubensgemeinschaft, die nur in Berlin staatlich
anerkannt ist. Er glaubt daran, dass die Welt in Kürze untergehen wird und im Paradies nur die Zeugen
Jehovas erwachen werden, weil sie nach einer strengen Bibelauslegung im Sinne Jehovas, also Gottes, leben.
Dafür unterwirft sich Lukas rigiden religiösen Regeln. Um Jehova zu gefallen, versuchen Zeugen wie Lukas,
Ungläubige von seinem Wort zu überzeugen; mit dem „Wachtturm" in der Fußgängerzone oder mit der
„Heiligen Schrift" im Predigtdienst an den Haustüren.
Nach drei Stunden hat er das erste Mal Erfolg: Ein Schüler mit Baseballkappe bleibt im Treppenhaus stehen und
hört zu, wie Lukas ihm aus der Bibel vorliest. Dann fragt er: „Spielt Gott in deinem Leben noch eine Rolle?"
Der Junge stotter: „Ähh, ja." Lukas fragt: „Hast du dich in dieser Stelle wiedererkannt?" Der Junge erwidert
unsicher: „Hmm, na ja, eher nicht so." Daraufhin Lukas: „Macht ja nichts, ist heute auch alles so komplex in
dieser Welt." Der Junge: „Hmm." Lukas: „Vielleicht kann ich dich ja noch einmal später besuchen kommen,
wenn du mehr Zeit hast und nicht so im Hausflur?" Junge: „Ja, ok."
Später notiert sich Lukas den Nachnamen des Jungen vom Klingelschild. Nach dem Vornamen hat er nicht
gefragt. „Ich fühle mich ein bisschen wie Noah, dem hat auch niemand geglaubt, dass die Sintflut kommen
wird", sagt Lukas. „Aber wir haben es besser, uns hört manchmal noch jemand zu." Dreimal haben die Zeugen
Jehovas den Weltuntergang bereits verkündet – er kam nicht. Was fasziniert junge Menschen am Glauben an
ein baldiges Ende?

(Aus: Spiegel Online vom 29.7.2008, http://www.Spiegel.de/schulspiegel/leben/0,1518,565177,00.html; Text leicht
verändert)

1 Lukas vergleicht sich mit Noah. Recherchiere die Geschichte Noahs im Internet und begründe, ob der
Vergleich zutrifft. Schreibe in dein Heft.

2 Viel freie Zeit hat Lukas nicht. Während andere skaten, sich Musik aus dem Internet herunterladen oder
verliebt mit ihrer ersten Freundin knutschen, muss Lukas einen strengen Wochenplan befolgen. Mindestens
16 Stunden ist Lukas pro Woche im Auftrag des Herrn unterwegs. Fast 800 Stunden im Jahr.

Montag	Dienstag	Mittwoch	Donnerstag	Freitag	Samstag	Sonntag
Predigtdienst	Bibelschule	Bibelstudium	Bibelkreis	Haustür-Mission + Studium		Gottesdienst an Haustüren

Setze dich mit Lukas' Wochenplan auseinander und nimm Stellung dazu.

_____

_____

_____

_____

_____

Teste dich selbst

Heiliges/Profanes

1 Wodurch wird etwas oder jemand „heilig" in der Abgrenzung zu „profan"? Definiere die beiden Begriffe.

_____

_____

_____

_____

Religionen im Vergleich

2 „Die eine Gottheit verbirgt sich in jedem Lebewesen, dennoch durchdringt Er alles und ist das innerste Wesen in Allem. Er vollbringt jede Arbeit und hat seinen Wohnsitz in Allem. Er ist das Zeugnis ablegende Bewusstsein, formlos und unsterblich." Aus welcher Religion könnte dieses Zitat stammen? Begründe.

_____

_____

_____

_____

3 Erkläre anhand des Prinzips der Wiedergeburt, warum Hindus allen Lebewesen mit großem Respekt begegnen.

_____

_____

_____

_____

_____

_____

_____

4 Erötere, inwiefern man den Buddhismus eine Religion nennen kann.

_____

_____

_____

_____

_____

_____

_____

_____

Verführung im Glauben

5 „Versprochen wird viel… Sekten und Psychogruppen, Gurus und Esoterik, alte und neue Religionen, das unüberschaubare Angebot für religiös und – wie man heute sagt – spirituell interessierte Menschen ist ein Thema für Jung und Alt. Und für manche ist das auch ein Problem." Setze dich mit dieser These auseinander.

_____

_____

_____

_____

_____

6 „Die gefährlichste Weltanschauung ist die der Menschen, die die Welt nie angeschaut haben." (Alexander von Humboldt) Interpretiere dieses Zitat mithilfe deiner Kenntnisse zum Thema Weltanschauungen.

_____

_____

_____

_____

_____

Name   Klasse   Datum

Lernzielkontrolle: Erwartungshorizont

Heiliges/Profanes

1 Wodurch wird etwas oder jemand „heilig" in der Abgrenzung zu „profan"? Definiere die beiden Begriffe.
Heilig können Personen oder Dinge sein, die kultisch, magisch oder rituell aufgeladen sind. Heilige bzw. Heiliges ist nicht nachweisbar in einem wissenschaftlichen Sinn, sondern gehört der Glaubenswelt an. „Profan" ist der Gegenbegriff und definiert, was weltlich, alltäglich und erklärbar ist.

Religionen im Vergleich

2 „Die eine Gottheit verbirgt sich in jedem Lebewesen, dennoch durchdringt Er alles und ist das innerste Wesen in Allem. Er vollbringt jede Arbeit und hat seinen Wohnsitz in Allem. Er ist das Zeugnis ablegende Bewusstsein, formlos und unsterblich."– Aus welcher Religion könnte dieses Zitat stammen? Begründe.
Dieses Zitat entstammt dem Hinduismus, genau genommen ist es aus den Veden (Svetasvetar-Upanishad, VI.11). Das Heilige („Er", gemeint ist Brahman, das Absolute) durchwebt die gesamte Wirklichkeit.

3 Erkläre anhand des Prinzips der Wiedergeburt, warum Hindus allen Lebewesen mit großem Respekt begegnen.
Durch den Kreislauf der Wiedergeburten kehren alle Lebewesen bzw. deren Seelen nach ihrem Tod in einer neuen Gestalt wieder auf die Erde zurück. Die Taten bestimmen, ob man als Mensch, Tier, Pflanze etc. wiederkehrt, sodass einem die Seele eines lieben Verstorbenen quasi in jedem Lebewesen wieder begegnen kann. Daher behandelt man alle Lebewesen mit gleichem Respekt.

4 Erörtere, inwiefern man den Buddhismus eine Religion nennen kann.
Der Buddhismus ist eine Religion ohne Gott und ohne Religionsstifter und kommt daher eher einer Ideologie als einer Religion gleich, das ist auch der Grund dafür, dass der Buddhismus nicht in allen Ländern als Religion anerkannt ist. Seine Glaubensgrundsätze sind klar und für jeden nachvollziehbar (Leben ist Leiden) und das Überwinden allen Leids kann von jedem Menschen nur angestrebt werden. Darüber hinaus birgt der Glaube an Wiedergeburt etwas Beruhigendes und ist „leichter" anzunehmen als die christliche Vorstellung von der Ewigkeit, Herrlichkeit etc. Zudem sind viele Menschen von der Kirche enttäuscht und haben der Religion, mit der sie bzw. in der sie aufgewachsen sind, den Rücken gekehrt und können demnach im Buddhismus etwas Neues erfahren, da er ohne Gott auskommt. Dennoch gibt es etwas Heiliges, was sich im Buddhismus der nicht-göttliche Wahrheitskörper des Buddha nennt. Dass viele Menschen den Buddhismus nicht als Religion, sondern als Philosophie definieren, macht sicherlich seine Attraktivität für unser heutiges westliches Bedürfnis nach einer freieren selbstbestimmten Religiösität aus.

Verführung im Glauben

5 „Versprochen wird viel… Sekten und Psychogruppen, Gurus und Esoterik, alte und neue Religionen, das unüberschaubare Angebot für religiös und – wie man heute sagt – spirituell interessierte Menschen ist ein Thema für Jung und Alt. Und für manche ist das auch ein Problem." Setze dich mit dieser These auseinander.
Individuelle Lösungen.

6 Die gefährlichste Weltanschauung ist die der Menschen, die die Welt nie angeschaut haben." (Alexander von Humboldt) Interpretiere dieses Zitat mithilfe deiner Kenntnisse zum Thema Weltanschauungen.
Individuelle Lösungen.